U0106236

臨湘社會的管治磐基

長沙五一廣場東漢簡牘探索

黎明釗　劉天朗　編

本書獲

香港中文大學歷史系

資助出版

目　錄

作者簡介　　　　　　　　　　　　　　　　　　　　　　　　001

導言　　　　　　　　　　　　　　　　　　　　編　者　005

長沙五一廣場東漢簡牘探索
　　——商貿活動、水道與陸路交通線　　　　黎明釗　015

漢代長沙人口遷徙與丘、鄉、亭的行政關係
　　——以長沙五一廣場出土東漢簡牘為中心　黎明釗　057

五一廣場東漢簡牘所示臨湘縣廷的
內外空間與社會控制　　　　　　　　　　　唐俊峰　089

臨湘官吏方位分置研究
　　——以五一廣場東漢簡牘為中心　　　　劉子鈞　129

從長沙五一廣場東漢簡牘看東漢「寬大詔書」
的製作與實踐　　　　　　　　　　　　　　陳夢佳　165

聚族而居、厚葬風氣與盜墓群體
　　——從長沙五一廣場東漢簡牘的一宗盜葬案說起　張樂兒　199

五一廣場東漢簡牘所見女性生活　　　　　　溫玉冰　225

從「格殺亭長賊區義」看東漢和帝至安帝時期臨湘縣
地方治安的機制與盲點
　　——以長沙五一廣場出土簡牘為中心　　姜樹青　249

長沙五一廣場簡中的官吏偵捕手法
　　——以「故亭長王廣不縱亡徒周順案」為中心　　　莫澤銘　281

罪名與核實
　　——從五一廣場簡牘「夜略尼案」看東漢格殺問題　　　陳　偉　301

五一簡所見訴訟人身扣押與「閉」、
「閉司空」試探　　　　　　　　　　　　　　李偉豪　331

長沙五一廣場東漢簡牘研究概述
（2013–2021）　　　　　　　　　張煒軒、温玉冰　359

參考書目　　　　　　　　　　　　　　　　　　　　395

作者簡介

（按姓氏筆畫排序）

李偉豪，香港中文大學歷史系文學士及哲學碩士。研究環繞早期中華帝國的地域發展、軍事史，以及出土文獻所見地方行政、法制史。興趣在帝國形成、邊疆管理、文化與認同等問題。

姜樹青，香港中文大學歷史系學士，美國賓夕法尼亞大學東亞語言及文明系碩士，現為香港中文大學歷史系博士研究生。研究範圍包括宋代社會史、文化史。目前從事藍田呂氏家族墓葬及宋代士大夫家族身分構建研究，同時關注秦漢簡牘中所反映的社會文化現象。

唐俊峰，德國海德堡大學哲學博士。此前於香港中文大學獲得文學士和哲學碩士。研究旨趣集中於秦漢政治、文化、行政等範疇，以及出土文書所反映早期中國的寫本文化等，並就上述範疇於《通報》、瑞士亞洲協會《亞洲學刊》、《中國史研究》等期刊發表論文十數篇。

張煒軒，香港中文大學歷史系文學士、哲學碩士，現為香港中文大學出版社編輯。研究興趣為秦漢政治與社會、地方行政等，碩士論題為〈兩漢樂浪郡研究 —— 帝國的統治與胡漢整合〉，也曾發表〈讀《長沙五一廣場東漢簡牘選釋》札記 —— 以 CWJ1①:113 及 CWJ1③:172 木兩行為中心〉、〈東漢臨湘縣廷掾吏的「不作為」罪 —— 以五一廣場簡「雄等不以徵逐為意」案為中心〉等論文數篇。

張樂兒，現為香港中文大學歷史系碩士研究生，研究論題為〈兩漢對「不正常」的論述 —— 從「妖」一字的運用看早期帝國政治文化〉。研究旨趣在於漢代政治文化、社會文化及宗教史。

莫澤銘，香港中文大學歷史系碩士研究生。研究專長為中國古代史、簡牘學。

陳偉，現為香港中文大學歷史系碩士研究生，此前於香港中文大學取得文學士。研究興趣集中於三國史、古代政治文化與日常生活。

陳夢佳，香港中文大學歷史系博士研究生，於清華大學歷史系取得學士和碩士學位，後於美國哥倫比亞大學東亞語言與文化系取得碩士學位。研究範圍為早期中國社會史、文化史及出土文獻。曾撰寫〈《說文》未收小篆異體再補〉等學術論文，刊載於《出土文獻》與《出土文獻研究》。

溫玉冰，美國布朗大學歷史系博士生。此前於香港中文大學歷史系取得文學士及哲學碩士。研究範圍為秦漢史、環境史、社會及性別史，以及簡牘學。著有〈朱宏、劉宮臧罪案復原研究〉、〈讀《長沙五一廣場東漢簡牘選釋》札記一則〉等論文數篇。

劉子鈞，香港中文大學歷史系研究助理，先後於香港中文大學獲得文學士和哲學碩士。研究興趣為魏晉南北朝史，尤其是三國史及古代政治制度史。

劉天朗，香港中文大學歷史系哲學碩士，現為香港中文大學歷史系研究助理，研究範圍包括戰國至秦漢時期的制度史、社會史、文化史。

黎明釗，香港中文大學中國文化研究所亞太漢學中心高級研究員，此前任教於香港中文大學歷史系，其間擔任中國歷史研究中心主任（2009–2021）、歷史系系主任（2016–2021）及教授。研究專長及興趣包括秦漢及魏晉南北朝政治與社會史、家庭制度、秦漢簡牘研

究。著有《輻輳與秩序：漢帝國地方社會研究》、《漢越和集：漢唐嶺南文化與生活》（與林淑娟合著）；編有《漢帝國的制度與社會秩序》、《史學傳薪：社會・學術・文化的探索》（與李廣健、范家偉合編）、《東漢的法律、行政與社會：長沙五一廣場東漢簡牘探索》（與馬增榮、唐俊峰合編）等。

導言

湖南長沙在漢代稱為臨湘，當時長沙郡和臨湘縣的官署衙門皆在臨湘城內。最新的考古研究發現，兩漢時期的臨湘城南北長 1,400 米，東西寬 850 米，範圍大約北至今天的連升街、長沙市青少年宮、中山西路，東至東魚塘街、犁頭街、文運街，南至人民西路，西至下河街。至於漢代長沙郡及臨湘縣的官署治所則在今五一廣場及其附近區域，這裏構成了日後三國、兩晉、唐宋，以至明清時期長沙城的核心範圍。[1] 自上世紀九十年代以來，五一廣場一帶已先後出土六批西漢至三國時期的簡牘（見圖一），這些簡牘主要是當時地方政府的各類檔案文書。

名稱	時代	出土年份	數量
1. 走馬樓三國吳簡	三國時期	1996 年	約 100,000 枚
2. 科文大廈東漢簡牘	東漢中期	1997 年	約 200 枚
3. 走馬樓西漢簡牘	西漢武帝時期	2003 年	約 2,000 枚
4. 東牌樓東漢簡牘	東漢晚期	2004 年	426 枚
5. 五一廣場東漢簡牘	東漢早中期	2010 年	6,862 枚
6. 尚德街東漢簡牘	東漢晚期	2011 年	257 枚

　　本書所關心的是「長沙五一廣場東漢簡牘」。2010 年 6 月，工程人員在長沙地鐵五一廣場站施工期間，發現了一個被廢棄的古代井窖，藏有六千多枚東漢簡牘。這批簡牘經發掘及初步整理後，長沙市文物考古研究所在 2013 年 6 月發表〈湖南長沙五一廣場東漢簡牘發掘簡報〉一文，簡述了井窖的基本情況，以及二十枚具代表性的簡牘。簡牘的整理

1　有關長沙古城址的範圍，可參黃樸華，《長沙古城址考古發現與研究》（長沙：嶽麓書社，2016）。

圖一：漢代臨湘城及簡牘出土位置圖

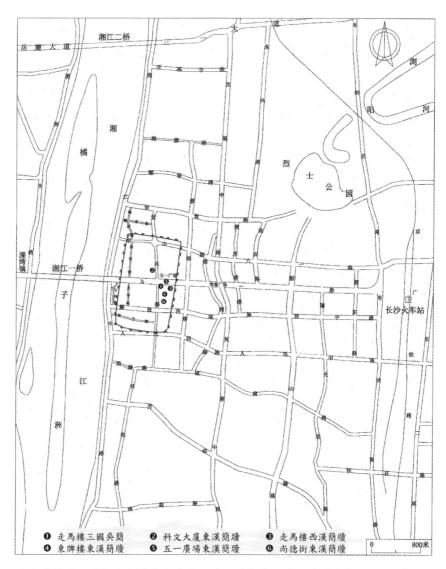

❶ 走馬樓三國吳簡　　❷ 科文大廈東漢簡牘　　❸ 走馬樓西漢簡牘
❹ 東牌樓東漢簡牘　　❺ 五一廣場東漢簡牘　　❻ 尚德街東漢簡牘

0　　　　　800米

改自黃樸華，《長沙古城址考古發現與研究》（長沙：嶽麓書社，2016），頁147。

及研究工作其後由長沙市文物考古研究所、清華大學出土文獻研究與保護中心、中國文化遺產研究院，以及湖南大學嶽麓書院四間機構聯合負責。他們在 2015 年出版《長沙五一廣場東漢簡牘選釋》一書，公佈了 176 枚簡牘。自 2018 年底起，正式的整理報告 ──《長沙五一廣場東漢簡牘》陸續出版，至今已出版六卷，公佈了超過 2,600 枚簡牘的圖版、釋文及尺寸。[2]

五一廣場東漢簡牘是東漢早中期的遺物，大體上是臨湘縣的官署文書，主要包含長沙郡及門下諸曹、臨湘縣及門下諸曹的下行文書，臨湘縣及臨湘縣下屬諸鄉、亭的上行文書，亦有與外郡縣的往來文書，紀年最早者為章帝章和四年（實際為和帝永元二年，90 年），最晚者為安帝永初五年（112 年）。就已公佈的資料而言，這批簡牘的內容涉及當時的政治、經濟、法律、社會等領域，從中可了解當時的行政區劃、管理體系、基層社會等方面的情況。

鑑於這批資料的重要價值，編者在 2017 至 2018 學年起與香港中文大學歷史系的研究生研讀長沙五一廣場東漢簡牘，我們定期每周會面，討論《長沙五一廣場東漢簡牘選釋》中的材料。研讀班的首部分成果已刊載於《東漢的法律、行政與社會：長沙五一廣場東漢簡牘探索》[3]一書。隨著《長沙五一廣場東漢簡牘》正式出版，研讀班在 2019 年秋天第二度舉行，參與該次研讀班的同學曾在 2020 年 1 月 6 日香港中文

---

2 長沙市文物考古研究所，〈湖南長沙五一廣場東漢簡牘發掘簡報〉，《文物》2013.6，頁 4–25；長沙市文物考古研究所等（編），《長沙五一廣場東漢簡牘選釋》（上海：中西書局，2015）、《長沙五一廣場東漢簡牘（壹至陸）》（上海：中西書局，2018–2020）。

3 黎明釗、馬增榮、唐俊峰（編），《東漢的法律、行政與社會：長沙五一廣場東漢簡牘探索》（香港：三聯書店，2019）。

大學歷史系中國歷史研究中心主辦的「五一廣場東漢簡牘工作坊」中報告，其間獲得尹在碩教授、馬增榮教授、唐俊峰博士等點評。2021 年 9 月，研讀班第三度舉行，集中研讀《長沙五一廣場東漢簡牘（貳）》的材料。本書收錄的十二篇論文，即是第二、三次研讀班，以及「五一廣場東漢簡牘工作坊」的部分研究成果。以下順次簡介各篇論文的要旨。

黎明釗〈長沙五一廣場東漢簡牘探索 —— 商貿活動、水道與陸路交通線〉一文探討臨湘城的商貿發展與區內水陸交通的關係。作者利用五一廣場簡及馬王堆漢墓出土的《地形圖》及《箭道封域圖》，勾勒出長沙一帶的水陸交通網絡，進而指出湘水是往來長沙郡及其屬縣、聯繫鄰近郡國的主要水道，以臨湘城為中心的商業活動便是透過湘江及其支流，以及接駁鄉里之間的水陸路線而進行。作者另一篇論文〈漢代長沙人口遷徙與丘、鄉、亭的行政關係 —— 以長沙五一廣場出土東漢簡牘為中心〉的焦點落在「丘」這個在東漢長沙郡出現的聚落上。作者認為丘出現的原因與人口遷移有關，當時北方遭受戰禍和自然災害影響，荊州地區相對安定，大量人口往南遷徙，導致該區人口急劇增加。為了賑濟貧民，舒緩人口壓力，朝廷多次下詔，允許受影響的災民在帝國管轄的偏遠土地上定居和耕種，不收假稅。長沙郡一帶原有聚落難以容納新增人口，數以萬計的新移民遂往山丘土地開墾，新開闢地的丘既是耕地，也是新定居點。作者又認為當時縣廷將戶籍與居住地分別陳列，說明當時作為新聚落的丘已超出原有鄉、里的規劃範圍，於是鄉主管丘民的民政事務，亭則處理丘的治安問題。

唐俊峰〈五一廣場東漢簡牘所示臨湘縣廷的內外空間與社會控制〉一文嘗試探討東漢早中期臨湘縣行政空間的劃分。文章認為當時臨湘縣廷內部大致分為門下、諸曹、裨官三類組織。作為縣長官的親近吏，

「門下」組織似為長吏的祕書，職在於起草和審核以縣長吏名義發出的文書；至於「諸曹」和「裨官」皆自秦以來的固有組織發展而來。間接史料顯示，臨湘縣廷諸曹和門下所在的區域存在一段距離。據賊曹的例子，諸曹掾、史其中一個職責，便是根據外部吏的報告，對縣長官就某事提供具體建議。此外，諸曹也負責校對相關裨官製作的簿籍及文書。最後，東漢時裨官雖被邊緣化，但仍掌握一定文書和實務工作。至於縣廷之外，則為鄉吏和自縣廷派遣的外部吏的世界。外部吏多以「兼掾」、「兼史」的形式任命，並可分作兩類：第一類屬定期派遣，常駐轄區；另一類則屬隨事派遣，縣廷會因應需要，任命縣廷的掾、史為「行丞事」等兼吏，將他們派遣至地方執行任務，事成即歸。外部吏的出現，反映了地方政府對轄區實行直接管治的努力。然而，這種方式未必真能加強政府對地方的控制。正因外部吏是縣廷控制轄區的重要媒介，對地方社會影響甚大，一旦任人不當，難免出現以權謀私的現象。外部吏和轄區民眾之間的張力，某程度上反而削弱了國家對地方社會的統治。

同樣涉及臨湘縣的行政空間問題，劉子鈞〈臨湘官吏方位分置研究 —— 以五一廣場東漢簡牘為中心〉一文透過梳理五一簡的官吏文書，勾勒出臨湘方位官吏之間的行政關係，並指出「左」尉、「左」賊專掌「左」部、「東」部、「北」部諸官，而「右」尉、「右」賊專掌「右」部、「西」部、「南」部諸官。作者又認為漢人會利用東、南、西、北、左、右、中等方位概念來分置官吏，這個發現顯示官號中的方位詞是用於標示官吏的職掌範圍，方位分置意味著行政管理在地理上之區劃。

長沙五一廣場東漢簡牘保存了兩封與寬大詔書相關的「書到」類文書，是了解安帝時期寬大詔書文本特徵的重要史料。所謂「寬大詔

書」指由皇帝頒佈要求地方官吏推遲案驗時間以順應時氣的詔書。陳夢佳〈從長沙五一廣場東漢簡牘看東漢「寬大詔書」的製作與實踐〉一文認為東漢時期中央通過「寬大詔書」將儒家「月令」學說直接運用於地方基層治理，是當時「以經治國」政治文化的突出體現。然而，經過對五一簡中獄訟類文書的統計分析，作者發現臨湘縣下屬各鄉及各部負責案件的官吏並未嚴格遵守「寬大詔書」，具體案驗時間往往以實用為主。這一現象提醒我們需要重新考量東漢時期儒家學說對帝國日常統治的實際影響。

接下來兩篇文章的作者將目光投向基層社會。張樂兒〈聚族而居、厚葬風氣與盜墓群體 —— 從長沙五一廣場東漢簡牘的一宗盜葬案說起〉通過「吳請等人盜發胡叔冢案」討論東漢時期長沙地區的地方大姓、厚葬風氣，以及盜葬群體的構成等問題。作者指出當時仍然有聚族而居的現象，有一定財富的平民墓葬規模不小，重葬風俗盛行。作者同時估計，當時的盜墓群體很大可能是以「家業」乃至「世業」的形式構成。溫玉冰〈五一廣場東漢簡牘所見女性生活〉則透過五一廣場東漢簡牘所錄的女性姓名，以及司法文書性質等來探討女性從夫姓問題，又試圖從文書表述及記錄來分析漢代女性於婚姻中的能動性，包括婚嫁、招贅、通奸、再婚等行為，以及女性財產與工作等議題，重新檢視古代中國女性的日常生活及自主性。

姜樹青〈從「格殺亭長賊區義」看東漢和帝至安帝時期臨湘縣地方治安的機制與盲點 —— 以長沙五一廣場出土簡牘為中心〉一文認為臨湘縣的行政系統與治安系統相輔相成，共同踐行著漢代以文書治天下的傳統。該文以長沙五一廣場出土簡牘為中心，探討了東漢臨湘地區亭長職能的專門性與挑戰，進而結合地理因素討論文獻和簡牘中「山」的話

語構建，以及其如何影響地方執法者與案犯間的互動，最後揭示地方執法者對執行律令的彈性及其原因。

莫澤銘〈長沙五一廣場簡中的官吏偵捕手法——以「故亭長王廣不縱亡徒周順案」為中心〉一文通過剖析「故亭長王廣不縱亡徒周順案」，探討東漢官吏的偵捕手法。作者認為東漢官吏在追捕逃犯時可能會以「詭出」的方式引出犯人，同時亦可能為完成任務而對平民行使武力，以避免犯下瀆職罪。

陳偉〈罪名與核實——從五一廣場簡牘「夜略尼案」看東漢格殺問題〉一文藉重組一宗掠人為妻的案情，分析案中犯人的罪名與潛在的格殺問題。案件中出現了「不直罪」，作者推測這是指罪行與犯人的身分有所衝突，產生不道德的情況，並提出漢代法律雖然允許捕者可在特定情況下格殺犯人，但事後須經縣廷多重核實。依據五一廣場簡牘所見，縣廷會要求格殺犯人的捕者作解書講述過程細節，或至派員偵查、檢驗屍體等。因此，縣廷的審核過程確保法律條文能被恰當運用，也反映了國家對暴力的制約。

李偉豪〈五一簡所見訴訟人身扣押與「閉」、「閉司空」試探〉一文以五一廣場簡所見司法程序中的人身扣押為起點，並蒐錄與「訟」有關的資料。論文認為臨湘的經濟活動令訴訟不斷增加，也更為複雜，伴隨著更多人身扣押的需要。五一簡「閉司空」的「閉」相信是一種針對民事、輕案涉事者的扣押形式，並由司空負責。通常處理已判決囚犯、刑徒勞動力的司空兼負人身扣押職責，相信是訴訟膨脹下臨湘政府為補足縣廷人身扣押能力之舉。

長沙五一廣場東漢簡牘自公佈以來，引起廣泛關注，學者紛紛發表意見。張煒軒、溫玉冰〈長沙五一廣場東漢簡牘研究概述（2013–

2021）〉一文從簡牘屬性、簡牘形制及文書內容、地方行政、司法制度、經濟、社會、書法與文字等方面，概述自 2013 至 2021 年間有關五一廣場簡牘的研究。初次接觸這批材料的讀者，不妨從這篇研究概述著手，尋找有興趣的研究題目。

本書得以編成，同學參與尤其重要。歷次簡牘研集班的研究生包括楊頌宇、李華、張煒軒、溫玉冰、馬小菲、何俊謙、劉天朗、謝雅妍、張倩兒、吳宜宣、張釗、李偉豪、劉子鈞、鄒鈺淇、莫澤銘、趙元瑩、姜樹青、陳夢佳、陳晴妍、陳偉、張樂兒。沒有他們積極響應，本書無法出版。讀者或許注意到，本書收錄不少論文的作者，是在讀的碩士、博士研究生，部分更首次將研究成果發表。這些論文的內容與觀點或有不成熟的地方，然而作為同學初登學術之門的印記，希望本書的出版可以鼓勵他們繼續深造，追求學問，認識不足，止於至善。編者謹代表本書一眾作者請前輩學者、大雅君子不吝賜教，匡其不逮。

最後，本書得蒙香港中文大學歷史系支持，慨允資助出版經費；成書期間，編者又獲香港中文大學中國文化研究所蔣經國基金會漢學研究中心提供優越的研究資源及環境。我們謹對上述兩機構致以謝意。李潤桓教授再次為拙著題簽，「臨湘社會的管治磐基」九字漢隸，端雅莊重，令本書生色不少，特致謝忱。香港三聯書店出版經理梁偉基博士玉成本書出版，朱卓詠小姐承擔編輯工作，時多匡正，我們深表謝意。

黎明釗、劉天朗

2022 年 4 月 3 日

2022 年 8 月 15 日再補

長沙五一廣場東漢簡牘探索

——商貿活動、水道與陸路交通線

黎明釗

一、引言

　　長沙五一廣場過去曾多次出土漢至三國時期的簡牘，其中 2010 年出土東漢簡牘的一號窖，有 6,862 枚簡牘。[1] 2015 年長沙市文物考古研究所公佈部分簡牘內容，作了釋文和附有圖片，《長沙五一廣場東漢簡牘選釋》收錄了 176 枚簡牘，[2] 其後長沙市文物考古研究所出版了六冊的簡牘，共 2,600 枚。這批簡牘內容涉及東漢中早期，和帝至安帝時期的政治、經濟、法律、軍事諸多方面，彌足珍貴。按整理及考古學者研究認為，五一廣場是春秋戰國以來長沙城的中心，秦漢兩代在此建長沙郡、長沙國。漢長沙國都城以戰國時期長沙城的基礎改建成臨湘城，東漢長沙郡治，也在臨湘城內。此後，三國、兩晉以至明清時期，長沙城的中心位置，未發生遷移，歷代王府及郡、州、路、府治所，官署位置基本在今五一廣場區域，故這次出土在五一廣場的簡牘大體是臨湘縣城的官署文書。[3]

1　長沙市文物考古研究所，〈湖南長沙五一廣場東漢簡牘發掘簡報〉，《文物》2013.6，頁 9。《長沙五一廣場東漢簡牘》的編者提到簡牘總數為 6,862 枚，應當是準確的數字，見長沙市文物考古研究所等（編），《長沙五一廣場東漢簡牘（壹）》（上海：中西書局，2018），頁 2。按《長沙五一廣場東漢簡牘》已經由上海中西書局出版了六冊，《壹》及《貳》出版於 2018 年、《叁》及《肆》於 2019 年、《伍》及《陸》於 2020 年。

2　長沙市文物考古研究所等（編），《長沙五一廣場東漢簡牘選釋》（上海：中西書局，2015），下文簡稱《選釋》。

3　陳偉先生曾有辨析，見氏著，〈五一廣場東漢簡牘屬性芻議〉，武漢大學簡帛研究中心「簡帛」網站：http://www.bsm.org.cn/?hanjian/6094.html，2013.09.24。（搜尋，2022.01.30）又從已公佈資料看來，五一廣場簡牘多為法律文書，且簽牌（350、673）、文書標題簡（24、440、500、651）多記「左賊書」，應表示當中不少文書俱寄至左賊書，或許五一廣場這批資料大多皆屬臨湘縣左賊曹的檔案。

本文嘗試從河道交通的角度考察部分相關的簡牘。湘水是往來長沙郡內及其屬縣，聯繫鄰近郡國的主要水道，其發源、流經、匯聚乃由眾多支流所組成，覆蓋荊州的主要地域，北匯洞庭。漢代百姓出門，除步行以外，陸上乘車，水上乘船。荊州一帶的百姓、外來行旅，以至軍隊的徵調，都可以利用注入湘水的主要支流，以舟楫載運輜重、貨物，輾轉流徙，《水經注》所述就是舟行的路線。五一廣場東漢簡牘所示的商貿活動，頗與湘水有關，本文試以幾枚五一廣場東漢簡牘所見的商貿活動為切入點，然後簡述《水經注》湘水水道，馬王堆的《地形圖》及《箭道封域圖》的水、陸路網絡。筆者認為五一廣場東漢文書所示部分商業活動是透過湘江及其支流，以及聯繫鄉里之間的水陸路線進行。

二、五一廣場東漢簡牘所見的商貿活動 —— 以水道交通為中心

　　零陵郡泉陵是湘水與深水貿易的轉運地。蒼梧郡與零陵泉陵的人口和商業活動，見《選釋》例108及《壹》簡306：

> 中，元物故倉（蒼）梧，歸臨湘埊（葬）。埊（葬）後有大婢侍、民、奴秩、主及聖，大宅、市肆各二，及家□物，何皆檢錄。時珠年四五歲，幼小，隨脩留泉陵，何賣宅、侍、民、秩、主，散用錢給和、免、聖（《選釋》例108）

☐呼石居，占數戶下以為子，免壓為庶人。[4] 到永元十一年中，脩更嫁
為男子

☐與山居。脩嫁珠為其縣男子蔡淈妻，無子，賓（棄）。到十五年三
月中，脩、珠俱來（《壹》簡 306）

《水經注》談及零陵泉陵時大致這樣說：湘水在泉陵匯聚營水水系，湘
水東北過洮陽有洮水注入，又東北過泉陵縣西，有營水從營陽冷道縣南
流注湘水。按此處營水當指深水，即今瀟水。此間值得注意的是，營水
又西經營道縣，有馮水注入，匯聚一眾的支流，成為一水，當地稱為北
渚。縣北的關下，商業匯集，《水經注》說關下是「商舟改裝之始」。
根據楊守敬的解釋，改裝意思是貨物在此地「舍車登舟」，利用水道運
輸貨物，換言之，關下是「商船改裝貨物的埠頭」。例 108 的元物故蒼
梧，然後歸臨湘葬，當經湘水返回臨湘。其妻子脩原籍推測是零陵郡泉
陵人，相信是元往來長沙與蒼梧跟她邂逅，進而成親，只是婚後未有生
兒子，得不到夫家認同，她的丈夫物故後，迫得攜同其幼女珠返外家居
住，一起回泉陵。元與脩在泉陵認識，也許是商業都會的機緣，締結一
段姻緣。以此推想，湘水連繫著「長沙 — 泉陵 — 湘水源頭 — 靈渠 —

---

4 陳偉先生釋「免」為動詞，斷為「免壓為庶人」，拙文初以為人名，誤，今從陳先
　生之說。見陳偉，〈五一廣場東漢簡 108、135 號小考〉，武漢大學簡帛研究中心
　「簡帛」網站：http://www.bsm.org.cn/?hanjian/7655.html，2017.10.11。（搜尋，
　2022.01.30）

灘水」的交通路線和蒼梧郡的商業活動。[5]

　　舍辤：十四年五月不處日，俱乘棋船上之沂溪中市魚，到潘溪⋯⋯
☑（《選釋》例 37）

例 37 的簡牘中人物乘棋船溯沂溪而上，到某市出售魚，未知「棋船」
是何種船。抑或「棋」是人名，如是人名，舍本人無船，借用棋的船來
用。考慮水上人打魚為生，絕不可能沒有船，所以「棋」似不是人名，
「棋船」可能是某種形狀的船。「沂溪」，疑是沂水之溪。潘溪未知何
溪，待查。

　　很多百姓有自己的船，在湘江及其支流買賣謀生計，下例 65 提到
「皮買船，直未畢。今郢言，恐皮為姦詐，不載」，皮買船並以船隻替
人，或官府運輸：

　　文書來問王皮。郢住惠、元下津磧上，炊一石米，乃命王屯長來問
　　惠、元，府廷書何在？惠輒以書付王屯長持視。郢飯頃，王屯長還，
　　言皮不可得。時郢與（《選釋》例 56）未敢擅付。又次妻孝自言，皮

---

5 湘水與蒼梧的交通連繫在於秦通靈渠，按《史記・主父偃傳》記始皇帝北攻胡，南攻
百越，後者由尉屠睢將樓船之士出征，曾使監祿，即「監御史祿」鑿渠運糧，深入越
地，越人遁逃。此事《漢書・嚴助傳》有提及。而酈道元《水經注》卷 38〈灘水〉謂
史祿始作靈渠，導湘水之流，使合之灘水，而灘水南與溈水合，又南與彈丸溪合，與
洛溪會，南流入熙平縣、平樂縣界，南過蒼梧荔浦縣，有瀨水、濡水注入，漢志荔浦
縣有關，謂荔平關，循此湘水通灘水，可達到蒼梧。參考〔西漢〕司馬遷，《史記》（北
京：中華書局，1982），卷 112，〈主父偃傳〉，頁 2958；〔東漢〕班固，《漢書》（北
京：中華書局，1962），卷 64，〈嚴助傳〉，頁 2783；〔清〕楊守敬、熊會貞（疏），
陳橋驛（校），《水經注疏》（南京：江蘇古籍出版社，1989），頁 3165–3173。

買船，直未畢。今郢言，恐皮為姦詐，不載。辭訟，當以時決皮。見左書到，亟實核姦詐，明正處言，會月十七日。熹、福、元叩頭死罪死罪。（《選釋》例 65）

郢是武陵大守伏波營軍守司馬，上例與〈湖南長沙五一廣場東漢簡牘發掘簡報〉所載木牘（J1③:325-1-140）有關，[6] 其釋文如下：[7]

永元十五年閏月丙寅朔八日癸酉，武陵大守伏波營軍守司馬郢叩頭死罪敢言之。前言船師王皮當償彭孝夫文錢。皮船載官米，財（裁）遣孝家從皮受錢。郢叩頭叩頭死罪死罪。皮船載米四千五百斛，已重。孝不<u>來</u>。今月六日遣屯長王于將皮詣縣與孝誼，祗未到。亭長姓薛不知名奪收捕皮，毄（繫）亭。案：軍糧重事，皮受僦米六百卅斛，當保米致屯營。今收毄（繫）皮，空船無攝護者，亭重船稽留有日不得發，恐宿夜災異，無誰詭責。郢客吏，被蒙府厚恩發遣，正營流汗。唯長沙府財（裁）吏馬，嚴臨湘晨夜遣當代皮攝船者詣郢，須進道。皮訟決手械，部吏傳詣武陵臨沅，保入官米。郢誠惶誠恐叩頭叩頭死罪敢言之。

閏月十日乙亥，長沙大守行文事、大守丞虞謂臨湘：寫移。縣知皮受僦當保載，而盛春佝留皮，又不遣孝家受取直，更相推移，何？書到，亟處，言，會急疾如律令。·掾廣、卒史昆，書佐熹

今白：誰收皮者，召之。閏月十一日開

6　長沙市文物考古研究所，〈湖南長沙五一廣場東漢簡牘發掘簡報〉，頁 22。

7　釋文參照楊小亮，見氏著，〈關於「王皮木牘」的再討論〉，《出土文獻》2020.4，頁14。

長沙運輸業旺盛，王皮是船師，買船替人運貨，買船金額可能從其友人彭孝的丈夫文借來。然而，「皮買船，直未畢」，王皮未有還清欠債。可是王皮承擔軍營（伏波營）用船「載米四千五百斛」，應當「當保米致屯營」，船隻被扣留，又沒有找其他船師代替，導致軍糧無法運至武陵郡的伏波營。按武陵在長沙郡西面，東漢光武及和帝年間武陵蠻經常叛變，建武二十五年（49年）伏波將軍馬援曾在臨沅擊破相單程，劉國忠推測武陵蠻主要由武陵郡兵討平，伏波營應該是武陵郡兵的兵營。[8] 王皮是船師，買船並承擔運輸米四千五百斛，數量龐大，其船隻絕非一條扁舟。其所經路線，當是從長沙臨湘城出發，經湘江，入益陽，循資水，入沅水，至臨沅。

零陵郡湘鄉南陽鄉新亭里男子伍次自身有船，從遠處來長沙謀生，或從事販賣布匹，簡文說：

> 零陵湘鄉南陽鄉新亭里男子伍次，年卅一，長七尺，黑色。持㭎船一樓（艘），絹三束，矛一隻☐（《貳》簡709）

伍次持「船一樓，絹三束」，似以水路來長沙求賣絹，「絹三束」是小本錢的生意。但由於上下皆缺，從伍次尚持之物，包括「㭎」與「矛」（按「矛」為武器），「㭎」應通「艉」，孫濤認為是一種流行於南楚江

---

8 劉樂賢結合古人堤東漢簡牘所見「伏波」之名，亦認為木牘中提到「武陵大守伏波營」是和帝時期武陵郡的郡兵。劉國忠認為例65木牘説明王皮是因為在買船過程中欠下債務。見劉樂賢，〈長沙五一廣場出土東漢王皮木牘考述〉，《中山大學學報（社會科學版）》2015.3，頁61；劉國忠，〈五一廣場東漢簡王皮運送軍糧案續論〉，載李學勤（主編），《出土文獻》，第7輯（上海：中西書局，2015），頁252。

湘一帶船體長而淺的船，即《方言》說「艇長而薄」的船。[9] 簡 462 亦記「男子伍次檽船必當頓止」一語，證明「檽船」為一詞。

最後是《選釋》例 117，由於大量貨物透過船隻水運，引起盜賊垂涎，搶劫殺人時有發生。釋文謂：

☐府告兼賊曹史湯、臨湘：臨湘言，攸右尉謝栩與賊捕掾黃忠等別問傲趙明宅

☐者完城旦徒孫詩，住立，詩畏痛自誣：南陽新野男子陳育、李昌、董孟陵、趙次公[10] 等劫殺明及王得

☐等。推辟謁舍，亭例船剌無次公等名。縣不與栩等集問詩，詩自誣，無檢驗。又詩辭：於其門聞

☐不處姓名三男子言渚下有流死二人。逐捕名李光、陳常等，自期有書。案☐移湯書。詩辭：

☐持船於湘中糶（糴）米，見流死人。縣又不綠（錄）湯書而末殺，不塞所問，巨異不相應，何？咎在主

☐者不欲實事。記到，湯、縣各實核不相應狀，明正處言，皆會月十五日。毋佝（拘）毄（繫）無罪、

---

9 參考〔清〕錢繹（撰集），李發舜、黃建中（點校），《方言箋疏》（北京：中華書局，1991），頁 323–324；孫濤，〈讀《長沙五一廣場東漢簡牘選釋》札記兩則〉，武漢大學簡帛研究中心「簡帛」網站：http://www.bsm.org.cn/?hanjian/7538.html，2017.05.07。（搜尋，2022.02.04）

10 劉樂賢認為殘字可能即後面出現的「次公」，見氏著，〈長沙五一廣場所出東漢孫詩供辭不實案再考〉，載中國文化遺產研究院（編），《出土文獻研究》，第 12 輯（上海：中西書局，2013），頁 272–279。

▢毆擊人。有

　　▢府君教

　　五月九日開

　　永元十五年五月七日晝漏盡起府

此案疑發生於攸縣和臨湘的河流之間，事涉陳育、李昌、董孟陵、趙
□□等人劫殺明及王得，未知何故完城旦徒孫詩涉案被捕，惟「明」可
能就是「儌趙明宅」的「趙明」，亦即被劫殺的死者「明」。孫詩或可
能在趙明家中為儌，因此被懷疑是兇手。相關掾吏嚴問孫詩，孫詩畏痛
自誣，供詞中提及自己「持船於湘中糶（糴）米，見流死人」。所運輸
的「湘中糶（糴）米」，是以船隻運來臨湘縣。案件涉攸縣右尉謝栩與
賊捕掾黃忠，疑部分賊人來自攸縣，為明白了解事件或涉案者（包括死
者）身分，秦漢一些訴訟往往涉兩地掾吏一起調查。結合上引王皮承擔
運輸軍糧的案件，臨湘和攸縣都可能是產米之地。案中眾人以船隻作為
運輸媒介，航運路線大抵以湘江及其支流為中心。

三、湘水水道與交通網絡

　　《漢書・地理志》記載長沙國下轄十三縣，包括臨湘、羅、連道、
益陽、下雋、攸、酃、承陽、湘南、昭陵、荼陵、容陵、安成等縣，同
時重要山脈、水道也有概略的記載，足以反映當時湘水及其支流連繫主
要縣道。[11]

　　例如臨湘瀕臨湘水，應劭說「湘水出零山」；羅縣有汨水注入湘

---

11 《漢書》，卷 28，〈地理志〉，頁 1639。

水，師古曰「盛弘之《荊州記》云縣北帶汨水，水原出豫章艾縣界，西流注湘」；益陽縣，則湘山在其北面。應劭曰益陽「在益水之陽」；承陽在「承水之陽」。師古曰「承水原出零陵永昌縣界，東流注湘也」；荼陵縣有泥水西入於湘水，流經七百里。還有各種特產：《續漢書·郡國志》注引《荊州記》記載酈縣有酈湖，周迴三里。取湖水製酒，酒極其甘美。益陽產金，《荊州記》曰：「縣南十里有平岡，岡有金井數百，淺者四五尺，深者不測。俗傳云有金人以杖撞地，輒便成井。」[12] 按《水經注》熊會貞據《初學記》所引《荊州記》推測是昔人採金，謂之金井。[13]

長沙五一廣場簡牘文書的內容有相當大量的資料涉及商貿以及外來客旅的活動，這些活動都與湘江及其支流有關。湘水源頭在零陵郡的陽朔山，其支流涵蓋零陵郡及其屬縣，包括泉陵、零陵、營道、營浦、冷道、洮陽、夫夷、始安、重安和湘鄉。另外，長沙郡十三縣不單受著湘水灌溉，整片腹地涵蓋湘水水系，並聯繫澧水水系、沅水水系和資水水系。這個水道網絡體系非常龐大，湘水北流匯入洞庭湖，百姓商旅可由

12〔南朝宋〕范曄，《後漢書》（北京：中華書局，1965），志 22，〈郡國四〉，頁 3483。

13《水經注疏》，頁 3117。

此進入長江，北往江淮，以至關中。[14] 湘水是往來長沙郡內及其屬縣，聯繫鄰近郡國的主要水道，其發源、流經、匯聚乃由眾多支流組成，覆蓋荊州主要地域，北匯洞庭。《水經注》詳細敘述湘水水系，陸上乘車，水上乘船，荊州一帶的百姓、外來行旅以至軍隊的徵調，他們都可以利用注入湘水的主要支流，行舟載運貨物，輾轉流徙。《水經注》所述就是舟行的路線，以下筆者簡述《水經注》建構的湘水水道網絡。

　　1. 湘水源頭在零陵。湘水出零陵始安縣陽海山，所謂陽海山就是陽朔山。[15]《續漢書‧郡國志》謂零陵陽朔山，湘水所出。[16] 按楊守敬謂

---

14 漢代長沙國（郡）的腹地不單囊括湘水流域，也包括資水、沅水和澧水，四水同時注入洞庭湖。中國歷史博物館藏「鄂君啟節」是楚懷王頒給屬下封君免稅通行關津的憑證，銘文提到楚王規定鄂君啟舟行（即水路）、車行（即陸路）交通運輸的路線、運載量、貨物種類和納稅情況，其中舟行路線：「自鄂往，逾湖，徒（涉）漢，庚邔，庚芑昜，逾漢，庚鄖，逾夏，內口，逾江，庚口（彭）口，庚松昜，內澮江，庚爰陵，徒（涉）江，內湘，庚口（牒），庚口昜（洮陽），內口（沭），庚鄙，內口，沅、澧、口、徒（涉）江，庚木關，庚郢。」車行路線：「自鄂往，庚昜丘，庚邡城，庚口禾，庚畐焚（或作埜），庚繁昜，庚高丘，庚下口（蔡），庚居鄎，庚郢。」（按「內」即「入」；「庚」即「經過」；「逾」即「改道」。）反映長沙往北行路線，似乎以楚都郢城為貨運的集中點。王元林綜合各家之說有如下看法：「這其中有關湘水沿岸的交通路線記載較詳，反映出當時湘水比資、沅等其它幾條水道更為重要，應是楚人南下五嶺的主要水道。據譚其驤先生考證，牒即今湖南湘陰縣湘水西岸濠河口與喬口之間；洮陽即漢洮陽縣，今廣西全州湘水上游支流洮水（今黃沙河）北岸；鄙當漢代便縣，即今湖南永興縣郴（耒）水中游北岸。鄂君的水程西南路入湘、入耒，航線遍佈於今鄂西南、湖南極大部分，遠至廣西邊境。楚國在湘水、灘水分水嶺附近設有陽（鄂君在此地免稅），這與西漢馬王堆帛畫地圖所記桃（洮）陽當指一地，此說應無誤，則楚南界已達南嶺。可見，早在戰國中晚期，楚國的官商船隊就經由湘、資、沅、澧諸水，遠達沅湘上游及五嶺地區經商，最遠可達洭陽等五嶺關口。」參氏著，〈秦漢時期南嶺交通的開發與南北交流〉，《中國歷史地理論叢》23.4（2008），頁 46。

15《水經注疏》，頁 3120。

16《後漢書》，志 22，〈郡國四〉，頁 3483。

《寰宇記》云：「湘、灕同源，分為二水，水在全義嶺上，南流為灕水，北流為湘水。又羅君章《湘中記》曰：湘水之出於陽朔則觴為之舟，至洞庭，日月若出入於其中也。」[17] 即說湘水、灕水同源，皆出自零陵始安縣陽朔山，南流為灕水，北流為湘水，湘水源頭雖然很細小，流至洞庭，水面寬闊。《水經注》說湘水自陽朔山「東北過零陵縣東」，經過越城嶠水，嶠即嶺南五嶺的西嶺，是秦置戍守五嶺之一，是軍事要塞無疑。既是軍事之塞，則當有道路網絡。熊會貞按語說越城嶠水北注湘水，東北逕觀陽縣，與觀水合，西北逕觀陽縣西。又西北流注於湘川，謂之觀口也。

2. **湘水在泉陵匯聚營水水系。** 湘水東北過洮陽有洮水注入，又東北過泉陵縣西，有營水從營陽泠道縣南流注湘水，營水此間流經九嶷山，《水經注》謂營水經過泠道縣界，有舜廟，而且縣南有舜碑，是零陵太守徐儉所立，上文提及營水西經營道縣，與注入的馮水匯聚當地稱為北渚。縣北的關下是商業匯集，「商舟改裝」，利用水道運輸貨物的中心，[18] 營水向北流，有都溪水注入。按都溪水出自舂陵縣北，舂陵縣本泠道縣之舂陵鄉，漢長沙定王分以為縣，武帝元朔五年（前 124 年），封王中子買為舂陵侯。舂陵縣省於元帝時，但故城仍在，縣東傍都溪，都溪水西逕新寧縣南。縣有五山，每座山有一溪，五水會於縣門，故曰都溪。都溪北流經泠道縣北與泠水合，而泠水北入於營水。營水北流注於湘水，就是漢零陵郡泉陵縣。湘水又北與應水合。應水又東南流，逕有鼻墟南。王隱曰：應陽縣本泉陵之北部，東五里有鼻墟，據

17《水經注疏》，頁 3120–3121。

18 陳橋驛（主譯），《水經注全譯》（太原：山西人民出版社，1995），頁 659。

說是虞時鼻國之封地，附近有象廟。[19] 按此地稱「墟」，有荒蕪、荒廢的意思，但亦可能是村莊、墟里的地方，此地既有象廟，人口集中而成墟里，甚或成為墟市。湘水又繼續向東北流，得洍口水注入，至祁陽縣南，又有餘溪水、宜水、春水口注入。

3. 湘水北流至酃縣。湘水又東北過酃縣西，承水從東南來注入。承水出於重安縣，流經舜廟。附近有長沙頃王子度邑，其後承水有武水注入，承水最後在湘東臨承縣注入湘水，臨承就是漢代的酃縣。[20] 湘水又北經過衡山縣東，衡山在西南，衡山有三座主峰，一曰紫蓋；二曰石囷；三曰芙蓉。《水經注》說：「丹水湧其左，澧泉流其右。」[21] 楊守敬按謂丹水、澧泉皆無考。《澧水》篇之水出武陵充縣，與衡山中隔沅、資、漣諸水。《夷水》篇之丹水，出夷道，更隔澧水，所以《水經注》講的右、左兩水，皆非此水也。今衡山之東面和西面有數水，分別東入湘水，西入連水，未知何者為丹水，何者為澧水。不過此間有舜廟及祝融冢為文化重地。衡山東南兩面，「臨映湘川，自長沙至此，沿湘七百里中，有九向九背」，換言之，長沙與衡山縣有七百里的水路航程，其中有九次面對衡山，九次背著衡山。楊守敬謂《續漢志》注引《湘中記》，沿湘千里，九向九背，亦可為此當作沿湘，但作九向九背

---

19 《水經注疏》，頁 3131。

20 承水又即烝水。《水經注》熊會貞疏考《漢志》長沙國有承陽縣，不見此《水經注》，可能是脫文。《漢志》承陽，應劭曰，承水之陽。這是《水經注》作承水之所本。但東漢的記載則寫作烝，間有寫作承，《續漢志》、《晉志》作烝陽。此縣吳置，《晉》、《宋志》作臨烝、《齊志》作臨蒸，《水經注》作臨承，亦從《漢志》也。吳屬衡陽郡，晉屬湘東郡，東晉為郡治，宋、齊、梁因。今衡陽縣治。東注於湘，謂之承口。會貞按：今烝水東北流至衡陽縣東北烝口，入湘水。以上參考《水經注疏》，頁 3134–3135。

21 《水經注疏》，頁 3133–3134。

之證。[22] 當時有漁歌曰：「帆隨湘轉，望衡九面。」[23] 換言之，湘川水道聯繫衡山與長沙的交通。

4. 湘水至湘南縣、陰山。 湘水由東北經過湘南縣，據說在此有華水從湘南入湘水，出自郴縣的耒水也來到湘南入湘水。湘水又北逕麓山東面，其山東臨湘川，西傍原隰，息心之士，多所萃焉。《水經注》謂湘水又東北過桂陽郡陰山縣西，洣水從東南來注之。又北過醴陵西，漉水從東來注之。

5. 湘水流至臨湘縣。 湘水又北過臨湘縣西，到達長沙郡，瀏水從縣西北流注之：

> 縣南有石潭山，湘水逕其西，⋯⋯ 湘水又北逕南津城西，西對橘洲，⋯⋯ 水西有橘子洲戍，[24] 故郭尚存。湘水又北，左會瓦官水口，湘浦也。又逕船官西，湘洲商舟之所次也。北對長沙郡，郡在水東，州城南，舊治在城中，後乃移此。湘水左逕麓山東，上有故城。山北有白露水口，湘浦也。又右逕臨湘縣故城西，縣治湘水濱臨川側，故即名焉。王莽改號撫陸，故楚南境之地也。秦滅楚，立長沙郡，即青陽之地也。秦始皇二十六年，令曰：荊王獻青陽以西。《漢書·鄒陽傳》曰：越水長沙，還舟青陽。《注》張晏曰：青陽，地名也。蘇林曰：青陽，長沙縣也。漢高祖五年，以封吳芮為長沙王。是城即芮築也。漢景帝二年，封唐姬子發為王，都此。王莽之鎮蠻郡也。⋯⋯ 城之西

---

22 《續漢志》注引《湘中記》曰：「衡山有玉牒，禹案其文以治水遙望衡山如陣雲，沿湘千里，九向九背，迺不復見。」見《後漢書》，志 22，〈郡國四〉，頁 3485。

23 《水經注疏》，頁 3139。

24 所謂「子戍」，《水經注》引朱《箋》謂：「孫云：疑作橘子洲戍。趙云：按子戍，戍之小者耳，猶子城之類。」見《水經注疏》，頁 3142。

北有故市，北對臨湘縣之新治。縣治西北有北津城，……湘水左合誓口，又北得石欄口，竝湘浦也。右合麻溪水口，湘浦也。湘水又北逕三石山東，山枕側湘川北，即三石水口也。湘浦矣。水北有三石戍，戍城為二水之會也。湘水又逕瀏口戍西，北對瀏水。[25]

按湘水流至長沙郡臨湘縣，楊守敬謂：秦縣為長沙郡治，漢為長沙國治，後漢、吳、晉、宋、齊、梁為長沙郡治，臨湘縣故城就在長沙縣城南。[26]此地可防守的津戍頗多，除南津城外，熊會貞還提及有北津城；附近也有戍為守，橘洲子戍，就被認為是戍之小者，猶如子城之類，在附近的湘水水口有三石戍、瀏水入湘水交匯處有瀏口戍、溈水入湘有溈口戍，相信是河津要地，有交通和軍事戍守的需要。湘水北匯瓦官水口，這是一個湘浦之地。湘水經過船官西，這裏是湘洲商舟所停泊之地，是商旅人流和貨物匯聚的地方。麓山東面有古城，湘水在右面經過，臨湘故城和長沙郡治就在這裏。長沙臨湘城商業發達，除貨運匯聚於瓦官水口外，城之西北又有故市，熊會貞謂：「宋本《寰宇記》，新市在長沙縣東北一里半，昔吳芮為長沙王，百姓種植，累年不熟。澧州道士有狀聞王云：郡東南皆流水，此土豐，可置市。王遂徙市以背流水。此故市蓋未徙以前之市也。」[27]換言之，新市在城的東南，故市在城的西北面，臨湘城就在附近，新市在縣南，遠商行旅先登岸，然後進城，故此旅客往來必然頻繁。

6. 湘水在臨湘以北入江。 湘水來到臨湘又向北流，溈水從西南來

25《水經注疏》，頁 3143–3147。

26《水經注疏》，頁 3144。

27《水經注疏》，頁 3146。

注之。按《水經注》，潙水出自益陽縣馬頭山，東逕新陽縣南，潙水又東入臨湘縣，歷潙口戍，東南注湘水，然後湘水又北合斷口，又北則下營口，這些都是湘浦。湘水之左岸有高口，水出益陽縣，流到陵子口，湘水右岸，銅官浦出焉。湘水又北流逕銅官山，此山西面臨瀨湘水。湘水過了銅官山，北過羅縣西，潭水從東面流注。按在此處湘水流域有錫水、玉水、黃水、汨水等注入。湘水在三陽涇注入錫水，《水經注》提及此間河流枝津匯合之處頗多戍口、湘浦，甚至湖泊，三陽涇水南有三戍，戍為城堡，望屯浦為湘浦。湘水北逕白沙戍西，會東町口的潭水，與決湖口相接，東通湘渚。湘水繼續北往，與從豫章而來的汨水在汨羅戍南匯合。然後北流，先後與九條水口匯合，都是湘浦。[28]

湘水又北過下雋縣西，微水從東來流注。北流又北至巴丘山，入于江。事實湘水到了下游，有微水注入之外，尚與資水、沅水、澧水匯合，此四水一同注入洞庭湖，北與大江匯合，《水經注》稱之為「五渚」：

> 湘水左會清水口，資水也。世謂之益陽江。湘水之左逕鹿角山東，右逕謹亭戍西，又北合查浦，又北得萬石浦，咸湘浦也。側湘浦北有萬石戍。湘水左則沅水注之，謂之橫房口，東對微湖，世或謂之麋湖也。右屬微水，即《經》所謂微水經下雋者也。西流注于江，謂之麋湖口。湘水又北徑金浦戍，北帶金浦水，湖潰也。湘水左則澧水注

---

28 以上根據陳橋驛（主譯），《水經注全譯》，頁 666。按湘浦就是牛軛湖（Oxbow Lake），又稱馬蹄湖，是由於河流的變遷或改道，曲形河道自行截彎取直後留下的舊河道形成的湖泊，一般常見於河流下游的氾濫平原。由於河流曲流增大，造成曲流頸部愈來愈窄。若洪水氾濫，頸部遭截斷，變成切斷曲流，所形成的半月形湖，稱為「牛軛湖」。

圖一：漢代湘水水系圖

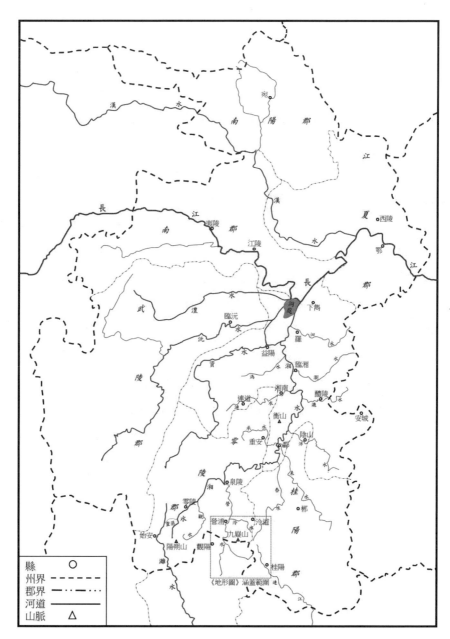

改自譚其驤（主編），《中國歷史地圖集》（北京：中國地圖出版社，1982），第
2 冊，頁 49–50，「荊州刺史部」。

之，世謂之武陵江。凡此四水，同注洞庭，北會大江，名之五渚。[29]

綜上而言，湘水自零陵陽朔山起始，水道有觀水、洮水、營水（即深水、瀟水）注入。於泉陵一帶，營水再有都溪水及泠水注入，營水北流注於湘水。湘水有應水匯入，有沺口水注入，又有餘溪水、宜水、舂水口注入。於酃縣一帶，湘水有承水、耒水注入，湘水經過衡山，有洣水注入，經過湘南，漣水和漉水注入。湘水北過臨湘縣西，瀏水流注；及後向北流，溈水從西南來注，湘水過了銅官山，北過羅縣西，潙水從東面流注，湘水北過下雋縣西，微水從東來流注，其後與資水、沅水、澧水齊匯洞庭，北流又北至巴丘山，入于江。荊州地區因為匯入和注入湘水的大小河道構成龐大的水道網絡，促進了人流和商業的發展。

順道一提，航行水道必須倚賴船隻。南方地區造船業頗為蓬勃。王子今《秦漢交通史稿》就論及漢代夷陵是造船基地，江陵造船業也很集中，豫章郡的船舶製造技術很高，而《漢書・地理志》記廬江郡「有樓船官」。[30] 東漢末年，孫權在武昌新裝大船，並在漢口試驗，武昌在漢屬江夏郡鄂縣，此可說明漢代江夏郡是主要的造船基地。此處雖然沒有直接論及長沙湘水的造船業，但夷陵、豫章、廬江與江夏郡都可以從長江、雲夢，通過河流來到長沙。而《漢書・地理志》所說的番禺是一個內河航運、近海航運和遠洋航運重要基地，其造船技術也可以通過西江到達瀟水，並通過秦時史祿所鑿通的靈渠，進入湘水水系。番禺也可能吸納外洋造船技術。《漢書・地理志》說「蠻夷賈船」，[31] 不單蠻夷商船

---

29 《水經注疏》，頁 3157–3158。
30 《漢書》，卷 28，〈地理志〉，頁 1568。
31 《漢書》，卷 28，〈地理志〉，頁 1671。

前來貿易，交趾商旅亦可以北上，外洋蠻夷亦可以來此進行商業貿易。
湘水、洞庭、雲夢以及連接長江。可見長江水系與珠江水系得靈渠而連
接起來，湘江居中，連接流經的大小都會，例如上文提及的泉陵，南達
蒼梧、番禺，是南北的咽喉，是各地貨物以及商旅交通要地。[32]

四、馬王堆漢墓《地形圖》、《箭道封域圖》與水陸交通

　　陸行乘車，水行乘船。雖然長沙國以及聯繫長沙郡周邊的交通主
要是靠水路，惟水道並非無處不通，必須依賴陸路交通完成。漢代長沙
郡臨湘縣為中心的南北交通又如何？根據日人武部健一〈中國古代道路
史觀〉，西漢從長安到洛陽，洛陽至宛，宛至江陵，渡長江後，可至長
沙往南走，約在衡山分途，可至零陵，亦可至桂陽。由桂陽，下匯水，
至番禺；另一途，由零陵至蒼梧，然後到番禺。[33] 惟此敘述十分簡略。
譚宗義的《漢代國內陸路交通考》認為長沙嶺南道是存在的，但詳考每
道沿途所經過的地方，殊不容易。譚氏認為如果從洛陽而來，陸路經偃
師翟陽下宛（南陽）、新野、樊城、襄陽、宜城、當陽，至江陵，然後
渡江，自公安，至公安，南下益陽，渡江行陸路至長沙臨湘，自長沙往
南，經郴、臨武、桂陽，經湟水（又名洭水、匯水）至連江口，循北
江、西江到達番禺。[34] 從湖南至嶺南的陸路，譚宗義僅考證了一條長沙
至嶺南道。

　　桂陽一帶地區，百姓居於深山溪谷之中，政府無法收租稅，在沒

---

32 王子今，《秦漢交通史稿（增訂本）》（北京：中國人民大學出版社，2012），頁
　　243–245。

33〔日〕武部健一，〈中国古代道路史概観〉，載〔日〕鈴木靖民、〔日〕荒井秀規
　　（編），《古代東アジアの道路と交通》（東京：勉誠出版，2011），頁 27–46。

34 譚宗義，《漢代國內陸路交通考》（香港：新亞研究所，1967），頁 204–210。

有陸路交通的地方，惟有以「傳役」的方法興發民船，溯溪谷入山收租賦，這樣推想，百姓往來也得依靠水路。《後漢書‧循吏列傳》謂：

> 先是含洭、湞陽、曲江三縣，越之故地，武帝平之，內屬桂陽。民居深山，濱溪谷，習其風土，不出田租。去郡遠者，或且千里。吏事往來，輒發民乘船，名曰「傳役」。每一吏出，傜及數家，百姓苦之。颯乃鑿山通道五百餘里，列亭傳，置郵驛。於是役省勞息，姦吏杜絕。流民稍還，漸成聚邑，使輸租賦，同之平民。[35]

衛颯任桂陽太守，深感郡與交州交通不便，於是「鑿山通道五百餘里，列亭傳，置郵驛」。故桂陽郡水路交通之外，亦最少有五百餘里的陸路交通線，按桂陽郡治郴，曲江在廣東曲江縣西，含洭在今日是英德縣西，湞陽在英德東。[36] 我們可以推想桂陽附近的零陵、長沙，在建立郡

---

35 《後漢書》，卷 76，〈循吏列傳〉，頁 2459。
36 桂陽郡曲江縣亦有水道連接番禺，漢末熹平三年（174 年）的《神漢桂陽太守周府君功勳之紀銘》記桂陽太守周憬在曲江修治六瀧河道，使曲江與湖南、番禺交通大有改觀。《漢書‧地理志》謂曲江在漢桂陽郡，《水經注‧溱水》謂溱水出桂陽郡臨武縣南，繞城西北屈東流，東至曲江縣安聶邑，西南流，過湞陽縣，出洭浦關與桂水合，然後東入於海。按過了洭浦關便到南海郡番禺，故此冼劍民認為整治六瀧，打通從番禺沿北江直上湖南的水道。《神漢桂陽太守周府君功勳之紀銘》指出桂陽郡與南海接比，商旅所臻，自瀑亭至乎曲紅（即漢曲江），壹由此水（六瀧），經過周憬命「良吏、將帥、壯夫，徘積磐石，投之寥壑，夷高填下，鑿截回曲，小磎乃平直，大道允通利」，貿易暢順，「抱布貿絲，交易而至」，有繁密商業活動。詳見〔宋〕洪适，《隸釋》（北京：中華書局，1985），卷 4，〈桂陽太守周憬功勳銘〉，頁 54–56；《漢書》，卷 28，〈地理志〉，頁 1594；《水經注疏》，頁 3174–3189；冼劍民，〈漢代對嶺南的經濟政策〉，《暨南學報》1989.4，頁 32–38、58。有關《神漢桂陽太守周府君功勳之紀銘》的輯校和研究，可參見宋會群，〈《神漢桂陽太守周府君功勳之紀銘》碑輯校和研究〉，《韶關學院學報》27.8（2006），頁 1–6。

縣和鄉里的行政和民間管理系統時，也需要擴大至陸路交通網絡，所以除考察湘江及其支流外，無疑其他陸路交通也應注意。

近日學者有進一步的研究，秦漢時期，湖南境內貫通東西南北的陸路，包括南北向的湘粵古道、湘桂古道、瀟賀古道，還有東西向第四條陸路：湘黔古道。

（1）湘粵古道：湘粵古道乃秦始皇三十三年（前 214 年）「略定楊越，置桂林、南海、象郡」時所打通之路。[37] 還有上文剛提及東漢建武年間桂陽太守衛颯「鑿山通道五百餘里，列亭傳，置郵驛」，[38] 改造了郴州經宜章至粵北英德的驛道，又有東漢鄭弘奏開「零陵、桂陽嶠道」。「嶠」是「嶺」的意思，鄭弘是夷平山嶺為道路，零陵、桂陽嶠道，就是陸路，由於刊山而行，道路狹窄而陡峭。[39] 此後全線走向大致為「長安 — 南陽 — 襄陽 — 江陵 — 澧陽 — 常德 — 益陽 — 長沙 — 衡陽 — 郴州 — 臨武 — 宜章 — 廣州」，[40] 沿線尚存桂陽郡驛等遺跡。[41]

（2）湘桂古道：湘桂走廊是指零陵向西經全州到廣西桂林的通道，

37 《史記》，卷 113，〈南越列傳〉，頁 2967。

38 《後漢書》，卷 76，〈循吏列傳〉，頁 2459。

39 《後漢書·鄭弘傳》記：「（鄭弘）建初八年，代鄭眾為大司農。舊交阯七郡貢獻轉運，皆從東冶汎海而至，風波艱阻，沈溺相係。弘奏開零陵、桂陽嶠道，於是夷通，至今遂為常路。」「嶠」是「嶺」的意思。鄭弘夷平山嶺為道路，其所開通的零陵、桂陽嶠道，就是陸路。見《後漢書》，卷 33，〈鄭弘列傳〉，頁 1156。

40 余天熾、王元林等提及一條自湖南郴縣、越騎田嶺入廣東的古道，大概與這條蔣響元所整理的湘粵古道相同。參考蔣響元，《湖南古代交通遺存》（長沙：湖南美術出版社，2013），頁 26–31；余天熾，〈秦漢時期嶺南和嶺北的交通舉要〉，《歷史教學問題》1984.3，頁 62–64；王元林，〈秦漢時期南嶺交通的開發與南北交流〉，《中國歷史地理論叢》2008.4，頁 45–55。

41 湖南省地方志編纂委員會（編），《湖南省志·郵電志》（長沙：湖南出版社，1995），頁 24–25。

先秦時期已是中原通往嶺南的要道。[42] 秦始皇為通南越而開鑿靈渠，漢代亦置有東安驛溝通泉陵縣至昭陵縣，[43] 逐漸形成湘桂驛道。[44]

（3）**瀟賀古道**：按瀟賀古道北聯瀟水、南結賀江和西江，[45] 打通湖南至廣西之路。其中一條主幹道為先秦時期的桂嶺通楚古道，始於江華縣境內的大圩鎮，經廣西賀州，與桂嶺河水路相接止；[46] 另外一條則為秦始皇通南越的「新道」之一，一般認為這條「新道」自道縣種福亭（雙屋涼亭）起，經江永縣回龍圩進入廣西富川瑤族自治縣境內的麥嶺、青山口、黃龍到古城接賀江水路止，[47] 但尚存爭議。[48]

（4）**湘黔古道**：公元前 280 年楚將莊蹻「將兵循江上，略巴、黔中以西」，[49] 即沿沅水進軍雲南，是為湘黔古道的雛形。此道始築於漢，但未能完全闢成，後完善於明清時期，兩條線路大致皆由湖北入境，經

42 蔣響元，〈湖南古驛道（上）〉，《湖南交通科技》2011.2，頁 216–218。

43 東安驛位於今湖南省東安縣馬鋪塘，大約在漢洮陽縣境內，乃漢代溝通泉陵（今零陵）至昭陵（今昭陽）之路。參見湖南省地方志編纂委員會（編），《湖南省志·郵電志》，頁 19–27。

44《讀史方輿紀要》載零陵縣有秦始皇所修馳道的舊跡，但余天熾認為是東漢鄭弘所開的零陵、桂陽嶠道之故跡而非秦馳道。參見〔清〕顧祖禹，《讀史方輿紀要》（上海：商務印書館，1937），卷 81，〈湖廣·永州府〉，頁 3460；余天熾，〈秦漢時期嶺南和嶺北的交通舉要〉，頁 62–64。

45 蔣響元，〈湖南古驛道（下）〉，《湖南交通科技》2011.3，頁 148–150。

46 蔣響元，《湖南古代交通遺存》，頁 32–34。

47 蔣響元，《湖南古代交通遺存》，頁 32–34；富川瑤族自治縣志編纂委員會（編），《富川瑤族自治縣志》（南寧：廣西人民出版社，1993），頁 203。

48 韋浩明認為這條「新道」的走向應該是「泉陵 — 營浦 — 江永 — 謝沐縣 — 廣西富川」。參見氏著，〈秦過嶺「新道」考證〉，《廣西社會科學》2010.5，頁 79–82；氏著，〈瀟賀古道及其岔道賀州段考〉，《賀州學院學報》2011.1，頁 34–38。

49《漢書》，卷 95，〈西南夷傳〉，頁 3838。

湖南，與貴州驛道相接。[50]

　　常言道，路是人走出來的。上述四條陸路縱使跨州連郡，也未盡錄所有道路，例如長沙國北行線，尚有長沙巴陵線。[51] 荊州地區人口流動縱然不大，也有增加，商旅、吏民南北東西往來，文獻與簡牘文書常有提及。即使他們跟隨驛道而行，但驛道也是建基於老百姓行走的道路，他們行的是自然河道以及天然徑道。上面引述不同史料講述漢代荊州，從北到南包括南郡、江夏郡、武陵郡、長沙郡、零陵郡及桂陽郡，以及交州的蒼梧郡主要的水、陸路線，實際上是頗為粗略的，其中多是郡與郡、縣與縣的；長沙五一廣場東漢簡牘文書所講的更能反映老百姓，或者是編戶民日常往來的交通道路和地方商旅往來、貨物運輸的道路。無論是長途跋涉抑或鄉里之間探親，都不能缺少道路。這些道路，應該是里與里、鄉與鄉之間的往來。

　　1973 年長沙馬王堆三號墓出土了三幅繪在帛上的地圖，一幅為《地形圖》，一幅為《箭道封域圖》（整理小組發表時稱《駐軍圖》），[52] 一幅為《城邑圖》。出土時是與其他帛書疊放在長方形漆奩的格子內，疊壓

---

50 蔣響元，《湖南古代交通遺存》，頁 34–36；湖南省地方志編纂委員會（編），《湖南省志・交通志・公路》（長沙：湖南出版社，1996），頁 35–38；貴州省地方志編纂委員會（編），《貴州省志・交通志》（貴陽：貴州人民出版社，1991），頁 2–3。

51 羅慶康除了提及長沙國陸路交通北行的長沙巴陵線外，尚提及長沙益陽武陵線、長沙西向的華容道和長沙南越交通線，可惜羅氏並無詳考各線途經的具體地點。參考氏著，《長沙國研究》（長沙：湖南人民出版社，1998），頁 137。

52 有學者認為是舜陵祭祀警蹕圖，但據邢義田先生的考證，認為此圖應該稱謂《箭道封域圖》。見邢義田，〈論馬王堆漢墓「駐軍圖」應正名為「箭道封域圖」〉，《湖南大學學報》21.5（2007），頁 12–19。本文從邢先生説，稱《駐軍圖》為《箭道封域圖》。

殘破為三十二片，經專家拼接復原。[53] 以下想就《地形圖》的交通資料作一討論。《地形圖》涵蓋的範圍大致跨越湖南、廣東兩省和廣西壯族自治區的一部分，相當於今廣西全州、灌陽一線以東，湖南新田、廣東連縣一線以西，北至新田、全州以南，南界到達廣東珠江口外的南海。根據田野考古發掘報告綜述，《地形圖》可分為主區和鄰區，主區包括漢初長沙國的南部，即湘江上游的深水流域（今瀟水流域）、南嶺九嶷山及其附近地區，囊括長沙國南部區域（營浦全縣、春陵南半部、泠道中西大半部、齕道的西部地區），[54] 主區地圖標示了地貌（山脈）、水系（河流）、居民地和交通網，內容詳細。[55] 而鄰區又分近鄰區和遠鄰區，都龐嶺以西的桃陽、觀陽、桂陽一帶為近鄰區，近鄰區只繪縣城和道路，未繪鄉里和河流；廣東南海一帶為遠鄰區。

正如上文所述，長沙郡以河流作為重要交通以及運輸路線，《地形圖》共有大小河流三十多條，其中有九條標注名稱，如營水、春水、泠水、犐水、羅水、壘水、臨水、參水、部水，還有深水原（源）和泠水原（源）。[56] 按深水即今日瀟水，是湘江上游最大的支流，不過圖中卻沒有標示深水之名，[57] 然而深水及其支流某程度詳細反映出聚落與道路的配置。學者認為《地形圖》是西漢初期長沙國南部地圖，[58] 亦有認為是

53　馬王堆漢墓帛書整理小組，〈長沙馬王堆三號漢墓出土地圖的整理〉，《文物》1975.2，頁 35–42。

54　湖南省博物館、湖南省文物考古研究所（編），《長沙馬王堆二、三號漢墓・第一卷・田野考古發掘報告》（北京：文物出版社，2004），頁 90–92。

55　馬王堆漢墓帛書整理小組，〈長沙馬王堆三號漢墓出土地圖的整理〉，頁 37–38。

56　馬王堆漢墓帛書整理小組，〈長沙馬王堆三號漢墓出土地圖的整理〉，頁 30。

57　《長沙馬王堆二、三號漢墓・第一卷・田野考古發掘報告》認為可能標示在殘缺的部分，見該書頁 93。

58　馬王堆漢墓帛書整理小組，〈長沙馬王堆三號漢墓出土地圖的整理〉，頁 37。

深平防區地圖、[59] 長沙國輿地圖、舜陵祭祀行程路線圖，[60] 但無論是防區圖、輿地圖抑或行程路線圖，當中都涉及道路交通，筆者最想考察的是《地形圖》中的道路網絡。整理小組就曾有如下敘述：

> 道路的繪畫幾乎是一筆繪成，看不出有換筆的接頭，描繪居民地的圓形符號的圓度很好（如深平），顯示出該圖較高的繪製技術水平。

> 道路：圖上能判讀出來的計有二十餘條。營浦、泠道、南平等縣城，以及一些重要里級居民地如深平等地之間都有道路相連通，道路一般用實線表示，個別用虛線表示。

> 圖上居民地表示得比較詳細，位置也相當準確。全圖共表示了八十多個居民地，基本上分為二級，即縣級居民地八個，鄉里級居民地可以辨認的有七十四個。縣城用矩形符號表示，鄉里用圈形符號表示。符號大小不等，例如營浦縣（今道縣）的圈形要比南平（今蘭山）縣的圈形，其面積大三至四倍。深平的圈形符號比其他鄉里級居民地的圈形符號也大好幾倍。注記分別注在縣級居民地矩形符號和鄉里居民地圈形符號內，不易混淆，字體近於篆書和隸書之間。[61]

整理小組認為《地形圖》製圖者把主區的內容，包括地貌、水系、

59 馬王堆漢墓帛書整理小組（編），《古地圖論文集》（北京：文物出版社，1977），頁 13–23。

60 余斌霞，〈馬王堆漢墓《地形圖》研究綜述〉，《湖南省博物館刊》2012.9，頁 65–66。

61 馬王堆漢墓帛書整理小組，〈長沙馬王堆三號漢墓出土地圖的整理〉，頁 38。

居民地和交通網，標示得十分詳細；近鄰區雖然僅畫出縣治和一些道路，未有標示鄉里，但描述已經十分清晰。以下筆者按圖索驥，尋找居民出行或往來鄉里的道路。

《地形圖》的道路網集中在整理者所說的主區上，即長沙國的南部地區，湘江上游的深水流域，今日的瀟水、南嶺、九嶷山及其附近地區。而營浦全縣又為《地形圖》的主區，用矩形符號畫著的營浦為縣城，坐落深水旁，陸路網絡可以營浦為中心考察，沿著深水有營水注入。其中出營浦有兩條路線：

一往西北行，此路線未有旁題文字說明鄉里名。考察《長沙馬王堆漢墓簡帛集成》刊出的清晰帛圖圖片，[62] 此道路越過河流，圖片便殘破，推測此路一直西北行，連接桃陽縣，中間經過都龐嶺山脈。在山脈北邊的河流（侈水）的北岸，有九個居民點，包括：徐里、重里、侈部、各里、奚里、潦里和笪里等，然後到達桃陽縣。

一往南行，沿深水、接營水行至資里，然後渡河至部水，又沿河走一段路，惜斷續不清。但地圖所示，經過深君里西面有分岔路，再往東南，到達深平。深平在深水旁，北面對岸為穋里，南面則為臨水，臨水沿水道繪有道路線一直西去，惟西去的地方未有標示地名，但臨水沿岸溯水西南行有任平（里）及甲卑（里）。深水經過臨水南行，南岸為萌渚山山脈，居民要走此道可以沿深水而行，地圖在這個位置有殘破，字跡漫漶不清，但有圓形圈著的里名，地圖顯示有數個里，能辨別出來的只有石里在陸路旁，以及沿深水南行尚有波里，其餘數里皆無法識別其

---

62 裘錫圭（主編），湖南省博物館、復旦大學出土文獻與古文字研究中心（編），
《長沙馬王堆漢墓簡帛集成》（北京：中華書局，2014），頁 152–158。下文簡稱
《集成》。

名。石里附近幾個里，明顯見到道路線，居民亦可以行沿山道往南走，就《地形圖》所示，參水東面有道路穿越於萌渚山山脈部分山區至石里，其中一道徑為山中間道，可以在萌渚山間道行走，遠達桂陽，或者南至封中。

我們可以看到營浦全縣，鄉里居民可使用深水作為交通路線，觀察到很少鄉里坐落深水河岸旁邊，正如張修桂先生認為深水常有氾濫，河水流量甚大，據此筆者認為陸路交通也是居民往來的一個選擇。我們可以再看具體內容，《地形圖》所示其中一支流匯入深水上游，兩旁山區，沿著支流標示五個里，包括可以辨識的「桃里」、「絢里」及「州里」（其餘每個只見「里」字，未能釋出具體名稱），圖中此間顯示有兩至三條陸路路線。

壘水亦注入深水，壘水上游有好幾個里，包括邢里、壘部、胡里、利里、梟里，以及壘君和侯里，它們都在壘水上游兩條支流兩旁。《地形圖》在此未有繪畫出陸路交通線，僅在淩里旁有陸路線，但帛圖有殘破。觀察《集成》的放大圖片，沿梟里北面繪有清楚的陸路交通線，此線走過壘水上游的支流，隱約接著淩里、梟里，可見此區的里，既有使用壘水河流作為交通網絡，又有利用陸路網絡往來別處，從製圖者繪畫壘水上游兩支流所示，其水源自九嶷山。

《地形圖》東北角深水的支流，有犝水從九嶷山東匯入，分佈河流兩岸合共有六里，其中上游有標示「水」字，由於帛圖有破損，不清楚是哪一條水。墨跡漫漶不清的尚有幾個里：□里、□里、犝部及造里，

在牂水與冷水相接處墨書「□官」，[63] 有釋為「禾官」，[64] 當中牂部及造里兩里之間有一道路經過，延伸過牂水，然後分作兩線，一線入山，另一線到卑里、界里及皇里。從地圖判斷，界里至皇里一段製圖者以虛線表示路線，此陸路路線與東面的冷道縣連接，是東西相連的重要道路。

牂水有兩條支流匯入，主要是冷水，其次是一條未寫有名稱的水道。先說冷水。冷水原墨書在今藍山山脈旁邊。張修桂先生研究認為，《地形圖》測繪十分精確：「牂水上游東岸、雷君之北所繪的孤立山地，即今寧遠香爐山，山東的谷地，即今牛頭江河谷，此谷東部的山地，為冷水的發源地，即今藍山縣西南的團圓山」，[65] 地名標示在上游，冷水原在隨山脈順流而下，兩岸有莍里、□里、池里、笑里、輿里、邊里和敢里。居民點相當密集，按冷水源山地分為二支，一支西北走，有莍里、漸里、不于君、秋里；一支北走，有□里、笑里、輿里、池里、邊里和敢里。上文講及的牂部與冷道有陸路路線連繫，此道在邊里及敢里北面，冷道是方框畫著的，表示為縣級建置，而此地區一帶的里，屬冷道縣所管轄，陸路路線很清晰聯繫著冷道縣廷所在。冷水西還有不于君及秋里，其北面帛圖也有殘損，道路斷斷續續，陸路交通路線可以推測是存在的，且直達牂水西部的界里和皇里。值得補充的是，冷水在匯入牂水前，自身有羅水從北匯入，此間有于逪里，帛圖這裏殘破，只見其北面有山脈，兩旁無陸路路線，其東面為舂陵縣，舂陵縣有陸路線聯繫。

---

63 湖南省博物館、湖南省文物考古研究所（編），《長沙馬王堆二、三號漢墓·第一卷·田野考古發掘報告》，頁98。

64 曹婉如等（編），《中國古代地圖集：戰國—元》（北京：文物出版社，1990），圖版22〈地形圖復原圖釋文〉。

65 張修桂，〈馬王堆地形圖測繪特點研究〉，載曹婉如等（編），《中國古代地圖集：戰國—元》，頁6。

按《地形圖》東北的泠道縣，其實坐落在春水的西面，九嶷山及南嶺山脈延伸此地；春水發源於九嶷山，此間有三縣，其一就是泠道縣，其二就是南平縣，其三就是齕道，在春水源頭的東面。三縣交通無疑可以利用春水溝通，但地圖卻清楚繪畫在春水旁邊的陸路交通路線，且齕道的陸路路線橫過南嶺山脈，即老百姓從齕道往南平縣需越過南嶺再渡春水。羅水以西，匯入犫水的河流，村落眾多，從上游而下，分別有澤里、連里、壘里、桃里、絢里、卑里和「禾官」等，村里和人口看來都相當密集，相對營浦縣鄉里人口便很不起眼。最後齕道南走，越過九嶷山山脈就是深水原的上游，此間帛圖的交通線看來漫漶，似乎連接蛇君、龍里和滇里的，應該是水陸並行。

整理者把《地形圖》分為主區，上面就是主區的情況。而春陵縣南半部、泠道縣中西大半部、齕道縣西部等被視為鄰近地區，也許因居民人口稀疏，所以內容相對頗為簡略。

綜上而言，分析《地形圖》的陸路交通線、相關河道及其支流，以及居民點的分佈，三者互為因果。居民生計依賴水源生產農作物，所以居住離不開適合耕作的土地和河流，生產剩餘和部分生活必需品有賴外來供應或者交換，因此透過水陸交通網絡進行物質資源的交換和貿易。居民點分佈在水源和交通線附近，以及隨著人口流動而遷徙也是很自然的。《地形圖》的居民點主要分佈在四個區域之內，而且都與河流有關，即是帛圖的深水原、犫水、壘水和侈水，各個居民點不是利用河流往來，就是以陸路線來往；交通工具方面，恐怕捨舟楫、車馬和步行，已經別無選擇。眾所周知，九嶷山和嶺南地區很早就有土著生活，他們或許首先開發此地，只是未有建立漢帝國郡縣鄉里的地方行政建置。

學者認為北方移民從湘水南下。[66] 上文提及深水即今瀟水，也即《水經注》所說的營水。湘水自零陵陽朔山發源，於泉陵一帶，有營水（即深水、瀟水）注入，營水中上游有都溪水及冷水注入，營水既北流注於湘水，就表示居民可以利用舟楫往來這幾條水道，甚至南北移徙來到《地形圖》所示的區域。帝國擴張，逐漸建立地方行政組織，道路網絡也隨之而建置起來。《地形圖》顯示了該地有八十多個居民點，約二十條陸路交通線，帝國建置了八個縣和辨識了七十四個鄉里。漢代以「部」表示鄉部，《地形圖》顯示的深水原、牶水、壘水和侈水，都有以「部」命名的居民點，應當就是鄉。張修桂就舉出牶水流域有牶部，壘水流域有壘部，侈水流域有侈部；而《地形圖》深水原部分雖然有殘損，但見絢里，《箭道封域圖》在該地有絢部，說明此地有絢部存在，因此合共四水、四部。四個部就是四個區域的鄉部，它們介乎縣與里之間，這四條河流在上述四個區域是主幹河流，居民居於里，以小區鄉部為中心，透過交通網絡聯繫其他鄉和里。

　　我們可以絢部為例。以深水原出發，它聯繫著「蛇君 — 龍里 — 溳里」，深水和陸路聯繫著幾個無法辨識墨書的里，在絢部聯繫著「桃里 — 絢里 — 州里」，然後深入南嶺地區的山脈。不但如此，朝著萌渚嶺溯深水上游，有四個無法辨識的里，萌渚嶺東北山區深水支流聯繫著石里和波里，這段有陸路上行萌渚嶺，甚至越過萌渚嶺至封中。《地形圖》在此間河流和陸路旁的山脈有一「乘」字，按《說文》釋「乘」，「覆也，…… 軍法曰乘」，《漢語大字典》引容庚《金文編》：「乘，從大在木上。」引李孝定：「乘之本義為升為木之形。」編者按語謂人登木

66　張修桂，〈馬王堆地形圖測繪特點研究〉，頁 6。

形，即人登車形。車乃木製。乘與駕馭，如《楚辭》「乘騏驥以馳驅」，「乘」有防守、守衛的意思，[67] 乘塞在漢代文獻經常提及。《漢書·黥布傳》：「漢王收諸侯，還守成皋、滎陽，下蜀、漢之粟，深溝壁壘，分卒守徼乘塞。」[68]《漢書·趙充國傳》：「竊見北邊自敦煌至遼東萬一千五百餘里，乘塞列隧有吏卒數千人，虜數大眾攻之而不能害。」[69]《史記·高祖本紀》：「興關內卒乘塞。」《集解》引李奇曰：「乘，守也。」[70] 筆者以為這是一個乘塞，正如顏師古曰：「乘塞，登之而守也。」可見「乘」是軍事上可守的要塞。《地形圖》的「乘」是坐落在河谷隘口，通過河谷的陸路，便越過萌渚嶺，南下封中。

分析《地形圖》所示的聚落結構與配置，張修桂先生認為此地區的開發過程和移民動向有關。首先，春陵水至九嶷山地區的開發。先民自湘江南下，溯春陵水上行，至九嶷山東北的南平地區定軍下來，然後再往九嶷山東麓，順深水而下，並開發深水原所在的碼市盤地一帶。由於九嶷山南部的自然條件優越，漢與土著民族融合，於是有齕道縣的建立，因此人流集中，開發迅速。《地形圖》此間明顯畫出春水有陸路交通聯繫南平、齕道、蛇君，以及深水原的龍里、絅里、桃里、州里、波里和石里，軍事意義已如上述。

泠道縣因土著民族和北方人口移入而逐漸開發，他們隨著陸路交通線、相關河道及其支流流向而落戶，居民點的分佈也坐落在陸路交通線和河流兩岸。分析《地形圖》，泠水原和春水旁的南平有陸路聯繫著泠

---

67 漢語大字典編輯委員會（編），《漢語大字典》（成都、武漢：四川辭書出版社、湖北辭書出版社，1995），頁 40。
68《漢書》，卷 34，〈黥布傳〉，頁 1884。
69《漢書》，卷 69，〈趙充國傳〉，頁 3804。
70《史記》，卷 8，〈高祖本紀〉，頁 372。

道，此間的水道包括泠水、羅水、一條未命名的河流（張修桂認為是仁水）還有牆水，一起注入深水；深水西岸有侈水注入，這區張修桂認為是舂陵開發區，裏面合共三十多個鄉里。細析這三區有三條交通路線：一是陸路從泠道出發，西至皇里，有十五里；二是水道從泠水原北流，然後折西，與仁水並匯牆水，然後進入深水，有十一里；三是水路，侈水流域匯入深水，有九里。

最後是深、營開發地區，是《地形圖》的核心區。這裏除營浦縣坐落深水流域的核心外，在其周圍的鄉里不多，張修桂認為與深水氾濫有關，居民或為避免河水氾濫而稍稍偏向細小的支流或山腰附近定居。此開發區可分為三區。一是以營浦縣為中心的營水和部水流域，此區僅有數個里和一個鄛，此鄛有水陸兩路聯繫，西靠近都龐嶺；二是坐落臨水的深平縣一區，除有深水、臨水為交通網外，還有連接「營浦 — 資里 — 深平」的陸路交通線；三是越過臨水（萌渚水）和參水，僅有兩個里，可謂人煙稀少。

《箭道封域圖》也反映長沙郡內一縣的交通路線。根據整理小組認為，此圖所繪畫的範圍是馬王堆三號漢墓出土《地形圖》的一部分，所包括的範圍是漢代長沙國南部營浦縣（今湖南省道縣）及齕縣（今湖南省藍山縣一帶）。主區為大深水流域，相當於湖南省江華瑤族自治縣的瀟水流域，方圓約五百里。[71] 鄰區南越國的北部、桂陽（今廣東省連州市）和深平城（今湖南省江華瑤族自治縣的沱江鎮）。圖中三角形城堡位置在今碼市鎮沱水南岸的委寧河口東側。圖中的鄉村分佈在山脈

---

71 馬王堆漢墓簡帛整理小組，〈馬王堆三號漢墓出土駐軍圖整理簡報〉，載馬王堆漢墓帛書整理小組（編），《古地圖論文集》，頁 43。

圖二:《地形圖》交通路線圖

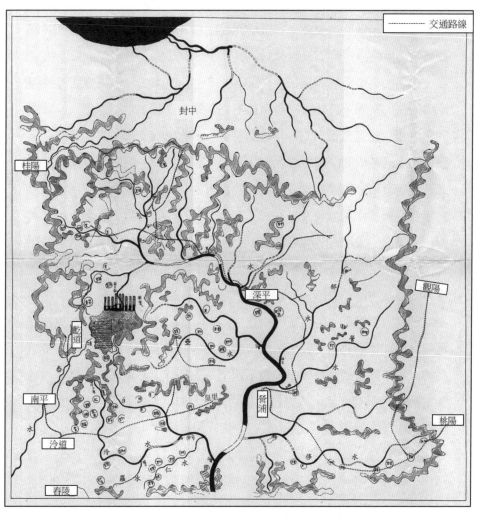

改自湖南省博物館、湖南省文物考古研究所(編),《長沙馬王堆二、三號漢墓·第一卷·田野考古發掘報告》(北京:文物出版社,2004),頁 92。

和水道兩旁。按整理標示此圖為「駐軍圖」，[72] 譚其驤謂「防區圖」，[73] 詹立波謂之「守備圖」，基本上認為是漢初長沙國軍隊防範南越國北進的兵力部署，是軍事要圖。[74] 李均明亦認為《駐軍圖》是防區圖，並比較居延防區的自然地形，也呈封閉式；但《駐軍圖》是以堅固設防的縣城（指居中心位置的「箭道」）作為指揮中心，李先生也注意到道路與軍事的密切關係，它們在物資運輸與通訊為防區起了重要作用。[75] 邢義田先生認為此圖應正名為「箭道封域圖」，他認為漢代郡國縣鄉都有行政地圖，清楚標明郡國縣鄉之界。[76] 箭道圖是縣道一級的行政區域圖，此圖邊緣有用紅色線標出近乎正方的長方形，紅線旁有七個紅色三角形表示封界線的標示以及文字注記「居向封」、「昭山封」、「滿封」、「武封」、「留封」等。表明四周的封名是縣道封域的重要線索。三角城堡標注「箭道」為行政中心所在，以此為中心繪出區域內外主要的山脈和水系，以及道路、聚落、戶數、駐軍地等人為環境情況。[77]

《箭道封域圖》繪在帛上，用黑、紅、淺藍色繪製。傅舉有認為此圖第一層與軍事有密切關係，所以製圖者用紅色表示，目的是突出軍事內容，第二層是用淺色或暗色表示河流、山脈等自然地理。傅舉有注意到駐軍營壘共有九處，八處在封界之內，包括「徐都尉軍」四處、「周

<hr />

72 馬王堆漢墓簡帛整理小組，〈馬王堆三號漢墓出土駐軍圖整理簡報〉，頁 41。

73 譚其驤，〈馬王堆漢墓出土地圖所說明的幾個歷史地理問題〉，載馬王堆漢墓帛書整理小組（編），《古地圖論文集》，頁 28。

74 詹立波，〈馬王堆漢墓出土的守備圖探討〉，載馬王堆漢墓帛書整理小組（編），《古地圖論文集》，頁 50–56。

75 李均明，〈關於《駐軍圖》軍事要素的比較研究〉，載氏著，《初學錄》（臺北：蘭臺出版社，1999），頁 406–413。

76 邢義田，〈論馬王堆漢墓「駐軍圖」應正名為「箭道封域圖」〉，頁 12–19。

77 邢義田，〈論馬王堆漢墓「駐軍圖」應正名為「箭道封域圖」〉，頁 15。

都尉軍」兩處、「司馬得軍」兩處；此外「桂陽□□軍」一處在封界之外的地方。傅舉有還注意到駐軍符號用紅色、黑雙線勾框，軍營用長方形、凸字形和一些不規則形狀表示，這可能表示軍隊多寡及不同地形，如處於河谷、山頭等制高點有關。關於居民地「里」，傅舉有謂除兩處用紅、黑雙線勾成方框外，其餘多用紅圈表示，表明其與軍事防禦有密切關係，不過他未有解釋紅、黑雙線勾成方框的里，與用紅圈表示的里，有何分別。二十一處的里有注明戶數，李均明認為《箭道封域圖》有五種記載「里」的形式：（1）「X里」，如「合里」；（2）「故X里」，如「故薔里」；（3）「X里XX戶，今毋人」，如「絢里，五十三戶，今毋人」；（4）「X里XX戶，不反」，如「龍里，百八戶，不反」；（5）「X里并X里」，如「兼里并慮里」。[78] 關於「不反」的意思，傅舉有認為是這裏的居民在戰爭中沒有反叛漢朝。這些「不反」里的符號與其他里不同，是用紅、黑兩色雙線的圓圈表示。與軍營的表示法相同，這點釐清為何有些里以紅圈標示，而另一些卻在紅圈外再加黑圈。筆者嘗試以箭道為中心列出這些里，如下表：

方位	里名	旁題釋文
A. 箭道東北方向	猈里	□戶并□不反
	痊里	五十戶不反
	資里	十二戶不反
	龍里	百八戶不反

---

78 李均明，〈關於《駐軍圖》軍事要素的比較研究〉，頁 407–408。

方位	里名	旁題釋文
B. 圍繞司馬得軍範圍，有紅黑圈的蛇郡，此間有道路連接附近居向封及鄰近的里	蛇下里	四十七戶不反
	故官	
	蛇上	二十三□□□
C. 封域居向封外，嶽郭兩旁	合里	
	□里	
	嶽里	
D. 箭道東南方向，周都尉別軍旁	條里	

　　這些里名，即紅圈外再加黑圈的里，都是圍繞箭道和司馬得軍、周都尉別軍附近範圍，大部分都是原有戶口，被併或遷走，沒有返回原居地，故謂「不反（返）」，典型例子是「牌里，□戶，并□，不反」，推測與某段時間戰爭有關。以上這些紅圈外再加黑圈的里，基本上都在箭道東北方向，深水的西面，大深水的東面，近碼市盆地的北面。按《箭道封域圖》的居民地在呂后時期曾受南越國趙佗侵擾，《漢書·兩粵傳》謂：

　　高后時，有司請禁粵關市鐵器。佗曰：「高皇帝立我，通使物，今高后聽讒臣，別異蠻夷，鬲（隔）絕器物，此必長沙王計，欲倚中國，擊滅南海并王之，自為功也。」於是佗乃自尊號為南武帝，發兵攻長沙邊，敗數縣焉。高后遣將軍隆慮侯竈擊之，會暑溼，士卒大疫，兵不能隃領。歲餘，高后崩，即罷兵。[79]

79《漢書》，卷 95，〈南粵傳〉，頁 3848。

據此，張修桂認為高后時趙佗發兵攻長沙國邊境，所攻的地方就是馬王堆三號漢墓出土《地形圖》和《箭道封域圖》所示長沙國的南界。張修桂謂：高后時趙佗出陽山關攻破桂陽之後，可能兵分二路，一路繼續溯今連江谷地北上，踰越南嶺襲擾九嶷山區齕道、南平、泠道諸縣；一路從今連縣三江河西進入大寧河的上游地區，在今大霧山與廣西頂之間越過南嶺，進入襲擾沱水（即《箭道封域圖》的深水）流域地區。而《箭道封域圖》的中心三角形城堡所在的今日碼市鎮盆地處於二路夾攻之下，曾被嚴重騷擾，文帝時繪製的《箭道封域圖》所示，絕大部分里還是「今毋（無）人」或「不反」的劫後荒涼景象。[80] 雖然此圖未必是為防範南越再度進攻長沙國的駐軍圖，但圖中顯示徐都尉、周都尉、司馬得等軍事將領，說明無論是長期抑或是短期的駐守，都有防禦箭道縣城的作用，當然力量足夠，也可以成為一軍南下南越國。

筆者認為「今毋（無）人」和「不反」意義有所不同。「今毋人」說明現在里內沒有人居住的現象；「不反」則是原住里內百姓因種種原因，如上言戰亂之故，離開此地，或被併入別的里，另著戶籍，由「㯷里，□戶，并□，不反」可反映此現象。另外，如上引邢義田先生言此圖應當正名為「箭道封域圖」，他認為漢代郡國縣鄉都有行政地圖，清楚標明郡國縣鄉之界。[81] 據東海尹灣的集簿所示，漢代郡國上計《集簿》

---

80 張修桂，〈西漢初期長沙國南界探討 —— 馬王堆漢墓出土古地圖的論證〉，《中國歷史地理論叢》1985.2，頁 330。

81 馬衛東認為春秋末年，人口戶籍圖開始出現。《論語‧鄉黨》：「式負版者。」鄭玄注曰：「負版者，持邦國之圖籍。」戰國時期，隨著編戶齊民制度的確立，人口戶籍圖得到了普遍的應用。《周禮‧地官‧大司徒》提及有天下土地之圖，即山川地形圖、人民之數的人口戶籍圖和營城城郭及都邑的城邑規劃等圖，恰恰馬王堆漢墓就有《地形圖》和《箭道封域圖》。參馬衛東，〈《周禮》中的地圖檔案〉，《蘭臺世界》2012.18，頁 18–19。

就記載了縣邑侯國和都官、鄉里亭郵、郡縣東西南北界至、縣鄉吏員、戶口增長、獲流人數、提封畝數等。「今毋人」和「不反」等正好就是戶口流失的反映，長沙國人口因戰亂，鄉里百姓逃避戰火，人口輾轉遷徙，鄉里有所省併，實屬正常。如果長沙國相軑侯利蒼之子利豨曾封於此，此圖是他掌管此地域某年的地圖，從這角度看，「不反」釋作「沒有反叛漢室」，並不符合集簿的內容；另外，難道其被併、毋人的里就背叛漢室？

　　最後，這裏交通又如何？《箭道封域圖》的箭道位於大深水，連接智水、深水及淪水，經由水道的交通，絕無問題。而陸路交通線由箭道出行：（1）西出，經過周都尉軍，渡過大深水後，連接胡里、路里、沛里、蘦里、徐□□□、□里、蘦鄛、□里、兼里、廬里、□里、沙里、絧里、條里、□里、徐都尉別軍；至滿封，經過山脈至故陵。在此滿水、蕃水、延水一帶有陸路連接東面的故城乘、故萏里、延里、袍里，西至留封的句里和福里。以上是箭道西行的概略。（2）箭道東北行的方向，以河道為主，沿深水西岸有垣里、□里、痤里、龍里、蛇下里，蛇下里有陸路連接故官、蛇上和子里。子里依傍子水，其源頭有部里。資水注入深水處有資里，其陸路交通亦可連接痤里。

　　按這些道路有著層級的關係。箭道是封域圖的中心及縣廷所在，其下應當有鄉和里，漢縣一般約有四或五鄉，此圖有標示「里」，但「鄉部」則未有表明。邢義田先生考證認為中央箭道首府之旁，注明周都尉軍，當是都鄉之所。其餘各軍分屬周、徐兩都尉，幾個「別軍」估計是都尉軍的分遣單位，二司馬軍應是周都尉的下屬。漢代「尉常以部為稱，故多與令長別治」，一縣常有左右二尉。《地形圖》和《箭道封域圖》注明的「部」，相當於鄉，所以推測箭道有中央的都鄉；東北徐都

圖三：《箭道封域圖》交通路線圖

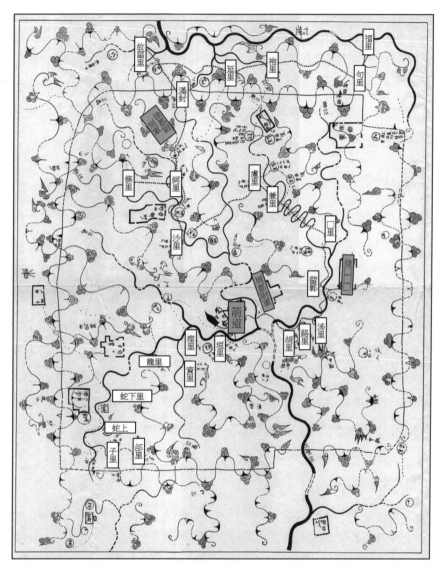

改自湖南省博物館、湖南省文物考古研究所（編），《長沙馬王堆二、三號漢墓·第一卷·田野考古發掘報告》，頁 100。

尉軍有一鄉；西北徐都尉別軍和周都尉別軍之間有一鄉，或即在圖上的「綱部」；西南兩司馬得軍一帶應也有一鄉，如此最少有四鄉。隸屬四個鄉之下的里，以水陸交通線聯繫，吏民往來、軍旅士卒、車騎輜重、工商百工，皆透過這道路網絡來往。雖然五一廣場東漢簡牘所示的商貿活動未提及箭道封域圖的地名，但大深水（今瀟水）聯繫著湘水，零陵郡泉陵和長沙郡湘南縣之間的僱傭與船運頗為興旺，正反映商人「轉轂以百數，賈郡國，無所不至」的真實景象。

五、結語

從西漢到東漢，長沙郡人口增加了三倍，《漢書‧地理志》載西漢口數有 235,825，《續漢書‧郡國志》載東漢口數有 1,059,372。人口增加是顯然易見的。無疑臨湘城附近人流也相對地有所增加，包括商旅或移民。位處橘子洲對岸，南北有城，南面有南津城，酈道元撰寫《水經注》時城廓尚存。附近瓦官水口湘浦商舟在此泊岸，說明商旅集中；長沙臨湘城在湘水東岸，臨湘縣治在其中；臨湘城西北有故市，同時也有北津城；另外沿湘江都有戍口，戍口為城，例如陽淉水南有三戍，戍為城堡，相信與防守、賦稅轉運有關，駐紮者都是消費者。人口集中的大都會內常有多個市，長安城有九市，方便老百姓購物，以及商旅四方輻輳。臨湘城附近地區的市，都是商旅雲集，生意興隆而自然形成的，而非仿效長安城的市。

本文引用幾枚長沙五一廣場東漢的簡牘，當中提及的商業活動，以長沙為中心，有至湘南販賣布帛者；有跨州過郡的商人，溯湘江，過靈渠，可南至蒼梧者。「湘中糴米，見流死人」一案，反映出大量貨物透過船隻轉運，引致盜賊垂涎，發生劫殺案件，「渚下有流死二人」，暴

屍渚下。著名船師王皮運送軍糧案，反映民營運輸承擔官府輜重，數量達至四千五百斛，數量龐大，其所經路線，如以臨湘城出發，經湘江，入益陽，循資水，入沅水，至臨沅，看來也不是短程的貨運。本文詳述湘江水道，以及馬王堆漢墓《地形圖》、《箭道封域圖》的水陸交通線，目的在反覆說明以長沙郡為中心的商業、運輸、航運與湘江及其支流有著密切關係。

後記

本文初稿完成於 2018 年 10 月 19 日至 21 日，並於四川重慶中國社會科學院簡帛研究中心、重慶師範大學社會與歷史學院舉辦之「第四屆簡帛學國際學術研討會暨謝桂華先生八十周年紀念座談會」上宣讀部分內容。二稿在同年 11 月 30 日至 12 月 3 日由中國秦漢史研究會、河北省歷史學會主辦，石家莊學院承辦的「中國秦漢史暨石家莊區域文化國際學術研討會」上作簡述。第三稿於 2018 年 12 月 17 日至 20 日完成，並於在韓國濟州島舉辦，由慶北大學史學科 BK 事業團、中國武漢大學歷史系簡帛研究中心和香港中文大學歷史系中國歷史研究中心共同主辦的「中國簡帛學國際論壇 2018 —— 兼東亞地區簡牘文化國際論壇」上宣讀內容。2022 年 3 月 29 日筆者獲香港中文大學中國文化研究所蔣經國基金會亞太漢學中心邀請，以「東漢長沙郡臨湘縣的社會生活與地方社群的分析：以長沙五一廣場簡牘為中心」為題作公開演講，宣讀了本文部分內容。本文為香港特別行政區研究資助局優配研究金（General Research Fund）資助項目研究成果之一（計劃編號：CUHK 14601420），撰寫期間得唐俊峰、溫玉冰、劉天朗三位助理協助完成，謹此致謝。

漢代長沙人口遷徙與丘、鄉、亭的行政關係

——以長沙五一廣場出土東漢簡牘為中心

黎明釗

一、引言

漢代地方行政制度以鄉和里作為最基層單位，分佈各縣，置於百姓的聚居地，直接控制國家的編戶民。《續漢書‧百官志》云：「鄉置有秩、三老、游徼 …… 皆主知民善惡，為役先後，知民貧富，為賦多少，平其差品 …… 里有里魁，民有什伍，善惡以告。本注曰：里魁掌一里百家。什主十家，伍主五家。」[1] 可知鄉里組織實為朝廷耳目，負責登記名籍、徵收賦稅、案察姦宄等工作。近數十年出土簡牘湧現，幫助學者重新建構秦漢兩代的地方基層社會。儘管如此，這些新材料未有改變我們對「郡、縣、鄉、里」由上轄下的認知，反而進一步證明傳世文獻中漢代地方行政架構及職稱的可信性。

隨著走馬樓三國吳簡及《嘉禾吏民田家莂》的公佈，更加豐富我們對過去漢魏時期基層社會的行政及組織的理解。這批為數達十萬枚的簡牘主要分為賦稅簡、簿籍簡，以及官文書簡三類，內容豐富，涵蓋東漢獻帝二十五年（220 年）至孫吳嘉禾六年（237 年）間長沙郡臨湘縣（侯國）的各種紀錄。[2] 在這批簡牘中，記下了大量以「丘」為名的基層單位，這些「丘」隸屬於「鄉」，與「里」並立，引起了學者的廣泛關注。

近年公佈的長沙五一廣場東漢簡牘使我們知道丘早在東漢中期已經存在。在前人研究的基礎上，本文試圖利用五一廣場簡，重新考察丘出現的原因。東漢初年北方遭受戰禍和自然災害打擊，迫使大量人口往南遷徙，導致南方（特別是長沙地區）的人口急劇增加。本文認為，為了

---

1 〔南朝宋〕范曄，《後漢書》（北京：中華書局，1965），志 28，〈百官五〉，頁 3624–3625。
2 長沙市文物考古研究所、中國文物研究所、北京大學歷史系走馬樓簡牘整理組（編），《長沙走馬樓三國吳簡‧嘉禾吏民田家莂》（北京：文物出版社，1999）。

緩解人口壓力，漢朝政府允許受災禍影響的災民在帝國管轄的偏遠土地上定居和耕種，不收假稅。長沙郡臨湘縣一帶平地有原居民耕作，數以萬計的新移民遂往山丘土地開墾，新開闢地的丘既是耕地，也是新定居點。漢代山川、園池、市肆的租稅收入，是天子以及諸侯王的奉養錢，受皇帝或者諸侯王直接支配。地方政府無權管理皇室的土地，顯然，這些建立在王室土地上的丘，相對現存的鄉、里，有著獨特性，其成立有別於一般的里，因此關於丘的行政管理問題，本文亦會有所探討。

二、長沙出土簡牘中的「丘」及其相關研究

走馬樓三國吳簡記下了大量以「丘」為名的基層行政單位，這些丘隸屬於鄉，與里並立。起初有學者指出長沙當地有「里名丘化」的現象，認為吳簡中的丘完全等於里，兩者差別只是名稱不同而已。[3] 不過隨著更多的吳簡公佈，丘的數量遠遠多於里，兩者同名的僅得少數，丘即里的推論似乎難以成立。[4] 從這批吳簡中，學者發現了丘的幾個獨特之處，與里頗有不同。首先，丘多數出現在佃戶向政府繳納田租、布調等賦稅的券書上，以「某丘某人」的紀錄出現，似乎說明當時的賦稅徵收是以丘為單位進行；而里則大體上出現在戶口紀錄上，當中包含戶主及其家庭成員的身分、性別、年齡、繳納口賦及服徭役等資料。其次，吳簡所見的丘似乎是居住點，隸屬於鄉，但亦要注意部分丘不止隸屬於一

---

3 高敏，〈從嘉禾年間《吏民田家莂》看長沙郡一帶的民情風俗與社會經濟狀況〉，《中州月刊》2000.5，頁 129–130。

4 于振波，〈走馬樓吳簡中的里與丘〉，載氏著，《走馬樓吳簡初探》（臺北：文津出版社，2004），頁 44–45。

個鄉,走馬樓吳簡有例證顯示不少丘向多於一個鄉交納租稅。[5]據安部聰一郎最近的統計,在目前已知的丘中,有百分之三至四,與三個以上的鄉有對應關係,說明了這種「同丘不同鄉」的情況在當時並非罕見。[6]

上述幾個丘的特點,基本上都為學者所同意,但究竟丘是屬甚麼性質的地方基層組織,則尚存爭議。有學者主張丘與孫吳的屯田制度有關,是屯田的「編區」;[7]亦有學者如于振波先生,認為丘是耕作區,屬於田官的管理系統,而里則與秦漢兩代無異,是居住區,由民戶系統管理,兩者以不同的系統並行運作。[8]目前學界的主流意見,還是相信丘是百姓的實際居住地。[9]

2004 年,在長沙走馬樓吳簡出土點南面不遠的東牌樓七號古井,出土了一批東漢靈帝時期的簡牘,年份為建寧四年(171 年)至中平三

5 侯旭東,〈長沙走馬樓三國吳簡所見「鄉」與「鄉吏」〉,載北京吳簡研討班(編),《吳簡研究》,第 1 輯(武漢:崇文書局,2004),頁 91–96;蘇衛國、岳慶平,〈走馬樓吳簡鄉丘關係初探〉,《湖南大學學報(社會科學版)》19.5(2005),頁 33–38;侯旭東,〈長沙走馬樓三國吳簡「里」「丘」關係再研究〉,《魏晉南北朝隋唐史資料》23(2006),頁 14–26。

6 〔日〕安部聰一郎,〈長沙走馬樓三國吳簡所見「鄉」與「丘」的對應關係再研究〉,載長沙簡帛博物館(編),《長沙簡帛研究國際學術研討會論文集》(上海:中西書局,2017),頁 119–132。

7 曹硯農,〈從《長沙走馬樓三國吳簡・嘉禾吏民田家莂》看吳國在長沙郡的國家「營田」〉,載長沙市文物考古研究所(編),《長沙三國吳簡暨百年來簡帛發現與研究國際學術研討會論文集》(北京:中華書局,2005),頁 72–74。

8 于振波,〈走馬樓吳簡中的里與丘〉,頁 50。

9 宋超,〈走馬樓吳簡中的「丘」與「里」再探討〉,載長沙簡牘博物館、北京吳簡研討班(編),《吳簡研究》,第 2 輯(武漢:崇文書局,2006),頁 139–156;侯旭東,〈漢魏六朝的自然聚落 —— 論「邨」「村」關係與「村」的通稱化〉,載氏著,《近觀中古史:侯旭東自選集》(上海:中西書局,2015),頁 153;郭浩,〈從漢「里」談長沙走馬樓吳簡中的「里」和「丘」〉,《史學月刊》2008.6,頁 97–100。

年（186 年）。[10] 整理者其後將當中的 206 枚簡收入《長沙東牌樓東漢簡牘》一書出版，其中在簡號 88 的一枚殘簡及簡號 100 的券書上，分別有「度上丘郭☐」，以及「中平三年二月桐丘男人子何君☐從臨湘伍仲取☐」的記錄。[11]「桐丘」在吳簡中屢有出現，是次發現將丘作為長沙郡臨湘縣以下基層單位的存在時間推前四十年至東漢晚年。可惜以上兩簡甚為殘缺，提供的資料有限，未能幫助學者進一步了解丘的性質及功能。近年長沙五一廣場出土了近萬枚由東漢和帝永元二年（90 年）至安帝永初六年（112 年）的簡牘，是以長沙郡府、臨湘縣廷為主的往來文書。目前五一廣場簡已公佈超過 2,600 枚簡牘，當中提到的丘共有 28 個（見表一），下文將以這批資料為核心討論丘在東漢早、中期的狀況。[12]

表一：長沙五一廣場東漢簡牘所見的「丘」

丘名	所在亭部	出處（整理號）
1. 漢丘	倫亭部	《選釋》簡 22
2. 上辱丘	倫亭部	《選釋》簡 22
3. 坏丘		《選釋》簡 129

---

10 有關東牌樓東漢簡牘的發掘過程，見長沙市文物考古研究所，〈長沙東牌樓 7 號古井（J7）發掘簡報〉，《文物》2005.12，頁 4–30；王素，〈長沙東牌樓東漢簡牘選釋〉，《文物》2005.12，頁 69–75。

11 長沙市文物考古研究所、中國文物研究所（編），《長沙東牌樓東漢簡牘》（北京：文物出版社，2006）。

12 長沙市文物考古研究所等（編），《長沙五一廣場東漢簡牘（壹至陸）》（上海：中西書局，2018–2020）。

丘名	所在亭部	出處（整理號）
4. 廬蒲丘	長賴亭部	《壹》簡 89
5. 枇丘？		《壹》簡 100+101+102
6. 上丘	廣亭部	《壹》簡 126
7. 橋丘	廣亭部	《壹》簡 126
8. 上利丘		《壹》簡 382
9. 栂溪丘	摻溏亭部（羅縣）	《貳》簡 403+416
10. 劣淳丘	槓亭部（醴陵）	《貳》簡 427
11. 語丘		《貳》簡 433
12. 薾渚丘	如波亭部	《貳》簡 466
13. 帛租丘	雍亭部	《貳》簡 466
14. 鄉下丘	麋亭部	《貳》簡 474
15. 充丘		《貳》簡 664
16. 高租丘		《叁》簡 825
17. 杆上丘	長賴亭部	《叁》簡 876
18. 松田丘	監亭部	《叁》簡 880
19. 巨坂丘	昭亭部	《叁》簡 958
20. 下櫟丘		《肆》簡 1296
21. 耳菅丘		《肆》簡 1426
22. 樊爰丘		《肆》簡 1474
23. 杯丘	麋亭部	《伍》簡 1842
24. 租溲丘		《伍》簡 2150+1872+1886
25. 李丘	逢門亭部	《陸》簡 2176

丘名	所在亭部	出處（整理號）
26. 秐唐丘	逢門亭部	《陸》簡 2176
27. 玄丘	逢門亭部	《陸》簡 2176
28. 師溏丘	逢門亭部	《陸》簡 2496

走馬樓吳簡中所見的丘，主要出現在佃戶向官府繳納賦稅的莂書上。而五一廣場簡中提到丘的簡牘，則較多屬行政與訴訟文書，特別是記錄了涉案者及證人的申辯辭、證供等的「解書」，[13] 例如以下數例：

1. 〔辤〕皆曰：縣民，占有廬舍長賴亭部廬蒲丘。弩與男子吳賜、楊差、吳山；備、芉與男子區開、陳置等相比近。弩與妻錫、子女舒、舒女弟縣，備與子女芉（《壹》簡 89）

2. 詣詔自首輒考問壽、賜、知狀者男子光、文、節、諱、女子光、妾等，辤皆曰：文，安成鄡鄉；壽、賜、妾，縣民，各有廬舍；文，其縣鄡亭；壽、賜，昭亭部巨坂丘。壽與父齊、同產兄會（《叁》簡 958）

3. 置、譚各起家來客。[14] 根置醴陵界中；置，如波亭部蘝渚丘；譚，亭部帛秐丘，各以田作為事。干弟梁給元年使正，干代梁作，與鄉佐鄧據共毆殺正胡彊，亡，會丙戌贖罪詔書（《貳》簡 466）

---

13 有關五一廣場簡「解書」的研究，可參楊小亮，〈從五一廣場東漢簡牘談對「解書」的初步認識〉，載張德芳（主編），《甘肅省第三屆簡牘學國際學術研討會論文集》（上海：上海辭書出版社，2017），頁 366–373。

14 原釋作「宋」，李洪財認為「宋」字當隸定作「來」，今從李釋。見李洪財，〈讀《五一廣場東漢簡簡牘（壹、貳）》札記〉，武漢大學簡帛研究中心「簡帛」網站：http://www.bsm.org.cn/?hanjian/8011.html，2018.12.27。（搜尋，2022.02.03）

在例 1 及 2 中「辭皆曰」後是涉案者的供詞，供詞的首要部分是當事人提供自己的身分信息。這些有關身分認定的記錄，如同李均明先生指出：「通常位於文件的中前段，有特定的要素，包括當事人的姓名、性別、年齡、爵位、居住地、社會關係、職業、四鄰等。」[15] 五一簡中提及到丘的文書，頗多屬於此一類身分認定的記錄。作供者報告自己的居住地時，以「某人占（或自）有廬舍某亭部某丘」的格式出現。此外亦有例子會將「亭部」和「丘」分開陳述，先以「某人占（或自）有廬舍某亭部」交代住址所在的亭部，然後才進一步說明當事人屬於何丘，如以下例 4 及 5：

4. 詳弟終、終弟護；晨與父宮、同產兄夜、夜弟疑、疑女弟捐；戀與母妾、同產弟強；除與妻委、子女嬰俱居，自有廬舍倫亭部。尼、晨、除，漢丘；戀，上辱丘，與（《選釋》簡 22）

5. 罪，輒考問寵、漢知狀。寵同產兄凩、逐事伍長馬、撫，辭皆曰：縣民，寵與父武、母臧及凩、漢妻婣等俱居，各有廬舍監亭部。寵，堤下；漢、撫，松田丘，相比近，皆各以田作為事，今年四（《叁》簡 880）

不論「丘」在簡文裏以那一種方式表達，都顯示著當時的丘位處於亭部的範圍以內。或因如此，《長沙五一廣場東漢簡牘選釋》一書出版時，整理者在書中〈前言〉提出東漢時期臨湘一帶「不僅有鄉轄里的居地劃

---

15 李均明，〈長沙五一廣場東漢簡牘所見身分認定述略〉，載中國文化遺產研究院（編），《出土文獻研究》，第 17 輯（上海：中西書局，2019），頁 325–333。

分，同時也有鄉統亭、亭轄丘的區域劃分，兩個體系共存」。[16] 然而，亭對丘有沒有直接的行政管轄權，其實尚有疑問。因為「亭部」一詞，往往是地理和空間上的概念，意即「在亭界之中」。[17]《後漢書‧皇后紀》記和帝陰皇后去世，「葬臨平亭部」，本注即解釋為「葬於亭部內之地也」。[18] 又漢代不少買地券都以亭部表示田地的位置，如〈東漢光和元年平陰縣曹仲成買田鉛券〉有「平陰都鄉市南里曹仲成，從同縣男子陳胡奴買長右亭部馬領佰北冢田六畝，畝千五百，并直九千」的記載，當中的冢田顯然是在長右亭部之內。因此，以上數例有「占有廬舍長賴亭部廬蒲丘」等將亭部與丘連寫的情況，我們應該簡單理解為廬蒲丘位於長賴亭界內。如要證明丘與亭有直接的行政隸屬關係，則尚需其他證據。

不過，丘作為居民居住地的證據則清晰可見，如以下例6至8：

6. 充、樂辟則亡不見。其月不處日，賜、尤捕得充父負，賜送負縣。廿五日，愈得病。六月九日，樂於所居丘東北佝田旁為愈祠。其日，尤將斗、曠俱掩捕充，行道見樂祠（《叁》簡1081）

7. 姓李不處名於語丘男子唐豐舍飲酒，令豐請金舍客王英柘弩一張，本直六百。宮求雇百五十，英不與，宮其時醉酒，入金舍收金父官（《貳》簡433）

8. 永元十六年六月戊子朔廿八日乙卯廣亭長暉叩頭死罪敢言之。前

---

16 長沙市文物考古研究所等（編），《長沙五一廣場東漢簡牘選釋》（上海：中西書局，2015），頁7。

17 周振鶴，〈從漢代「部」的概念釋縣鄉亭里制度〉，《歷史研究》1995.5，頁36–43。

18《後漢書》，卷10，〈皇后紀〉，頁417–418。

十五年男子由併殺桑鄉男子黃徽，匿不覺。併同產兄肉復盜充丘男子唐為舍。今年三月不處（《貳》簡664+542A）

以上三例來自不同的案子，目前皆久缺前後文，不能明瞭案情細節，但對於理解丘與聚居地的關係，則十分清晰。在例6中，官府正在追捕因故逃亡的充和樂。充的父親此前已被捕獲，或因此暴露了充的行蹤。官府於六月九日行動，前往捉拿充，豈料在行動期間發現了樂的蹤影，樂在為生病中的愈求祠。簡文清楚表示樂求祠的位置是在「所居丘東北徇田旁」，書手以「丘」記樂所居處，說明了丘在當時已經成為百姓的居住地點。例7並沒有清楚交代案情，但首行提到「姓李不處名於語丘男子唐豐舍飲酒」，可知案件發生在男子唐豐位於語丘的住所。例8牽涉到一樁賊殺及盜案，殺人犯併的兄長肉盜劫了唐為在充丘的房舍。

在例1至8簡文中，我們可知「丘」作為聚居地的其中一種表達方式，在東漢早期已經成為臨湘人的日常語言。而負責記錄案件的掾吏亦將之抄錄在正式的官方文書上，顯示這些聚居地已獲得官方的承認。由此推之，丘在五一廣場簡的年代限定前已經出現，並維持了一段時間，直至走馬樓三國吳簡時期。此外，針對表達百姓的居住地點，秦漢簡牘常見以傳統的「縣—鄉—里」地方行政規劃方式表示。然而，五一廣場簡中牽涉到「鄉里」的資料，幾乎都是強調編戶民的戶籍身分，如：「寅，自占名屬都鄉安成里。珍，廣成鄉陽里。」（《叁》簡746+569）更重要的是，五一簡似乎透露了編戶民的戶籍登記地與實際的居住地，並非在同一個地點：

9. 求錢一萬以賕掾董、普。防以錢七千二百付董、普。亟考實姦
   詐，證槮驗，正處言。豫叩頭死罪死罪，奉得書，輒考問董及
   普，即訊旦，辭皆曰：縣民，<u>鄉、吏、里、年</u>（《貳》簡338）、
   <u>姓名如牒</u>。普，都鄉三門亭部；董、旦，桑鄉廣亭部。董與父
   老、母何、同產兄輔、弟農俱居；旦父母皆前物故，往不處年嫁為
   良妻，與良父平、母真俱居，□□盧舍（《貳》簡339）廣亭部。
   <u>董，上丘</u>；<u>旦，橋丘</u>，與男子忝願、雷勒相比近知習，輔農以田
   作。真、旦績紡為事。普以吏次署獄掾；董，良家子給事縣備獄書
   佐。不處年中，良給事縣。永初元（《壹》簡126）

以上文例由三枚兩行組成，可連讀，同樣屬於解書中有關身分認定的部
分。這件案件涉及董、普、旦等人，三人都是臨湘縣的編戶民，官府已
有他們的基本資料，如姓名、戶籍所在的鄉里、官職和年歲等資料，故
文書中沒有詳細列出這些資料，只簡略地以「縣民，鄉、吏、里、年、
姓名如牒」交代。可是，當提到三人的住居地時，則詳列各人所住的亭
部及丘名。這是否顯示在東漢時期的長沙郡，已有不少百姓居住在原有
鄉、里行政區劃以外的地方？假若官府不在文書中列明當事人的居住
地，單憑戶籍上的資料，是否有可能找不到編戶民的所在地？筆者認
為，若要解答這個問題，應將丘的出現原因結合當時的社會狀況一併
分析。

三、人口遷徙與「丘」的出現

兩漢之際，長沙地區其中一個最為明顯的變化是人口大幅增長。
《後漢書‧郡國志》記錄了順帝永和五年（140年）的戶口數字，長沙

郡的戶數為 25 萬，口數為 105 萬，兩項數據比起西漢平帝元始二年（2年）時增加了四至五倍（見表二）。人口增長不是長沙郡的獨有狀況，而是南方的普遍現象，特別是長江中游的荊州地區。葛劍雄先生認為這些新增人口主要是來自北方的移民。荊州的正北面是南陽、汝南、潁川、河南等郡，這個區域在西漢後期人口密度已經很高，人口壓力大，當突發性的情況出現，影響該區百姓的生存空間時，便會迫使流民沿著漢水、湘江等貫通南北的幹線南遷至人口較為稀少的荊州地區。[19] 表三比較了荊州及其北面四州（司隸、豫州、青州、兗州）在兩漢時期的戶口數，能很好地呈現出葛氏的觀察：司隸、兗州在東漢時期流失了近半的戶口，豫州、青州的戶口數亦有顯著的跌幅；但同時南方荊州的口數則突破 620 萬，比西漢時期多出了超過 73 萬戶，共 260 多萬人。

表二：兩漢長沙郡人口變化表

長沙郡	西漢		東漢	
	戶數	口數	戶數	口數
	43,470	235,825	255,854	1,059,372

---

19 葛劍雄，《西漢人口地理》（北京：人民出版社，1986），頁 199–200。

表三：兩漢各州人口變化表

州	西漢		東漢	
	戶數	口數	戶數	口數
司隸	1,519,857	6,682,602	616,355	3,106,161
豫州	1,341,866	6,944,353	1,142,783	6,179,139
青州	959,815	4,191,341	635,885	3,709,803
兗州	1,657,458	7,877,431	727,302	4,052,111
荊州	668,397	3,597,187	1,399,394	6,265,952

　　五一廣場簡有關於人口流動的記錄，提及從北方落戶長沙的移民，似乎可以印證以上兩表的趨勢：

10. 雅，河南雒陽平樂鄉壽樂里；高，南陽宛；叔，東萊；午、親，縣民。午，南鄉瀙里；親，都鄉樂里。初父孟、午父伯、雅父惠、親夫蘭皆前物故。初與母寧、少父孫、母姜、午母明、雅與母斐等各俱居（《貳》簡 598）

　　這枚木兩行是解書的一部分，案件詳情並不清楚，但涉案者大多不是原籍臨湘的縣民，而是占籍於其他地方的移民。簡文中的雅、高、叔分別來自河南雒陽、南陽宛縣及東萊郡，位置皆在中原地區。這份文書沒有交代三人移居長沙的原因，但漢人重視安土重遷，百姓移走他鄉，淪為流民，往往是迫不得已。哀帝時，諫大夫鮑宣上書諫言，提到「民有七亡」，歸納了七個百姓流亡的原因，其首正是「陰陽不和，水旱為

災」。[20] 水旱之災只是天災的其中兩種，常見於漢代文獻的還包括蝗災、瘟疫、大風、霜雪、山崩、地震等。東漢時期全國頗受這些自然災害影響，據楊振紅的統計，自光武帝建武元年（25 年）至獻帝建安二十四年（219 年）間，共發生了 282 次自然災害，平均每年多於一次，在和帝永元年以後，災害的頻率更驟然升高。[21] 下表列舉了和帝至安帝時期的全國性災異事件。單在和帝一朝，首都一帶已出現過六次的災禍；此後在殤帝、安帝時期，大型天災更是時有發生，波及州郡數十。這些大規模的天災較多在中原地區出現，如安帝永初元年（107 年）「郡國十八地震；四十一雨水，或山水暴至；二十八大風、雨雹」，該年朝廷屢下詔書，命令開倉接濟「司隸、兗、豫、徐、冀、并州貧民」，又要求將揚州五郡的租米「贍給東郡、濟陰、陳留、梁國、下邳、山陽」，[22] 可知這次災害範圍以黃河流域地區為主。北方連年受災禍打擊，百姓失去家園，面臨糧食短缺問題，因此逃往較為安穩、人口密度較低的南方，是可以預期的。

20 〔東漢〕班固，《漢書》（北京：中華書局，1962），卷 72，〈鮑宣列傳〉，頁 3088。
21 楊振紅，〈漢代的自然災害〉，《中國史研究》1999.4，頁 49、55。
22 《後漢書》，卷 5，〈安帝紀〉，頁 206、208–209。

表四：《後漢書》所見東漢和帝至安帝時期的全國性災異事件

時間	天災事件	出處
章和二年（88 年）	京師旱。	《後漢書·和帝紀》
永元元年（89 年）	郡國九大水。	
永元四年（92 年）	郡國十三地震。旱，蝗。	
永元五年（93 年）	隴西地震。郡國三雨雹。	
永元六年（94 年）	京師旱。	
永元七年（95 年）	易陽地裂。京師地震。	
永元八年（96 年）	河內、陳留蝗。京師蝗。	
永元九年（97 年）	隴西地震。蝗、旱。蝗蟲飛過京師。	
永元十年（98 年）	京師大水。五州雨水。	
永元十三年（101 年）	荊州雨水。	
永元十四年（102 年）	三州雨水。	
延平元年（106 年）	郡國三十七雨水。	《後漢書·殤帝紀》
	四州大水，雨雹。	《後漢書·安帝紀》
永初元年（107 年）	郡國十八地震；四十一雨水；二十八大風，雨雹。	
永初二年（108 年）	京師及郡國四十大水，大風，雨雹。郡國十二地震。	
永初三年（109 年）	京師及郡國四十一雨水雹。并涼二州大飢。	
永初四年（110 年）	郡國九地震。六州蝗。三郡大水。	
永初五年（111 年）	九州蝗，郡國八雨水。	
永初六年（112 年）	十州蝗。旱。豫章、員谿、原山崩。	

東漢時期的長沙頗有來自中原地區的人口。五一簡有幾枚殘簡，如「☐定陶男子王方客來復屠牛☐☐☐☐」（《壹》簡 55）、「陳留考城縣男子☐☐自☐ …… 自給☐」（《壹》簡 56）及「貨主潁川昆陽都鄉倉里男子陳次年廿五長七尺白色」（《貳》簡 740），事主似乎皆是從中原地區南下長沙找尋生計，並向官府登記的來客與流民。又如下例的成、次：

11. 成，南陽宛；次，陳留扶溝；此，武陵零陵。次、成遭其縣米穀貴。成、次今年六月不處日，此七月廿五日，各起家。次、成逐賊，此與男子陳伯潭、成俱持麻八千斤之臨湘，船泊麓（《肆》簡1505）

成來自南陽郡會宛，次來自陳留郡，兩地是富庶之地，但突然遇上「其縣米穀貴」，張朝陽先生估計這是因為南陽、陳留等地發生了災荒，導致兩地的生活成本陡增，促使兩人遠赴臨湘謀生。[23] 除了天災以外，戰禍也是導致百姓流離的因素。五一簡中有一枚紀年為安帝永初四年（110 年）正月的殘簡，錄有一份未載於史籍的詔書，其謂「比年陰陽鬲并，水旱饑饉，民或流冗，蠻夷猾夏，仍以發興，姦吏」（《貳》簡412），劉國忠先生認為當中的「蠻夷猾夏，仍以發興」指羌人在西疆的亂事。[24] 羌亂持續近百年，禍及涼、益、司隸三州，動搖東漢國家根

---

23 張朝陽，〈五一廣場東漢簡牘 1505 箚記〉，武漢大學簡帛研究中心「簡帛」網站：http://www.bsm.org.cn/?hanjian/8262.html，2020.05.17。（搜尋，2022.02.03）
24 劉國忠，〈五一廣場東漢永初四年詔書簡試論〉，《湖南大學學報（社會科學版）》31.5（2017），頁 12。

基，詔書提到此事，自然不過。五一廣場簡亦顯示臨湘城有來自益州廣漢及巴郡的移民（如《叁》簡 940）。然而，就長沙地區而言，武陵蠻先後在建初元年（76 年）、永元四年（92 年）及元初二年（108 年）作叛，或許對當地產生更大影響。《後漢書・南蠻西南夷列傳》記武陵澧中蠻作亂，攻燒零陽、作唐、屠陵等地，燔燒郵亭，殺略吏民，最終朝廷徵發荊州七郡及汝南、潁川五千餘人，才將亂事平息。[25] 五一簡 J1③:325-1-140 木牘（〈簡報〉例五）記載了武陵伏波軍營司馬在永元十五年（103 年）於臨湘轉運軍糧的事，「伏波軍」是東漢早期對付武陵蠻的軍隊，[26] 該年未見有武陵蠻作叛的記錄，但仍需糧食供應，似乎說明伏波軍是常備軍，長期駐紮武陵，以監視武陵蠻的舉動，反映武陵蠻常年威脅著當地的安全。例 11 的此是武陵郡零陵縣人，與成一同在臨湘賣麻。五一簡尚有不少來自沅陵（《選釋》簡 95）、酉陽（《壹》簡 137）、臨沅（《叁》簡 839）等武陵郡屬縣的移民，他們可能跟此一樣，選擇到較少受到天災和戰禍影響的臨湘工作，成為長沙郡新增的數十萬人口之一。

上引簡文提及「穀貴」，東漢初年史書有幾次記載郡縣穀貴民飢的情況，時間在漢光武建武初年至安帝百年之間。例如《後漢書・鮑昱傳》記明帝「建初元年，大旱，穀貴」，帝問司徒鮑昱「何以消復災眚？」昱對曰釋放大獄冤囚，還徙家屬，可致和氣。[27] 鮑昱似乎未有對準災情焦點來解決問題。建初比年久旱，災疫不息，穀物價格上升引

25《後漢書》，卷 86，〈南蠻西南夷列傳〉，頁 2832–2833。

26 魏斌，〈古人堤簡牘與東漢武陵蠻〉，《中央研究院歷史語言研究所集刊》85.1（2014），頁 65–67。

27《後漢書》，卷 29，〈鮑昱傳〉，頁 1022。

起群臣議論解決方法。〈楊終傳〉記「建初元年，大旱穀貴」，司空第五倫、太尉牟融、校書郎班固等相繼論難；[28] 還有，章帝元和中朱暉任太山太守，「是時穀貴，縣官經用不足，朝廷憂之」，尚書張林奏言認為：「穀所以貴，由錢賤故也。可盡封錢，一取布帛為租，以通天下之用。」[29] 以布帛為租，以物換物，不等於可以解決穀物生產和供應不足的問題。〈馬棱傳〉記章帝章和元年（87 年），穀貴民飢，馬棱遷廣陵太守的處理方法就是：賑貧贏，薄賦稅，興復陂湖，溉田二萬餘頃，重點是增加土地供應。到了安帝永初二年（108 年）、四年，羌人擾亂，涼州、安定、北地、上郡等地被寇，史云：「會羌虜飈起，邊方擾亂，米穀踊貴，自關以西，道殣相望。」[30]〈梁慬傳〉又說「穀貴人流，不能自立」，[31] 直接說出穀物價格飛升，百姓覓食，導致百姓流散，不能自立，依賴他人幫助。天災兵禍，導致米穀踊貴，百姓避亂遷徙，或覓食他鄉，中央政府、地方郡縣為了安置流人，促進生產，假借皇室園囿、山林陂池，增加溉田畝數，開闢山丘安置流人。上引簡牘：「次、成遭其縣米穀貴⋯⋯七月廿五日，各起家」，次、成來臨湘起家落籍，推想是因為臨湘穀物價格相對較低，可耕土地或者買賣活動較多，謀生容易，所以來此定居。

百姓脫離版籍，四處流冗，朝廷若不慎處理，容易造成種種治安、稅收問題，因此東漢政府十分重視流民問題，經常提供各項措施，鼓勵流民重新向政府占籍。最為常見的方法是向流民及無名數者賜爵一級，

28《後漢書》，卷 48，〈楊終傳〉，頁 1597。
29《後漢書》，卷 43，〈朱暉傳〉，頁 1460。
30《後漢書》，卷 60，〈馬融傳〉，頁 1953。
31《後漢書》，卷 47，〈梁慬傳〉，頁 1593。

此外朝廷還會要求郡縣政府向還歸本籍的流民提供飲食和住宿，並免除他們一至三年的田租和更賦。和帝永元十五年時，更准許流民在流亡地定居，不強迫流民返回原地，其詔曰：「流民欲還歸本而無糧食者，過所實稟之，疾病加致醫藥；其不欲還歸者，勿強。」[32] 五一簡有一份涉及流民占籍的文書，印證了永元十五年詔書的內容：

12. 本縣奇鄉民，前流客，留占著，以十三年案算後還歸本鄉，與男子蔡羽、石放等相比，當以詔書隨人在所占。忠叩頭死罪死罪。得閣、豐侄移（《壹》簡369）書，輒逐召定考問，辭：本縣奇鄉民，前流客，占屬臨湘南鄉樂成里，今不還本鄉，执不復還歸，臨湘願以詔書隨人在所占。謹聽受占定，西（《壹》簡81）

簡文中的事主原是奇鄉人（按：奇鄉在連道縣，見《壹》簡317），後來流亡到長沙，並於臨湘縣的南鄉樂成里登錄了戶籍。文書中提到事主「願以詔書隨人在所占」，反映永元十五年詔書在臨湘得到切實執行，進一步吸引更多的流民定居長沙郡一帶。筆者認為永元十五年以前，和帝已經不斷勸勉流民還歸，並視處理流民為大問題。永元六年（94年）三月庚寅，和帝曾下詔鼓勵流民還歸原居地：「流民所過郡國皆實稟之，其有販賣者勿出租稅，又欲就賤還歸者，復一歲田租、更賦」，[33] 以免復田租、更賦引導流民還歸，但並未奏效。為此同月丙寅，和帝下詔求舉賢良方正、能直言極諫之士，冀召集有識之士商討對策，[34] 顯然

32《後漢書》，卷4，〈和帝紀〉，頁191。
33《後漢書》，卷4，〈和帝紀〉，頁178。
34《後漢書》，卷4，〈和帝紀〉，頁179。

他對百姓飢饉流亡，一直憂心忡忡，內心愧疚。永元八年（96年）春，和帝再次延續明章以來之策，賜「民無名數及流民欲占者一級」。[35] 永元九年（97年）因災旱蝗害，黎民流離之事，遂又開山林饒利，陂池漁採，以瞻元元。[36] 永元十二年（101年）三月又發生旱災，和帝兩度下詔。其一：「貸被災諸郡民種糧。賜下貧、鰥、寡、孤、獨、不能自存者，及郡國流民，聽入陂池漁采，以助蔬食。」其二：「比年不登，百姓虛匱。京師去冬無宿雪，今春無澍雨，黎民流離，困於道路。朕痛心疾首，靡知所濟……其賜天下男子爵，人二級，三老、孝悌、力田三級，民無名數及流民欲占者人一級……」[37] 上引本縣奇鄉民兩行謂：「本縣奇鄉民，前流客，留占著，以十三年案籌後還歸本鄉，與男子蔡羽、石放等相比，當以詔書隨人在所占。」其內容與永元十二年等詔書中處理流民還歸的政策有關。按《壹》簡369和《壹》簡81上下連貫，但看來書手把兩份文書抄在一起。第一份：「本縣奇鄉民，前流客，留占著，以十三年案籌後還歸本鄉，與男子蔡羽、石放等相比，當以詔書隨人在所占。忠叩頭死罪死罪。」第二份：「得閡、豐佷移書，輒逐召迺考問，辤：本縣奇鄉民，前流客，占屬臨湘南鄉樂成里，今不還本鄉，埶不復還歸，臨湘願以詔書隨人在所占。謹聽受占定，西。」雖然並非完整文書，但從內容考察，此案提及的人物「定」，就是簡317A木楬提及連道縣奇鄉鄉民逢定受占南鄉（臨湘南鄉樂成里）本事的主角：

---

35 《後漢書》，卷4，〈和帝紀〉，頁181。

36 《後漢書》，卷4，〈和帝紀〉，頁183。

37 《後漢書》，卷4，〈和帝紀〉，頁186。

連道奇鄉受占南鄉民逢定本事（《壹》簡317A）

逢定在永元十三年（102年）前流客臨湘縣，和帝當時的政策是鼓勵流民「就賤還歸」，流民所過郡國，地方政府提供稟食，有販賣者勿出租稅，就賤還歸者，免一歲田租和更賦。及後和帝永元十五年所發詔書說「流民欲還歸本而無糧食者，過所實稟之，疾病加致醫藥；其不欲還歸者，勿強」，才准許流民在流亡地定居，不強迫流民返回原地。逢定案發生在政府公佈「不欲還歸者，勿強」政策之前，推測逢定在永元十三年曾回連道占數戶籍：「案籌後還歸本鄉」，第一份文書更指出其比鄰居民：「與男子蔡羽、石放等相比」。但逢定無意還歸，後來離開奇鄉返回臨湘，最終回到後來占屬的「臨湘南鄉樂成里」。永元十五年詔書公開說明「其不欲還歸者，勿強」，逢定既不想還歸，於是申請占屬臨湘南鄉樂成里，正當移居臨湘，臨湘縣史知逢定「埶不復還歸」，因而按詔書「以詔書隨人在所占」、「謹聽受占定」。以上大概是317A及B楬本事的內容。讓流民隨人所在重新登記戶籍是良好的管治政策，臨湘縣既可省去提供稟食給流民的支出，亦可以讓已經開發或者假借給流民的山林、陂池、漁採，得以繼續保持生產和地方活力，一舉數得。

勞榦先生曾統計兩漢郡國的面積及人口密度，指出西漢長沙國的疆域約為75,510平方公里，平均每平方公里只有3.1人居住。[38]《史記·貨殖列傳》指出當時長沙國所在的南楚「地廣人希」是可信的。[39] 及至

---

38 勞榦，〈兩漢郡國面積之估計及口數增減之推測〉，《中央研究院歷史語言研究所集刊》5.2（1935），頁219–221。

39〔西漢〕司馬遷，《史記》（北京：中華書局，1959），卷129，〈貨殖列傳〉，頁3270。

東漢，長沙郡的面積與西漢相比，無甚改變，人口卻增加了超過四倍，導致人口密度上升至每平方公里 14 人。可以想像，長沙郡原有的聚落（不論是自然聚落還是行政聚落）在短時間內，未必能夠吸納大量移入的人口。新來的移民必須在城鄉周圍或遠離人煙的郊野聚居開墾，以作棲身。這些無人地帶不少屬於皇室所有，又或是地方政治的公田。東漢初期災禍連連，為了理順流民，皇帝經常下詔，讓災民、貧民得以在這些田地墾食。如《後漢書·和帝紀》記永元五年（93 年），和帝下令開放「自京師離宮果園上林廣成囿悉以假貧民，恣得采捕，不收其稅」。[40] 稍前章帝在元和三年（86 年）北巡狩後，發現北地「肥田尚多，未有墾闢」，於是詔告沿途諸郡：「月令，孟春善相丘陵土地所宜。今肥田尚多，未有墾闢。其悉以賦貧民，給與糧種，務盡地力，勿令游手。所過縣邑，聽半入今年田租，以勸農夫之勞。」[41] 詔書引用了《禮記·月令》篇，原文為：

是月也，天氣下降，地氣上騰，天地和同，草木萌動。王命布農事，命田舍東郊，皆脩封疆，審端經術。善相丘陵、阪險、原隰，土地所宜，五穀所殖，以教道民，必躬親之。田事既飭，先定準直，農乃不惑。[42]

政府鼓勵百姓貧民開墾土地耕作，所謂相土地所宜，即從丘陵、山澤、

---

40 《後漢書》，卷 4，〈和帝紀〉，頁 175。

41 《後漢書》，卷 3，〈章帝紀〉，頁 154。

42 〔東漢〕鄭玄（注），〔唐〕孔穎達（疏），《禮記正義》（北京：北京大學出版社，2000），卷 14，〈月令第六〉，頁 542–543。

濕地尋找。以上兩份詔書分別針對首都地區及北方的諸郡，但先例已開，其風氣影響各地，讓貧苦之民開發新耕地。永初年間，御史中丞樊準上疏，提議將受災之郡的貧民徙置荊、揚兩州。[43] 下表提到永元十三至十四年（101–102 年），荊州受水災波及，朝廷下詔賑濟災民，「如故事」，即採取過住各地曾使用過的方法，容許百姓在未有墾闢的國有土地耕作，是自然不過的事。

表五：東漢前期有關接濟貧民的詔書

時間	詔書內容	出處
建初元年（76 年）	詔以上林池籞田賦與貧人。	《後漢書・章帝紀》
元和元年（84 年）	王者八政，以食為本，故古者急耕稼之業，致末耜之勤，節用儲蓄，以備凶災，是以歲雖不登而人無飢色。自牛疫已來，穀食連少，良由吏教未至，刺史、二千石不以為負。其令郡國募人無田欲徙它界就肥饒者，恣聽之。到在所，賜給公田，為雇耕傭，賃種餉，貰與田器，勿收租五歲，除算三年。其後欲還本鄉者，勿禁。	
元和三年（86 年）	二月壬寅，告常山、魏郡、清河、鉅鹿、平原、東平郡太守、相曰：「……月令，孟春善相丘陵土地所宜。今肥田尚多，未有墾闢。其悉以賦貧民，給與糧種，務盡地力，勿令游手。所過縣邑，聽半入今年田租，以勸農夫之勞。」	

43《後漢書》，卷 32，〈樊準列傳〉，頁 1127–1128。

時間	詔書內容	出處
永元四年 （92 年）	今年郡國秋稼為旱蝗所傷，其什四以上勿收田租、 芻稾；有不滿者，以實除之。	《後漢書· 和帝紀》
永元六年 （94 年）	三月庚寅，詔流民所過郡國皆實稟之，其有販賣者 勿出租稅，又欲就賤還歸者，復一歲田租、更賦。	
永元 十一年 （99 年）	十一年春二月，遣使循行郡國，稟貸被災害不能自 存者，令得漁采山林池澤，不收假稅。	
永元 十二年 （100 年）	詔貸被災諸郡民種糧。賜下貧、鰥、寡、孤、獨、 不能自存者，及郡國流民，聽入陂池漁采，以助蔬 食。	
永元 十三年 （101 年）	荊州比歲不節，今茲淫水為害，餘雖頗登，而多不 均浹，深惟四民農食之本，慘然懷矜。其令天下半 入今年田租、芻稾；有宜以實除者，如故事。貧民 假種食，皆勿收責。	
永元 十四年 （102 年）	兗、豫、荊州今年水雨淫過，多傷農功。其令被害 什四以上皆半入田租、芻稾；其不滿者，以實除之。	
永元 十五年 （103 年）	詔流民欲還歸本而無糧食者，過所實稟之，疾病加 致醫藥；其不欲還歸者，勿強。	
	詔令百姓鰥寡漁采陂池，勿收假稅二歲。	
永元 十六年 （104 年）	春正月己卯，詔貧民有田業而以匱乏不能自農者， 貸種糧。二月己未，詔兗、豫、徐、冀四州比年雨 多傷稼，禁沽酒。夏四月，遣三府掾分行四州，貧 民無以耕者，為雇犂牛直。七月辛巳，詔令天下皆 半入今年田租、芻稾；其被災害者，以實除之。貧 民受貸種糧及田租、芻稾、皆勿收責。	
永初元年 （107 年）	二月丙午，以廣成游獵地及被災郡國公田假與貧民。	《後漢書· 安帝紀》
永初三年 （109 年）	癸巳，詔以鴻池假與貧民。	

回到丘的問題，上文指出五一廣場簡所見的丘都是聚居地，筆者認為它之所以在東漢前期的長沙地區出現，原因與當地人口急增有關。這些新增的人口絕多是來自北方或鄰郡的流民，長沙一帶原有的聚落不多，不能容納他們，朝廷的賑災措施容許貧民在國有公地墾食，因此吸引了他們在這些地方開發聚居。

四、「丘」的地理信息與鄉、亭關係

在長沙地區，這些無人的國有田地、山林、池澤大多位處縣城外圍的丘陵地帶，貧民在這些地方聚居棲身，久之則形成了一個個以「丘」為名的聚落。五一廣場簡有兩枚簡牘提到丘的地理信息，頗以為證：

13. 輒部賊曹掾黃納、游徼李臨逐召賢。賢辭：本臨湘民，来客界中，丞為洞所殺。後賢舉家還歸本縣長賴亭部杆上丘，去縣百五十餘里。書到，亟，部吏與納并力逐召賢等，必得，以付納（《叁》簡 876）

14. 永元十五年十月壬辰朔廿二日癸丑北部賊捕掾休、游徼相、長賴亭長勤叩頭死罪敢言之。廷移府羅書曰：蠻夷男子周賢當為殺益陽亭長許宮者，文齎、齎子男洞倉等要證（《肆》簡 1671A）

例 13 與 14 相信同屬一份文書，該文書涉及一樁橫跨兩縣的兇殺案，可惜兩簡之間有缺簡，不能連讀，較難掌握實質案情。不過涉案人賢的供詞卻提供了丘的一些地理信息。賢在例 13 中供稱自己舉家搬還「本縣長賴亭部杆上丘」時，提到杆上丘位處「去縣百五十餘里」的地方。賢本來是臨湘縣民，還歸的「本縣」當是臨湘縣。按漢代一里相當於現今

的 415 米，[44] 換言之杆上丘距離臨湘縣約 62 公里。杆上丘位處長賴亭部內，例 14 透露了此案歸北部賊捕掾負責，可知長賴亭部屬北部賊捕掾的管轄範圍。

目前已知臨湘縣分別有北部、東部、西部、左部、右部賊捕掾，都是以方位將一縣劃分為若干部，由此推知，長賴亭部杆上丘的位置當在臨湘縣北部。若以臨湘縣城為中心畫一圈，其北面 62 公里的半徑範圍幾乎達至羅縣（見圖一）。這或可以解釋為何此案牽涉到羅縣的文書，亦可以說明杆上丘並非位於臨湘縣城的核心地區，而是接近鄰縣的邊地。事實上，在臨湘縣與羅縣交界的區域，不僅有杆上丘，似乎還有其他丘的存在：

15. 從父兄弟福之羅椮溏亭部枏溪丘居。笱以十四年九月廿六日之所有田宿穫。游在家不出，羅賊捕掾、游徼、亭長皆不處姓名之笱舍，掩捕笱，不得捕得。游（《貳》簡 403+416）

16. 君教若。左賊史顏邊白：府檄曰：鄉佐張鮪、小史石竟、少鄭平毆殺費櫟，亡入醴陵界。竟還歸臨湘不處，鮪從跡所斷絕。案文書前部賊捕掾蔡錯、游徼石封、亭長唐曠等逐捕鮪、平、竟，跡絕醴陵檀亭部劣淳丘乾溲山中。前以處言如府書丞優、掾隗議請□却賊捕掾錯等白草（《貳》簡 427）

例 15 顯示的枏溪丘位處羅縣的椮溏亭部，案件主角笱應該居住於該丘，羅縣的官吏捉拿他不得，或是因為笱逃到臨湘縣，所以這份文書才

---

44 〔英〕崔瑞德（Denis Twitchett）、〔英〕魯惟一（Michael Loewe）（編），《劍橋中國秦漢史：公元前 221 至公元 220 年》（北京：中國社會科學出版社，1992），頁 7。

圖一：東漢長沙郡局部示意圖

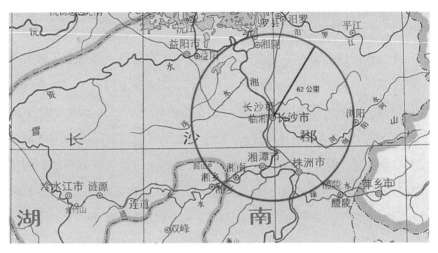

改自譚其驤（主編），《中國歷史地圖集》（北京：中國地圖出版社，1982），
第 2 冊，頁 50。

在五一簡中出現。同樣情況還在醴陵縣出現，在例 16 中提到張鮪、石
竟、鄭平三人殺人後，從臨湘縣逃入醴陵縣樻亭部劣淳丘的山區中。醴
陵縣在臨湘縣的東南，劣淳丘似乎在醴陵縣與臨湘縣接壤的山區中，而
且成為罪犯潛匿的地方。這反映在長沙地區，有不少丘都在距離縣城頗
遠，甚或人煙罕見的地區。又如下例：

17. ☒鄉逢門亭部李丘儶子黃☐家去縣五十里

　　南鄉逢門亭部相唐丘儶子傅賢家去縣六☒

　　南鄉逢門亭部玄丘儶子李崇家去縣五十里（《陸》簡 2176）

例 17 似乎是一份名籍，被登錄的人都是「儛子」。按「儛」通「舞」，[45]「儛（舞）子」可能是指賣藝為生的伎人。武帝時下告緡令，《史記集解》引臣瓚曰「商賈居積及伎巧之家，非桑農所生出，謂之緡」。[46] 五一簡亦有二十多枚商販名籍，[47] 是否由於職業特殊，官府特別為這類不事農桑的群體製作名籍？這還有待考證。不過勿論如何，上例再一次提到丘的地理信息：李丘、租唐丘、玄丘分別在臨湘城外五、六十里（約今 20至 25 公里）的地方，與縣城相距頗有一段距離，然而它們卻同樣屬逢門亭部的監轄範圍內。按漢代多在城內的大門上設亭，在城外鄉野則常置亭於重要的河津要道處。臨湘城稱「門」的亭還有東門亭（《壹》簡116）、南門亭（《肆》簡 1681）、御門亭（《選釋》簡 49），以及三門亭（《壹》簡 339），很有可能都是設置在臨湘城門處的亭。以上三丘去縣五、六十里，顯然在臨湘野外，卻仍屬逢門亭部，說明三丘一帶頗為荒蕪，並不是縣民經常通行的地方。

此外，例 17 又記李丘、租唐丘、玄丘三丘屬南鄉。鄉是縣廷以上的基層行政單位，上引《續漢書·百官志》謂鄉「主知民善惡，為役先後，知民貧富，為賦多少，平其差品」。[48]《二年律令·戶律》亦規定每年八月案比，審定戶籍由鄉吏主理，反映鄉是掌握名數的基層單位，主要負責登記名籍、徵收賦稅等工作。目前我們未見有丘民與鄉吏直接接觸的資料，但五一簡所見，徵收田租算賦、製作戶籍等工作仍然由鄉

---

45 高亨、董治安，《古字通假會典》（濟南：齊魯書社，1989），頁 928。

46《史記》，卷 30，〈平準書〉，頁 1435。

47 馬增榮，〈「貸主」？抑或「貨主」？—— 長沙五一廣場東漢簡牘讀記一則〉，武漢大學簡帛研究中心「簡帛」網站：http://www.bsm.org.cn/?hanjian/8290.html，2020.08.07。（搜尋，2022.02.04）

48《後漢書》，志 28，〈百官五〉，頁 3624。

負責：

18. ▣永元七年廣成鄉▣　　　☑（《陸》簡2181A）

　　　凡口四百五一　　　　事算百七十九　　☑

　　戶百　□□三百六十三　　　　　　　　☑

　　　□□□百五十二　　　　　　　☑（《陸》簡2181B）

19. 小武陵鄉助佐佑言所主租券墨畢簿書（《壹》簡305）

20. ☑不□輸而令鄉吏為若舉☑（《肆》簡1335）

正如筆者在上文指出五一簡反映了以「鄉—里」為單位的戶籍登記地與丘民的實際居住地，並非同一個地點。不過當牽涉到戶籍登記與繳納賦稅時，丘民很有可能仍然要向所屬的鄉負責，這意味著他們必須長途跋涉，親自前往鄉廷。五一簡便有資料提到澨陽鄉民入縣輸租，路途遙遠，早出晚歸，常在一橫溪解止休息，鄉民唯恐有盜賊出現，因此請縣廷在輸租的日子設置臨時的亭，以保護入縣繳稅的鄉民（《陸》簡1792）。

　　入縣輸租，每年定期進行，除了面對鄉吏外，丘民與官府的日常接觸，亦會在亭中發生：

21. 何、延等相比近知習，以田作為事，不處年中，妾更嫁為同鄉男子
　　楳國妻，產子女愈。今年五月，斗為其丘小伍長，其月十七日亭長
　　賜與右倉曹史高尤、功曹書佐文（《陸》簡2202+2636）

這件案件未知詳情，但清晰表示了「斗為其丘小伍長」。秦漢時期的什

伍制度將若干戶組織起來，以一人為伍長，目的是善惡以告，案察姦宄。這顯示了雖然丘是新聚落，但由於它們位置偏遠，人口結構以移民為主，因此臨湘縣廷很快便建立了什伍組織，讓新移民互相監察，防止亂事發生。馬力先生整理了五一簡中有關伍長的資料，指出他們的主要工作是看守繫囚、往來走使，以及監視嫌疑人。[49] 亭長、游徼負責地方治安，署事亭中，因此伍長亦常被調署在亭工作：

22. 延平元年正月己卯朔廿四日壬寅，守史勤叩頭死罪敢言之。前受遣
　　調署伍長，輒與御門、庾門、逢門亭長充、德等并力循行。案文書
　　史黃條前皆署，以書言，輒復（《叄》簡 1022）

守史勤正與御門、庾門、逢門三亭的亭長合作，安排調署伍長的工作。從另一枚簡牘可知，逢門亭共有十一位伍長（《叄》簡 1024），例 17 已知逢門亭部的管轄範圍至少包括李丘、租唐丘、玄丘，當中有丘民出任伍長的機會是不少的。走馬樓吳簡亦見不少丘民是「亭伍」，孫聞博先生認為是他們「在亭供役、充當亭卒的百姓」，[50] 其意見很具參考價值，這個情況很可能在東漢前期已經出現。

　　過去有討論關於丘的行政統屬問題，有說以鄉轄丘，亦有說以亭轄丘，但從五一簡看來，處理丘民的民政事務，例如登記版籍、徵收筭賦

---

49 馬力，〈五一廣場簡《延平元年守史勤言調署伍長人名數書》——兼論東漢臨湘的伍長與地方司法〉，載王沛（主編），《出土文獻與法律史研究》，第 10 輯（北京：法律出版社，2021），頁 66–87。

50 孫聞博，〈走馬樓吳簡所見鄉部里吏〉，載長沙簡牘博物館、北京大學中國古代史研究中心、北京吳簡研討班（編），《吳簡研究》，第 3 輯（北京：中華書局，2011），頁 281–282。

等工作，較大可能仍然由鄉負責；然而當牽涉到治安問題時，則交由亭處理。

五、小結

本文旨在利用五一廣場東漢簡牘討論丘在東漢時期出現的原因，並嘗試探討丘與鄉、亭的行政關係。從五一簡中的二十多個丘可見，丘是作為百姓的聚居地存在，而且除了臨湘縣外，丘也見於鄰縣羅、醴陵，顯示丘的出現並非臨湘縣一地的獨有狀況，而是在東漢時期荊州，特別是長沙郡一帶的普遍現象。東漢初期，北方遭受戰禍和自然災害，荊州地區相對安定，吸引了大量人口往南遷徙，導致人口急劇增加。為了賑濟貧民、舒緩人口壓力，朝廷多次下詔，允許受災禍影響的災民在帝國管轄的偏遠土地上定居和耕種，不收假稅。長沙郡一帶平地有原居民耕作，原有聚落亦難以容納所有新增人口，數以萬計的新移民遂往山丘土地開墾，新開闢地的丘既是耕地，也是新定居點。五一簡有例證顯示，當時縣廷將戶籍與居住地分別陳列，說明當時作為新聚落的丘已超出原有鄉、里的規劃範圍。對於這些新聚落的管理，鄉、亭各有角色。一般而言，前者主管丘民的民政事務；後者則處理丘的治安問題。本文大體旨在了解移民如何促成丘在東漢長沙地區出現，以及討論丘與鄉、亭的行政關係。

後記

本文完成於 2021 年 10 月 27 日，原計劃於 2021 年 11 月 12 日至 15 日在廣西桂林中國秦漢史研究會、廣西師範大學歷史文化與旅遊學院舉辦之「第十六屆中國秦漢史研究會暨國際學術研討會」上發表，可

惜因疫情關係，會議延期，首發於本書。本文為香港特別行政區研究資助局優配研究金（General Research Fund）資助項目研究成果之一（計劃編號：CUHK 14601420），撰寫期間本人又得香港中文大學中國文化研究所蔣經國基金會亞太漢學中心邀請成為訪問學人，提供研究資源和寧靜研究環境，特表謝意。最後，本文得研究助理劉天朗先生協助完成，謹此致謝。

五一廣場東漢簡牘所示臨湘縣廷的內外空間與社會控制

唐俊峰

一、引論

　　長沙五一廣場東漢簡牘提供了大量當時臨湘縣政務運行的原始資料，為闡明東漢早中期的縣制變遷，裨益甚鉅。[1]正如學者指出，秦至西漢中以來在縣行政扮演重要角色的裨官，至西漢中後期已逐漸邊緣化，職能大多被諸曹取代，因此東漢早中期臨湘縣的行政組織，可謂新舊揉雜。[2]然而，現有研究大多集中在臨湘縣個別組織的職能，[3]行政決策過程，以至國家對地方社會的控制方式的變革，[4]較少著墨縣的內、外組織。這一方面可能因為東漢縣行政的組織，前賢已有深入研究，[5]可討論的餘地相對有限。另一方面，這也可能歸因於五一廣場這批材料多涉及與刑案偵捕、審訊等事務相關的官文書，其多由賊曹製作、儲存。它們

1　本文所徵引的長沙五一廣場東漢簡牘，如無注明，俱見長沙市文物考古研究所等（編），《長沙五一廣場東漢簡牘選釋》（上海：中西書局，2015）；長沙市文物考古研究所等（編），《長沙五一廣場東漢簡牘（壹至陸）》（上海：中西書局，2018–2020）。

2　參〔日〕仲山茂，〈秦漢時代の「官」と「曹」——県の部局組織〉，《東洋學報》82.4（2001），頁 35–65；孫聞博，〈從鄉嗇夫到勸農掾：秦漢鄉制的歷史變遷〉，《歷史研究》2021.2，頁 70–87。

3　如黎明釗，〈長沙五一廣場出土東漢簡牘中的辭曹〉，載周東平、朱騰（主編），《法律史譯評》，第 7 卷（上海：中西書局，2019），頁 104–132；李均明，〈五一廣場東漢簡牘所反映的臨湘縣治安體系初探〉，清華大學出土文獻研究與保護中心主辦「五一簡與東漢歷史文化」學術研討會論文，北京，2021 年 10 月。

4　如拙文〈東漢早中期臨湘縣的行政決策過程——以五一廣場東漢簡牘為中心〉，收入黎明釗、馬增榮、唐俊峰（編），《東漢的法律、行政與社會：長沙五一廣場東漢簡牘探索》（香港：三聯書店，2019），頁 184–187；孫聞博，〈從鄉嗇夫到勸農掾〉，頁 68–88。

5　關於東漢縣行政中曹的名目和職能，嚴耕望早年的研究迄今仍無法取代，參氏著，《中國地方行政制度史甲部：秦漢地方行政制度》（上海：上海古籍出版社，2007），頁 224–234。

對賊曹以外的機構記載較少，對於臨湘縣的行政組織，自然令人難以得出一綜合印象。

　　雖然面臨以上局限，但已公佈材料仍直接或間接地透露了不少臨湘縣內、外組織運行和溝通的細節。簡單來說，當時臨湘縣廷似可分為門下、諸曹、裨官三大組織；縣廷之外，則設置了「外部吏」，其分佈縣境，與鄉吏共同協助縣廷掌控地方。有鑑學界對臨湘縣內、外組織的研究相對不足，本文將集中討論臨湘縣廷和外部吏的組織，並藉此探討東漢縣政府對地方社會的管治方式。至於鄉吏雖亦係縣政府實現社會控制的重要一環，但囿於篇幅，只能留待將來再議。

二、臨湘縣廷內部組織的劃分

　　針對漢地方政府的內部組織，嚴耕望認為其可分為門下、綱紀、諸曹三類。[6] 門下主要成員包括主簿、主記、門下功曹、門下賊曹和門下游徼，即傳世文獻所記的「門下五吏」，乃長官的心腹。「綱紀」即功曹，因其職能重要而獨立於諸曹。按嚴先生指出當時縣廷存在門下組織洵屬洞見，但從五一廣場簡牘看來，功曹雖主管屬吏的挑選和任命，但未見它獨立於諸曹的直接證據。此外，秦以來存在於縣行政的裨官（如司空和倉），至東漢時仍作為執行機構而存在。因此，當時的縣廷內部似可分為門下、諸曹、裨官三大組織。此外，東漢臨湘縣還存在待事掾等平日在縣廷待命，必要時可被派遣至廷外執行臨時任務，跡近後代「散

6　嚴耕望，《中國地方行政制度史甲部：秦漢地方行政制度》，頁 223-224。

吏」的屬吏，[7] 但鑑於現時尚不清楚他們在縣廷內部行政具體擔當的角色，本節將對他們存而不論。

1. 門下

關於「門下」的本義，學界一般認為它等同「閣（傳世文獻有時也寫成「閤」）下」，即官府員吏日常出入之小門，[8] 有時也作為下屬對長官的敬稱。位於閣門內的「堂」和「廷」，不但是長官平日工作的場所，還是他和屬吏定期集會、宣讀教令的地方；至於閣外的空間，則為門下親近吏的辦公地點。[9] 然而，爬梳秦漢文獻，「閣」往往並非供官府員吏日常出入所用，而是通往長吏平日辦公的堂，起著分隔官署內部公、私空間的作用；「門下吏」的「門」，更像官署的中門，與「閣」未必等

---

7 嚴耕望首先將待事掾、祭酒、從掾位等屬吏歸類為「散吏」，並將之與掾、史等「職吏」相對。閻步克其後進一步提出所謂「職吏 — 散吏」視角，「散吏」廣義上「總括職吏以外的各種人員」，狹義上又區別於文學吏、學徒吏、備吏等沒有具體職事的屬吏。分參嚴耕望，《中國地方行政制度史甲部：秦漢地方行政制度》，頁 115–116、222–223；閻步克，《從爵本位到官本位：秦漢官僚品位結構研究（增訂版）》（北京：生活・讀書・新知三聯書店，2017），頁 475–476。五一廣場簡牘公佈後，陸續有學者嘗試利用其中材料，重論待事掾之類屬吏的性質，以及他們在縣行政的角色，參高震寰，〈試論五一廣場東漢簡中的「待事掾」〉，中央研究院歷史語言研究所主辦「國家制度與社會」工作坊論文，臺北，2022 年 8 月（在此感謝高先生允許筆者引用其未刊稿）；王彬，〈東漢長沙郡臨湘縣的從掾位與待事掾〉，「出土文獻與秦漢法治」青年學者論壇論文，北京，2022 年 9 月。
8 最先將「門下」之「門」視作官府員吏日常出入小門的「閣」的研究者，應為安作璋、熊鐵基，參二氏著，《秦漢官制史稿》（濟南：齊魯書社，2007），頁 604。
9 關於漢代地方官寺的結構，特別是堂、廷和閣下的相對關係，參〔日〕佐原康夫，〈漢代の官衙と屬吏について〉，收入氏著，《漢代都市機構の研究》（東京：汲古書院，2002），頁 215–227。針對「堂」作為長官宣佈教化的地點，參〔日〕佐藤達郎，〈漢代の教について〉，收入氏著，《漢六朝時代の制度と文化・社會》（京都：京都大學學術出版會，2021），頁 328–329。

同。[10] 當然，因官寺大小、結構未必劃一，或者不能機械式地理解傳世文獻的記載。且不論「門下」之「門」具體所指，官署內部的空間劃分，當折射長官和僚屬相對的親密程度，以及他們之間的權力關係。事實上，五一廣場簡牘顯示，門下在東漢早中期時似已制度化，不單純指涉物理空間或作為長官敬稱。就此，一份自題為「掾位悝言考實倉曹史朱宏、劉宮臧罪竟解書」的內容頗值得留意：

即呼勤、牧、种、真、紆、國、脩從作所歸曹中，置肉案上，頃（傾）資寫（瀉）酒置杅中，以 [301] 酒杯杓（酌）賜勤、种、真、紆、國等各二杯所。宮從 門下 [11] 還，宏呼宮，宮即前與宏俱坐。脩杓（酌）酒飲宮二杯。門下 復傳，宮即起應傳，遂不復還。[344][12]

此案涉及左倉曹史朱宏、劉宮在曹中非法釀酒售賣予徒隸，以及收受他們的酒食，上段引文即描述朱宏、劉宮與諸徒隸在曹中宴飲的情況。從「門下」可傳喚身在倉曹的劉宮看來，時人似已把門下視作一具能動性的組織。另一方面，此記載也顯示門下和左倉曹在空間上應有一段距

---

10 劉增貴，〈門戶與中國古代社會〉，《中央研究院歷史語言研究所集刊》68.4（1997），頁 828。宋杰研究西漢丞相府，同樣指出「中門」應指「相舍門」，為三進式院落的第二道門，而「相舍之中，又可以用『閣（閤）』即第三道門及所屬垣牆劃分為內外兩區」，參氏著，〈西漢長安的丞相府〉，《中國史研究》2010.3，頁 63–64。換言之，宋先生同樣認為中門與閤屬兩道門。

11 「門下」應最先由溫玉冰釋出，參氏著，〈朱宏、劉宮臧罪案復原研究〉，武漢大學簡帛研究中心「簡帛」網站：http://www.bsm.org.cn/?hanjian/8271.html，2020.06.09。（搜尋，2022.05.25）

12 此案簡冊的最新復原見楊小亮，《五一廣場東漢簡牘冊書復原研究》（上海：中西書局，2022），頁 97–107。

圖一：望都一號漢墓墓室平面圖[13]

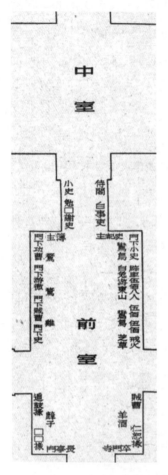

離。雖然已公佈材料尚不足以復原臨湘縣廷內部的具體格局，但望都一號東漢墓的壁畫（見圖一）也似能旁證門下和諸曹之間存在空間劃分。

圖一的墓室平面圖所示，前室後半段的東西兩壁，皆繪有墓主屬吏的畫像，其側所附榜題顯示，這些屬吏不少皆對應傳世文獻中的門下五吏。連接前室與中室的墓道兩側，又繪有「侍閣」、「白事史」等的畫像。嚴格來說，所謂「閣下」或「門下」，應單指閣門外的窄小空間，其附近區域亦即門下吏的辦公地點。至於閣門通往的中室，應象徵墓主日常辦公的堂和廷，後室即他與家屬起居的區域。[14] 至於「賊曹」、「追鼓掾」、「仁恕掾」等屬吏皆被繪於前室前半段，與「門亭長」、「寺門卒」並列，暗示諸曹所在區域更貼近官寺的正門，與「門下」不在一處。

上引「解書」另一可圈可點處，在於劉宮的身分。按解書的標題和內文，皆記載劉宮為「倉曹史」，這無疑是他獲正式署任的職位。然

---

13 擷取自北京歷史博物館、河北省文物管理委員會（編），《望都漢墓壁畫》（北京：中國古典藝術出版社，1955），圖版 2。

14 劉增貴，〈門戶與中國古代社會〉，頁 3335。

而，身為倉曹史的劉宮屢被門下傳喚，似暗示他除了擔任倉曹史外，還兼任門下組織的事務。當然，這也可能是劉宮因故須至門下應事，不能作為他和門下的關係直接證據。惟諸曹屬史兼任門下吏，似能被五一廣場以下兩簡所證實：

> 永元十七年四月甲申朔十二日乙未，書佐*胡竇*[15]敢言之：願葆任效功亭長胡詳不桃（逃）亡。*竇手書*。敢言之。 441A
> 門下書佐王史[16]野（？） 441B

> 永元十七年四月甲申朔十二日乙未，書佐*陳訢*敢言之：願葆任效功亭長胡詳不桃（逃）亡。*訢手書*。敢言之。 1120A
> 金曹佐王史野（？） 1120B

按上引兩簡發出於同一天，皆涉及葆任效功亭長胡詳不逃亡一事。雖然兩封文書的發信人不盡相同，但兩封文書除涉及「胡竇」、「陳訢」名字的數處，筆跡大致相同，應由同一書手製作底本（應即背面署名的「佐王史」），再交由胡竇、陳訢簽名。[17]換言之，這兩枚簡應非副本。類似現象，同樣見於以下兩枚擔保證明：

---

15 本文所引簡牘的斜體字俱表示二次書寫的字句，此不贅。

16 「王史」原無釋，檢圖版，其字形作「▆」、「▆▆」，與簡 1120 的「王史」完全相同，據補。

17 關於此點，詳參 Tsang-wing Ma, "To Write or to Seal? New Evidence on Literacy Practices in Early Imperial China," in *Keeping Record: The Materiality of Rulership and Administration in the Pre-Modern World*, eds. Abigail S. Armstrong et al. (Berlin: De Gruyter, forthcoming)。

辟報戶曹史棋莫詣曹，願保任☐守史張普不逃亡，徵召可得，以床 印為信。 史郭（？）野（？）_{526+534B}
526+534A

左倉曹史薛憙詣曹，願保任☐守史張普不逃亡，徵召可得，以床 2572A
印為信。2572B

上引兩枚簡是戶曹史棋莫、左倉曹史薛憙替守史張普所作的擔保證明。雖然擔保人身分有異，但兩枚簡不但筆跡相同，書寫佈局也完全相同，皆將「印為信」三字寫在背面，應為書手的習慣。然而，考慮到這兩枚簡均附有封泥匣，它們屬副本的機會甚低，應是由同一書手（或即「史郭」）先寫好文字，再交由棋莫、薛憙印上封泥。值得注意的是，526+534A 和 2572A 皆言相關曹史「詣曹」擔保。考慮到棋莫、薛憙分別是戶曹、左倉曹史，如果他們前往的是本身任職的曹，似不必強調此點。這似乎暗示棋、薛二人所至的，應該是另一個曹，其可能負責製作上引擔保證明。

此外，「佐王史」的職位也甚值注意。按 1120B 記其為金曹佐，441B 卻記載他是門下書佐。考慮到兩封文書發出時間、筆跡皆相同，即便不是同時製作，也應在短時間內寫就。此現象最低限度存在兩種可能。一，臨湘縣金曹位於門下區域，屬門下組織的一部分，故其書佐也被稱為門下書佐；二，於門下服務的佐史部分挑選自諸曹史，「佐王史」同時兼任金曹佐和門下書佐。考慮到東漢碑刻題名未見「門下金曹」的記載，而時代稍後的東牌樓漢簡，也包含一枚題為「兼門下功曹史何

戒」的名謁，後者的可能性似乎較高。[18] 結合上文的討論，526+534A 和 2572A 裏，棋莫、薛憙前往的曹，是否即王史任職的金曹？還是他兼任的「門下」裏的一些機關（如門下賊曹）？囿於史料，暫不能解答此問題。

據已公佈材料，臨湘縣門下組織的其中一職責，似在起草和審核以縣長吏名義發出的文書。此點可參以下簡冊的記載：

永初二年正月戊辰朔　日　□□□□丞優告……東部勸農 887A

賊捕掾□、游徼、求盜、亭長：民自言諦如辭。尊負租不輸所 □□□□□ 886 ……

永初二年正月廿九日丙申白。　主簿□省。　書佐這劒主。885

掾成、令史睗[19]、兼史勤。887B

簡 885 至 887 皆提取自「③:264」，位置應緊鄰。檢圖版，三簡不但筆跡相似，而且均隔出兩處明顯的空位，應即編繩位置，凡此皆說明它們原屬一冊書。雖然現存簡文似有殘缺，但此文書應以臨湘丞優的名義發出，對象為東部勸農賊捕掾以及其所屬的游徼、求盜、亭長，內容涉及

---

18 關於東漢、三國吳時期的兼吏，參徐暢，〈再談漢吳簡牘中的「長沙太守中部督郵書掾」〉，《文物》2021.12，頁 75–77。又《曹全碑》碑陽記「錄事掾王畢」，其於碑陰題名作「門下議掾」，亦不能全然排除他兼任「錄事掾」和「門下議掾」的可能，釋文參〔日〕永田英正（編），《漢代石刻集成：圖版・釋文篇》（京都：同朋舍，1994），頁 248。此外，據凌文超研究，孫吳臨湘侯國的日常行政裏，功曹史有時也「領主簿」，參氏著，〈黃蓋治縣：從吳簡看《吳書》中的縣政〉，《中央研究院歷史語言研究所集刊》91.3（2020），頁 477。

19 「睗」原釋「昧」，正如表一所示，此字與 1676 之「睗」構形完全相同，故作今釋。

轉發民自言「尊負租不輸」一事。按簡 887 沒有填上日期，加上冊書鄰近位置尚存一枚「君教諾」木牘（簡 884），結合兩者，此冊書可能是一份上呈縣令批准的草稿。值得注意的是，這份草稿中的「尊」，應即以下冊書提及的「陳尊」：

> 潙陽鄉男子黃閭自言：□六年五月不處日□□獄□□☑ 1673
> 租，長督□所部丘民男子陳尊（？）不輸租□□□　□☑ 1674
> 尤＝陳（？）鞭治尊＝歸家□□今月廿三日來時□□ 1677
> 左賊史睦、兼史勤白：民自言辭如牒。謹移☑ 1676

簡 1673 至 1677 皆提取自「③:266」，四簡筆跡、行距近似，其中簡 1674、1677 提及「尊」，簡 1673、1676 均提到民自言。參考其他同類記錄，這份冊書應屬君教文書的殘段，曹史往往先引述民眾自言的內容，再提出建議供縣丞、曹掾審閱，然後再上交縣令批准。[20] 考慮到這份君教文書和上舉草稿冊書均提到「（陳）尊不輸租」，而且又由史睦和兼史勤經手，兩者所記應係一事，應即 999+1002 號楬「潙陽鄉男子黃閭自言本事」的一部分。值得注意的是，雖然簡 887B 記有掾成、令史睦、兼史勤的署名，但該冊書似乎並非由他們起草。茲擷取了分別見於簡 887B 和 1676 的「史睦兼史勤」五字，逐字比較其字形：

---

20 關於東漢君教文書的結構和內容，參拙文〈東漢早中期臨湘縣的行政決策過程〉，頁 167，表二。關於賊曹的工作程序，參李均明，〈五一廣場東漢簡牘所反映的臨湘縣治安體系初探〉。

表一：簡 887B、1676 重見字筆跡對比

	史	睦	兼	史	勤
887B					
1676					

按兩枚簡的筆跡顯然有異，如簡 1676 諸字的雁尾明顯較 887B 厚。此外，887B 的「睦」字，右半「㒸」部下半部分的構形也和 1676 不盡相同。這似乎表示包含簡 887 在內的草稿冊書，書寫者並非令史睦和兼史勤。考慮到簡 885 記「主簿□省。書佐這劍主」，草稿很可能由這劍根據左賊曹掾史（即掾成、令史睦、兼史勤）之前呈交，並獲縣令、丞核准的報告起草，再交主簿審核，確保內容正確。可以想像，主簿和書佐這劍收到縣令畫諾允許後，應會重新謄寫一份正式文書寄予東部勸農賊捕掾。這除再次證明漢代官文書背面的署名，並非現代意義的簽名外，也反映了作為縣令心腹、門下組織重要一員的主簿在文書製作和發送的機要角色。按傳世文獻往往強調主簿「拾遺補闕」的職責，[21] 對文書草

---

21 如《後漢書・王堂傳》言王堂遷汝南太守，出教予掾史曰：「古人勞於求賢，逸於任使，故能化清於上，事緝於下。其憲章朝右，簡覈才職，委功曹陳蕃。匡政理務，拾遺補闕，任主簿應嗣。」又同書〈循吏列傳〉載廣漢太守陳寵入為大司農，遭和帝問曰：「在郡何以為理？」陳寵答曰：「臣任功曹王渙以簡賢選能，主簿鐔顯拾遺補闕。」凡此足見「拾遺補闕」已成時人對主簿職責之常識。分參〔南朝宋〕范曄，《後漢書》（北京：中華書局，1965），卷 31，〈王堂傳〉，頁 1105–1106；卷 76，〈循吏列傳〉，頁 2468。

稿的審核，應即此職責於日常行政的反映。[22] 由此推論，東漢早中期的縣行政裏，門下應已成為縣廷文書的中樞，和後來三國吳臨湘侯國的情況類同。[23] 筆者曾猜測當時臨湘縣廷應已形成制度化的啟封地點和啟封者，[24] 參考本節所論，或即「門下」區域和組織。就此而言，陳直認為「門下等於吏屬中之內廷」，可謂一語中的。[25]

2. 諸曹

從前文的討論，可知東漢臨湘縣廷裏，諸曹和門下所在的區域無疑存在一段距離（惟是否在物理上被門之類設施隔開則尚未可知）。雖然諸曹掾史跟縣令之間的關係，較作為心腹的門下吏疏遠，但縣行政的實務多分掌於各曹之手。已公佈五一廣場簡牘的官文書涉及賊曹、辭曹、獄曹、尉曹、奏曹、戶曹、功曹、金曹、倉曹等機構。考慮到縣級行政機關的官署空間有限，上列大部分曹可能沒有獨立的辦公地點，其掾史平常或須共用辦公地點。[26] 五一廣場簡牘裏左、右賊曹出現的次數尤其頻繁。前文既述，此現象可能歸因於五一廣場東漢簡牘的大宗，乃由賊曹製作之故。囿於史料和篇幅，本節無法逐一闡釋臨湘縣諸曹的空間分

---

22 凌文超曾據走馬樓吳簡官文書指出主記史和主簿職能的分野。他認為前者的「主要職能是『錄事』（起草文書是其主要工作之一），由他簽署的很多是文書草稿，而主簿主要負責『省事』（審查文書），簽署的基本上是正式公文」。而主簿、主記史「實為郡府、縣廷文書行政的樞要」。分見氏著，〈黃蓋治縣〉，頁 493、480。

23 據徐暢分析，「門下」同樣擔當三國吳臨湘侯國的秘書機構，是「官文書運轉的樞紐」，承擔為長吏起草上行或下行文書的任務，參氏著，《長沙走馬樓三國孫吳簡牘官文書整理與研究》（北京：中國社會科學出版社，2021），頁 200–203。

24 參拙文〈東漢早中期臨湘縣的行政決策過程〉，頁 158。

25 陳直，〈望都漢墓壁畫題字通釋〉，《考古》1962.3，頁 161。

26 此點承王馨振華提示，謹謝。

佈和職能。茲將以材料相對豐富的賊曹為例，說明諸曹的分工和運作機制。

正式展開討論前，必先解決一問題：當時臨湘縣的左、右賊曹屬於門下還是諸曹？首先，前引望都一號漢墓壁畫顯示，「門下賊曹」和「賊曹」是兩個並列的機關。其次，雖然已公佈五一廣場簡牘未見「門下賊曹」的記錄，但提及其他門下吏時，往往明言「門下某某」。又《後漢書‧黨錮列傳》亦載南陽太守成瑨「欲振威嚴，聞（岑）晊高名，請為功曹，又以張牧為中賊曹吏」。[27] 此處「中賊曹吏」與功曹並列，似非一般賊曹，可能是門下賊曹的別稱。[28] 考慮到五一廣場簡牘暫未見「門下左賊曹」、「門下右賊曹」或「中賊曹」一類稱謂，筆者傾向左、右賊曹應歸類為諸曹，不屬於門下組織。

關於賊曹的職能，《漢官儀》僅簡略地稱其「主盜賊之事」。[29] 五一廣場簡牘補充了不少東漢縣廷賊曹工作的細節。綜合已公佈資料，賊曹掾、史的主要職責，在於對上級提供刑案相關事務的具體建議。下面一份君教文書即反映此點：

---

27 《後漢書》，卷 67，〈黨錮列傳〉，頁 2212。

28 又走馬樓吳簡亦屢見「中賊曹史」，如壹‧35 載「大屯事　八月一日中賊曹史郭邁白」，肆‧2204 亦記「□□大屯事　十一月十日中賊曹史郭邁白」。兩枚簡的釋文分見長沙市文物考古研究所、中國文物研究所、北京大學歷史學系（編），《長沙走馬樓三國吳簡‧竹簡（壹）》（北京：文物出版社，2003），卷下，頁 895；長沙簡牘博物館、中國文化遺產研究院、北京大學歷史學系（編），《長沙走馬樓三國吳簡‧竹簡（肆）》（北京：文物出版社，2011），卷下，頁 673。

29 〔漢〕應劭（撰），〔清〕孫星衍（校集），《漢官儀》，載〔清〕孫星衍等（輯），周天游（點校），《漢官六種》（北京：中華書局，1990），卷上，頁 123。

左賊史昭、助史穆白：左尉書言：追傷人者□真，未能得。小武亭部羅 ₁₂₉₈ 界下有九重山，去縣二百里。真父□□殺鄭□、楊烝逃。能（？）兄不□及載（？）₁₂₉₇ 斗，輒亡入羅界□自□□北（？）部□□□□□□□□□ □□□□□□□九 ₁₃₀₂ 重山下，櫟丘例亭長轉部羅界下☑ ₁₂₉₆ 例已得亭長，如□言。請（？）屬功曹，亟遣（？）例亭長□□优□□□ ₁₂₉₉

兼左賊掾 香如曹。₁₃₀₆

丞顯如掾。 屬（？）₁₃₀₇

君教：諾。 舊故有例者，前何故不署？₁₃₀₈[30]

冊書形式君教文書的內容一般分為三部分：一，某曹史的報告（書於竹札）。二，該曹之掾和縣丞的認可（分別書於兩枚竹札）。三，縣令的畫諾與／或附加意見（書於一枚小木牘）；此外，其他冊書或單獨簡也可作為附件，和這類君教文書編聯在一起。[31] 按現存最早記載「丞顯」的簡，紀年在永初三年（109 年），此文書的年份或與此接近。這份簡冊由左賊曹史起草，前半部分引述縣左尉寄予縣廷，有關追捕逃亡的「傷人者□真」的報告。後半部分雖殘泐，但參考同類文書，當為左賊史對左尉報告內容的複核，以及對左賊曹掾和縣丞的提議，請求委派功曹挑選例亭長處理此事。相較書寫於單獨簡的君教文書，這類簡冊

---

30 此君教冊書的復原參〔日〕角谷常子，〈長沙五一広場出土の君教簡・牘〉，《奈良史學》38（2021），頁 52–53。

31 參拙文 "Between Slip and Tablet: Rulership and Writing Support in Eastern Han China, 25–220," in *Keeping Record*, eds. Armstrong et al.

不但明確記載掾的身分為「左賊掾」，[32] 而且將曹掾、縣丞的批覆分別書寫於兩枚簡，使各官吏之間的權責更加分明。這也可能是臨湘縣吏在永初元年（107 年）五月以降，再次以冊書形式書寫君教文書的其中一個原因。[33] 除處理文書事務，臨湘縣賊曹有時也會成為案驗犯人、證人的場所。如 429+430 木牘記男子鄧官「復詣曹診」，讓左賊曹史檢查傷勢。[34] 惟這類事例在已公佈簡牘相對罕見，案件的調查多在案發地點而非賊曹。

值得注意的是，賊曹雖有提議案件如何處理之責，卻無派遣掾史的最終決定權。此權限掌於功曹之手，這也是為何諸曹史在君教文書的建言，不少皆以「請屬功曹選某吏」、「請遣某」作結。[35] 按前引《後漢書·

32 筆者曾認為君教文書中，與縣丞並列的「掾」為廷掾，惟正如鷹取祐司指出，君教文書簡冊顯示，此「掾」更像是報告曹史的曹掾。對於 330 號君教木牘出現的「廷掾合議」，鷹取先生認為不能排除別字的可能。參〔日〕鷹取祐司，〈長沙五一廣場東漢簡牘·君教文書新考〉，《동서인문（東西人文）》15（2021），頁 237–240。然而，考慮到君教文書出現的「掾」多屬「兼掾」，不能排除「廷掾合」在當時是以廷掾兼任戶曹掾。鑑於此問題疑點尚多，此處暫存疑。

33 爬梳現有資料，書寫於單獨簡的君教木牘，應僅使用於元興元年（105 年）十一月後，至永初元年（107 年）五月之間；這段時間前後，臨湘縣吏均以冊書形式製作君教文書。也就是說，冊書、單獨簡（木牘）君教文書，使用年份大致不重合，具體論證詳參拙文 "Between Slip and Tablet"。又承楊小亮教示（電子郵件，2022.04.01），五一廣場簡牘有紀年的單獨簡君教文書（包括未正式公佈的部分），皆製作於延平元年（106 年）和永初元年，無一例外，可驗證以上理論。楊先生並告知清華大學的張馳先生同樣觀察到此現象，謹致謝忱。

34 又如 2496 號木牘記兼逢門亭長德原當押解「居」詣曹，可能也跟案件調查有關。

35 除上引簡 1299 外，同類例子可參 538+393、889、984、1110、1687、2953、CWJ1③:325-1-103（《選釋》例 45），不一而足；2953 釋文參周海鋒，〈長沙五一廣場東漢簡牘文書的歸屬與性質問題〉，清華大學出土文獻研究與保護中心主辦「五一簡與東漢歷史文化」學術研討會論文，北京，2021 年 10 月。

循吏列傳》記陳寵「任功曹王渙以簡賢選能」，[36] 結合臨湘縣的行政記錄，功曹選賢任能的職責，除體現於任命、推薦屬吏，還包括選擇合適人員至地方執行非例行事務。參考上節的討論，縣長吏及其親信的門下組織，可能即功曹和提出要求的曹之間的溝通橋樑。

縣長吏及門下的溝通職能，並不局限於功曹和賊曹。五一廣場出土的兩件君教文書，便記載戶曹請求尉曹（牘 156）處理後續事務。又牘 330 載戶曹請求縣令發出「記」，以轉告右部賊捕掾調查吳陽女子劉姬、李姜釀酒之事。[37] 此可見戶曹對他曹和外部吏的請求，也需要先經縣長吏批准。同類例子也見於辭曹：

兼辤（辭）曹史勳叩頭死罪死罪：勳蒙恩在職，過惡日聞，無已自效。勳叩頭叩頭、死罪死罪：伏見功曹以今月除，除故史熊趙，趙昨署守史，除缺。願得持趙除。勳小人 $_{482A}$ 愚戇，惶恐叩頭死罪死罪。正月十二日白。$_{482B}$

據文書格式，此木牘當為兼辭曹史勳的白事文書，應為長吏和屬吏之間一種較隨意、直接的溝通方式。[38] 此白事文辭艱澀，尋繹其意，勳似請求縣令命令功曹任命守史熊趙為辭曹史，取代自己。可能因此舉不盡符

---

36 《後漢書》，卷 76，〈循吏列傳〉，頁 2468。關於功曹此職掌，又可參黎明釗，〈漢代地方官僚結構：郡功曹之職掌與尹灣漢墓簡牘之關係〉，《中國文化研究所學報》新第 8 期（1999），頁 41–42。

37 牘 330 為君教文書的殘篇，雖然對縣令的請求形式上由縣丞和曹掾提交，但參考冊書君教文書的例子，他們實際上僅認可曹史的提議，故此處仍將「請記告右部賊捕掾□□等實核」視作戶曹的建議。

38 參拙文〈東漢早中期臨湘縣的行政決策過程〉，頁 144。

合常規，勣方以白事文書的形式提出請求。當然，上舉例子皆涉及人事調配和任命等重要問題，不能排除因此才需要縣長官批准。相反，如事情性質較不重要，又或僅為徵詢同僚意見，可能在曹與曹的層面便能解決。按楊小亮曾復原一份題為「領訟掾充言考實女子王綏不當復還王劉衣解書」的冊書，當中提到領訟掾葛充「謹與法曹掾祉議」，並「謹附祉議解左」。[39] 雖然此冊書的具體內容尚未公佈，但這似乎暗示同官署的僚屬能不經縣長史，就某事直接溝通、商議。

上文的論述多以左賊曹為例，此皆因左賊曹出現的次數遠較右賊曹多。[40] 按簡 1997 記「兼左賊、右賊史」，既然同一令史可兼任左、右賊曹的職務，兩者負責的職務應不至相去太遠。然而，這不代表它們不存在分工。爬梳現有資料，左賊曹史製作的報告，不少皆提到左部、北部、東部賊捕掾，[41] 暫無發現右部、西部、南部賊捕掾的例子。這種傾向似乎說明左賊曹負責管理左部、北部、東部賊捕掾轄區；相對而言，右賊曹可能負責右部、西部、南部賊捕掾。[42] 也就是說，左、右賊曹的分工，可能體現在轄區的差異，不在工作的種類。囿於史料，暫未知此觀察能否套用至其他的曹。

最後，其他曹的材料顯示，諸曹也會承擔例行事務。如簡 320+2184 載「倉曹掾馮京、史宋信以竟所言券拘校實官券」。所謂「實

---

39 楊小亮，《五一廣場東漢簡牘冊書復原研究》，頁 177。

40 已公佈五一廣場東漢簡牘，提及右賊曹者僅簡 16，應為解書的標題簡，惜內容殘泐，未知右賊曹負責何案。

41 李均明，〈五一廣場東漢簡牘所反映的臨湘縣治安體系初探〉。

42 關於右賊曹與右部賊捕掾的聯繫，可參 307 號木牘，至於西部、南部則暫未見確切例子，未知上文假說是否成立。

官」即廥、倉、庫一類儲藏物資的裨官。[43] 按縣廷諸曹校對相關裨官製作的簿籍、文書，早在秦代時已是行政系統的必要程序。[44] 此可證東漢時倉曹仍保留這傳統。此外，這也反映儘管當時裨官的地位大不如前，它們仍在縣行政肩負一定角色，下節將嘗試討論此點。

3. 裨官

相較諸曹掾史，五一廣場中，裨官的出現次數明顯較少，此現象不啻側面反映了裨官整體地位的下滑。翼奉《洪範五行傳》為我們了解西漢中後期的裨官提供了寶貴線索：

> 子為傳舍，出入敬忌。丑為司空，守將班治。寅為市官，平準賣買。卯為鄉官，親事五教。辰為少府，金銅錢布。巳為郵亭，行書驛置。午為尉官，馳逐追捕。未為廚官，百味悉具。申為庫官，兵戎器械。酉為倉官，五穀畜積。戌為獄官，禁訊具備。亥為宰官，閉藏完具。[45]

---

43 「實官」一詞的解釋參陳偉，《秦簡牘校讀及所見制度考察》（武漢：武漢大學出版社，2017），頁 243。

44 黎明劍、唐俊峰，〈里耶秦簡所見秦代縣官、曹組織的職能分野與行政互動 —— 以計、課為中心〉，載武漢大學簡帛研究中心（主辦），《簡帛》，第 13 輯（上海：上海古籍出版社，2016），頁 141–151。

45 〔日〕中村璋八，《五行大義校註（增訂版）》（東京：汲古書院，1998），卷 4，〈論諸官〉，頁 191。

上文提及的裨官，除傳舍、廚官、宰官外，皆可在東漢臨湘縣的官文書找到類似機關。按裨官一般由嗇夫擔當負責人，[46] 五一廣場簡牘顯示臨湘縣設有司空、少內（見 CWJ1③:325-1-49；《選釋》例 102）、鄉（有秩）嗇夫。此外，臨湘縣亦偶見獄掾（見簡 126）、郵亭掾。雖然暫未發現獄、郵亭嗇夫的明確記錄，但由於當時也會把嗇夫稱為掾，[47] 不能排除所謂獄掾、郵亭掾，實即獄、郵亭嗇夫。當然，兩者也有可能並非裨官，又或其長官已被令史取代。

關於裨官所在的位置，據 CWJ1③:325-1-26B（《選釋》例 97）的直符書，直符史執行職務時會「循行寺內獄、司空、倉、庫」，可見這些建築俱在官寺之中，屬縣廷的一部分，[48] 惜暫未知它們與門下、諸曹的相對位置。雖然如此，我們仍能透過少數間接史料，窺見部分裨官的設施。據五一簡，獄、司空均預留空間囚禁犯人，如簡 120 載司空有「牢檻」，簡 489 提到獄有「南牢」。以下一份作徒簿提供了一些司空所管理犯人的細節：

---

46 郭洪伯，〈稗官與諸曹 —— 秦漢基層機構的部門設置〉，載卜憲群、楊振紅（主編），《簡帛研究・二〇一三》（桂林：廣西師範大學出版社，2014），頁 105；孫聞博，〈秦縣的列曹與諸官（增訂稿）〉，載里耶秦簡博物館、出土文獻與中國古代文明研究協同創新中心中國人民大學中心（編），《里耶秦簡博物館藏秦簡》（上海：中西書局，2016），頁 248。

47 嚴耕望，《中國地方行政制度史甲部：秦漢地方行政制度》，頁 238。

48 陳偉，〈五一廣場東漢簡牘屬性芻議〉，武漢大學簡帛研究中心「簡帛」網站：http://www.bsm.org.cn/?hanjian/6094.html，2013.09.24。（搜尋，2022.05.25）

簿丞旦　簿　　　　　凡囚徒卅七人　凡囚徒……

　　　　　　　　　　其卅人徒　　　之 之 之 之 之 必

・十二月一日司空臧簿　佝毃二人

　　　　　　　　　　復閉二人　　　守丞梁集與守嗇夫旲臧堅　之 之

　　　　　　　　　　□□□人 289A

忠勿祿問旦貰□ 289B

此木牘上的習字顯示它屬再用簡。里耶秦簡顯示，司空官早在秦代時，便開始製作同類文書。[49] 據這份作徒簿，當時臨湘縣司空管有四十七名囚、徒。雖然現在我們仍不太清楚東漢臨湘縣廷的面積，但考慮到漢代官寺往往同時作為縣令的生活區和工作區，後者應包括門下、諸曹和褲官的辦公地點，司空作為其中一部門，似難有空間容納四十七名徒隸。事實上，前引作徒簿所記的四十名「徒」，大部分應作為勞動力派遣至其他機構。下引二簡即反映此點：

　　左倉曹請徒十人，後（？）取□□并出八人。八月二日，史張廣取。451

　　左倉請徒二人，作省弩卒史舍。八月四日，守史郵良取 450

---

49 有關秦代作徒簿的分析，參高震寰，〈從《里耶秦簡（壹）》「作徒簿」管窺秦代刑徒制度〉，載中國文化遺產研究院（編），《出土文獻研究》，第 12 輯（上海：中西書局，2013），頁 132–143。

按左倉曹的致書對象不明，參考西漢例子可能為縣令。[50] 結合二簡，左倉曹共索要十二位徒隸，結果獲派十名。按前文提到的「從掾位悝言考實倉曹史朱宏、劉宮臧罪竟解書」記載左倉曹最少同時有十四名髡鉗徒、四名完城旦徒和一名鬼薪。他們平常俱在「作所」勞作，不居於倉曹。[51] 如此類推，司空擁有的四十名徒隸，大多應透過這種方式，部署在縣廷之外。[52] 也就是說，實際囚禁於司空牢檻者，應僅為剩下的七人，官寺空間應足以收容。[53]

如果說東漢司空官的職掌「從管轄所有強制勞動力向專門管理獄囚和刑徒轉化」，角色有所弱化，[54] 倉官則可謂被徹底邊緣化。首先，秦代倉官除管理糧食發放，還控制縣內的隸臣妾，是和司空官並列的勞動力管理機構。[55] 惟漢文帝刑制改革後，隸臣妾作為法律身分已不復存在，

50 高震寰據肩水金關漢簡 73EJT3:55 指出，居延縣倉官所轄徒隸刑滿回鄉，乃由倉嗇夫向居延令申請傳文書，沒有通報司空。高先生由此推斷這顯示了「倉的刑徒管理已經與司空毫無關係」，「可以說縣司空從城旦舂的管理者轉變為縣內刑徒的集散機構」。參高震寰，〈從勞動力運用角度看秦漢刑徒管理制度的發展〉（臺北：臺灣大學歷史學系博士論文，2017），頁 127–128。

51 温玉冰，〈朱宏、劉宮臧罪案復原研究〉；楊小亮，《五一廣場東漢簡牘冊書復原研究》，頁 98。

52 按 2149 號殘牘記「其十九人作府」、「二人作倉庫」，可能即跟徒隸日常的勞作分配有關。

53 針對作徒簿裏提到的「閉」，本書李偉豪〈五一簡所見訴訟人身扣押與「閉」、「閉司空」試探〉一文認為它類似於「拘繫」，將之定義為「一種官方限制未決囚人身自由的司法程序」，說可從。關於「拘繫」、「復閉」的區別，「直符右倉曹史豫言考實女子雷旦自言書佐張董取旦夫良錢假期書」載女子雷旦的丈夫雷良被拘繫於獄南牢時，仍可與獄史張董對話。筆者懷疑，「閉」可能指將犯人禁閉於一密封空間，程度較「繫」嚴格。毋庸諱言，此假說缺乏直接證據，正確與否有待更多材料驗證。

54 〔日〕宮宅潔（著），楊振紅等（譯），《中國古代刑制史研究》（桂林：廣西師範大學出版社，2016），頁 240。

55 高震寰，〈從《里耶秦簡（壹）》「作徒簿」管窺秦代刑徒制度〉，頁 137。

倉官管理隸臣妾此職能，應也同時消失。[56] 這解釋了為何於左倉曹勞作的「徒」沒有隸臣妾。換言之，倉官自此需依賴司空提供勞動力。其次，簡450和451裏，向某官吏（可能是縣長吏）索要徒隸的，是左倉曹而非倉官；朱宏、劉宮案的解書也顯示徒隸受左倉曹史管理，倉嗇夫沒有參與其中。此與秦代倉嗇夫直接管理倉的事務和勞動力大相逕庭。以上現象似說明，當時臨湘縣的實官（倉官和庫官），只是倉曹轄下的執行部門（甚或僅為儲藏設施），缺乏自主性。[57] 倉的職能，或許僅限於管理糧食出入，[58] 並製作相應的券書。[59]

司空、倉、庫、少內官之外，五一廣場簡牘尚見市官。按牘2953記「市有秩」，應即市官的長官。[60] 關於市官的位置，下簡頗具啟示：

```
              告市官：留事到，□□
  廷留事
              捧（？）主一石平賈□☑ 2205+2223A

  詣廷受直，會今。急＝
              □月廿八日起左倉 曹 2205+2223B
```

2205+2223的筆跡頗不規整，考慮到文書的出土地點，它可能是縣廷寄

56 高震寰，〈從勞動力運用角度看秦漢刑徒管理制度的發展〉，頁128。

57 事實上，已公佈五一廣場簡牘沒有一例提及倉嗇夫和庫嗇夫，他們是否仍然存在也成問題。

58 如簡525記「男子番干輸租，從倉持米一斛」。此處的倉應指作為儲藏設施的倉，非倉曹。

59 如上引320+2184載「實官券」；年代稍後的東牌樓東漢簡牘，其中一枚楬（105正）亦記「中倉券」，可證倉仍製作券。見長沙市文物考古研究所、中國文物研究所（編），《長沙東牌樓東漢簡牘》（北京：文物出版社，2006），頁47。

60 轉引自周海鋒，〈長沙五一廣場東漢簡牘文書的歸屬與性質問題〉。

往市官留事的副本，內容大致催促市官帶同糧食至縣廷，依照平價將糧食兌換成等值的金錢。或許正因與糧食相關，此則留事也自左倉曹發出。又簡2172A、304暗示「市亭」位於御門、都亭部附近，[61] 考慮到市官應管理市亭，其治所或在都亭，離臨湘縣廷不遠。凡此皆說明市官治所不在縣廷，嚴格來說並不是縣廷內部組織。

三、臨湘縣外部吏的設置

「外部吏」一詞取自翼奉《洪範五行傳》「游徼、亭長、外部吏，皆屬功曹」的斷語，即「在外部署的吏」。所謂「外」無疑相對於「內」，所指相當寬泛，似是官吏間對部署在縣廷以外的吏約定俗成之稱呼。五一廣場出土官文書所見外部掾、外部賊曹掾、勸農賊捕掾、別治掾、郵亭掾等僚屬，應即此類吏。[62] 按作為官文書術語的「屬」，往往指委派某任務予某吏，所謂「皆屬功曹」，應指「游徼、亭長、外部吏」的人選，皆交由功曹決定。前文既述，君教文書習見「請屬功曹」挑選某掾史執行某任務，亦可證功曹此項職能。總之，雖然翼奉並非東漢人，但《洪範五行傳》的描述頗能和東漢資料互相引證。

據五一廣場簡牘，擔任外部吏者涵蓋縣廷裏的各類屬吏，職吏如諸曹掾史、散吏如待事掾等，皆可以兼吏的形式派遣至轄區。[63] 外部吏約可細分為兩類：一類為定期派遣，職在長期監臨諸部，如諸部賊捕掾等即是；另一類為臨時派遣，以「行丞事」之類名義前往地方負責特定任

---

61 此簡冊的復原和分析，可參楊小亮，《五一廣場東漢簡牘冊書復原研究》，頁143–148；本書劉子鈞〈臨湘官吏方位配置研究 —— 以五一廣場東漢簡牘為中心〉一文。

62 參拙文〈東漢早中期臨湘縣的行政決策過程〉，頁134；孫聞博，〈從鄉嗇夫到勸農掾〉，頁83。

63 此點又可參孫聞博，〈從鄉嗇夫到勸農掾〉，頁81–83。

務。管見所及，學界對於第一類外部吏討論較多，第二類則著墨較少。隨著資料的陸續公佈，這兩類外部吏和縣廷的聯繫愈發顯明。本節將嘗試透過分析這兩類外部吏與縣廷的關係，揭示縣廷對轄區的控制方式。

1. 定期派遣的外部吏

上文提到，翼奉將游徼、亭長和外部吏並列。無獨有偶，五一廣場出土官文書裏，某部賊捕掾經常和游徼、亭長共同發信予臨湘縣廷。兩相對照，賊捕掾當廁於翼氏所言「外部吏」之列。顧名思義，賊捕掾主要職責在於抓捕在逃罪犯、調查轄區案件；每年春耕之時，賊捕掾還兼任轄區的勸農掾。[64] 對於勸農賊捕掾這類外部吏，徐暢據《續漢書·百官志》「諸曹略如郡員，五官為廷掾，監鄉五部，春夏為勸農掾，秋冬為制度掾」的記載，[65] 將他們定性為分部、因時而置的「廷掾」，其「在春、夏農忙時出勸課農桑；農閒時，則轉為制度掾」。[66] 孫聞博進一步發揮此觀點，認為廷掾乃「縣廷因事差遣外派之吏」，「郡之『都吏』，縣之『廷掾』，又可統稱為『外部吏』」；而「制度掾」主要指賊捕掾。[67]

然而，五一簡 944 載「教：白如萌言。請屬廷掾副除平，適□」，參考其他「請屬某」的例子，它們的對象均為縣廷內的曹，944 的「廷掾」當不例外，應指涉一具體官吏。又《後漢書·酷吏列傳》載周紆：

---

64 徐暢，〈再談漢吳簡牘中的「長沙太守中部督郵書掾」〉，頁 78。

65〔晉〕司馬彪，《續漢書》，載《後漢書》，志 28，〈百官志〉，頁 3623。

66 徐暢，〈《續漢書·百官志》所記「制度掾」小考〉，《史學史研究》2015.4，頁 119、122。

67 孫聞博，〈從鄉嗇夫到勸農掾〉，頁 83–85。

廉絜無資，常築墼以自給。肅宗聞而憐之，復以為郎，再遷召陵侯相。廷掾憚紆嚴明，欲損其威，乃晨取死人斷手足，立寺門。紆聞，便往至死人邊，若與死人共語狀。陰察視口眼有稻芒，乃密問守門人曰：「悉誰載薰入城者？」門者對：「唯有廷掾耳。」又問鈴下：「外頗有疑令與死人語者不？」對曰：「廷掾疑君。」乃收廷掾考問，具服「不殺人，取道邊死人」。後人莫敢欺者。[68]

　　周紆此則軼事也說明廷掾為特定職名。尤其是門者回答周紆詢問，稱「唯有廷掾耳」。如果廷掾屬泛稱，指涉多於一人，又談何「唯有」？周紆又如何能知道門者所指何人？又周紆問鈴下「外頗有疑令與死人語者不」，因鈴下一類小吏應服務於門下，[69]此處之「外」當就縣廷內部空間劃分而言，指位於門下區域之外的諸曹、裨官等組織，不同於外部吏之「外」。考慮到鈴下的工作地點，其所見所聞必為其中事，他既知「廷掾疑君」，也說明廷掾在縣廷內辦公，不在其外。由召陵侯國廷掾有膽量留難新上任的侯相看來，他在侯國僚屬中的地位應甚高，這也符合上引〈百官志〉將縣廷掾比擬郡五官掾的記載。是以縣級行政單位是否會設有多於一名廷掾，頗值懷疑。[70]總之，東漢時廷掾應為專稱，且在縣廷內工作，與外部吏性質有異。

68《後漢書》，卷77，〈酷吏列傳〉，頁2494。

69 如《三國志‧吳範傳》載其「乃髡頭自縛詣門下，使鈴下以聞。鈴下不敢，曰：『必死，不敢白。』」見〔晉〕陳壽（著），〔南朝宋〕裴松之（注），《三國志》（北京：中華書局，1982），卷63，〈吳書‧吳範傳〉，頁1423。此可示鈴下平日看守閣門，應身處「門下」區域。又此條資料承劉子鈞提示，謹謝。

70《後漢書‧爰延列傳》載：「縣令隴西牛述好士知人，乃禮請延為廷掾，范丹為功曹，濮陽潛為主簿，常共言談而已。」見《後漢書》，卷48，〈爰延列傳〉，頁1618。也可證廷掾一如功曹、主簿，係縣中顯要的屬吏。

誠然，似乎不能完全排除上引〈百官志〉本注中的「廷掾」，與其他文獻裏的廷掾意思有異。欲解決此問題，還得直面這條史料。若將這段記載比較〈百官志〉中郡級機關「皆置諸曹掾史」的本注，可見它們的文本結構皆分為三部分：

表二：《續漢書‧百官志》郡縣「諸曹掾史」本注文本結構對比表

郡「皆置諸曹掾史」句本注[71]	縣「各署諸曹掾史」句本注[72]
諸曹略如公府曹，無東西曹。	諸曹略如郡員。
有功曹史，主選署功勞。 有五官掾，署功曹及諸曹事。[73]	五官為廷掾。
其監屬縣，有五部督郵，曹掾一人。	監鄉五部，春夏為勸農掾，秋冬為制度掾。

---

71 《續漢書》，志 28，〈百官志〉，頁 3621。

72 《續漢書》，志 28，〈百官志〉，頁 3623。

73 按孫聞博把此句理解成郡五官掾可擔任功曹以及其他曹的職位，從而得出五官掾也泛指職掌不固定、差遣於外的屬吏，見氏著，〈從鄉嗇夫到勸農掾〉，頁 84。然而，《續漢書‧百官志》本注記述某吏「署某事」，僅說明該吏職在處理該事，並不表示他可擔任某職位。如「太尉」條本文記「長史一人，千石」，本注曰：「署諸曹事」，參《續漢書》，志 24，〈百官志〉，頁 3558。顯然，作為長吏的太尉長史不可能擔任諸曹掾史的職位，「署諸曹事」僅說明他職在管理太尉府諸曹的事務。如此類推，「署功曹及諸曹事」僅代表五官掾負責管理郡功曹和其他曹，不能證明此職是泛稱。如東漢光和四年（181 年）《昭覺石表》載右戶曹史「與五官掾司馬篤議」，可能即反映五官掾此職務。釋文參伊強，〈《光和四年石表》文字考釋及文書構成〉，《四川文物》2017.3，頁 52。

正如上表所列，「各署諸曹掾史」句的本注，實對應前文「皆置諸曹掾史」本注的相關內容，省略重複，僅點明郡、縣掾史設置的差異。[74] 比較兩段本注，「五官為廷掾」對應「有五官掾，署功曹及諸曹事」句，意在闡明郡五官掾的職能在縣由廷掾承擔；縣功曹史之被省略，應係其職掌與郡功曹相同，故無須贅述。而「監鄉五部」一句實回應「其監屬縣」，目的在於說明郡派遣五部督郵「監屬縣」，至縣，「監鄉」的職責則變為春夏季由勸農掾、秋冬季由制度掾負責；只不過因「監鄉五部」省略了句首「其」的連詞，「春夏為勸農掾」又省「督郵」主語，才造成混淆。進一步推論，甚至不能排除「五部」、「春夏」間有脫文，縣「各署諸曹掾史」句本注原本實作「〔其〕監鄉，五部〔督郵〕春夏為勸農掾，秋冬為制度掾」的可能。不論如何，過往將此句與「五官為廷掾」連讀，應誤。[75] 在〈百官志〉的系統，勸農掾、制度掾和廷掾是三個不同的職位，因此這段史料不能作為廷掾屬泛稱的證據。

---

74 正如 Burchard J. Mansvelt-Beck 指出，〈百官志〉本注這種簡潔的敘事方式乃全篇之通例，有時甚至達到語焉不詳、模棱兩可的地步，參 Burchard J. Mansvelt-Beck, *The Treatises of Later Han: Their Author, Sources, Contents and Place in Chinese Historiography* (Leiden: Brill, 1990), pp. 202–203。

75 此句讀的出處已不可考，管見所及，嚴耕望於 1942 年已認為：「縣有廷掾，猶郡之五官掾，亦有即稱五官掾者。監鄉部，春夏即為勸農掾，秋冬則為制度掾。」是可見嚴先生當時已將這兩句連讀。他其後修訂舊作時，又進一步提出「縣廷掾實兼郡五官掾、督郵、戶曹、田曹、勸農等職」，對廷掾職能的理解較從前更加寬泛。此稿收入《中國地方行政制度史甲部：秦漢地方行政制度》時，嚴先生刪去了「戶曹、田曹」，終讓此句成為現在我們熟悉的模樣。當然，嚴先生只是指廷掾總攬了郡五官掾、督郵、勸農掾等僚屬的職務，沒有認為廷掾乃縣廷外派屬吏的統稱。分參氏著，〈兩漢郡縣屬吏考〉，《金陵齊魯華西三大學中國文化研究彙刊》2（1942），頁 88；氏著，〈漢代地方行政制度〉，《中央研究院歷史語言研究所集刊》25（1954），頁 178；氏著，《中國地方行政制度史甲部：秦漢地方行政制度》，頁 225。

從上文的論述可知，《續漢書・百官志》「各署諸曹掾史」句本注把勸農掾、制度掾都視為監察鄉部的官吏，職責相當於郡派出的督郵，此定性的確頗能捕捉勸農賊捕掾等掾吏的職掌。然而，本注的描述仍不盡符合東漢中期臨湘縣的情況。按〈百官志〉似乎認為勸農掾、制度掾並非同時設置，兩者屬互斥概念；但五一廣場簡牘顯示，賊捕掾於春季兼任勸農掾和賊捕掾，其餘時間則單任賊捕掾，不存在像〈百官志〉所言般「勸農掾或制度掾」的選項。事實上，「制度掾」一詞於傳世、出土資料極少出現，雖然司馬彪撰寫本注時，應參考了胡廣《漢官解詁》、應劭《漢官儀》、衛宏《漢舊儀》等著作，內容多有所據，[76] 但其描述能否準確反映東漢早中期縣行政的實況，需謹慎處理。[77] 有鑑於此，筆者暫時仍以最接近當時行政術語的「外部吏」，去稱呼賊捕掾等掾吏。因史料偏向，五一廣場簡牘裏賊捕掾出現的次數甚多，學界對於他們的設

---

76 關於《續漢書・百官志》的史源，參 Mansvelt-Beck, *The Treatises of Later Han*, pp. 214–226；〔日〕佐藤達郎，〈《續漢書》百官志と晉官品令〉，收氏著，《漢六朝時代の制度と文化・社會》，頁 180–181。關於〈百官志〉「正文」和「本注」之間的聯繫，又可參徐沖，〈《續漢書・百官志》與漢晉間的官制撰述 —— 以「郡太守」條的辨證為中心〉，載北京大學中國古代史研究中心（編），《田餘慶先生九十華誕頌壽論文集》（北京：中華書局，2014），頁 210–211。

77 正如前賢指出，司馬彪編寫〈百官志〉時，形式上模仿《周禮》，表現了一種靜態、簡潔的儒家理想制度，實隱有為新建立的晉朝作制的意味，故〈百官志〉雖參考了漢代史料，但不宜毫無保留地視之為東漢行政制度的實況。分參 Mansvelt-Beck, *The Treatises of Later Han*, pp. 198–199, 226；佐藤達郎，〈《續漢書》百官志と晉官品令〉，頁 187–188。

置和分部已有不少精彩討論，[78] 筆者在此也不欲贅言。本節將集中分析縣廷部署賊捕掾史的方式。

首先，賊捕掾雖偶爾與縣尉合作，[79] 但他們應直屬縣廷，平常不受縣尉節制。此點反映於 1106 號木牘：

> 左賊史邊白：左尉檄言：小武陵亭比月下發，賊捕掾游徼
> 逋留塞文書，不追。賊捕掾周並、游徼李虎知盜賊民之大害，
> 君教：若。　至逋不追，當收正，恐辭有解。丞優、掾隗議：請召並、虎
> 問狀，寫移東部郵亭掾參考實。白草。
>
> 十一月十二日乙酉白。

檢曆譜，此君教文書當製作於延平元年（106 年）。據此，左尉即使懷疑賊捕掾周並和游徼李虎怠工瀆職，延誤文書、消極追捕小武陵亭部的盜賊，也只能以檄書方式通報縣廷，要求縣令處理，足見左尉雖為長吏，秩級較賊捕掾高，但對後者沒有管轄權。事實上，下文徵引的官文書裏，各部賊捕掾往往直接發書予縣廷，不需經縣尉轉發，也在側面說明他們並不直屬縣尉。

其次，賊捕掾往往由他吏兼任。從五一廣場簡牘所示，東漢早中期的賊捕掾有時會以「賊曹掾」的身分出現。如簡 2594 載「☒□多（？）

---

78 如李均明，〈五一廣場東漢簡牘所反映的臨湘縣治安體系初探〉；沈剛，〈五一廣場東漢簡牘所見縣域內的分部管理〉，清華大學出土文獻研究與保護中心主辦「五一簡與東漢歷史文化」學術研討會論文，北京，2021 年 10 月；劉子鈞，〈臨湘官吏方位分置研究〉。

79 如五一廣場 1244、1370、1882、1894、1454 諸簡即顯示左尉和東部、北部賊捕錄並列。相關分析可參劉子鈞，〈臨湘官吏方位分置研究〉。

逐召崇。俊其日復召賊捕掾雄，俊、循等」。按此簡出現的人名與 392 號木牘多有重合，不能排除即該案的「辭狀」（簡 437）。值得注意的是，392、2187 俱記雄為「賊曹掾」，與 2594 有異（又 1809 亦見「左賊掾雄如曹」，或為同一人）。這有幾種可能：一，雄同時兼任左賊曹掾和賊捕掾；二，賊捕掾是賊曹掾的別稱；三，2594 中的賊捕掾係賊曹掾之筆誤。欲回答此問題，以下三枚簡頗值注意：

平墨盜取知錢萬四千，知詣外部賊曹史不處姓名自言，召孟、平到都亭，復解遣孟、平。書到，趣考實，正處言。親、何、眾叩頭死罪死罪：奉得書，輒考問 …… 895

貸錢有貸名、無償心。元年十一月不處日，潊陽鄉佐王副得召，辟則，疑在直舍。賊捕掾向悝、游徼黃勤、亭長區昭等俱之直舍，掩捕副不得。悝 …… 491+1709

錢一千以自給，無償期。其十一月不處日，鄉佐王副辟則，疑直臧（藏）副。悝、勤及亭長區昭掩捕副不得，收直，欲毆問香從。悝、勤等請解直保任，語絕，各別。其月 …… 532

據文例，簡 895 似為一封解書的殘篇。考慮到該外部賊曹史之後召喚孟、平到都亭，其治所可能就在都亭。按此解書的內容頗能與 491+1709 和 532 相對照。雖然後兩枚簡的內容不能連讀，但它們筆跡相近，又均提到賊捕掾向悝、游徼黃勤、亭長區昭前往直的居舍，緝拿逃避傳喚的潊陽鄉佐王副，應屬同一簡冊（簡 581 可能也與此相

關）。[80] 值得注意的是，294 號木牘記南鄉有秩選於永初三年的白事，[81] 其中提到「故都亭長區昭」，極可能即上兩簡中的亭長區昭。如是，右部賊捕掾的治所可能位於都亭，[82] 與前引簡 895 中的外部賊曹史相同，不能排除該外部賊曹史即右部賊捕掾或其下屬的可能。筆者懷疑，稱呼這些屬吏為「外部賊曹掾／史」，乃從縣廷的角度出發，強調他們被署任職位；相反，稱之為「賊捕掾」，則是強調這些外派吏的兼職。正因如此，雖然某人能同時擔任賊捕掾、史和賊曹掾，但它們似非同一職位。

關於縣廷的掾史兼任賊捕掾，周勤的例子甚值注意。按 1848 號君教文書記「兼賊曹掾周勤」因涉嫌瀆職遭到縣廷調查。據待事掾陳盛的報告，周勤與守史相奉、鄧寵「俱解謝勳舍，詭課（番）使、（烝）霸等」。這封文書雖無標示日期，但觀乎其他由「左賊史遷、兼史脩」製作的君教文書，具紀年者皆集中於延平元年十一月（牘 1106）至永初元年四月（CWJ1③:325-32；《選釋》例 48），1848 的製作時間應接近。又按周勤曾作為守史出現於簡 1022，其紀年為延平元年正月。這似乎代表周勤本為縣廷守史，於延平元年中或之後兼任賊曹掾。有趣的是，1792 號木牘又出現「兼左部賊捕掾勤」：

---

80 周海鋒已指出簡 532 和 491 所記為同一案例，參氏著，〈《長沙五一廣場東漢簡牘【貳】》選讀〉，武漢大學簡帛研究中心「簡帛」網站：http://www.bsm.org.cn/?hanjian/8010.html，2018.12.26。（搜尋，2022.05.24）

81 對於此文書的日期，整理者釋為「十月十五日庚午」，但指出日期或釋「十四」。按五一廣場的紀年簡，年代集中於和帝永元二年（90 年）與安帝永初六年（112 年）。檢曆譜，此間十月庚午無十五日者。相反，「十月十四日庚午」應為永初三年（109 年）。由此看來，「十四日」的釋文當是。

82 李均明的〈五一廣場東漢簡牘所反映的臨湘縣治安體系初探〉同樣指出「都亭或屬右部」。

兼左部賊捕掾勤叩頭死罪白：案故事：橫溪深內匿，常恐有小發，置例亭長禁姦，從聞以來省罷。方今民輸租時間，潚陽鄉民多解止橫溪，入縣輸

十一月六日開 _{1792A}

租，或夜出縣，歸主人。恐姦猾昏夜為非法，姦情難知。願置例亭長一人禁絕姦人，益為便。唯
廷。勤愚戇，職事無狀，惶恐叩頭死罪死罪。　·十一月五日甲申白。_{1792B}

檢曆譜，「十一月五日甲申」當係元興元年（105 年），早於簡 1022。考慮到元興元年至永初元年其間，臨湘縣名為「勤」的掾史暫僅見周勤，1792 裏的「兼左部賊捕掾勤」很可能也是周勤。綜合現有資料，周勤的署任最少有兩種可能：一，周勤本職是守史，被署為賊曹掾，後於元興元年外派，兼任左部賊捕掾一職，之後調回縣廷再任本職；1848 的記載是追述去年之事。二，周勤曾在元興元年底兼任左部賊捕掾，至遲於翌年初回到縣廷擔任守史，署賊曹掾，之後又被外派為兼賊捕掾。也就是說，周勤在延平元年兼賊捕掾，實為他第二次擔當此職。考慮到 1848 稱呼周勤為兼賊曹掾而非守史或故兼賊曹掾，似暗示兼賊曹掾的稱謂並非追述。

如第二個假設成立，周勤應於一年內兩度兼任賊捕掾和賊曹掾，這或許代表賊捕掾乃由縣廷裏的掾、史輪流擔任。這些外派為賊捕掾的掾、史，執勤期間應長駐所部區域辦公，茲將以向悝的例子說明此點。按簡 2172 載向悝於永元十七年二月（105 年）任右部勸農賊捕掾。鑑

於該年年中即改元為元興元年，上引簡491+1709、532所載，不會早於105年年中發生。換言之，向悝擔任了右部賊捕掾起碼十個月（二月至十一月）。簡491+1709、532顯示向悝與黃勤、區昭一同捉拿王副，可見他當時身處所轄區域。同理，簡895載「知」至外部賊曹史處自言，後者在轄區應有相對固定的治所，因此民眾才能知曉其所在。事實上，1140號牘正面左下有二次書寫的「檄即日起賊廷」字句，應係發信者所加的注記。所謂「賊廷」應指賊捕掾之治所，[83] 也說明賊捕掾存在固定辦公地點，長駐轄區。

關於賊捕掾與轄區內的游徼、亭長的聯繫，簡2172或值注意：

永元十七年二月乙酉朔廿一日乙巳，右部勸農賊捕掾悝、游徼光、市亭長則叩頭死罪敢言之：帶肆女子陳任詣則告，辭：履所有青糸盩之市，解置肆前。2172A

右部勸農賊捕掾向悝名印
　　　　　　　　　　　　　　　史　白開 2172B
二月　　日　　　　郵人以來

據向悝的報告，陳任沒有前往右部勸農賊捕掾所在（據前文考釋應即都亭）報案，而是就地詣告市亭長則。可以想像，市亭長之後會通知游徼，請求他轉告賊捕掾，又或直接通報賊捕掾，請求他和游徼前往市調查。初步調查結束後，賊捕掾、游徼和市亭長便會聯名上書，報告縣廷。市亭的情況應能套用至其他亭。也就是說，賊捕掾需仰仗亭長作為

83　侯旭東，〈湖南長沙五一廣場東漢簡J1③:264-294考釋〉，載北京大學中國古代史研究中心（編），《田餘慶先生九十華誕頌壽論文集》，頁117。

耳目，得知轄區的情況。按賊捕掾、游徼、亭長聯名發出的文書，往往只有亭長需偶爾標示所轄區域，這可能是因為這些亭長與賊捕掾、游徼異治，故必須言明轄區，以免跟賊捕掾屬下其他亭混淆。不管如何，現有資料顯示，亭是賊捕掾所轄部的基本單位，亭長平常不但會聆聽民眾的自言，而且一旦發生罪案，也需向上級賊捕掾報告，並舉劾犯人。可以說，賊捕掾對地方的監察和控制，多透過亭長達成。

2. 隨事派遣的外部吏

除了定期派遣、輪流執勤的各部賊捕掾，縣廷也會部署屬吏前往地方，執行某些特定任務。這些隨事派遣的屬吏，應也被視為外部吏：

> 廣吏次署視事，債柱為卒，$_{2199}$ 月錢直（值）千五百。…… 今年十一月二日，…… 其月不處日，廣被廷書逐捕順。其十九日，廣與 $_{2189}$ 外部掾劉憙、賊捕掾殷宮、游徼黃饒俱掩順家，不得。$_{2198}$[84]

上引內容引自一份題為「左部賊捕掾蒙言考實故亭長王廣不縱亡徒周順書」（簡 440）的簡冊。按賊捕掾殷宮、游徼黃饒的組合也見於簡 1286+996，紀年為永元十五年（103 年），當中明言殷宮是左部賊捕掾；2494 號楬又記「十五年南鄉女子趙姃（？）自言御門亭長王廣本事」。是以左部賊捕掾蒙文書報告的案件，應發生於永元十五年前後。據文書，「外部掾劉憙」與在地的左部賊捕掾、游徼和御門亭長共同緝

---

84 復原參周海鋒，〈《長沙五一廣場東漢簡牘（伍、陸）》初讀〉，武漢大學簡帛研究中心「簡帛」網站：http://www.bsm.org.cn/?hanjian/8431.html，2021.08.22。（搜尋，2022.05.25）

捕亡徒周順。雖然「外部掾」不明之處仍多，但現有資料顯示，縣廷會隨事指派屬吏，人選一般由功曹挑選。以下君教文書（538+393）[85] 即為此舉措的明證：

兼左賊史英、助史壽白：陽馬亭長种言掩捕小盜男
子劉郎所有奴吉、官。官以矛刺种，种以所持刀斫官，創
三所，官

君教：若。　以格辜物故。吉捕得，毄亭。丞優、兼掾重議：屬功曹辟（？）
行丞事兼賊曹掾、史各一人，迎取吉，并診官死，得，吏便
勑[86] 遣，當言府，復白。

延平元年九月廿八日壬寅白

此君教文書針對陽馬亭長种於追捕犯人劉郎的奴隸官和吉時，自衛殺死官，並捕得吉的後續處理。縣丞、兼掾和左賊史提議由功曹挑選「行丞事兼賊曹掾、史各一人」前往陽馬亭帶回吉，以及診驗官的屍首。簡123 應即被派出的屬吏發回臨湘縣廷的報告：

延平元年十月乙巳朔八日壬子，兼獄史封、行丞事永叩頭死罪敢言
之：謹移案診男子劉郎大奴官為亭長董种所格殺爰書、象人一讀。

---

85 綴合據汪蓉蓉，〈《長沙五一廣場東漢簡牘》綴合（四）〉，武漢大學簡帛研究中心「簡帛」網站：http://www.bsm.org.cn/?hanjian/8166.html，2019.11.13。（搜尋，2022.05.25）

86 此字原釋「刺」，檢綴合後的圖版，應為「勑」字；相同文例和字形參 1772、CWJ1③:325-2-9（《選釋》例 46）。

據文書內容，簡 123 為呈文，應伴隨檢驗大奴官屍首後製作的爰書、象人，可見功曹最終挑選了兼獄史封、行丞事永兩名人員承擔此任務。參考簡 1707 中的「行丞事守史謝脩」，行丞事可由守史擔當，所行應即縣丞之事。結合 538+393 和 1707，123 中的「行丞事」應係賊曹掾或史，[87] 而「兼獄史」應兼賊曹史、獄史兩職。按「行丞事 + 兼獄史」的組合屢見於五一廣場簡牘，[88] 其中以下兩枚木牘尤值得注意：

〼丞事錯、兼賊捕掾宮、史鄷叩頭　〼
〼陳末，即日到發所，掩覆末家，不得，輒□〼
〼……〼 846

〼□日已亥，行丞事錯，兼獄史鄷、侯與長賴亭長熊，伍長張會訊，
視男子陳末殺男子任樹，…… 4813[89]

上引兩木牘圍繞同一案件。846 為行丞事錯、兼賊捕掾宮、史鄷針對陳末案的報告，而 4813 則為被陳末所殺男子任樹屍首的診驗報告。兩相對照，史鄷無疑即 4813 中的兼獄史鄷。此外，846 顯示錯、鄷和兼賊捕掾宮（應即上文提及的左部賊捕掾殷宮）共同行動，此恰可與前文所引「左部賊捕掾蒙言考實故亭長王廣不縱亡徒周順書」中，外部掾與賊捕掾殷宮、游徼黃饒共同追捕周順對讀。除行丞事、兼獄史，縣也會外

87 按 94 號君教文書記守史黃錯，不知是否即行丞事錯。
88 除上文徵引的簡牘，此組合尚見於 579、1707、1854+3085+1098。
89 此木牘尚未正式公佈，釋文轉引自賈連翔，〈五一簡所見東漢刑事案件中的人身傷害問題初探〉，清華大學出土文獻研究與保護中心主辦「五一簡與東漢歷史文化」學術研討會論文，北京，2021 年 10 月。

派縣廷中的「待事掾」與賊捕掾等外部吏共同執行任務，如 984 號牘便顯示，龐待事掾郭憙似與賊捕掾黃朗、游徼殷泓、亭長張漢一齊追捕犯人。[90]

結合上文的討論，簡 2198 出現的「外部掾劉憙」的身分，最少有兩種可能。首先，他很可能只負責捉拿周順此單一任務，因此無須言明職掌，只說他是「外部掾」便足夠。其次，考慮到這類報告的敘事有時不太嚴謹，信息時有遺漏（如前文提到的「外部賊曹史不處姓名」、「不處日」等），也有可能是記錄者漏記了劉憙的職名，故只能籠統地稱呼他作「外部掾」，不能排除該文書中的外部掾即行丞事、兼獄史、待事掾之類，自縣廷臨時派遣的外部吏。

值得注意的是，定期派遣的外部吏有時也可執行臨時任務。以下文書即說明此點：

永元十五年十月壬辰朔廿二日癸丑，北部賊捕掾休、游徼相、長賴亭長勤叩頭死罪敢言之：廷移府、羅書曰：蠻夷男子周賢當為殺益陽亭長許宮者文齎，齎子男洞、倉等要證。_{1671A} 輒部賊曹掾黃納、游徼李臨逐召賢。賢辭：本臨湘民，來客界中，丞為洞所殺。後賢舉家還歸本縣長賴亭部杆上丘，去縣百五十餘里。書到，丞部吏與納并力逐召賢等，必得，以付納₈₇₆ ……

北部賊捕掾陳休名印

　　　　　　　　史　　白開 _{1671B}

十月　　日郵人以來

---

90 高震寰，〈試論五一廣場東漢簡中的「待事掾」〉。

按 1671 和 876 筆跡相近、出現人物重合、所述事件相同，當屬同一簡冊，且簡文似可連讀。文書為北部賊捕掾、游徼、長賴亭長的報告，內容圍繞搜尋殺害益陽亭長許宮案的重要證人周賢。據報告，此案實發生於羅縣，但由於周賢現居於臨湘縣長賴亭部，因此長沙太守府、羅縣才發書尋求臨湘協助；其後臨湘縣廷再將文書轉發給管轄長賴亭部的北部賊捕掾。值得注意的是，太守府、羅縣寄予臨湘的文書，提到他們「輒部賊曹掾黃納、游徼李臨逐召賢」，並要求臨湘盡快遣吏與黃納等「并力逐召賢等」，將之交付黃納。從語境推斷，黃納、李臨是羅縣的賊曹掾和游徼，被派至臨湘執行任務。顯而易見，黃納等不會長期在臨湘境內逗留，待任務完成後便會回羅縣覆命。從羅縣的角度而言，他們也屬於隨事派遣的外部吏。[91]

四、結語

本文嘗試分析臨湘縣廷內、外組織的劃分、職能和聯繫。現有資料顯示，臨湘縣廷內部可分為門下、諸曹、褋官三類。作為縣長官的親近吏，「門下」組織似為長吏的祕書，職在於起草和審核以縣長吏名義發出的文書，甚至掌管縣廷文書的收發。進一步說，「門下」組織在縣廷擔任的角色，似相當於中央政府的尚書臺，甚為重要。至於諸曹、褋官，皆自秦以來的固有組織發展而來。間接史料顯示，臨湘縣廷諸曹和門下所在的區域存在一段距離。據賊曹的例子，諸曹掾、史其中一個職責，便是根據外部吏和鄉吏的報告，對縣長官就某事提供具體建議。此

---

91 據 CWJ1③:325-32（《選釋》例 48），丞優、掾暘、左賊史建議「寫移書桑鄉賊捕掾並等考實姦□」，可見定期派遣、身在轄區的外部吏也可能應縣廷命令，執行特定任務。惟這不能與上文羅縣賊曹掾的情況相提並論。

外，諸曹也負責校對相關裨官製作的簿籍、文書。最後，東漢時裨官雖被邊緣化，但仍掌握一定文書和實務工作。事實上，不同裨官被邊緣化的程度似不一致，如司空官則仍管理縣內的囚、徒，並須就作徒的分配製作簿籍。相對而言，當時臨湘縣的實官（倉官和庫官）似已是倉曹轄下的執行部門（甚或僅為儲藏設施），缺乏自主性。

　　縣廷之外，則為鄉吏和自縣廷派遣的外部吏的世界。外部吏多以「兼掾」、「兼史」的形式任命，並可分作兩類：第一類屬定期派遣，常駐轄區，如各部賊捕掾即是；第二類則屬隨事派遣，縣廷會因應需要派遣平日在廷內部辦公的待事掾，又或任命縣廷的掾、史為「行丞事」等兼吏，令他們前往地方執行任務，事成即歸。外部吏的功能跟郡太守所屬的各部督郵書掾，實如出一轍，兩者均意在加強對轄區的控制。縣外部吏相對靈活的任命方式，逐漸消弭了縣廷內、外的區隔，致使鄉的角色逐漸模糊，最終導致後來縣廷繞過鄉，直接管治基層行政單位如里、丘。[92]

　　然而，這種直接管治的方式，未必真能加強政府對地方的控制。孫聞博指出，外部吏在縣行政的角色，類近郡太守的都吏。[93] 準確而言，都吏的比喻較適用於隨事派遣的外部吏；至於長駐地方的外部吏，更像監察諸縣的督郵書掾。[94] 正因外部是縣廷控制轄區的重要媒介，對地方社會影響甚大，一旦任人不當，或許會出現以權謀私的現象。五一廣場簡牘便包含了一些賊捕掾被轄區民眾告發的例子，如 CWJ1③:325-

---

92　孫聞博，〈從鄉嗇夫到勸農掾〉，頁 86–88。

93　孫聞博，〈從鄉嗇夫到勸農掾〉，頁 83。

94　關於都吏和督郵，參黎明釗、馬增榮，〈試論漢簡所見的都吏及其與督郵的關係〉，《中國出土資料研究》13（2009），頁 123。

32（《選釋》例 48）載男子烝備向縣廷條言「界上賊捕掾副在部受所臧（贓）罪狼藉」;[95] 前引 1848 號木牘甚至控訴兼賊曹掾周勤不但收受民眾錢財、酒食，甚至「強奸無衛女弟」。雖然這兩宗案件，縣吏皆認為告發者乃因與賊捕掾的私怨而誣告，但即使排除縣吏官官相衛的可能，[96] 誣告現象本身已反映在縣廷直接管治下外部吏和轄區民眾之間的張力，某程度上反而削弱了國家對地方社會的管治。

（2022 年 5 月 25 日初稿；6 月 13 日一訂；9 月 21 日二訂）

後記

本文寫作得到德意志研究協會（Deutsche Forschungsgemeinschaft）附屬海德堡大學 933 號特別研究中心（Sonderforschungsbereich）「Materiale Textkulturen」的資助。寫作過程承黎明釗師和學友高震寰、楊小亮、劉天朗、劉子鈞惠示寶貴意見；草稿寫就，曾於 2022 年 9 月 17 日在「出土文獻與秦漢法治」青年學者論壇上報告，復蒙評議人王馨振華先生斧正，避免錯訛，在此一併致謝！

---

95 針對 J1③:325-32 的內容以及此案反映的司法程序，詳參王彬，〈湖南長沙五一廣場東漢簡 J1③:325-32 考釋〉，載鄔文玲（主編），《簡帛研究·二〇一九（春夏卷）》（桂林：廣西師範大學出版社，2019），頁 287–297。

96 事實上，賊捕掾的爪牙亭長，其不法者便往往憑藉職權，在地方為非作歹，與盜賊幾無二致。此點詳參黎明釗，〈漢代亭長、盜賊與地方大姓〉，收氏著，《輻輳與秩序：漢帝國地方社會研究》（香港：中文大學出版社，2013），頁 384–400。

臨湘官吏方位分置研究

——以五一廣場東漢簡牘為中心

劉子鈞

一、緒論

方位，即方向之位置。施建平指出漢代方位詞有前、後、左、右、東、西、南、北、上、下、內、外、裏、中，其中「前」和「後」、「左」和「右」、「東」和「西」、「南」和「北」、「上」和「下」、「內」、「裏」、「中」和「外」是各自的相對空間義。[1]《周禮・天官・敘官》：「惟王建國，辨方正位，體國經野，設官分職，以為民極。」[2] 所謂官吏方位分置，就是在官號中所見非地名的位置前綴，旨在把一官分割成複數官吏，例如尚書僕射之「分置左、右」，[3] 以及魏郡都尉之分置「東西」。[4]方位於官號出現的位置每每固定，譬如前將軍、後將軍、左將軍、右將軍之前後左右，左校令、右校令、前校令、後校令、中校令之左右前後中，均綴於有關官號之前，以標示其所屬之方位。

方位分置是制度史研究中被嚴重忽略的一環，一來學者普遍認為方位分置除了標示地理位置外，便不具特別意義；二來傳世文獻也不足以支撐整個方位分置的研究。隨著漢代簡牘之出土，尤其是長沙五一廣場

1　施建平，《漢語方位詞「前」「後」發展演變史》（廣州：暨南大學出版社，2018），頁 82–93、180–191；施建平，《漢語方位詞「左」「右」「東」「西」「南」「北」發展演變史》（廣州：暨南大學出版社，2018），頁 1–61；施建平，《漢語方位詞「上」「下」「內」「外」「裏」「中」發展演變史》（廣州：暨南大學出版社，2018），頁 2–39、163–186。

2　〔清〕孫詒讓，《周禮正義》（北京：中華書局，1987），卷 1，〈敘官〉，頁 9–15。

3　《續漢書・百官三》載劉昭注尚書僕射：「獻帝分置左、右僕射，建安四年以榮邵為尚書左僕射是也。」詳見〔南朝宋〕范曄，《後漢書》（北京：中華書局，1973），志 26，〈百官三〉，頁 3596–3597。

4　《三國志・武帝紀》：「冬十月，分魏郡為東西部，置都尉。」詳見〔晉〕陳壽（著），〔南朝宋〕裴松之（注），《三國志》（北京：中華書局，1971），卷 1，〈武帝紀〉，頁 42。

東漢簡牘，它們為方位分置研究帶來一線曙光。五一廣場東漢簡牘的出土位置是長沙郡治臨湘之所在，而其官署位置亦在五一廣場區域之內，又簡牘內容主要是長沙郡、臨湘縣及其轄下諸鄉、亭的行政事務，[5] 反映五一簡很可能是臨湘縣廷的文書。由於它們涵蓋了大量臨湘縣級或以下方位官吏們之間的往來文書，故此五一簡相較於傳世文獻及其他漢簡，在數量上提供了後兩者無可比擬的一手材料。

嚴耕望對漢代地方行政制度的分析最為透徹，他論及縣有佐官丞、尉，而屬吏分有三種，一為綱紀，二為門下，三為列曹，又有鄉吏有秩、嗇夫、鄉佐、游徼及亭吏亭長、亭佐、亭候、求盜、亭父。[6] 安作璋和熊鐵基是秦漢官制研究的集大成者，他們對縣鄉官吏之探查，不出於嚴氏之架構，故不贅言。[7] 朱紹侯集中探究古代的治安制度，言及縣尉主一縣之治安，賊曹主盜賊事，游徼巡行流動，而亭長則是在固定地點警視。[8] 林永強也聚焦於漢代的地方治安制度，比如是游徼及亭長。[9] 儘管上述五者詳細描述了漢代的地方行政制度，對各縣、鄉、亭之官吏多所著墨，可是他們卻沒有涉足方位分置的問題。

姚立偉也許是首名以秦漢方位為論題的學者，他提出當時存在著「方位名鄉」的體制，就像左鄉、右鄉、東鄉、西鄉、南鄉、北鄉，但

---

5 長沙市文物考古研究所等（編），《長沙五一廣場東漢簡牘選釋》（上海：中西書局，2015），頁 1、7。為節省篇幅，本文引用五一簡時，只會引用整理號，不另外標注。

6 嚴耕望，《中國地方行政制度史‧甲部‧秦漢地方行政制度》（臺北：中央研究院歷史語言研究所，1990），頁 218–243。

7 安作璋、熊鐵基，《秦漢官制史稿》（濟南：齊魯書社，2007），頁 162–214。

8 朱紹侯，《中國古代治安制度史》（開封：河南大學出版社，1994），頁 174–183。

9 林永強，《漢代地方社會治安研究》（北京：社會科學文獻出版社，2012），頁 23–58。

是他僅說明方位如何體現四方和五方之觀念，而未發現方位與行政制度的關連。[10] 吉德煒與王愛和也對先秦方位有一定的考論，但亦止步於探討地理方位的階段。[11] 周振鶴的觀點頗為發人深省，他主張行政區與監察區之分化，表示郡（國）、縣（道邑國）、鄉、里是行政區，刺史部、督郵部、廷掾部和亭部是監察區，當中中央派出刺史監察郡，郡派出督郵監察縣，縣派出廷掾監察鄉，而鄉以下的亭吏監察里。[12] 徐暢〈東漢至三國長沙郡臨湘縣轄鄉與分部再探 —— 兼論漢帝國在縣鄉間監察區的設置〉是最重要的論著，她進一步闡發周振鶴的理論，指出鄉在嚴格意義上並不擁有屬吏，其為縣道之分部，號作鄉部；她透過五一簡所見之賊捕掾，推測臨湘縣境內轄有東、北、中、左、右五個廷掾部，謂其符合《續漢書·百官志》「監鄉五部」之記載。[13] 然則，最新發表的五一簡告訴我們，臨湘縣並不只有東、北、中、左、右五個部，而分部亦不等同於方位分置，即使縣鄉官吏不屬於鄉部，也可以是方位官吏之一，就如左賊曹、右賊曹。因此，方位分置成為了漢代歷史研究中被忽略的一頁。由是，本文將嘗試勾勒臨湘縣級或以下的官吏方位分置與行政之

---

10 姚立偉，〈縣域「方位名鄉」體制與秦漢帝國擴張〉，《咸陽師範學院學報》32.1（2017），頁 29–33。

11 David N. Keightley, *The Ancestral Landscape: Time, Space, and Community in Late Shang China (ca. 1200–1045 B.C.)* (Berkeley: Institute of East Asian Studies, University of California, 2000), pp. 82–91; Aihe Wang, *Cosmology and Political Culture in Early China* (Cambridge: Cambridge University Press, 2006), pp. 26–34.

12 周振鶴，〈從漢代「部」的概念釋縣鄉亭里制度〉，《歷史研究》1995.5，頁 36–43。

13 徐暢，〈東漢至三國長沙郡臨湘縣轄鄉與分部再探 —— 兼論漢帝國在縣鄉間監察區的設置〉，載中國社會科學院簡帛研究中心等（編），《第四屆簡帛學國際學術研討會暨謝桂華先生誕辰八十周年紀念座談會會議論文集》（重慶：重慶師範大學歷史與社會學院，2018），頁 498–504。鑑於此為會議論文，並非定稿，煩請讀者務必參詳徐暢的正式出版物。

關係，及相關制度之具體運作。

二、從行政關係看官吏方位分置

1. 縣尉 — 賊曹

臨湘方位官吏的起點是縣尉，秩四百石至二百石，其屬長吏，[14] 秩級遠在諸斗食、佐史等少吏之上。按《續漢書・百官五》，尉主盜賊，其大縣二人，小縣一人。[15] 劉昭注引應劭《漢官》曰：「大縣丞左右尉，所謂命卿三人。小縣一尉一丞，命卿二人。」[16] 顯示大縣所設縣尉二人，常冠左右之號。《漢書・百官公卿表》顏師古注引東漢荀悅曰：「秦本次國，命卿二人，是以置左右丞相，無三公官。」[17] 則秦漢早已習慣利用左右分置官吏。

五一簡亦見臨湘縣設左右兩尉。先說右尉，例 21、簡 1、簡 3476+3527+1850+1871 及簡 1984 皆有右尉之蹤跡，如簡 1984 記「☒☒丞告右尉謂□□□□☒」。至於左尉，簡 1106 提到：

---

14 《漢書・百官公卿表》：「皆有丞、尉，秩四百石至二百石，是為長吏。」詳見〔東漢〕班固，《漢書》（北京：中華書局，1964），卷 19，〈百官公卿表〉，頁 742。

15 《續漢書・百官五》：「尉大縣二人，小縣一人 …… 尉主盜賊。凡有賊發，主名不立，則推索行尋，案察姦宄，以起端緒。」詳見《後漢書》，志 28，〈百官五〉，頁 3623。

16 《後漢書》，志 28，〈百官五〉，頁 3623。

17 《漢書》，卷 19，〈百官公卿表〉，頁 725。

左賊史遷白：左尉檄言：小武陵亭比月下發，賊捕掾、游
徼逋留塞文書，不追。賊捕掾周並、游徼李虎知盜賊民之
大害，

君教若　　至逋不追，當收正，恐辟有解。丞優、掾隗議：請召並、
虎問狀，寫移東部郵亭掾參考實。白草。

十一月十二日乙酉白。

此為君教文書，據唐俊峰的剖析，君教文書有一定的行文格式：一，
某白；二，簡述事情經過與原由；三，長官初步教示（教：今白）、
曹史的調查結果；四，曹史與縣丞、廷掾合議後對長官的建議（議：
請⋯⋯）；五，某年某月某日白。據此，「左賊史遷白」對應某白，「左
尉檄言：小武陵亭比月下發，賊捕掾、游徼逋留塞文書，不追」是對應
事情經過與原由，而「賊捕掾周並、游徼李虎知盜賊民之大害，至逋不
追，當收正，恐辟有解」便是對應曹史的調查結果。[18] 檄者，為「長尺
二寸」之木簡，用以徵召。[19] 比月，連月也。[20] 逋，亡也。[21] 由此，左賊史
遷是通過引述左尉之檄言，要求縣廷處理賊捕掾周並和游徼李虎，似乎
左賊曹是專責協理左尉之事宜，而左尉之檄言小武陵亭，亦表示小武

---

18 唐俊峰，〈東漢早期臨湘縣的行政決策過程 —— 以五一廣場東漢簡牘為中心〉，載
　黎明釗、馬增榮、唐俊峰（編），《東漢的法律、行政與社會：長沙五一廣場東漢簡
　牘探索》（香港：三聯書店，2019），頁 167。
19 《漢書・高帝紀》載師古注：「檄者，以木簡為書，長尺二寸，用徵召也。」詳見《漢
　書》，卷 1，〈高帝紀〉，頁 69。
20 《漢書・刑法志》載師古注：「比年，頻年也。」詳見《漢書》，卷 23，〈刑法志〉，
　頁 1083。
21 《漢書・戾太子據傳》載師古注：「逋，亡也。」詳見《漢書》，卷 63，〈戾太子據
　傳〉，頁 2746。

陵亭是在左尉的職掌範圍內。[22] 簡 1298、1687 及 1134 也可證此推論。簡 1298 記「左賊史昭、助史穆白：左尉書言：追傷人者□真未能得，小武亭部羅」，左賊史昭是透過轉引左尉的文書辦理某事。又簡 1687 載：

> 兼左賊史脩、助史壽、詳白：男子留相自言：辭如牒。
>
> 教：今白。丞優、掾隗議：請屬功曹選优健吏
>
> 君教若　　二人，與左尉并力密收祥考實。得，吏便
>
> 　　　勅遣。白草。
>
> 　　　　　延平元年十二月廿七日庚午白。

兼，「權為使之」，有事權置也，謂左賊史脩為權置之兼吏。[23] 自言是吏民向官吏揭發、言事、告白、申請某事，或向政府提起訴訟。[24] 此簡猶言兼左賊史脩根據男子留相的訟辭向縣廷請示，縣丞優、左賊掾隗吩咐功曹選任兩名強健的官吏，與左尉一同收捕祥。這樣一來，祥自然是基於留相的自言而被左尉所追捕，反映左賊史確實負責左尉職事範圍內的

---

22 職掌範圍包括：工作的實際需求與工作情況、權責和職責之程度、所規定或行使的管轄範圍，以及犯下錯誤後的懲罰。詳見 James L. Gibson et al., *Organizations: Behavior, Structure, Processes* (New York: McGraw-Hill, 2012), p. 377。

23 《漢書·蘇武傳》載師古注：「假吏猶言兼吏也。時權為使之吏，若今之差人充使典矣。」詳見《漢書》，卷 54，〈蘇武傳〉，頁 2460。又《南齊書·百官》：「有事權置兼官，畢乃省。」詳見〔南朝梁〕蕭子顯，《南齊書》（北京：中華書局，1974），卷 16，〈百官〉，頁 318。

24 卜憲群、劉楊，〈秦漢日常秩序中的社會與行政關係初探 —— 關於「自言」一詞的解讀〉，《文史哲》2013.4，頁 82–83。

事務。所謂左賊史即左賊曹史，乃斗食令史，[25] 主盜賊事。[26] 鑑於縣尉和賊曹皆主盜賊事，兩者於日常行政有密切聯繫，也在情理之中。

再來是簡1134，其言及「‧守左尉裦追賊小武陵亭部」。守有兼守和試守之意。[27] 此簡再度證明小武陵亭是在左尉的職掌範圍內。除了小武陵亭外，廣亭也屬於左尉的職掌範圍，如簡1472寫有「守左尉胤追殺人賊廣亭部」，下文將更進一步說明廣亭的情況。此外，簡1244、1370、1882、1894及1454均顯示左尉至少掌管兩部之賊捕掾和游徼，就像簡1370「☐五月丁丑朔七日癸未，左尉☐、兼東部賊捕掾☐☐、游徼甫☐☐☐叩頭」，及簡1894「☐☐左尉、東部勸農賊捕掾騏（？）」，皆呈現出左尉、東部（勸農）賊捕掾、游徼之秩次順序，則東部賊捕掾、游徼明顯是左尉的下級單位。又簡1244提及「左尉告東部

---

25 《漢書‧項籍傳》：「陳嬰者，故東陽令史，居縣，素信，為長者。」同段載蘇林注：「曹史也。」令史是縣令屬吏的總稱，廷掾、賊曹等之謂也。詳見《漢書》，卷31，〈項籍傳〉，頁1797–1798。《續漢書‧百官五》注引《漢官》：「雒陽……鄉有秩、獄史五十六人，佐史、鄉佐七十七人，斗食、令史、嗇夫、假五十人，官掾史、幹小史二百五十人，書佐九十人，（循）〔脩〕行二百六十人。」則令史為斗食之官。詳見《後漢書》，志28，〈百官五〉，頁3623–3624。有關縣令史的更多考釋，詳見嚴耕望，《中國地方行政制度史‧甲部‧秦漢地方行政制度》，頁221–224。

26 《續漢書‧百官一》：「賊曹主盜賊事。」《續漢書‧百官五》：「皆置諸曹掾史。本注曰：諸曹略如公府曹，無東西曹」；「各署諸曹掾史。本注曰：諸曹略如郡員，五官為廷掾，監鄉五部，春夏為勸農掾，秋冬為制度掾。」詳見《後漢書》，志24、28，〈百官一〉、〈百官五〉，頁3559、3621、3623。

27 《漢書‧王莽傳》載師古注：「不拜正官，權令人守兼。」詳見《漢書》，卷99，〈王莽傳〉，頁4141。又《後漢書‧來歷傳》注曰：「守丞，兼守之丞也。」詳見《後漢書》，卷15，〈來歷傳〉，頁592。《漢書‧平帝紀》引如淳注：「諸官吏初除，皆試守一歲乃為真，食全奉。」詳見《漢書》，卷12，〈平帝紀〉，頁349。高震寰認為守是指在有本職的情況下，暫時代理了非本職的職務。詳見高震寰，〈試論秦漢簡牘中「守」、「假」、「行」〉，載王沛（主編），《出土文獻與法律史研究》（上海：上海人民出版社，2015），頁67。

賊捕☑」，簡 1882 見「☑□告守左尉、謂東部（？）賊捕掾錯原、游徼戎」。李均明認為，「告」和「謂」是官府下行書的專用詞。[28] 簡 1244 指出左尉命令東部賊捕掾進行某事，表示左尉不單是東部賊捕掾的上級長官，還是專門管理東部賊捕掾的單位。另外，簡 1454 談及「☑□日甲戌，臨湘令君丞告守左尉、謂北部」，也揭示了如同簡 1882 般左尉與東部賊捕掾共同稟令進行某事的合作關係，則北部亦屬於左尉的職掌範圍。

綜上所述，左尉至少掌有左賊史、東部（勸農）賊捕掾、游徼、北部（賊捕掾）、小武陵亭和廣亭，而此種「左」尉專管「左」賊曹、「東」部、「北」部的論點，以及關於諸曹、（勸農）賊捕掾、游徼的考究，也將會在下文逐一分解。

2. 賊曹 — 賊捕掾

據《續漢書‧百官志》記載，縣諸曹包括戶曹、奏曹、辭曹、法曹、尉曹、賊曹、決曹、兵曹、金曹、倉曹等。五一簡最常見的是左右賊曹。茲舉數枚簡說明，如簡 440：

左部賊捕掾蒙言考實　　　　　　　　　·詣左賊

故亭長王廣不縱亡徒周順書　　　　　　　　十二月十八日開

簡 1445：

---

28 李均明、劉軍，《簡牘文書學》（南寧：廣西教育出版社，1999），頁 226。

兼左部賊捕掾錯言考實

故亭長王演却解書　　　　　七月廿九日開　　　　　詣左賊

又簡 1278：

兼左部勸農賊捕掾祉言考實
　　　　　　　　　　　　　詣左賊
臧物直錢數多少願謁傳前解

汪蓉蓉主張類似上述書寫格式之簡牘雖然是發往賊曹的文書，但其實文
書最終是經賊曹轉交予臨湘縣廷，亦即在君教文書中所見某賊史白的轉
述部分。[29] 有趣的是，左部賊捕掾蒙、兼左部賊捕掾錯及兼左部勸農賊
捕掾祉均向左賊曹發送與考實相關的文書，故而左賊曹掌左部之盜賊
事。簡 324、1137+1150、1484 及 2625+2553 也載有左部賊捕掾向左賊
曹發送文書的記錄，其文書格式與上述數簡大致相同，不贅。論及諸部
之賊捕掾，《漢書・張敞傳》載師古注：「賊捕掾，主捕賊者也。」[30] 又
《續漢書・百官五》：「諸曹略如郡員，五官為廷掾，監鄉五部，春夏為
勸農掾，秋冬為制度掾。」[31] 勸農掾及制度掾即廷掾，其農忙時勸農，
農閒時為制度掾，而制度掾是由縣廷分派至鄉部之官吏，當中賊捕掾就
是其中一類的制度掾。縣有「五部」之監察區，上述三簡中的左部，
便是「五部」之一。即使賊曹史與廷掾都是少吏，然而廷掾官如郡五

29 汪蓉蓉，〈「君教」文書與東漢縣廷治獄制度考論 —— 從長沙五一廣場東漢簡牘說
　　起〉，《古代文明》14.4（2020），頁 66–67。
30《漢書》，卷 76，〈張敞傳〉，頁 3224。
31《後漢書》，志 28，〈百官五〉，頁 3623。

官掾，五官掾署功曹及諸曹事，故廷掾的地位當僅次於縣功曹。[32] 換言之，廷掾的秩次略高於賊曹掾史。雖然上引簡牘反映左賊曹掌左部之盜賊事，賊曹史與廷掾具有密切的行政關係，但這不過代表著官吏的職掌範圍，並不等同於上下級統屬關係。

臨湘縣所設的賊捕掾當然遠不止左部。簡 429+430 揭露了臨湘或許有前部賊捕掾：

> 左賊史式、兼史順、詳白：前部左部賊捕掾篤等考實
> 南鄉丈田史黃宮、趣租史李宗毆男子鄧官狀。今
> 君教若　篤等書言，解如牒。又官復詣曹診，右足上有毆創一所，
> 廣、袤五寸，不與解相應。守丞護、掾普議：解散略，請
> 却，實核。白草。

漢代常以前、後、左、右分置官吏，例如《華陽國志・公孫述劉二牧志》：「設前、後、左、右部司馬，擬四軍，統兵，位皆二千石。」[33] 又《上孫家寨漢晉墓》簡 167：「〔左〕部司馬旃胡青，前部司馬旃胡赤，中部司馬旃胡白，後部司馬旃黑，前曲」，[34] 前部、左部皆是常用的方位分置辦法。唐俊峰反對把「前部、左部賊捕掾」視為並列的官吏，前部的「部」理應解作部署、派遣，是以「前部左部賊捕掾」即「之

---

32 《後漢書・張酺傳》注引《漢官儀》：「督郵、功曹，郡之極位。」如此類推，縣功曹亦為縣之極位。詳見《後漢書》，卷 45，〈張酺傳〉，頁 1530。

33 〔晉〕常璩，《華陽國志校補圖注》（上海：上海古籍出版社，1987），卷 5，〈公孫述劉二牧志〉，頁 340。

34 上孫家寨漢簡是出土自 M115 之墓葬，其斷代為王莽前後。詳見青海省文物考古研究所（編），《上孫家寨漢晉墓》（北京：文物出版社，1993），頁 192、206。

前部置左部賊捕掾」。[35] 簡 1437 在某程度上支持了唐俊峰的觀點:「☑□白:前却部中部郵□☑」此簡展示出如同君教文書般某白之格式,留意在「中部」前的「前却部」,表示前部之間可加插「却」一字。却者,退也,[36]「前却部中部」是指先前退還所部置之中部某官上報的文書。同樣是君教文書的簡 1509,甚至以「前却」代替在某部賊捕掾前的「前部」,而「解」大體暗示了退還的原因。簡 429+430 的「前部左部賊捕掾篤等」也需要為案件作出相關解釋,只是賊曹認為鄧官的傷勢與「解」不相應,丞掾因而合議「請却」,即是二次退還。由此觀之,「前部」也許是「前却部」的縮寫。因此,五一簡尚未出現關於前部之廷掾監察區。

前後左右固然是通用的方位分置方式,又有四方,許慎在詮解「十」的意義時,提到「一」為東西,「丨」為南北,「十」「則四方中央備矣」,[37] 而漢武帝之志闚四方,是「南誅百越,北討強胡,西伐大宛,東并朝鮮」,[38] 說明了四方為東南西北。按《漢書‧百官公卿表》:「前後左右將軍,皆周末官,秦因之,位上卿,金印紫綬。漢不常置,或有前後,或有左右,皆掌兵及四夷。」[39] 前後左右將軍是專門對付四夷的官

35 唐俊峰,〈東漢早中期臨湘縣的行政決策過程〉,頁 179。

36 《後漢書‧史弼傳》李賢注詔書前後切却州郡:「却,退也。」詳見《後漢書》,卷 64,〈史弼傳〉,頁 2110。

37 《說文解字‧十部》:「十:數之具也。一為東西,丨為南北,則四方中央備矣。」詳見〔東漢〕許慎,《說文解字注》(上海:上海古籍出版社,1981),卷 3,〈十部〉,頁 88–89。

38 《後漢書‧鮮卑傳》:「武帝情存遠略,志闚四方,南誅百越,北討強胡,西伐大宛,東并朝鮮。」詳見《後漢書》,卷 90,〈鮮卑傳〉,頁 2990。

39 《漢書》,卷 19,〈百官公卿表〉,頁 726。

吏，而四夷為東夷、北狄、西戎、南蠻，[40] 亦四方之總稱，足見前後左右與東南西北分別是兩組方位概念。

值得注意的是，「左」賊曹除了負責「左」部之盜賊事外，還要管理「東」部和「北」部的政務，反映臨湘同時以前後左右與東南西北兩組方位概念來劃分鄉部之監察區。簡 1283 載：

左賊史遷、顏：案獄掾留事：召東部賊捕掾及為木所笮殺

案獄掾無考，《漢官》記河南尹員吏有案獄仁恕，[41] 揭示案獄掾可能是郡級官吏。《後漢書·袁安傳》：「安到郡，不入府，先往案獄，理其無明驗者，條上出之。」[42] 可見案獄大概是處理沒有明顯證據的案件。至於留事，李均明認為是對待辦特殊事務之稱謂，通常是有關上級對下級的處理事項安排。[43] 笮，迫也，[44] 笮殺即迫殺也。此簡猶言縣左賊史按照郡案獄掾之留事，召喚東部賊捕掾，則左賊史顯然承辦東部賊捕掾之事宜。簡 737 寫有「左賊史脩白：中部督郵掾留事：召北部賊捕掾黃蕚、

---

40 《漢書·鄭吉傳》載師古注：「禮云東夷、北狄、西戎、南蠻，然夷蠻戎狄亦四方之總稱耳，故史傳又云六蠻也。」詳見《漢書》，卷 70，〈鄭吉傳〉，頁 3006。

41 《續漢書·百官五》劉昭注引《漢官》：「河南尹員吏九百二十七人，十二人百石。諸縣有秩三十五人，官屬掾史五人，四部督郵（史）〔吏〕部掾二十六人，案獄仁恕三人，監津渠漕水掾二十五人，百石卒吏二百五十人，文學守助掾六十人，書佐五十人，（循）〔脩〕行二百三十人，幹小史二百三十一人。」詳見《後漢書》，志 28，〈百官五〉，頁 3622。

42 《後漢書》，卷 45，〈袁安傳〉，頁 1518。

43 李均明，〈五一廣場東漢簡牘「留事」考〉，載李學勤（主編），《出土文獻》，第 11 輯（上海：中西書局，2017），頁 378。

44 《說文解字·竹部》：「笮：迫也。」詳見《說文解字注》，卷 5，〈竹部〉，頁 191。

游」。郡吏督郵職「監屬縣，有五部督郵，曹掾一人」。[45] 與上文相同，左賊史脩是依從郡督郵之留事，召喚北部賊捕掾黃礬。又簡325：

> 黃牒七百枚詣左賊曹
> 兼北部賊捕掾辰脩叩頭死罪白　　　　□

及簡651：

> 北部賊捕掾綏言考實傷
> 由追者由倉竟解書　　　十二月十日開　詣左賊

兩簡皆記北部賊捕掾發送文書至左賊曹，又簡1509亦涉及左賊史與北部賊捕掾之君教文書，證明「左」賊曹確實主「左」部、「東」部及「北」部之盜賊事。

　　五一簡亦見左賊曹掌一定數量之亭長，簡889有「左賊史遷、兼史脩白：逢門亭長萌言：男子封富傷周，今亡」。在這份君教文書中，左賊史遷援引逢門亭長萌之報告，請求縣廷決定案件的跟進工作。又簡2497：

> 　　　　左賊史式、兼史順、助史條白：逢門亭長德言：追殺
> 君教　人賊區撫不得，齋居詣曹失會，適出卒一人，願乞適。
> 　　守丞　、掾　議：如德言。有解，請壹切貰勒改後。
> 　　　　　　　　　　　　延平元年三月九日丙戌白。

45《後漢書》，志28，〈百官五〉，頁3621。

齎，持也。[46] 居，或為人名。失會，即耽誤規定的期會，公卿大臣恆有期會，[47] 諸郡甚至特設主記室史一官主催期會。[48] 適讀曰謫，具有責備之意。[49] 此簡講述左賊史式匯報逢門亭長德之上言，指其未能成功追捕殺人賊區撫，又未如期持居參與期會，願接受出卒一人的懲罰。從左賊史受理逢門亭長德的自行投案，到左賊史在簡 889 中呈報逢門亭長萌的言辭，足證左賊史掌逢門亭之盜賊事。類似的君教文書，譬如簡 503 和538，亦顯示出左賊曹掌監亭與陽馬亭之盜賊事。較特別的是簡 1110：

兼左賊史脩、助史壽白：小武陵亭長箱言：男子

唐虫盜區□、雷汎木六十三束，虫亡。丞優行驛，掾

隗議：請屬功曹選兼賊曹掾史各一人，詣發所。具（？）

君 教 若　　□□□□□以下□□白

兼左賊史脩陳說小武陵亭長箱的呈文，論及男子唐虫在偷盜木六十三束後逃亡，進而要求縣廷指示。前述左尉掌左賊史、東部（勸農）賊捕掾、游徼、北部（賊捕掾）、小武陵亭和廣亭，而本節所見的左賊史，掌左部、東部、北部（勸農）賊捕掾、游徼，逢門亭、監亭、陽馬亭及小武陵亭長之盜賊事，反映兩者職掌範圍幾乎重疊，左尉與左賊史的

---

46 《後漢書‧蔡邕列傳》注曰：「齎猶持也，與賫通。」詳見《後漢書》，卷 60，〈蔡邕列傳〉，頁 2003。

47 《漢書‧賈誼傳》：「而大臣特以簿書不報，期會之間，以為大故。」詳見《漢書》，卷 48，〈賈誼傳〉，頁 2244–2245。

48 《續漢書‧百官五》：「主記室史，主錄記書，催期會。」詳見《後漢書》，志 28，〈百官五〉，頁 3621。

49 《漢書‧文帝紀》載師古注：「適讀曰謫，責也，音張革反。」詳見《漢書》，卷 4，〈文帝紀〉，頁 116。

「左」，有標識職掌範圍之功能。

簡307尤其耐人尋味：

<table>
<tr><td>君 教 若</td><td>右賊史牧、兼史蒙、勝白：右部賊捕掾敬等檄言：男子
張度與黃叔爭言，鬭。度拔刀欲斫叔，不中，無狀。適
度作下津橫屋，二月以付將吏嵩。守丞護、掾英議：如
敬等言。請屬左□曹……</td></tr>
</table>

檄，匱也。[50] 橫或通灒，《說文解字‧水部》云：「灒：小津也。从水，橫聲。一曰吕船渡也。」[51] 橫屋也許是建築於小津上之房屋。右賊史牧向縣廷稟告右部賊捕掾敬等之檄言，男子張度拔刀砍擊黃叔，罰張度作下津橫屋，表示右賊曹掌右部之盜賊事。按「請屬左□曹」之「□」，當釋作賊。對比簡307：

簡307 左□曹之□	簡307 右賊史之賊	簡307 賊捕掾之賊

右賊史之「賊」及賊捕掾之「賊」，未釋字上方的粗點，其實就是「賊」

---

50 《後漢書‧崔駰列傳》注曰：「檄，匱也。」詳見《後漢書》，卷52，〈崔駰列傳〉，頁1709。
51 《説文解字注》，卷11，〈水部〉，頁555。

字右上方一橫之末端收筆位置；中間的短豎撇，實即「賊」字右方「戈」的短斜撇。此外，簡 129 所見賊捕掾中的「賊」，右方的短斜撇也呈現出像簡 307 未釋字般，「丿」的形態。該字下方的臥鉤，乃是「賊」字右方「戈」的豎曲鉤「乚」。由此，「請屬左□曹」的原文很可能是「請屬左賊曹」，這麼一來，簡 307 便會導向另一項事實。右部賊捕掾敬等横言張度與黃叔械鬥，顯然此事發生在右部賊捕掾的監察區內，亦即屬於右賊曹的職掌範圍。敬等以為可讓張度作下津横屋為處分，縣丞與右賊掾同意敬等的安排，並將此案移交予左賊曹處置。因此，「適度作下津横屋」必然是縣廷把案件從右賊曹轉交至左賊曹的原因，意味著兩者擁有迥然不同的職掌範圍，而職掌範圍是以諸鄉部之監察區為單位，當中下津明顯不隸屬於右部賊捕掾的監察區。而且，有關懲罰是由縣廷轉交予左賊曹監督執行，右賊曹並沒有權力直接吩咐左賊曹，因此左右賊曹是平級並置的。

臨湘設有左右賊曹之事昭昭甚明。除此之外，臨湘還有左戶曹，主民戶、祠祀、農桑，好像例 72 的「直符左戶曹史謝宏、書佐丞普符書。☑」，以及簡 54 的「左戶曹史麟白：民自言，辝如牒。請記告安民☑」。也有右金曹，主貨幣、鹽、鐵事，如簡 980 述及「兼（？）右金曹錄基金錢事，具白草，□屬（？）掾（？）金曹」。倉曹亦見分置左右，主倉穀事，簡 451 寫有「左倉曹請徒十人。 後（？）取□□，并出八人。八月二日，史張廣取」；又簡 2572 載有「左倉曹史薛憙詣曹，願保任 ☑ 守史張普不逃亡，徵召可得，以厎印為信」；其餘簡389、簡 450、簡 2205+2223 也有設置左倉曹的痕跡。右倉曹可見於簡1073「 …… 直符右倉曹史豫考實女子關（？）旦自言書佐」；簡 341、簡 2202+2636 及簡 2208 亦記有右倉曹之事。簡 350 的朱宏、劉宮臧罪

案尤其饒有趣味：

A面：

左
　　　永元十六年

　　　十二月，左倉曹

B面：

　　　史朱宏、劉宮、

賊　　卒張石、男子劉

　　　得本

此案簡冊已由溫玉冰整理復原。該案述及左倉曹史朱宏、劉宮等與眾人於「曹中」群飲，[52]「曹中」即左倉曹之官署。楬的上方書有「左賊」二字，揭示出此案是由左賊曹負責。據此，左倉曹的辦公地點，實際上是在左賊曹之監察範圍以內。另一方面，五一簡未見有右戶曹及左金曹，但據臨湘並置左賊、倉曹和右賊、倉曹之現象，右戶曹及左金曹似是未被發現，多於臨湘獨設左戶右金兩曹。當然，左右官吏不一定是平行並置，有左未必有右，反之亦然，廷尉左監與左平就是其中的特例。西漢原本並置左右監平，光武帝省右而猶曰左，[53] 則左右並置是常制，而官吏之獨有左官或右官者，是常制設立後之變態。漢有《中部碑》，碑上列有右金曹掾、右賊曹掾、右戶曹史、右金曹史、右賊曹史、中倉

---

52 溫玉冰，〈朱宏、劉宮臧罪案復原研究〉，武漢大學簡帛研究中心「簡帛」網站：http://www.bsm.org.cn/?hanjian/8271.html，2020.06.09。（搜尋，2022.02.14）

53《續漢書‧百官二》：「正、左監各一人。左平一人，六百石。」同段注曰：「前漢有左右監平，世祖省右而猶曰左。」詳見《後漢書》，志25，〈百官二〉，頁3582。

曹史等官，[54] 示意縣曹也可分置「中」之方位官吏。五一簡未見有「中某曹」、「中某掾」、「中某史」之類的職稱，故且推算臨湘只分置左右諸曹。

3. 賊捕掾 — 亭長

前文已說明前後左右與東南西北是兩組完整的方位概念，若加上「中」，便可把官吏分置為五部。《漢書·王莽傳》:「每一將各置左右前後中帥，凡五帥。」[55] 謂其以左右前後中分置五威將屬下的諸帥。《肩水金關漢簡（伍）》73EJD:105 記「☐☐謂東部候長忠、南部候長尊、中部候長明、北部」，[56] 則「中」在分置官吏時，同時適用於前後左右與東南西北兩種概念，形成前後左右中和東南西北中的分置格局。《通典·職官十五·州郡下》記錄了地方督郵分部的概要:「督郵:漢有之，掌監屬縣，有東西南北中部，謂之五部督郵也。」[57] 督郵監縣五部，而縣廷掾監鄉五部，則廷掾實質上是督郵的降級監察機制。換言之，廷掾分置東西南北中五部是常態。

五一簡亦見諸部官吏，如簡 230 載「東部勸農賊捕掾遷、游徼尚、馴𡏖亭長范」、簡 1383 載「東部賊捕掾陽、游徼范、杅亭長郁」，均顯示游徼、亭長的秩級，必然低於諸部賊捕掾。而馴𡏖亭長及杅亭長可與東部賊捕掾、游徼一同處理案件，足見馴𡏖亭及杅亭屬於東部賊捕掾

54〔宋〕洪适，《隸釋·隸續》（北京:中華書局，1986），卷 16，〈中部碑〉，頁 170。

55《漢書》，卷 99，〈王莽傳〉，頁 4115。

56 甘肅簡牘博物館等（編），《肩水金關漢簡（伍）》（上海:中西書局，2016），下冊，頁 63。

57〔唐〕杜佑，《通典》（北京:中華書局，1992），卷 33，〈州郡下〉，頁 915。

的監察範圍。按游徼掌徼循，禁司姦盜，為鄉置之官吏，斗食之吏。[58]
五一簡中的游徼，經常並列在某部賊捕掾之後方，省略了游徼的所屬
分部，譬如上述的游徼尚與游徼范，便省略了「東部」一詞。簡 426
有云：

A面：

永元十六年十月丁亥朔廿日戊午，南部游徼枒、柚州例游徼京，緱溪
例亭長福叩頭死罪敢言之。廷前以府唐掾書陰微起居，逐捕殺獨櫟例
亭長、盜發冢者男子區義

B面：

南部游徼張枒名印

史白開

十月　日郵人以來

亭長主求捕盜賊，佐史也。例游徼與例亭長之「例」，李均明指出當讀
作迾，具有遮攔阻擋之意，而例亭猶今之檢查站。[59] 留意游徼枒的分部
是南部，簡 428、1193 及 907 亦見有南部游徼、東部游徼和左部游徼，
表示游徼的徼循範圍，是按照廷掾的監察區而劃定。另外，以方位劃分
游徼為諸部的辦法，實非臨湘縣所獨有。如東漢《李孟初神祠碑》記：
「永興二秊六月己亥朔，十日□宛令（下闕）/ 部勸農賊捕掾李龍，南部
游徼（下闕）/ 屋有守祠義民，今聽復。」[60] 反映荊州南陽郡宛縣也設有

---

58 卜憲群透過研究尹灣漢簡，歸納出「百石 — 斗食 — 佐史」之秩次，其中游徼是斗
　　食，亭長是佐史。詳見卜憲群，《秦漢官僚制度》（北京：社會科學文獻出版社，
　　2002），頁 322。
59 李均明，〈五一廣場東漢簡牘所見「例亭」等解析〉，《出土文獻》2020.4，頁 6–10。
60 毛遠明（編），《漢魏六朝碑刻校注》（北京：線裝書局，2009），第 1 冊，頁 185。

南部游徼。

除東部及南部外，臨湘還有西部官吏，就如簡 665 寫有「‧西部賊捕掾奉言實核☑界中不調直使送吏解書☑」。簡 1255 的合檄尤其引人注目：

☑　　　合　　檄　　一　　　　封

☑　　北部賊捕掾李綏叩頭死罪言事

☑　　　詣　　　　如　　　　署

☑　　延平元年八月十七日壬戌起長賴亭

北部賊捕掾李綏向某地發送郵件，而郵件的起始地是長賴亭，可見長賴亭是北部賊捕掾的辦公處所之一。簡 1065 及 1671 提供了有力的證據：簡 1065 論及「☑……□北部賊捕掾休、游徼□、長賴亭」，又簡 1671 述及「永元十五年十月壬辰朔廿二日癸丑，北部賊捕掾休、游徼相、長賴亭長勤叩頭死罪敢言之」，北部賊捕掾與長賴亭長須協同辦理案件，則長賴亭無疑在北部的監察範圍，並且證明了此類賊捕掾、游徼、亭長確實存在顯著的行政關係。此外，北部諸官也監察廳亭，簡 725 記「府告北部賊捕掾龔、游徼曠、廳亭長固」。另一方面，簡 1752+1755 同樣反映前述左尉掌廣亭盜賊之事：

A 面：

延平元年七月丙子朔十五日庚寅，北部、桑鄉賊捕掾綏、竝，游徼戎、厚，廣亭長封、肥例亭

☑頭死罪敢言之。男子謝光與弟奉，奉射肥例亭長謝暘馬，光刺暘，奉

B面：

☑ 掾李綏名印

史　白開

七月　日　郵人以來

廣亭處於北部或桑鄉任一賊捕掾之監察區內，根據簡 339 的說法，廣亭部位處桑鄉之中。簡 500 也透露了一些資訊，左賊曹負責桑鄉盜賊事，那麼「左尉 — 左賊曹 — 桑鄉賊捕掾 — 廣亭長」的行政關係便可串聯起來。縣廷通過方位分置縣界中的諸鄉為多個監察區，就像東南西北諸部，而桑鄉是與北部平級並置的賊捕掾，故此桑鄉賊捕掾便是以單一鄉部設立監察區之賊捕掾。猜想箇中原因，也許是桑鄉的人口較多或治安較差，才需要設立這種特殊的鄉部。

與此同時，臨湘亦置有左、右諸部賊捕掾。簡 1286+996 提及「永元十⬜五年十一月壬戌朔十八日己卯，左部賊捕掾宮、游徼饒、庾亭長扶叩頭死罪敢言之」，及簡 1421 提到「永初三年四月庚申朔四日癸亥，兼左部賊捕掾副、游徼虎、庾亭長蓋叩頭死罪敢言之」，左部賊捕掾與庾亭長兩度合作破案，顯示左部賊捕掾掌庾亭之盜賊。例 107 曰「延平元年二月己酉朔廿七日乙亥，左部勸農賊捕掾浩、游徼興、庾⬜勾亭長栩叩頭死罪敢言之」，又簡 1719 見「永元十五年正月丁酉朔十九日乙卯，兼左部勸農賊捕掾馮、游徼蒼、御門亭長元叩頭死罪敢言之」，說明左部賊捕掾也掌庾勾亭及御門亭之盜賊。還有右部賊捕掾，簡 2172 書有「永元十七年二月乙酉朔廿一日乙巳，右部勸農賊捕掾悝、游徼光、市亭長則叩頭死罪敢言之」，表示右部賊捕掾掌市亭之盜賊。

制度掾當然不止於賊捕掾，[61] 郵亭掾也是制度掾之一。所謂郵亭，即長吏之官廨，[62] 亦是傳送文書所止之處。[63]《長沙東牌樓東漢簡牘》簡二：

      ‖ 右 檢 一封

臨 　　　　湘 　‖ 東部勸農郵亭掾周安言事

廷 以 郵 行 　‖ 詣如署

      ‖ 光和六年正月廿四日乙亥申 時 □ 馴 □ 亭

郵亭掾作為廷掾，也是按照方位劃分監察區，如同此處的東部勸農郵亭掾。若對照上述簡 1255 的合檄，可得出兩簡的撰文格式幾乎一致。[64]「申 時 □」的「□」，其左方部件隱約呈現「走」的形狀，至於右方的「巳」，其輪廓則相對上較清楚，尤其是「巳」字下方「走」的一捺，可謂顯而易見。由此，「申 時」後方的「□」，或釋作「起」，全句為「光和六年正月廿四日乙亥申 時 起馴 □ 亭」。「馴 □ 亭」的未釋字，當釋為「塱」。簡二的文字雖然非常模糊，但其由三個部件所組成的形態卻相當清晰，特別是「塱」字下方的「立」，簡二幾近可見「立」的完整字樣。所以，「馴 □ 亭」很可能是指「馴塱亭」：

---

61 徐暢羅列了眾多制度掾的名號，詳見徐暢，〈《續漢書·百官志》所記「制度掾」小考〉，《史學史研究》2015.4，頁 122。

62 《論衡·談天篇》：「又以二十八宿效之，二十八宿為日月舍，猶地有郵亭為長吏廨矣。」詳見〔東漢〕王充（撰），黃暉（校釋），《論衡校釋》（北京：中華書局，1990），卷 11，〈談天篇〉，頁 484。

63 《漢書·黃霸傳》載師古注：「郵行書舍，謂傳送文書所止處，亦如今之驛館矣。」詳見《漢書》，卷 89，〈黃霸傳〉，頁 3630。

64 長沙市文物考古研究所、中國文物研究所（編），《長沙東牌樓東漢簡牘》（北京：文物出版社，2006），頁 71。

東牌樓簡二申時□之□	五一簡 1255 壬戌起之起
東牌樓簡二馹□亭之□	五一簡 125 馹望亭之望

東牌樓位於五一廣場的東南方，光和是漢靈帝的年號，意味著前文所示簡 230 之東部制度掾掌馹望亭一事，竟持續至東漢末年，而賊捕掾與郵亭掾是擁有相同的分部。簡 381、1106 及 1707 均載有東部郵亭掾的事跡，內容屢見重複，不贅。東牌樓簡三又見有左部勸農郵亭掾，[65] 似乎臨湘制度掾的監察區至東漢末年間基本不變。

臨湘還有中部郵亭掾，簡 330 言及「☑日戶曹助史嗇白：中部郵亭掾揖……部」。東牌樓簡七十可證臨湘縣設有中部賊捕掾：[66]

---

65 此為中平三年（186 年）之簡牘，詳見長沙市文物考古研究所、中國文物研究所（編），《長沙東牌樓東漢簡牘》，頁 72。

66 該簡出土自 J7 古井第五層，其使用年代為桓帝至靈帝末期。詳見長沙市文物考古研究所、中國文物研究所（編），《長沙東牌樓東漢簡牘》，頁 31、103。

正面：

、子約，頃不語言，煩內代為改異。又前通檄，

白劉寔忍有北里中宅，意云曹白部，中部賊捕掾考

背面：

事屬右辭曹，傳曹史問，今召賊捕掾急，竟其□□

見在立可，竟為數催，勿忘大小改易，數告景□□

由是，臨湘縣並不跟從監鄉五部的常制，其劃分有東、南、西、北、左、右、中，共七部。據此，臨湘廷掾共分置七個方位。此說並非謬論，《尹灣漢墓簡牘》中的《東海郡吏員簿》或能證明廷掾分部每每脫離常制。簡二正見有海西游徼四人、下邳游徼六人、郯游徼三人、胊游徼二人、戚游徼一人。[67] 按前文之考論，除非是像桑鄉般特設的分部，否則游徼的分部主要是通過方位分置而成。因此，《東海郡吏員簿》透露出諸縣的分部，不見得是遵從常制所規定的監鄉五部。

除了中部以外，五一簡亦見有外部賊曹掾，注意是「賊曹掾」，而不是「賊捕掾」。簡 71：

外部賊曹掾良叩頭死罪

白事

□

簡 66 的內容及文書格式與簡 71 如出一轍，考慮到簡牘的出土地點或許

---

67 尹灣漢簡大體出土自 M6 墓葬，所出簡牘記有「永始」和「元延」年號，故知尹灣漢簡是西漢晚期成帝時之物。詳見連雲港市博物館等（編），《尹灣漢墓簡牘》（北京：中華書局，1997），頁 1、79–80。

是臨湘縣官署，兩簡大概是外部賊曹掾寄往臨湘縣廷之文書，似乎外部賊曹掾是在臨湘官署以外的位置。「外」是「中」的相對空間義，對臨湘縣而言，其有兩種潛在意義：一，中部之外，即臨湘界中之核心區域外；二，臨湘縣之外，即非臨湘縣之地。前者的可能性較大，按《五行大義‧論諸官》載西漢翼奉云：「功曹有二府，所以為五官、六府，游〔徼〕、亭長、外部吏皆屬功曹，與之姦則虎狼食人。」[68] 外部賊曹掾之「外部」指外部吏，它屬於官吏的類型之一，而不是監鄉五部之類的監察區。它有時稱為外部掾，《居延漢簡（貳）》簡 127.12：「☐己卯居延都尉外部掾宗移居☐☐☐行所作治多不☐☐」，[69] 以及簡 2198：

> 外部掾劉惪、賊捕掾殷宮、游徼黃饒俱掩順家，不得。其廿二日餔
> 時，廣復與柱俱之順舍，欲詭出順。時順門開，廣、柱入門到堂前，
> 一男子倨內中東

簡 2198 突顯了外部賊曹掾與賊曹掾之間的巨大矛盾，在唐俊峰的研究中，君教文書已表明縣令、丞、諸曹掾史於同一官署辦公，[70] 而此簡卻指出外部掾與賊捕掾、游徼這種分佈於臨湘諸監察區之官吏，共同到順家掩捕某人。倘若如此，外部就是那些外派至官署以外辦公之官吏，這亦解釋為何簡 895 出現「知詣外部賊曹史不處姓名」的奇怪現象，畢竟外部掾史不在官署之中辦公，否則官署內之官吏必然能夠確認外部賊曹

---

68 〔隋〕蕭吉，《五行大義》（上海：上海書店出版社，2001），卷 5，〈論諸官〉，頁 134。

69 簡牘整理小組（編），《居延漢簡（貳）》（臺北：中央研究院歷史語言研究所，2015），頁 60。

70 唐俊峰，〈東漢早中期臨湘縣的行政決策過程〉，頁 169。

史的姓名。

　　說畢了外部的事情，臨湘終究是回到廷掾監鄉七部的狀態。但是，一縣同時並置前後左右與東南西北兩種方位概念之監察區，可謂邈若河漢。《後漢書‧高句驪傳》注曰：

> 案今高驪五部：一曰內部，一名黃部，即桂婁部也；二曰北部，一名後部，即絕奴部也；三曰東部，一名左部，即順奴部也；四曰南部，一名前部，即灌奴部也；五曰西部，一名右部，即消奴部也。[71]

　　東部即左部，南部即前部，西部即右部，北部即後部，前後左右與東南西北兩種方位概念竟然是相通的。此並不是孤證，《獨斷》云：東曰左，西曰右。[72] 又《玉臺新詠‧無名人》載《古詩為焦仲卿妻作》：「東西植松栢，左右種梧桐。枝枝相覆蓋，葉葉相交通。」[73] 詩採用了修辭手法「互文」，[74] 則東和左，及西和右，是互通的方位。《箭道封域圖》的上方寫有「南」，而左方寫有「東」（見圖一）。圖中央繪有一軍事指揮

---

71 《後漢書》，卷85，〈高句驪傳〉，頁2813。

72 《獨斷》：「天子諸侯宗廟之別名：左宗廟，東曰左，帝牲牢三月，在外牢一月，在中牢一月，在明牢一月，謂近明堂也。三月一時，已足肥矣，徙之三月，示其潔也。右社稷，西曰右，宗廟社稷皆在庫門之內，雉門之外。天子三昭三穆，與太祖之廟七，七廟一壇一墠，曰考廟、王考廟、皇考廟、顯考廟、祖考廟，皆月祭之。」詳見〔東漢〕蔡邕，《獨斷》（北京：中華書局，1985），卷上，頁7–8。

73 〔南朝陳〕徐陵（編），《玉臺新詠箋注》（北京：中華書局，1999），卷1，〈無名人〉，頁53。

74 互文即是上下部分看似各說一事，實際說的是一件事，上文含有下文將要出現的詞，下文也含有上文已出現的詞，兩者互相闡發、補充，當中「東西植松柏，左右種梧桐」就是句間互文。詳見沈家煊，〈「互文」和「聯語」的當代闡釋──兼論「平行處理」和「動態處理」〉，《當代修辭學》2020.1，頁1。

中心，號作「箭道」。[75] 留意「箭道」的書寫方向，它暗示了《箭道封域圖》的閱讀方向，即南為前方，北為後方，東為左方，西為右方，以上方向均完全符合《後漢書・高句驪傳》注的說法。這樣一來，臨湘並置左右與東南西北諸部便顯得十分匪夷所思，因為前後左右與東南西北所指實質上是同樣的方向。

這現象大約有兩種可能。第一種可能性，是臨湘設置左右和東南西北諸部的時間點有所不同。以洛陽為例，《續漢書・百官五》提及洛陽有孝廉左尉和孝廉右尉。[76] 然則，《三國志・武帝紀》卻記有曹操被辟除為洛陽北部尉之事。[77]《通典・職官十五・州郡下》的記載尤為仔細：「洛陽有四尉，東南西北四部，曹公為北部尉是也。」[78] 由於曹操是漢末年間的人，是以洛陽置四部縣尉之時代，理應比洛陽只設左尉及右尉的時代稍晚。故此，方位分置是可以隨時而變的。不過，只要細心觀察五一簡諸部吏的發文時間，便會了解臨湘在同一時間並置左右部與東南西北部之賊捕掾。如簡 1421、330 和 230 便分別顯示了永初年間同時設有左、右、東部。

第二種可能性，為前後左右和東南西北諸部所展示之方向雖一致，但某種意義上有不同。從衛宏《漢舊儀》或許能看出一點端倪：「長安

---

75 馬王堆《箭道封域圖》，原名為《駐軍圖》，出土自三號漢墓，其墓主人的下葬時間為公元前 168 年二月，即文帝十二年。詳見湖南省博物館、湖南省文物考古研究所（編），《長沙馬王堆二、三號漢墓・第一卷・田野考古發掘報告》（北京：文物出版社，2004），頁 99–100、237。

76 《續漢書・百官五》注引《漢官》：「雒陽令秩千石，丞三人四百石，孝廉左尉四百石，孝廉右尉四百石。」詳見《後漢書》，志 28，〈百官五〉，頁 3623。

77 《三國志・武帝紀》：「年二十，舉孝廉為郎，除洛陽北部尉，遷頓丘令，徵拜議郎。」詳見《三國志》，卷 1，〈武帝紀〉，頁 2。

78 《通典》，卷 33，〈州郡下〉，頁 921。

圖一：馬王堆《箭道封域圖》

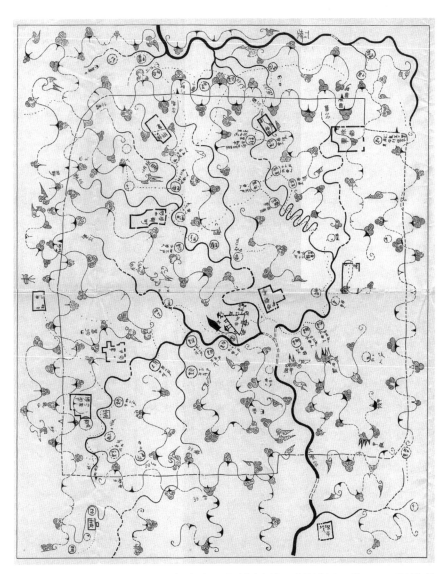

出自湖南省博物館、湖南省文物考古研究所（編），《長沙馬王堆二、三號漢墓
‧第一卷‧田野考古發掘報告》（北京：文物出版社，2004），頁 100。

城方六十里，中皆屬長安令。置左、右尉。城東、城南置廣部尉，城西、城北置明部尉，凡四尉。」[79] 長安縣之行政規劃分為兩層：一，由縣令所直接管理的「中」，即長安城中，其置左、右兩尉；二，長安界中之城外區域，城東、城南置廣部尉，城西、城北置明部尉。《漢書・甯成傳》：「久之，都死，後長安左右宗室多犯法，上召成為中尉。」同段載師古注：「長安左右，京邑之中也。」[80] 則「左右」是對應城中地帶。至於「上召成為中尉」，據楊鴻年的考究，中尉掌在首都中的帝宮外之治安，[81] 揭示出「左右」的確是在城中。

如此類推，臨湘中部為臨湘城之核心區域，其左右部為臨湘城內除核心區域外之地區，而東南西北部為臨湘界中之城外區域。以下簡冊可證此說：

永元十七年二月乙酉朔廿一日乙巳，右部勸農賊捕掾悝、游徼光、市亭長則叩頭死罪敢言之。帶肆女子陳任詣則告，辭：履所有青糸薹之市，解置肆前。2172A 有頃，欲起，不知薹所在。輒訊問任，知狀女子馬親、陳信、王義等，辭皆曰：縣民，各有廬舍御門、都亭部，相比近知習，各占租，坐賣繳、帶為事。任今月十七[304]

2172B
右部勸農賊捕掾向悝名印
　　　　　　　　史　白開
二月　日　郵人以來

79 〔清〕孫星衍等（輯），周天游（點校），《漢官六種》（北京：中華書局，1990），卷下，〈漢舊儀〉，頁80。
80 《漢書》，卷90，〈甯成傳〉，頁3649。《後漢書・鄧晨傳》注曰：「京故城在今鄭州滎陽東，鄭之京邑也。」邑，城也。詳見《後漢書》，卷15，〈鄧晨傳〉，頁583。
81 楊鴻年，《漢魏制度叢考》（武漢：武漢大學出版社，2005），頁21–22。

簡 304 與簡 2172 均為木兩行，兩者字跡相似，當中「有」、「蘈」、「所」、「任」等字明顯是出自同一人之手，又其內容皆言「任」之所有物「蘈」，文氣甚至前後貫通，兩簡應可連讀。

肆，列也，[82] 謂市中之店舖。蘈，香草也。[83] 坐賣，賣物之區。[84] 案件是發生在右部賊捕掾的監察範圍內，女子陳任攜帶蘈草至市，在不久後遺失蘈草。一眾涉案者的居所在御門、都亭部，並且互為毗鄰，各坐賣於市。據此，案發地點應該是在御門、都亭部的附近。《後漢書‧靈思何皇后紀》注曰：「凡言都亭者，並城內亭也。」[85] 都亭一般為城內之亭。可想而知，右部賊捕掾的監察範圍在臨湘城中。另外，簡 1792 和1800 更進一步指出，左部賊捕掾所部之橫溪，是澫陽鄉民「入縣輸租，或夜出縣歸主人」必經之地。因此，臨湘城中置左右部賊捕掾只是籠統的概念，準確來說，它們其實也監察縣城周邊的地帶。

簡而言之，臨湘劃分有左、右、東、南、西、北、中七部監察區，而在監察區下，是為林林總總的亭。其城內置左、右、中三部制度掾，而城外則置東、南、西、北四部制度掾。

---

82 《漢書‧食貨志》：「是以聖王域民，築城郭以居之，制廬井以均之，開市肆以通之，設庠序以教之；士農工商，四民有業。」同段載師古注：「肆，列也。」詳見《漢書》，卷 24，〈食貨志〉，頁 1117–1119。

83 《說文解字‧艸部》：「蘈：香艸也，出吳林山。」詳見《說文解字注》，卷 1，〈艸部〉，頁 25。

84 《漢書‧胡建傳》載師古注：「坐賣曰賈，為賣物之區也。區者，小室之名，若今小庵屋之類耳。」詳見《漢書》，卷 67，〈胡建傳〉，頁 2911。

85 《後漢書》，卷 10，〈靈思何皇后紀〉，頁 452。

三、結語

　　爬梳出土、傳世文獻，我們總算掌握了東漢臨湘縣部分方位官吏的面貌。從五一簡看方位官吏之行政關係，左尉掌左賊、東部、北部及諸亭，左賊掌左部、東部、北部及諸亭，左部、東部、北部諸官掌諸亭之事。加以整理，便呈現出「左尉 — 左賊 — 左部、東部、北部 — 諸亭」之模式。儘管五一簡只發現有右賊掌右部，右部、南部掌諸亭之事，然而從臨湘並置左右二尉與左右賊曹，而左尉及左賊又只掌左部、東部、北部之事，且右尉與右賊之「右」，剩餘的西部及南部，皆恰巧是其相對空間義，便可推斷右尉一方之模式如下：「右尉 — 右賊 — 右部、西部、南部 — 諸亭」（見附表）。

　　簡言之，在官號中所見之方位，是用於提示官吏的職掌範圍。以臨湘為例，臨湘在諸亭以上，設置了東、南、西、北、左、右、中部之監察區。左尉、左賊之「左」與右尉、右賊之「右」，把按照地理劃分而成的臨湘諸監察區，二分為兩大職掌範圍，左者專掌臨湘城中的左部及臨湘城外的東、北部，而右者專掌臨湘城中的右部及臨湘城外的西、南部。至於中部，估計就是臨湘令的直轄範圍。對臨湘縣而言，方位分置說明了行政管理在地理上之區劃。可是，這種以方位標示職掌範圍之制度，必然有一定的地域性與局限性，就如洛陽有縣尉四人，又尹灣漢簡中的諸縣，亦置有數量不同的縣尉及監察區，兩者便不可能存在與臨湘毫無二致的行政關係。另外，中央官吏如尚書左丞與尚書右丞，雖然有判然不同的職掌，左丞主吏民章報及騶伯史，右丞假署印綬，及紙筆墨諸財用庫藏，但是他們與臨湘方位官吏之職事劃分方法又截然有異。因此，官吏方位分置仍然是有待學者開拓之領域。

後記

　　筆者衷心感謝舍妹芷晴為拙文耗費心力，仔細校對；也感激黎明釗教授、謝偉傑教授、唐俊峰博士及劉天朗師兄提供寶貴意見，糾正錯訛。

簡號	縣尉	賊曹史	賊捕掾／游徼	亭長
1106	左尉	左賊史		小武陵亭
1298	左尉	左賊史		小武亭
1687	左尉	兼左賊史		
1894	左尉		東部勸農賊捕掾	
1244	左尉		東部賊捕（掾）	
1370	左尉		兼東部賊捕掾、游徼	
1882	守左尉		東䣓（？）賊捕掾、游徼	
1454	守左尉		北部（賊捕掾）	
1134	守左尉			小武陵亭
1472	守左尉			廣亭
1278		左賊	兼左部勸農賊捕掾	
324		左賊	兼左部賊捕掾	
429+430		左賊史	左部賊捕掾	
440		左賊	左部賊捕掾	
1137+1150		左賊	兼左部賊捕掾	
1445		左賊	兼左部賊捕掾	
1484		左賊	兼左部賊捕掾	
1757		左賊史	兼左部賊（捕掾）	
2625+2553		左賊	兼左部賊捕掾	
1276		兼左賊史	東部賊捕掾	
1283		左賊史	東部賊捕掾	
325		左賊曹	兼北部賊捕掾	
651		左賊	北部賊捕掾	

簡號	縣尉	賊曹史	賊捕掾 / 游徼	亭長
737		左賊史	北部賊捕掾、游（徼）	
1509		兼左賊史	北部賊捕掾	
500		左賊	桑鄉賊捕掾	
523		左賊史	桑鄉游徼	
503		兼左賊史		監亭長
538		兼左賊史		陽馬亭長
889		左賊史		逢門亭長
2497		左賊史		逢門亭長
1110		兼左賊史		小武陵亭長
307		右賊史	右部賊捕掾	
例 107			左部勸農賊捕掾、游徼	庚勻亭長
1719			兼左部勸農賊捕掾、游徼	御門亭長
1286+996			左部賊捕掾、游徼	庚亭長
1421			兼左部賊捕掾、游徼	庚亭長
907			左部游徼	庚亭長
2172			右部勸農賊捕掾、游徼	市亭長
230			東部勸農賊捕掾、游徼	馻𡏏亭長
1383			東部賊捕掾、游徼	杅亭長
426			南部游徼、柚州例游徼	繹溪例亭長
1752+1755			北部、桑鄉賊捕掾、游徼	廣亭長、肥例亭長
725			北部賊捕掾、游徼	麃亭長
1065			北部賊捕掾、游徼	長賴亭（長）
1255			北部賊捕掾	長賴亭
1671			北部賊捕掾、游徼	長賴亭長

從長沙五一廣場東漢簡牘看東漢「寬大詔書」的製作與實踐

陳夢佳

一、前言

　　東漢以經治國及經學讖緯化已為學界常譚，甚至有學者將東漢稱為「儒教國家」以突出儒家經學在這一時期對於塑造國家形態的決定性作用。[1] 然而此種政治文化究竟如何影響帝國的日常統治則仍有許多可以探討的空間。近年整理出版的長沙五一廣場東漢簡牘（以下簡稱五一簡）[2] 展示了許多此前未見的關於東漢地方治理的歷史信息，我們可以進一步了解東漢時期特殊的政治文化與具體的地方管理之間有怎樣的關係。在已出版的五一簡中有幾枚木兩行簡經過學者的整理研究可復原為兩封上行文書，其內容都是向上級報告已妥善接收中央要求地方官吏推遲「案驗」時間的詔書。案驗，又作「按驗」，意指搜集證據、處理案情，「涵蓋了告劾之後、判決之前整個查明案情的過程」，[3] 是漢代重要的司法程

1　學界普遍認為「漢代開始採用儒家的經典來為他們的政治、法律的措施作説明 ……東漢以皇帝名義召開的白虎觀會議，更是用政權來推行神權、用神權維護政權的典型例子」。此外，一些學者提出東漢時期完成了「儒教的國教化」，並因此將東漢帝國視作「儒教國家」。相關討論參見任繼愈，〈論儒教的形成〉，《中國社會科學》1980.1，頁 61–74；〔日〕渡邊義浩（著），〔日〕仙石知子、朱耀輝（譯），〈論東漢「儒教國國教化」的形成〉，《文史哲》2015.4，頁 122–135、168。所謂「讖緯」實際上是陰陽五行學説與儒學的結合，「『讖緯之本質，仍是『讖』，或稱『圖讖』、『讖記』，其後因為比附經學，而有『緯』之名」，見周德良，〈《白虎通》引讖緯考〉，《儒學研究論叢》7（2016），頁 1–34。讖緯學的文獻體系「在哀、平之際形成，歷經王莽、劉秀時期的社會動盪，成為各種政治力量及其後東漢王朝的『天憲』」，見徐興無，〈讖緯與經學〉，《中國社會科學》1992.2，頁 129–140。關於經學讖緯化的詳細討論請見下文。

2　長沙文物考古研究所等（編），《長沙五一廣場東漢簡牘（壹至陸）》（上海：中西書局），2018–2020。

3　馬小菲，〈五一廣場簡中的立秋案驗與麥秋案驗〉，載黎明釗、馬增榮、唐俊峰（編），《東漢的法律、行政與社會：長沙五一廣場東漢簡牘探索》（香港：三聯書店，2019），頁 34。

序。這一類詔書在《後漢書》等文獻中被稱作「寬大書」或「寬大之詔」，其中對於案驗時間的規定與帝國行政效率息息相關，直接影響治下百姓的日常生活。過去囿於文獻所限，學界對於「寬大詔書」的具體內容及其地方實踐並不十分清楚，而五一簡恰好提供了反映安帝時期「寬大詔書」頒佈及執行情況的直接史料。五一簡中保存的這兩封涉及「寬大詔書」的行政文書不僅可補史書之闕，更重要的是提供了新的視角來看待東漢時期儒學、中央和地方這三者之間的互動關係。

二、東漢時期的「寬大詔書」和案驗時間

東漢時期對於案驗時間的規定與皇帝下「寬大詔書」的傳統密切相關。《後漢書・禮儀志》中記載：

> 立春之日，夜漏未盡五刻，京師百官皆衣青衣，郡國縣道官下至斗食令史皆服青幘，立青幡，施土牛耕人于門外，以示兆民，至立夏。唯武官不。立春之日，下寬大書曰：「制詔三公：方春東作，敬始慎微，動作從之。罪非殊死，且勿案驗，皆須麥秋。退貪殘，進柔良，下當用者，如故事。」[4]

據此，則東漢時期在立春當日由皇帝下「寬大書」是一種「常制」。「東作」，典出《尚書・堯典》「寅賓出日，平秩東作」，孔安國曰：「歲起於東，而始就耕，謂之東作」。[5] 可知頒佈「寬大詔書」是為了順應春季

---

4 〔南朝宋〕范曄，《後漢書》（北京：中華書局，1965），志4，〈禮儀上〉，頁3102。
5 〔西漢〕孔安國（傳），〔唐〕孔穎達（疏），〔清〕阮元（校勘），《重刊宋本尚書注疏（附校勘記）》（臺北：藝文印書館，1965），卷2，頁21-1。

時令、保障春耕，故而要求地方官吏停止處理「殊死」罪以外的案件，直到「麥秋」再恢復正常案驗。關於這段材料中涉及「寬大詔書」的內容，有兩個問題值得特別注意，首先是「寬大詔書」與「月令」學說的關係。

在《後漢書》中有「寬大書」及「寬大之詔」，兩者本質相同，都是要求地方官吏暫緩案驗以符合「月令」學說的準則。〈侯霸傳〉曰：「建武四年，光武徵霸與車駕會壽春，拜尚書令。時無故典，朝廷又少舊臣，霸明習故事，收錄遺文，條奏前世善政法度有益於時者，皆施行之。每春下寬大之詔，奉四時之令，皆霸所建也。」[6] 這段材料說明東漢時期每春頒佈「寬大詔書」的傳統為前代所無，並且在其設立之初便與「月令」密切相關，其中提到侯霸「奉四時之令」的「四令」即《禮記‧月令》中記載的「春令」、「夏令」、「秋令」及「冬令」。鄭玄曰：「名曰『月令』者，以其記十二月政之所行也。」[7]「月令」學說的發展歷史較為複雜，早在春秋戰國時期便已出現具有地域特徵的「月令」文獻，「大多以曆法知識與時節忌宜打底，注入陰陽五行理論和災異學說，站在人君的立場，編排每時每月的儀式與政令」。[8] 這些地域性的「月令」文獻經過一系列的整合、改寫，最終於西漢晚期被編入《禮記》，標誌〈月令〉正式成為官方認定的儒家經典。而同樣在這一時期，讖緯學開

---

6 《後漢書》，卷 26，〈侯霸列傳〉，頁 901。

7 〔東漢〕鄭玄（注），〔唐〕孔穎達（疏），〔清〕阮元（校勘），《重刊宋本禮記注疏（附校勘記）》（臺北：藝文印書館，1965），卷 14，頁 278-1。

8 薛夢瀟，《早期中國的月令與「政治時間」》（上海：上海古籍出版社，2018），頁 54。

始興起並逐漸與儒家經學合流。《後漢書》曰:「圖讖成於哀平之際。」[9]
讖,原本指根據陰陽五行等術數所做的預言和占驗,後依附經學,出
現以此類知識解釋經學的「緯書」,從而形成讖緯學說。讖緯學內容複
雜,涉及天文、曆法、神靈、地理、典章制度等。西漢晚期開始,讖緯
學與儒家經學融合,實際上成為建構宇宙圖式、解釋權力秩序的神聖化
之「儒學」。[10]〈月令〉一篇被編入《禮記》後,其中某些理論和文句迅
速被讖緯學吸收並加以利用,如讖緯學著作《易緯通卦驗》便大量引用
《禮記・月令》中關於天氣物候的描述。[11]

　　敦煌懸泉置《四時月令詔條》保存了西漢末年奉行的「四時之令」,
其中提到的「春令」包括「毋殺孡、毋聚大眾、勿作大事、毋彈射蜚
(飛)鳥」等,[12]與今本《禮記・月令》的文本內容基本一致。上引《後
漢書・禮儀志》中記載的「寬大書」有「方春東作,敬始慎微,動作從
之」等表述,章帝建初元年(76年)及元和二年(85年)頒佈的「寬

---

9 《後漢書》,卷 59,〈張衡列傳〉,頁 1912。「圖讖」即「讖緯」,據陳槃考證:「讖、
　緯、圖、候、符、書、錄,雖稱謂不同,其實止是讖緯;而緯復出於讖。故讖、緯、
　圖、候、符、書、錄,七名者其於漢人,通稱互文,不嫌也。」見陳槃,《古讖緯研
　討及其書錄解題》(臺北:國立編譯館,1991),頁 148。

10 關於讖緯的歷史作用,顧頡剛曾有精彩的解釋:「讖緯書的出現,大約負有三種使
　命。其一,是把西漢二百年中的術數思想作一次總整理,使得它系統化。其二,是
　發揮王莽、劉歆們所倡導的新古史和新祀典的學說,使得它益發有證有據。其三,
　是把所有的學問、所有的神話都歸納到『六經』的旗幟之下,使得孔子真成個教主,
　『六經』真成個天書,借此維持皇帝的位子。」見顧頡剛,《秦漢的方士與儒生》(上
　海:上海古籍出版社,2005),頁 94。

11 關於「月令」文獻與讖緯學的更多討論,參見薛夢瀟,《早期中國的月令與「政治時
　間」》,頁 91–94。

12 中國文物研究所,《四時月令詔條》(北京:中華書局,2001),頁 4–5。

大詔書」中亦強調「方春東作，宜及時務」、[13]「方春生養，萬物莩甲，宜助萌陽，以育時物」。[14] 可知「月令」學說中孟春不殺生、不興大事的觀念便是「寬大詔書」最直接的經學依據。

總的來說，東漢時期「月令」學說被引入具體的政治實踐反映了當時以經治國和經學讖緯化的政治文化，而皇帝通過頒佈「寬大詔書」將「月令」學說直接運用於地方基層治理，更是此種政治文化影響地方治理的集中體現。因此，東漢時期的「寬大詔書」具有非常特殊的歷史語境，與一般兩漢文獻中含「寬宥」意味的詔書有明顯區別，宜分別觀之。

第二個需要注意的問題是「寬大詔書」中對於案驗時間的具體規定。上引〈禮儀志〉中的史料明確指出案驗時間為「麥秋」。所謂「麥秋」，蔡邕《月令章句》曰「百穀各以其初生為春，熟為秋，故麥以孟夏為秋」，[15] 知「麥秋」為孟夏，即農曆四月。范曄所著《後漢書》原無志書，《後漢書》中現存八志均以司馬彪《續漢書》補入，可能正是因為出於兩手，「麥秋案驗」這一說法與《後漢書》中其他記載並不完全吻合，導致此前學者對於漢代案驗時間的討論歧異紛出。產生分歧的地方主要是范曄《後漢書》中記載了章帝至安帝時期一系列更換案驗時間的政策，而學者對相關材料的解讀不盡相同。

根據上引《後漢書‧侯霸傳》中的相關材料，光武帝時期便有立春頒佈「寬大詔書」的相關制度，但未見詔書的具體內容，因此無法確定當時「寬大詔書」對於案驗時間的具體規定。目前所能見到最早的一道「寬大詔書」出自漢章帝劉烜。章帝於永平十八年（75 年）八月即位，

13《後漢書》，卷 3，〈章帝紀〉，頁 132。
14《後漢書》，卷 3，〈章帝紀〉，頁 148。
15〔清〕馬國翰（輯佚），《玉函山房輯佚書》（揚州：廣陵書社，2005），頁 926。

在即位第二年即建初元年的正月頒佈了「寬大詔書」，其中明確提出「罪非殊死，須立秋案驗」。[16] 詔書中的「殊死」，原指身首異處的極刑。如《漢書‧高帝紀》載高帝五年（前 202 年），令曰：「兵不得休八年，萬民與苦甚，今天下事畢，其赦天下殊死以下。」韋昭注：「殊死，斬刑也。」[17] 但在漢代法律用語中，「殊死」除了表示死刑，還被作為某類罪名的代稱，指「特殊的重大死罪，如逆反、大逆不（無）道等等」。[18] 東漢時期，「殊死罪」與「大逆罪」通常可以互稱，特別指「律有明文的大逆不道罪」，[19] 屬於「國事犯」，其罪行包括謀反、謀立、祝詛上、妖言惑眾、亡臣子禮等，[20] 而地方的一般案件顯然都不屬於此類「殊死罪」。因此「寬大詔書」中關於案驗時間的規定實質上適用於所有不包括這些「國事犯」的地方案件。

此後，在元和二年的「寬大詔書」中，對於案驗時間的規定與建初元年「寬大詔書」一致，要求「罪非殊死且勿案驗」、「立秋如故」。[21] 總之，依據《後漢書》紀傳中的史料，章帝時期的「寬大詔書」始終以「立秋案驗」為準。那末，〈禮儀志〉提到的「麥秋案驗」在東漢時期是否真實存在呢？《後漢書》記載和帝永元十五年（103 年）似乎確曾一度施行「麥秋案驗薄刑」的規定。〈和帝紀〉記載：

16《後漢書》，卷 3，〈肅宗章皇帝紀第三〉，頁 132。

17〔東漢〕班固，《漢書》（北京：中華書局，1962），卷 1，〈高帝紀〉，頁 51。

18 宋杰，〈漢代「棄市」與「殊死」辨析〉，《中國史研究》2015.3，頁 47–72。

19 魏道明，〈漢代「殊死」考〉，載杜順常、楊振紅（主編），《漢晉時期國家與社會論集》（桂林：廣西師範大學出版社，2016），頁 284–286。

20 關於漢代「大逆不道」包括的具體罪行，參見〔韓〕任仲爀，〈漢代的「不道」罪〉，載杜順常、楊振紅（主編），《漢晉時期國家與社會論集》，頁 268–280；魏道明，〈漢代的不道罪與大逆不道罪〉，《青海社會科學》2003.2，頁 112–114。

21《後漢書》，卷 3，〈章帝紀〉，頁 148。

（永元十五年）有司奏，以為夏至則微陰起，靡草死，可以決小事。是歲，初令郡國以日北至案薄刑。[22]

這一奏請依據的是《禮記・月令》中「孟夏之月，靡草死，麥秋至，斷薄刑，決小罪」一條，[23] 因此這裏的「夏至」應當是至夏之初至，而非夏至日。范曄將「夏至」誤解為夏至日，即「日北至」，導致後來李賢等人誤以為這一奏請與〈月令〉不合。關於這一點，之前學者已辨析分明，此不贅述。[24] 五一簡中亦有不少材料可以證明東漢時期確曾在地方施行「麥秋案驗」，如《貳》簡 671：

延平元年三月戊寅朔六日癸未，行長沙大守文書事大守丞當謂臨湘：
民自言辝如牒，即如辝。書到。爰書聽受，麥秋考實姦詐，明分別

延平元年即公元 106 年，也就是永元十五年的後三年，可證實永元十五年「夏至可以決小事」指的就是「麥秋案驗」。但是「麥秋案驗」並沒有持續太久，永初元年（107 年）五月，魯恭接任梁鮪成為司徒，上任後即主持廢止了「麥秋案驗薄刑」並恢復章帝時期的「立秋案驗」。魯恭關於此事的幾封章奏均被記載在《後漢書》中，其中首次上書要求廢除麥秋案驗的章奏如下：

臣伏見詔書，敬若天時，憂念萬民，為崇和氣，罪非殊死，且勿案

22《後漢書》，卷 4，〈和帝紀〉，頁 192。

23《重刊宋本禮記注疏（附校勘記）》，〈月令第六〉，頁 307b。

24 詳細討論請參見薛夢瀟，《早期中國的月令與「政治時間」》，頁 203–204。

驗。進柔良，退貪殘，奉時令。所以助仁德，順昊天，致和氣，利黎民者也。舊制至立秋乃行薄刑，自永元十五年以來，改用孟夏，而刺史、太守不深惟憂民息事之原，進良退殘之化，因以盛夏徵召農人，拘對考驗，連滯無已，司隸典司京師，四方是則，而近於春月分行諸部，託言勞來貧人，而無隱惻之實，煩擾郡縣，廉考非急，逮捕一人，罪延十數，上逆時氣，下傷農業。案易五月姤用事。經曰：「后以施令誥四方。」言君以夏至之日，施命令止四方行者，所以助微陰也。行者尚止之，況於逮召考掠，奪其時哉！比年水旱傷稼，人飢流亡。今始夏，百穀權輿，陽氣胎養之時。自三月以來，陰寒不暖，物當化變而不被和氣。月令：「孟夏斷薄刑，出輕繫。行秋令則苦雨數來，五穀不熟。」又曰：「仲夏挺重囚，益其食。行秋令則草木零落，人傷於疫。」夫斷薄刑者，謂其輕罪已正，不欲令久繫，故時斷之也。臣愚以為今孟夏之制，可從此令，其決獄案考，皆以立秋為斷，以順時節，育成萬物，則天地以和，刑罰以清矣。[25]

魯恭出身世家，《後漢書》稱他「世吏二千石」，[26] 其祖父魯匡，在新莽時任「羲和」，父早亡，因此魯恭與其母及弟魯丕居太學，「習魯詩，閉戶講誦，絕人間事，兄弟俱為諸儒所稱，學士爭歸之」。[27] 魯恭在建初初年出仕，並參加白虎觀會議。可以說魯恭是一位典型的今文學者，雖然在和帝時期恩寵殊勝，但其學術成長及政治生涯的展開完全根植於章

---

25 《後漢書》，卷 25，〈魯恭列傳〉，頁 879–880。
26 《後漢書》，卷 25，〈魯恭列傳〉，頁 873。
27 《後漢書》，卷 25，〈魯恭列傳〉，頁 873。

帝一朝，並且魯恭的政治理念始終「以德化為理，不任刑罰」，[28] 因此在他上任後立即上書要求恢復章帝時期「立秋案驗」的傳統非常自然。在這封章奏中，魯恭主要從兩個方面來駁斥「麥秋案驗」的合理性。首先，雖然和帝的本意是在孟夏，亦即四月「案驗薄刑」，但在地方的實際操作中，一直到盛夏也就是五、六月中仍會案驗拷問查處相關案件，這就給百姓生活造成了諸多不便。第二點則基於對〈月令〉文本的詮釋，魯恭認為《禮記・月令》「孟夏斷薄刑」中的「斷」不是指決斷判處，而是停止、中斷的意思，也就完全否認了「麥秋案驗」的經學依據。魯恭上書之後，當時實際掌權的鄧太后召集群臣討論是否可行，在這一集會上，魯恭又申述了他「王者之作，因時為法」的觀點，並得到了鄧太后及朝臣的贊同，此後便按照魯恭的意見將「麥秋案驗」重新改為「立秋案驗」。

安帝之後「寬大詔書」中對於案驗時間的規定，史無明載。《後漢書》中記載了質帝本初元年（146年）正月丙申頒發的一道「寬大詔書」，但只云「罪非殊死，切勿案驗，以崇在寬」，而沒有提到明確的案驗時間。[29] 如此，在《後漢書》紀傳的材料中，所謂「麥秋案驗」實際上只存在於和帝永元十五年十二月到安帝永初元年，或最遲永初二年（108年）[30] 的這一段時間內。〈禮儀志〉稱東漢每年春天由皇帝頒發「寬大詔書」規定「麥秋案驗」，這很可能由於司馬彪所據文獻來源恰好是永元十五年之後、安帝之前的材料。過去為了彌合〈禮儀志〉與《後漢書》紀、傳中對於「寬大詔書」案驗時間的分歧，一些學者認為魯恭的

28《後漢書》，卷25，〈魯恭列傳〉，頁874。

29《後漢書》，卷6，〈質帝紀〉，頁280。

30 說詳下文。

提議並沒有完全否定「麥秋案驗」,「麥秋案驗」在之後始終保留並成為定制。[31] 但五一簡中的相關材料已經證明這種說法是錯誤的,安帝初期確如《後漢書》紀傳中的史料所說廢除了「麥秋案驗」,而且實際情況比直接恢復「立秋案驗」更為複雜。學者從中復原的兩封與安帝時期「寬大詔書」相關的文書,為我們理解安帝時期「寬大詔書」的頒發和中央對案驗時間的規定,提供了許多此前未知的歷史細節。

三、五一簡中有關「寬大詔書」的兩封文書

在已出版的材料中,《長沙五一廣場東漢簡牘》壹冊及貳冊中各有幾枚木兩行其內容與「寬大詔書」相關,經過劉國忠、周海鋒等學者的研究可基本復原為兩封上行文書。為便於討論,今將兩封復原的文書移錄如下。第一封:

> 永初二年七月乙丑朔十九日癸未,桑鄉守有秩牧、佐躬、助佐鮪、
> 种敢言之:「廷下詔書曰:『甲戌詔書,罪非殊死且勿案驗,立秋如
> 故。去年雨水過多,穀傷民(414A)飢,當案驗逕召,輕微耗擾,
> 妨奪民時。其復假期,須收秋,毋為煩苛。』書謹到,牧、躬、鮪、
> 种惶恐叩頭死罪死罪敢言之。」(402+417)

---

31 如陳鳴認為「(魯恭)提議初夏可以審訊並執行輕微的犯罪,以防止輕罪久繫,而其他案件的審判執行則仍在立秋以後,雖然仍堅持立秋開始審判,但也承認了部分案件的審訊時間提前至夏天」。這種解讀主要是由於誤解《後漢書》中「夫斷薄刑者,謂其輕罪已正,不欲令久繫,故時斷之也」一句的意思,從而與魯恭上奏的本意背道而馳。見陳鳴,〈東漢秋冬行刑的立法及其思想嬗變〉,《同濟大學學報(社會科學版)》26.3(2015),頁 109–124。

桑　鄉　言
　　　　　　　　（398）
詔書謹到書

桑鄉小官印
　　　　　　　　　史　白開（414B）
七月　日　郵人以來

第二封：

永初四年正月丙戌朔十八日癸卯，東部勸農賊捕掾鄧、游徼蠆叩頭死
罪敢言之：「廷下詔書曰：『比年陰陽鬲并，水旱饑饉，民或流冗。蠻
夷猾夏，仍以發興。姦吏（412A）並侵，人懷怨愁。天垂變，自秋
盡冬，訖無溮澤。憂惶悼栗，未知所寧。方東作，布德行惠，其勑有
司，動作順之，罪非殊死且勿案驗，立秋如故。寬令（413）數下，廢
不奉行，苛虐之吏，犯令干時，未有所徵。勉崇寬和，敬若浩天。他
如詔書。』書到，言。鄧蠆叩頭死罪死罪，即日奉得詔書，盡力奉行。
（399）鄧、蠆惶恐叩頭死罪死罪敢言之。」（410）

東部勸農賊捕掾鄧
言，詔書謹到書　　　正月廿二日開（411）

東部勸農賊捕掾王鄧名印
　　　　　　　　　　史　白開（412B）
正月　日　　郵人以來

此外，周海鋒透露未發表的材料中，還有一枚木兩行簡可與《長沙五一廣場東漢簡牘》壹冊中編號 128 木兩行編聯，從而復原成與上引第一封內容相近的上行文書，[32] 但因目前尚未見到公開的圖像材料，無法核實原簡，故本文暫不作討論。這兩封文書經過此前學者的整理釋讀，已經解決了其中大部分的問題。概而言之，永初二年的「寬大詔書」寫道甲戌詔書要求不是「殊死」罪的案件暫時不要案驗，由於去年雨水太多，農作物生長受到影響，為免一些輕微罪行妨礙民眾耕作，因此再一次延期案驗的時間，要等到收秋。永初四年（110 年）的這道「寬大詔書」稱當時有水旱災害、蠻族侵擾、官吏腐敗等問題，並且自去年秋天以後未有降水，導致旱災。為此，不是「殊死」罪的案件都停止案驗，等到立秋再處理；此外，這封詔書中還申飭了官吏不以詔書為意，一味嚴苛。總的來說，這兩封文書的字詞沒有太多難解的地方，但若仔細推敲，關於這兩封文書的性質和一些具體內容仍有可進一步討論的地方。

首先，上引第一封文書是臨湘縣治下桑鄉的官吏向上級確認收到詔書的上行文書，第二封則是東部負責官吏上報收到詔書的上行文書。過去有學者將這兩封文書徑直稱為「詔書簡」，其實不甚妥當，確切來說，這是兩封「書到」類文書。「書到」是漢代詔書中常用的詞語，漢代的文書行政中要求下級在收到文書後按照有關規定及時上報回覆已妥

---

32 詳見周海鋒，〈《長沙五一廣場東漢簡牘》所見永初年間三份詔書淺析〉，載武漢大學簡帛研究中心（主辦），《簡帛》，第 20 輯（上海：上海古籍出版社，2020），頁 251–263。

善接收，³³ 上引第一封文書中的「書謹到」和第二封文書中的「書到，言」就是這種制度的反映。因此，「書到」類文書往往會徵引部分原始文件的內容，如這兩封文書便引用了所接收「寬大詔書」的相關段落，但就其整體文本結構和物質書寫特徵而言，與「詔書」都有很大差別，不宜將其稱為「詔書簡」。

這兩封文書所涉及上行文書傳遞過程的相關問題，此前學者已多有討論，但仍有一些未盡之處。上引兩封文書的首簡背後均有「某月日，郵人以來，史白開」字樣，一般認為屬於簽收紀錄，³⁴ 但有兩個問題不易解釋。首先值得注意的是兩封文書中「日」之前的留白區域皆未填寫，並且在目前發表的所有五一簡材料中，但凡有「史白開」字樣的簡，日期前皆空置。如果「史白開」字樣前的日期是真實的原始紀錄，經手人員似乎不應該遺漏所有的日期信息。此外，第二封文書的末簡尾端有「正月廿二日開」的字樣，字跡和墨色濃淡與正文均有較大區別，明顯為二次書寫。這一明確的時間紀錄與「史白開」前的日期之間具體有甚麼關係亦較難理解。另一個問題是對比「史白開」等字樣與文書正

33「書到相報」是秦漢以來文書傳遞中的一項基本制度。睡虎地秦簡中的〈秦律十八種〉有關於「行書」，也就是文書傳遞的專門規定，其中提到：「行傳書、受書，必書其起及到日月夙莫（暮），以輒相報殹（也）。書有亡者，亟告官。隸臣妾老弱及不可誠仁者勿令。書廷辟有曰報，宜到不來者，追之。」釋文見睡虎地秦墓竹簡整理小組（編），《睡虎地秦墓竹簡》（北京：文物出版社，1990），頁 61。此外，嶽麓秦簡中也有類似的內容：「行書律曰：傳書受及行之，必書其起及到日月夙莫，以相報。宜到不來者，追之。書有亡者，亟告其縣。」見陳松長，〈嶽麓書院藏秦簡中的行書律令初論〉，《中國史研究》2009.3，頁 31–38。

34 在《長沙五一廣場東漢簡牘選釋》中整理者對例 6 木兩行 CWJ1①:92 中「史　白開」相關內容的注解為：「開，指拆封文件。此段文字包括：印章所示發件方，送達時間、傳遞者，未書啟封報告人姓名。」見長沙市文物考古研究所等（編），《長沙五一廣場東漢簡牘選釋》（上海：中西書局，2015），頁 127。

文的筆跡，可以發現書寫在書簡 B 面的「史白開」等文字與 A 面正文
文書的字跡非常相近，書寫風格一致且墨跡濃淡相同，因此這部分文字
與正文當出於同一書手。[35] 如果這是原始的收文紀錄，由發出方來書寫
似乎不合情理。對此，較為合理的解釋只能是這兩封文書都是臨湘縣廷
書史抄錄的副本，而非原始文件，或許也正是因為抄本只作為留檔之
用，因此沒有原始簽收紀錄。因此，目前復原的這兩封文書應當理解為
「書到」類文書的抄錄副本。

表一：「史　白開」類簡 A、B 面字跡對比

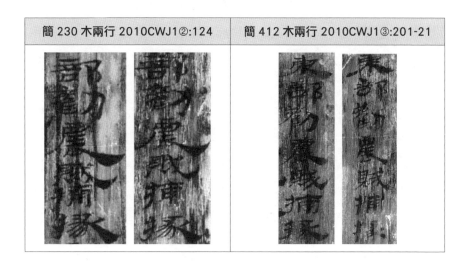

簡 230 木兩行 2010CWJ1②:124	簡 412 木兩行 2010CWJ1③:201-21

此外，對於這兩封文書的具體內容仍有一些問題須作更多解釋。

對其中引用「寬大詔書」的部分，過去學者多有研究，但似存在不
少誤讀。

---

35 對比請見表一。

首先，是關於第一封文書中「甲戌詔書」的問題。此前周海鋒將所謂「甲戌詔書」當作桑鄉守官吏當時接收的詔書，並根據漢代郵傳速度和詔書在各級部門的傳遞流程，推斷「『甲戌詔書』極有可能是永初二年五月甲戌日所下之詔書」。[36] 但細繹文意，「甲戌詔書」和桑鄉守有秩等人七月收到的「寬大詔書」顯然是兩封不同的詔書，其中「甲戌詔書」規定恢復案驗的時間為立秋，而七月的「寬大詔書」將案驗時間進一步延後到「收秋」，亦即秋末，[37] 只是這一次的「寬大詔書」又引述了部分此前「甲戌詔書」的內容。因此「甲戌詔書」應該是早於這封文書寫作時接收的詔書。據《春秋戰國秦漢朔閏表》，永初二年正月到七月有甲戌日的月份是正月、三月、五月和七月，[38] 由詔書傳遞的流程和所需時間基本上可以排除七月，對其餘月份無法遽定。但根據魯恭上書時間和東漢時期頒佈「寬大詔書」的傳統，這道「甲戌詔書」最有可能頒佈於永初二年正月甲戌。上文已說明魯恭於永初元年五月出任司徒，後上書主張恢復章帝時期「立秋案驗」的規定，最終經過鄧太后與群臣商議確定「立秋案驗」，其時應在永初元年後半年。同時，東漢有「每春下寬大之詔」的傳統，《後漢書》中記載的幾封「寬大詔書」均頒佈於正月，分別為建初元年春正月丙寅、元和二年正月以及本初元年正月丙申。可知東漢多於正月頒發「寬大詔書」，因此若永初元年確定「立秋案驗」

---

36 詳見周海鋒，〈《長沙五一廣場東漢簡牘》所見永初年間三份詔書淺析〉，頁 251–263。

37 馬小菲提出：「從簡文來看，『收秋』應當接近『十月十日』，考慮到『收』有結束、停止之意，而十月初亦屬秋盡冬始之時，則簡文中的『收秋』或即指『秋末』。」見馬小菲，〈五一廣場簡中的立秋案驗與麥秋案驗〉，頁 37。

38 饒尚寬，《春秋戰國秦漢朔閏表（公元前 722 年～公元 220 年）》（北京：商務印書館，2006），頁 218。

而後在永初二年正月下詔，似乎最符合東漢成規。

　　其次，要更好地理解五一簡這兩封文書中蘊含的歷史信息，則必須將其放置在東漢，特別是章帝朝「寬大詔書」的寫作傳統中來進一步分析。上文詳細考察了安帝初年恢復「麥秋案驗」的歷史過程，其中發揮重要作用的是司徒魯恭。魯恭深刻認同章帝「以經治國」的施政方法，對於章帝去世後一些典章制度的改變頗為不滿，這一點在魯恭本人的章奏中有明確表達：

> 夫王者之作，因時為法。孝章皇帝深惟古人之道，助三正之微，定律著令，冀承天心，順物性命，以致時雍。然從變改以來，年歲不熟，穀價常貴，人不寧安。[39]

從中可以看出，魯恭認為章帝的一系列施政措施，包括「定律著令」等嘗試與古聖先王的理念相一致，並因此實現太平景象。所以魯恭試圖恢復「立秋案驗」實際上也是為了延續並加強章帝「以經治國」的政治傳統。這一點在永初二年和四年的「寬大詔書」中有直接反映，具體表現為這兩封詔書的結構和修辭均與章帝時期的「寬大詔書」十分類似。為便於直觀對比，以下將章帝建初元年、元和二年和五一簡中涉及的「寬大詔書」分列於表格，並將其中用意相近的部分以不同形式的下劃線標示：

39《後漢書》，卷 25，〈魯恭列傳〉，頁 882。

建初元年（76年）寬大詔書	元和二年（85年）寬大詔書	永初二年（108年）寬大詔書	永初四年（110年）寬大詔書
丙寅，詔曰：「比年牛多疾疫，墾田減少，穀價頗貴，人以流亡。方春東作，宜及時務。二千石勉勸農桑，弘致勞來。群公庶尹，各推精誠，專急人事。罪非殊死，須立秋案驗。有司明慎選舉，進柔良，退貪猾，順時令，理冤獄。『五教在寬』，帝典所美；『愷悌君子』，大雅所歎。布告天下，使明知朕意。」[40]	方春生養，萬物莩甲，宜助萌陽，以育時物。其令有司，罪非殊死且勿案驗，及吏人條書相告不得聽受，冀以息事寧人，敬奉天氣。立秋如故。夫俗吏矯飾外貌，似是而非，揆之人事則悅耳，論之陰陽則傷化，朕甚饜之，甚苦之。安靜之吏，悃愊無華，日計不足，月計有餘。如襄城令劉方，吏人同聲謂之不煩，雖未有它異，斯亦殆近之矣。聞勑二千石各尚寬明，而今富姦行賂於下，貪吏枉法於上，使有罪不論而無過被刑，甚大逆也。夫以苛為察，以刻為明，以輕為德，以重為威，四者或興，則下有怨心。吾詔書數下，冠蓋接道，而吏不加理，人或失職，其咎安在？勉思舊令，稱朕意焉。[41]	詔書曰：甲戌詔書，罪非殊死且勿案驗，立秋如故。去年雨水過多，穀傷民飢，當案驗遝召，輕微耗擾，妨奪民時。其復假期，須收秋，毋為煩苛。	詔書曰：比年陰陽鬲并，水旱饑饉，民或流冗。蠻夷猾夏，仍以發興。姦吏並侵，人懷怨愁。天垂變，自秋盡冬，訖無涓澤。憂惶悼栗，未知所寧。方東作，布德行惠。其勑有司，動作順之，罪非殊死且勿案驗，立秋如故。寬令數下，廢不奉行，苛虐之吏，犯令干時，未有所徵。勉崇寬和，敬若浩天。他如詔書。

---

40 《後漢書》，卷3，〈章帝紀〉，頁132。

41 《後漢書》，卷3，〈章帝紀〉，頁148。

永初二年甲戌頒佈的「寬大詔書」和永初四年「寬大詔書」中的「罪非殊死且勿案驗」及「立秋如故」，與章帝元和二年「寬大詔書」中的語句完全相同。永初二年「寬大詔書」中「去年雨水過多，穀傷民飢」及永初四年「寬大詔書」中「比年陰陽鬲并，水旱饑饉，民或流冗」，與建初元年「寬大詔書」中「比年牛多疾疫，墾田減少，穀價頗貴，人以流亡」諸語用意相近，修辭亦類似。永初四年「寬大詔書」中「方東作，布德行惠」與建初元年「寬大詔書」中「方春東作，宜及時務」，皆以《尚書・堯典》「平秩東作」入典，從而強調順應時氣，施行德政的重要性。尤其值得注意的是，章帝元和二年「寬大詔書」中花費了大量筆墨申飭官吏貪奢、苛虐成風，並且在「詔書數下」的情況下仍不加理會。實際上，早在西漢時期，要求「務行寬大」的詔書裏皇帝便同時對官吏加以訓誡，並強調此前已多次頒佈詔書卻不奉行的情況，如成帝鴻嘉四年（前 17 年）要求減免租賦、納籍流民的詔書中便寫道：「數敕有司，務行寬大，而禁苛暴，訖今不改」，[42] 可見這種作法淵源有自，雖不能完全否認是對於當時吏治的真實寫照，但更可能只是東漢時期「寬大詔書」的寫作成例。類似的段落也出現在永初四年「寬大詔書」，其中寫道「姦吏並侵，人懷怨愁」，又「寬令數下，廢不奉行，苛虐之吏，犯令干時，未有所徵」，與元和二年「寬大詔書」中「吾詔書數下，冠蓋接道，而吏不加理，人或失職，其咎安在」的表達非常相似。過去的相關研究都認為這些描述真實反映了安帝初年腐敗的政治風氣，但通過與元和二年「寬大詔書」的對比，其中涉及「苛虐之吏」的部分或許只是遵循了「寬大詔書」的一般書寫範式。

42《漢書》，卷 10，〈成帝紀〉，頁 318。

而對於其中描寫自然災害的部分，也不能不加考證而直接認為是當時社會的真實寫照。上引永初四年「寬大詔書」寫道：「天垂變，自秋盡冬，迄無渥澤」，亦即永初三年（109年）的秋天到冬天降水極少，甚至到了皇帝「憂惶悼栗」的程度，但是《後漢書》完全沒有關於這次旱情的記載。[43] 而〈安帝紀〉中記錄了永初三年秋七月庚子的一道詔書，其中要求「長吏案行在所，皆令種宿麥蔬食，務盡地力，其貧者給種餉」，[44]「宿麥」即冬麥，《漢書》：「（元狩三年）遣謁者勸有水災郡種宿麥」，顏師古注：「秋冬種之，經歲乃熟，故云宿麥」。[45] 可見當時的降水情況並未影響冬麥播種。因此對其中「穀傷民飢」、「水旱饑饉，民或流冗」等文字恐怕亦不能完全視同寫實，而必須要考慮到有意模擬章帝時期「寬大詔書」語氣、修辭的可能性。此外，「寬大詔書」中對於各類自然災害的描寫也可能與讖緯學說中的「災異論」有關。《白虎通》中引《援神契》曰：「行有缺點，氣逆於天，情感變出，以戒人主」，[46]

---

43 周海鋒亦注意到了此點，因此在文中提出：「如果真的是嚴重的旱災，史書怎麼會漏載呢？」但周海鋒仍認為「寬大詔書」中的這一表述為「歷史事實」，他提出史書之所以沒有記載，是因為「冬春兩季，由於麥作區域此時氣溫較低，蒸發量小，即使少雨，也不會對農作物造成很大的影響。故史書很少有記載冬春旱的」，詳見周海鋒，〈《長沙五一廣場東漢簡牘》所見永初年間三份詔書淺析〉。但需要注意的是秋季無雨會極大影響冬麥的播種，而《後漢書》實際上也多次記錄了秋冬旱災，如和帝永元六年（94年）、永元十六年（104年）皆記載「秋七月，京師旱」、「秋七月，旱」，順帝陽嘉四年（135年）「自去冬旱，至於是月（指二月）」等等。當然，這並不能完全否定當時出現重大旱災而《後漢書》失載，但同時考慮到文本修辭、語氣等各方面的相似性，這道「寬大詔書」中對於自然災害的描繪很可能由於固有的寫作模式而對事實進行某種程度的誇大。

44《後漢書》，卷5，〈安帝紀〉，頁213。

45《漢書》，卷6，〈武帝紀〉，頁177。

46〔清〕陳立（撰），吳則虞（點校），《白虎通疏證》（北京：中華書局，1994），卷6，頁268。

這種觀點認為時氣乖逆形成災異是為了警醒君主，因此在「寬大詔書」中強調自然災害的嚴重性或許也是為了表明皇帝時刻「責躬省過」的品德。

總之，「寬大詔書」作為東漢時期典型的詔令文本，[47]必然遵循一定的寫作模式，並且其寫作目的也並非純然記述事實，因此不能將「寬大詔書」中的全部內容直接當作真實的「歷史事實」。當然，不能因此否認五一簡中這兩封文書的重要史料價值，幫助我們進一步理解安帝初期與章帝時期政治思想及施政方式的緊密聯繫即其一例。同時，這些文書也提供了許多此前未知的歷史細節，比如永初二年「寬大詔書」說明東漢時期除了在春季例行頒佈「寬大詔書」以外，在某些特殊情況下也會在其他時間下發「寬大詔書」，用於補充說明對案驗時間的規定，特別是其中提到「收秋」做為恢復案驗的時間節點，此前從未見於傳世文獻。更重要的是，五一簡保存了大量當時的司法文書，通過研究其中案驗流程的各個時間，可以對比這兩封文書中對案驗時間的規定，從而進一步了解東漢時期「寬大詔書」在地方的具體實踐情況。

四、「寬大詔書」在臨湘縣的實踐

五一簡中一些材料直接反映了「寬大詔書」在地方司法實踐過程的執行情況，如：

---

47 「詔令是以皇帝名義頒佈的命令文書的統稱，是帶有法定權威性與強制執行性的國家下行公文」，在《文心雕龍》、《昭明文選》等著作中「詔令」皆被視作一類獨特的應用型文體。關於漢代「詔令」的類別、體式、發展演變等問題，參見魏昕，〈漢代詔令研究〉（長春：東北師範大學中文系博士論文，2015）。

1. 如待自言辤，即少、魚證。吳出，實核。立秋復處言。唯廷謁言府，驕職事惶恐，叩頭死罪死罪敢言之。(《選釋》例 69)

2. 南鄉言女子周復自言須立秋書　二月十二日發 (《選釋》例 88)

3. 明證邶所訟（訟）非水泉。立秋考實處言。宗叩頭死罪死罪。甲子詔書：罪非殊死，且復假期。請收秋處言，不敢出十月十日。宗惶恐叩頭死罪死罪敢言之。(《選釋》例 89)

4. ☐☐完厚吏任各五人，盡力考實姦詐，麥秋正處言，不敢出秋後☐　頭死罪死罪敢言之 (《陸》簡 449+5876+5867+4344+3778+2574)

5. 閏月十五日庚辰，長沙大守中部勸農督郵書掾邵、待事史佑督察有案問寫移臨湘，書到，實核正處言，府關副在所，會麥秋後五日，如律令。(《貳》簡 666+674)

6. 延平元年三月戊寅朔六日癸未，行長沙大守文書事大守丞當謂臨湘：民自言辤如牒，即如辤，書到，爰書聽受，麥秋考實姦詐，明分別 (《貳》簡 671A)

上引諸簡均明確提到了下一次「言」的時間，所謂「處言」即處理案情並向上級部門報告，「復言」即對案情進展再一次向上級報告。五一簡中的相關材料說明東漢地方獄訟的處理並不是一個線性的過程，其中審問證人、核驗證物等步驟均可能重複進行，而在此過程中形成的供詞或其他證據一般都需要由各部或各鄉的官吏寫成文書，及時向縣廷報告。因此「處言」或「復言」與「案驗」的時間息息相關。上引第 1 至 3 例簡文皆表明當時的「寬大詔書」規定案驗時間為立秋，其中第 1 例是向上級說明之後的案驗及上報須待立秋，第 2 例也是向上級說明報告時間的，而第 3 例簡文部分引用了一道「寬大詔書」，其中要求將案驗時間

推遲到「收秋」，因此向上級部門請求將案情上報的期限寬延至十月十日。第 4 至 6 例簡文則表明當時「寬大詔書」對案驗時間的規定為「麥秋」，其中第 4 例從「死罪死罪敢言之」等固定用語來看是一封上行文書，經辦官員向上級說明案驗及上報的時限，而第 5 例和第 6 例都是長沙太守府下發的指令，提出「麥秋」之後上報案情。這些簡文中都沒有寫明年份，但根據曆表，可以推知第 5 例中「閏月十五日庚辰」應為永元十五年。整理者研究指出，在已經清理的材料中，五一簡記錄時間最早為漢章帝章和四年（實為漢和帝永和二年〔90 年〕），最晚為漢安帝永初六年（112 年），而在這一時段中只有永元十五年的閏正月十五日為「庚辰」。若這一干支紀錄正確，則最遲在永元十五年的閏正月已經開始推行「麥秋案驗」，[48] 而前三例的情況應在永初二年或之後。

　　這些簡文顯示不同時期的「寬大詔書」在臨鄉縣的司法實踐中均得到了一定程度的執行，因此勢必對地方治安和民間訴訟的處理流程產生影響。然而，更多的材料表明在具體實踐中，「寬大詔書」對於案驗時間的規定並非始終被嚴格遵守，實際情況顯然更為複雜。要考察當時案驗的具體時間，必須首先了解一般案件的處理周期。如前所述，各鄉或各部的官吏在進行一系列案驗之後，需要將階段性的證詞或處理結果整理成文上報縣廷，五一簡中大部分「白事文書」和「解書」即屬此類文件。這些文書的日期是推測案驗時間的重要依據，案情的複雜程度和當

48《後漢書》沒有明確說明和帝推行「麥秋案驗」的具體時間，而將「有司奏，以為夏至則微陰起，靡草死，可以決小事。是歲，初令郡國以日北至案薄刑」一條置於永元十五年（103 年）末尾，因此過去學者一般認為永元十五年歲末才開始推行「麥秋案驗」。如薛夢瀟便認為「永元十五年歲末，立秋案驗的傳統被打破」，見氏著，《早期中國的月令與「政治時間」》，頁 202。但是五一簡中的這條材料說明最遲永元十五年閏正月，地方官吏已經開始「麥秋案驗」。

時處理階段的差異導致案驗及形成文書所需時間亦有區別；但一般來說該過程最少需要一個月，而普通情況可能在三個月左右。這一點可以通過分析五一簡中的相關材料加以說明。

《選釋》例 49 是一件木牘，其正反兩面均書有文字，構成一封完整的「白事文書」，其中詳細記錄了當時地方獄訟的運作流程：

> 理訟掾伉、史寶、御門亭長廣叩頭死罪白。廷留事曰：男子陳羌自言，男子董少從羌市馬，未畢三千七百。留事到五月詭責治決處言。伉、寶、廣叩頭死罪死罪。奉得留事，輒召少，不得。實問少比舍男子張孫、候卒張尊，辭：少七月廿八日舉家辟（避）則（側）。輒與尊、孫集平少所有什物，直錢二千七百廿，與羌。盡力曉喻少出與羌校論。謹籍少所有物，右別如牒。少出，辭有增異。復言。伉、寶、廣惶恐叩頭死罪死罪。

> 八月十二日丁巳白

這封文書沒有標注具體年份，但根據「八月十二日丁巳」的干支和「理訟掾伉、史寶」在《選釋》例 47 中「延平元年八月廿三日戊辰」的記錄，文書的寫作日期應為延平元年八月十二日。簡文中寫道縣廷在當年五月曾下發文書要求相關負責官吏對案件進行處理並上報，而此文書寫作時為八月，可知五月到八月間負責這起獄訟的官吏都在進行「案驗」，歷時三個多月，其中步驟包括試圖逮捕涉案人董少未得，繼而審問與董少相關的人員，後對董少的財產進行登記並將部分交予原告陳羌抵償欠款。在文書末尾相關官吏稱將盡力找到董少，如案件有進一步發展會再向縣廷報告。這起案件本身並不複雜，但或許是因為一直未能抓

獲涉案人，使得案驗的過程相對較長，據此推測在正常情況下案驗開始到形成上報文書之間的時間大致應該為三個月。

此外，五一簡中涉及「假期」的一些文書記錄了在特殊情況下案驗到上報所經歷的時間。「假期」即「借延期限」之意，有時出於各種原因，實際經辦官吏無法在正常期限內完全釐清案情，這種情況下，在對案情做階段性總結上報以外還須向上級申請「假期」，也就是延緩期限，以進一步調查處理。五一簡中保存有下級官吏向上級請求「假期」的文書，也有上級要求下級「假期」，即進一步延長案驗時間，以期妥善處理案情的文書。從這些材料中可以看到在時間緊促的情況下基層地方官吏處理案情所需的時間。

1. 亭部皆不問，旦不敢上爰書。董付良錢時無證左，請且適董獄牢監。願假期，逐召柊，考實正處言，不敢出月。唯（《貳》簡 415）

2. 府告臨湘：前卻，趣詭課左尉邽充、守右尉夏侯弘逐捕殺小史周諷男子馮無什，及射傷鄉掾區晃、佐區期，殺弟賊李湊，劫女子王綏牛者師寇、蔣隆等，及吏殺民賊朱祉、董賀、范賀，亭長袁初、殷弘，男子王昌、丁怒、李高、張恭及不知何四男子等不得。令充、弘詣府對。案：祉、賀、昌、怒、寇、高、四男子等所犯皆無狀，當必禽（擒）得。縣、充、弘被書受詭逐捕連月，訖不捕得，咎在不以盜賊責負為憂，當皆對如會。恐力未盡，且皆復假期。記到，縣趣課充、弘逐捕祉、賀、高、隆、四男子等，復不發得。充、弘詣府對，會十六年正月廿五日。令卅日勉思謀略，有以自效，有府君教　　長沙大守丞印　　永元十五年十二月廿日畫漏盡起

（《選釋》例 21）

3. 府告臨湘：前却，詭課守左尉儁、梵趣逐捕殺鄉佐周原男子吳主、主子男□賊王傳、烝于、烝尊不得，遣梵詣府對。案：傳、于、尊共犯，桀黠尤無狀，梵典負被書受詭逐捕，訖不悉捕得，咎在不以盜賊責負為憂，當對如會。以傳已得，恐力未盡，冀能自效，且復假期，記到趣詭課梵逐捕于尊，復不得遣梵詣府對。會七月廿日，勉思方謀，有以自效，有

府君教　　　　　　長沙大守丞印　　　　　延平元年五月十九日起府

（《叁》簡1142+1241）

上引三例簡文中，例1是一封「上行文書」，其中「願假期，逐召柊，考實正處言，不敢出月」諸語說明經辦官吏請求延長的時間不到一個月。例2及3均是由長沙太守府下發給臨鄉縣廷的公文，其主要內容均為延長辦案期限，要求負責官吏盡力抓捕涉案人員。例2和例3所涉案件均含「殺人」等重大案情，且涉及人數較多，因此案驗時間也較長，由「逐捕連月，訖不捕得」可以看出對相關案件的處理已經耗時數月，超出正常辦案的時限，然而始終未能捕獲涉案人。例2和例3的簡文中均含「且復假期」，說明此前已經延緩了相關案件的處理時限，可知時間已相當緊促。例2中文書完成的日期為永元十五年十二月廿日，而長沙府給出的限定日期為永元十六年（104年）正月廿五，兩者相隔僅月餘；例3中的文書日期為延平元年五月十九日，而「假期」的期限為七月廿日，相隔兩個月。可見在時間相當緊促的情況下，案驗時間和最後上報文書的日期一般相隔一至兩個月，而正常情況應該多於這一時限。

綜合上述分析可知，除具體寫明案驗時間的材料外，「白事文書」或「解書」等與獄訟相關文書的日期可作為判斷案驗時間的重要參考，

一般情況下，該日期前兩至三個月可能為經辦官吏進行案驗的時間。因此，通過統計這類文書的日期，可以進一步考察「寬大詔書」頒佈後在臨鄉縣的具體實踐情況。為了更清晰地呈現這些文書日期的時間分佈，筆者對與獄訟相關而又有明確時間記錄的材料進行統計，並選取了與「寬大詔書」內容可作比較且數據相對集中的永元十四年至永初四年（102–110 年）作為主要考察對象，今將結果列於表二。雖然已公佈的材料並不完整，並且有相當數量的簡牘因為殘斷無法判別其內容是否與獄訟相關，導致表格中的數據與實際情況可能有較大偏差，但是目前的材料仍可以在一定程度上反映出當時臨湘縣內「寬大詔書」的執行情況。

表二：永元十四年至永初四年（102–110 年）獄訟相關文書日期統計表 49

	永元十四年（102 年）	永元十五年（103 年）	永元十六年（104 年）	元興元年（105 年）	延平元年（106 年）	永初元年（107 年）	永初二年（108 年）	永初三年（109 年）	永初四年（110 年）
正月		1[50]			1[51]	2[52]		1[53]	
閏正月		1[54]							
二月				1[55]	1[56]				
三月					2[57]	1[58]			1[59]

49 表中阿拉伯數字為寫於該月的文書件數。元興元年又寫作永元十七年。根據《春秋戰國秦漢朔閏表》，永元十五年有閏正月，永初二年有閏七月，文書中僅作「閏月」，今分別列出。

50 1719 2010CWJ1③:266-51 木兩行。

51 1022 2010CWJ1③:264-176A 木兩行。

52 例 45 CWJ1③:325-1-103 木牘；230A 2010CWJ1②:124A 木兩行。

53 437A 2010CWJ1③:202-12A 木兩行。

54 例 5 J1③:325-1-140 木牘。

55 2172 2010CWJ1③:269 木兩行。

56 例 107 CWJ1③:325-1-54A 木兩行。

57 497 2010CWJ1③:282-309 木牘；2497 2010CWJ1③:282-309 木牘。

58 1276 2010CWJ1③:265-22 木牘。

59 4 2010CWJ1①:4 木牘。

	永元十四年 (102年)	永元十五年 (103年)	永元十六年 (104年)	元興元年 (105年)	延平元年 (106年)	永初元年 (107年)	永初二年 (108年)	永初三年 (109年)	永初四年 (110年)
四月					1[60]	1[61]		1[62]	1[63]
五月				1[68]		1[64]	1[65]		
六月	1[66]		1[67]						
七月			1[69]		3[70]				
閏七月							2[71]		

---

60 例 25 CWJ1①:305 木牘。
61 例 48 CWJ1①:325-32 木牘。
62 1421 2010CWJ1①:265-167A 木兩行。
63 315 2010CWJ1①:150 木牘。
64 330 2010CWJ1①:164 木牘。
65 341A 2010CWJ1①:174A 木兩行。
66 537+786A 2010CWJ1①:261-17+263-136A 木兩行。
67 664+542A 2010CWJ1①:263-14+261-22A 木兩行。
68 1140 2010CWJ1①:264-294A 木牘。
69 257 2010CWJ1①:71-26 木牘。
70 96 2010CWJ1①:99 木牘；1729 2010CWJ1①:266-61 木牘；1752+1755 2010CWJ1①:266-84+266-87 木兩行。
71 381A 2010CWJ1①:199-4A 木兩行；例 70 CWJ1①:325-5-9A 木兩行。

	永元十四年（102年）	永元十五年（103年）	永元十六年（104年）	元興元年（105年）	延平元年（106年）	永初元年（107年）	永初二年（108年）	永初三年（109年）	永初四年（110年）
八月					3[72]	1[73]		2[74]	
九月					2[75]				
十月		1[76]	2[77]		3[78]				
十一月		1[79]							
十二月			1[80]		2[81]				

---

72 例 25 CWJ1③:305 木牘；例 47 CWJ1③:325-5-21 木牘；1255 2010CWJ1③:265-1 合檄。

73 例 106 CWJ1③:325-1-45A 木兩行。

74 1383 2010CWJ1③:265-129A 木兩行。

75 290 2010CWJ1③:128 木牘；1854+3085+1098 2010CWJ1③:266-186+284-213+264-252 木兩行。

76 88A 2010CWJ1①:92A 木兩行；1671A 2010CWJ1③:266-3A 木兩行。

77 例 68 CWJ1③:325-4-54A 木兩行；426A 木兩行 2010CWJ1③:202-1A。

78 123 2010CWJ1①:110 木兩行；1259+1397 2010CWJ1③:265-5+265-143 木牘；1772 2010CWJ1③:266-104 木牘。

79 1286+996 2010CWJ1③:265-32A+264-150A 木兩行。

80 350A/B 2010CWJ1③:186A/B 檄。

81 331 2010CWJ1③:165A 木牘；1687 2010CWJ1③:266-19 木牘。

從統計結果來看,「寬大詔書」中對案驗時間的規定並沒有在實際的司法操作中得到嚴格遵守。如前所述,「殊死罪」指律有明文的大逆不道罪,臨湘縣這些案件顯然都不屬於此類。針對這些普通案件,東漢時期冬季始終是被認可的案驗時間,而春季一般為了順應時令不得進行案驗,至於夏季及秋季是否可以案驗則須根據當時「寬大詔書」的具體內容而定。但是統計結果顯示永元十四年至永初四年之間,四季均有與獄訟相關的文書上報至縣廷,特別是元興元年(105 年)、延平元年及永初元年均有春季上報案情的例子,說明「月令」為代表的儒家學說對於東漢地方司法實踐的實際影響,可能並不如此前所認為的那般重大。如前所述,根據《後漢書》紀傳中的記載,章帝時期通過頒佈「寬大詔書」的形式規定至「立秋」方可案驗,直到和帝永元十五年開始執行「麥秋案驗」的規定。但從統計結果來看,永元十四年「六月廿四日」長賴鄉嗇夫曾就其轄區一起謀殺案向縣廷報告相關調查,五、六月間仍屬夏季,並不符合「立秋案驗」的傳統,可見在和帝推行「麥秋案驗」之前,臨湘縣很可能早已存在夏季案驗的現象。此外,上文曾詳細討論了五一簡中與「寬大詔書」相關的兩封上行文書,其中永初二年七月頒佈了一道「寬大詔書」,要求將案驗時間推遲到「收秋」,也就是秋末;而統計結果表明就在當年的閏七月,仍有兩封上報案件情況的文書,可見「收秋」案驗的規定也並未嚴格執行。另一封文書記錄的是永初四年正月頒佈的「寬大詔書」,其中寫明案驗須待「立秋」方可進行,然而當年三、四月均有文書上報至縣廷,其中有「逐召證人」等語,說明立秋之前仍正常進行案驗步驟。

　　以上這些情況表明「寬大詔書」在地方的司法實踐中並未始終被嚴格遵守,因此也需要重新評估「月令」等儒家學說對帝國日常統治的影

響。就臨湘縣的具體情況來看，雖然皇帝及高級文官往往尊崇讖緯化之儒家學說，但地方官吏似乎普遍保有獨立的行事邏輯。從五一簡中大量與獄訟相關的文書來看，若嚴格執行「立秋案驗」乃至「收秋案驗」的規定，一年中可以處理案件的時間只有秋冬兩季，必然導致事務的大量堆積，因此實際上，經辦官吏大多情況下應是以案情的緩急來決定何時展開案驗。

五、結論

　　本文首先考察了東漢時期皇帝頒佈「寬大詔書」的傳統，其本質是將「月令」學說直接運用於地方基層治理的制度建設，可以認為是東漢時期「以經治國」政治文化的突出體現。「寬大詔書」中對於具體案驗時間的規定並非如〈禮儀志〉記載均實行「麥秋案驗」，根據《後漢書》紀傳的材料可知自章帝至安帝初，「寬大詔書」中對案驗時間的規定經歷了幾次變動。概而言之，章帝時確立「立秋案驗」，和帝末修改為「麥秋案驗」，至安帝初又恢復「立秋案驗」。五一簡中保存有兩封與「寬大詔書」相關的「書到」類文書，其中部分徵引了詔書原文，是安帝初恢復「立秋案驗」這一事件的重要史料。

　　其中頒佈於安帝永初二年七月的「寬大詔書」要求將案驗時間從「立秋」進一步延遲到「收秋」，另一封「寬大詔書」頒佈於永初四年正月，要求「立秋案驗」。這兩封詔書中還提到了「水旱饑饉」、「姦吏並侵」等情況，過去通常認為這些信息真實反映了當時的社會危機，但若將這兩封詔書放置在「寬大詔書」的寫作傳統中，便能體會到許多描寫或許僅是遵循了這類詔書的常規書寫模式。尤其還要注意主持恢復「立秋案驗」的司徒魯恭是章帝「以經治國」理念的推崇者，因此可能

刻意模擬章帝時期「寬大詔書」的語氣和修辭，以顯示與章帝政治傳統的密切聯繫。基於這些原因，恐怕不能將這兩封詔書中的內容直接視為當時社會情形的真實寫照。

本文還根據五一簡考察了「寬大詔書」在臨湘縣的執行情況。五一簡中的相關材料說明「寬大詔書」確實在一定程度上被運用到實際的司法實踐中，相關簡文明確提到了「立秋」、「麥秋」及「收秋」這幾個「寬大詔書」中規定的案驗時間，但從其他與獄訟相關的「白事文書」及「解書」等材料來看，「寬大詔書」中對案驗時間的規定始終未被嚴格執行。很多情況表明臨湘縣下屬各鄉及各部負責案件的官吏主要仍是以實際情況的要求來決定案驗時間，而非完全遵守「寬大詔書」的要求。這一現象提醒我們需要重新考慮東漢時期儒家學說對帝國日常統治的實際影響，臨湘縣這一例表明，雖然當時皇帝及高級文官希望將讖緯化的儒家學說引用到具體的司法實踐中，但地方基層官吏的實際操作卻往往以實用為主。

後記

本文主要觀點曾在 2021 年秋季學期香港中文大學簡牘研讀班上進行報告，承蒙黎明釗教授及研讀班同學不吝賜教，受益良多。此外，香港中文大學歷史系謝偉傑教授、清華大學歷史系博士生黃宗茹同學對本文後期修訂多有幫助。謹致謝忱！

聚族而居、厚葬風氣與盜墓群體

——從長沙五一廣場東漢簡牘的一宗盜葬案說起

張樂兒

一、引言

　　盜墓之事古來有之，可惜傳世文獻只有零碎而分散的資料，無法讓學者為古代盜墓行為提出較為完整的討論。因此，當嶽麓書院藏秦簡「猩、敫知盜分贓案」被公佈時，便曾受到多方關注。[1] 儘管如此，學界對於古代中國 —— 特別是兩漢時期 —— 的盜墓情況仍然所知甚少。幸而地不愛寶，近年愈來愈多秦漢簡牘被發現，其中最新的長沙五一廣場東漢簡牘（下稱五一簡）有一宗盜墓案件，提供了絕佳機會讓我們窺覽與盜墓相關的議題。[2] 這起案件被稱為「吳請等人盜發胡叔冢案」，此前已有一些研究，但仍有幾枚相關的簡牘未被納入討論。是以，本文希望通過重新整理、復原與這起盜墓案相關的簡牘文書，透過分析案情，討論東漢時期長沙地區的地方大姓、厚葬風氣，以及盜葬群體構成等問題。在這篇論文中，筆者希望提出三點：一，東漢長沙的聚族而居的社會文化可以從墓葬的角度進行論證；二，從推斷平民墓葬的規模，說明長沙基層社會仍然盛行重葬風俗；三，在聚族而居的文化下，有些人們會以家族為單位進行盜墓，令盜墓有著成為其家業，乃至世業的可能。

二、簡牘分類、文書性質及內容釋讀

　　「吳請等人盜發胡叔冢案」是一宗發生在東漢時期長沙郡臨湘縣的盜墓案。雖然與此案相關的簡牘殘缺甚多，且簡牘之間並不連貫，導致

1　可見方勇，〈讀嶽麓秦簡（叄）札記一則〉，武漢大學簡帛研究中心「簡帛」網站：http://www.bsm.org.cn/?qinjian/6170.html，2014.02.21。（搜尋，2022.03.09）

2　長沙市文物考古研究所等（編），《長沙五一廣場東漢簡牘選釋》（上海：中西書局，2015）（下稱《選釋》）；長沙市文物考古研究所等（編），《長沙五一廣場東漢簡牘（壹至陸）》（上海：中西書局，2018–2020）（下稱《壹》至《陸》）。本文引用這批資料時，一概使用整理序號。

我們無法完全掌握案發經過及審判結果；但通過所發現的簡牘，可以對案情作出初步的概括：以吳請為首的賊人為收債前往樊爰丘，但可能因收債不得之故，轉而在萌的幫助下，前去盜掘胡叔墓。吳請在取得墓中陪葬品後，遇上生和怒，二人對吳請所持的銅器生疑，認為銅器為陪葬物。最終生將吳請扭送至官府，揭發此案，其他盜墓賊亦因而受到追捕。蔡雨萌曾撰寫短札，初步歸納和排序本案，然而其文中只留意到五枚簡牘（1057、1102、1171+1175、1774+2160+1758+2191 及 1791）而忽略了與本案相關的另外三枚簡牘（1474+923、1531 及 2492）。[3] 以下筆者先將八枚簡牘羅列出來，並為之重新標點及編號：

文書一：

1. 廷移府記曰：男子吳請與番當、番非共發胡叔冢，盜取銅器。請，捕得，當、非亡，家在廣成亭部，移書縣掩捕，考實有書，案非、當等所犯無狀。記到迺掩捕非、當（《伍》簡 1774+2160+1758+2191）

2. 閒無事，寧可，俱行於樊爰丘求債，□小筭。請可，即持所有解刀與當、非俱行。其日晝時，到樊爰丘求債，不得，即俱前到橫溪橋下浴。事已，俱於水旁偃，當謂請、非（《叄》簡 1474+923）

3. 六七尺不得冢戶，當、非曰：此冢殊深，非可得開，更復發他冢。請可，俱復發叔冢，冢去親冢可卅餘步，請等掘深可四五尺，得延門。當拔墼，請於冢上管（《叄》簡 1057）

---

3 蔡雨萌，〈讀《長沙五一廣場東漢簡牘（伍、陸）》札記（二）〉，武漢大學簡帛研究中心「簡帛」網站：http://www.bsm.org.cn/?hanjian/8437.html，2021.09.17。（搜尋，2022.03.09）

4. 受生縛，將詣亭。其月十五日，萌將請之弓、親、叔冢所，請辤：但發親、叔冢，不發弓冢。到今月十二日，萌與叔俱之請所逃劍器所，溏水中得請所逃劍物（《叁》簡1102）

文書二：

5. 見銅器，生疑發冢中物，請即持器去，出北索東行。時天雨，請辟雨怒門中，時生皆在門中辟雨，請解衣，更，浣濯捉。事已，復衣。時生、怒見請銅器，怒問請：若銅器寧賣（《伍》簡1771+1775）

文書三：

6. 等逐捕考實盜發胡叔冢取銅器者吳請（《伍》簡1791）
7. 臨湘言：逐捕盜發胡叔賊□□者、吳請黨□番常番□及□□□□□□（《肆》簡1531）
8. □□馴壄亭長□言男子吳請（？）（《陸》簡2492）

　　蔡雨萌通過對比筆跡，認為1、3及4號簡牘出自同一書手，[4] 事實上使用同樣方法比對「當」、「非」、「得」等字的字跡，亦可以判斷蔡文沒有提及的2號簡牘亦是由相同書手書寫，屬於同一份文書：

4　蔡雨萌，〈讀《長沙五一廣場東漢簡牘（伍、陸）》札記（二）〉。

簡牘編號	1	2	3
當			
非			

簡牘編號	1	2	3	4
得				

　　如同蔡雨萌對 1 號與 3 號簡牘的觀察一樣，2 號簡牘的「當」字，書寫風格向右傾斜；其次，2 號簡牘的「非」字亦如同 1 號和 3 號簡牘一樣，書寫風格相似，中間兩豎筆未有貫穿整個字；再者，比較 1 至 4 枚簡牘中「得」字的「彳」部，撇、豎畫均連成一筆，向左彎曲，十分相似。由此可以推斷 1 至 4 號簡牘均是由同一名書手書寫。另一方面，

通過比對「冢」、「請」二字，除了進一步肯定這推測外，亦可以確定 5 號簡牘與 1 至 4 號簡牘的筆跡不同，是由另一名書手所書寫：

簡牘編號	1	2	3	4	5
冢					
請					

從上可見，1、3 及 4 號簡牘「冢」字的扁撇畫均著墨較多，而 5 號簡牘著墨則較少。與此同時，5 號簡牘「請」字的「口」大多穿過頂部，並向左傾斜、彎曲，而「月」的鉤亦有向左拖延、拉伸的傾向；相反，1、2、3 及 4 號簡牘「請」字的「口」和「月」非但沒有向左傾斜，其中「月」的鉤向上拉伸的幅度更比 5 號簡牘為大。由此亦可推斷由同一名書手書寫的 1、2、3 及 4 號簡牘屬於文書一；出自另一名書手的 5 號簡牘則屬於文書二。而 6、7 及 8 號簡是竹簡，書寫材質與前五枚木兩行不同，故此屬文書三。

1 號簡牘寫有「廷移府記」，可以推測它是文書的開首部分，惟此前應有缺簡。「廷移府記」指縣廷轉發郡府傳來的文書，據唐俊峰認為，當鄉級屬吏和縣廷曹史回覆上級，陳述已按縣廷指示行動時，會先

引述縣廷發書的內容，當中「廷移府記」意味著他們所按的指示是由縣廷「轉發上級機構如郡府」所來的。[5] 換言之，出現「廷移府記」的字樣就代表該文書是向縣廷匯報的上行文書，而非上級機構要求下級作出相應行動的「府記」類下行文書。[6] 因此，文書一很可能是縣廷官員按郡府指示而去抓捕請、當、非等人，並作出匯報的上行文書。這類文書會包含對證言、案情的描述，如《壹》簡 381 所示：

> 永初二年閏月乙未朔四日戊戌，東部郵亭掾茂叩頭死罪敢言之廷移府
> 記曰：男子石官自言同丘男子區伯、伯子男儀，以今年四月中共

> 東部郵亭掾張茂名印
>   史　白開
> 閏月　日　郵人以來

類似的例子又見於《選釋》例 106 及《壹》簡 329。是故，1 號簡在文書一的四枚簡牘中排列最前。2、3 及 4 號簡牘闡述了請、當、非等人行動的細節，可惜四簡之間缺簡仍多，不能連讀，影響了我們對案情的掌握。2 號簡牘提及吳請等人在樊爰丘「求債不得」，此或是他們盜墓的原因，當中吳請帶往收債的「解刀」估計就是 4 號簡牘所言之「請所逃劍器」。李賢注《後漢書‧光武本紀》曰：「短兵謂刀劍

5　唐俊峰，〈東漢早中期臨湘縣的行政決策過程 —— 以五一廣場東漢簡牘為中心〉，載黎明釗、馬增榮、唐俊峰（編），《東漢的法律、行政與社會：長沙五一廣場東漢簡牘探索》（香港：三聯書店，2019），頁 144–145。

6　有關「府記」文書，可參考李均明，《秦漢簡牘文書分類輯解》（北京：文物出版社，2009），頁 111。

也。」[7]《後漢書‧劉玄列傳》亦載:「郎吏有說萌放縱者,更始怒,拔劍擊之。」[8] 是以,所謂的「劍器」其實就是刀,或刀的一種,與「解刀」之意相互吻合。

另外,2 及 7 號簡牘亦揭示了其他涉案人員,包括寧和番常(5 號簡牘其實亦有提及「寧」一字,但基於「寧」字以後簡文殘缺,無法確定其是否指代「寧」此人),其中番常更是與吳請一樣被臨湘縣廷追捕。故此,筆者將此案定名為「吳請等人盜發胡叔冢案」,更貼合案情。這宗案件涉案者眾,情節複雜,有不少細節可反映當時的社會面貌,故以下筆者將會以此盜墓案為切入點,嘗試討論東漢長沙地區的社會文化。

三、盜墓案中所反映的社會文化

針對東漢長沙社會的人口組成,前人已多有研究。然而基於喪葬資料的缺乏,則較少研究會以墓葬作為切入點,所以此章節希望通過「吳請等人盜發胡叔冢案」,嘗試以喪葬角度論述長沙社會的結構,並對過往較少觸及的範疇 —— 漢代盜墓情況,進行討論。透過對案件的分析,不難發現長沙地區的喪葬、盜墓情況,一定程度上是以聚族而居的文化為中心的,換言之,人們會以家族為中心,進行與墓葬相關的事宜和活動。以下將會從案件相關人員、墓葬位置和規模為切入展開論述。

---

7 〔南朝宋〕范曄,《後漢書》(北京:中華書局,1965),卷 1,〈光武帝紀〉,頁 19。

8 《後漢書》,卷 11,〈劉玄列傳〉,頁 471。

1. 地方大姓與聚族而葬

東漢時期的臨湘縣頗有地方大姓存在，例如番姓：《貳》簡 474 的番世、《壹》簡 333+334 的番建等，其中《貳》簡 485 所提及的番廣更是小武陵鄉助佐。在長沙走馬樓吳簡和東牌樓東漢簡牘中，番（或作潘）姓出現的頻率同樣極高。[9] 據黎明釗對《嘉禾吏民田家莂》所作的資料整合，三國時期長沙臨湘縣己酉丘、小赤丘、五唐丘、公田丘、平支丘、石下丘等地都有番（潘）姓人聚居。[10] 因此，番氏有很大機會是長沙臨湘地區的「大姓」。在本案中，除了吳請外，參與盜墓的同黨有寧以及番當、番非和番常，當、非和常三人皆姓番，很有可能來自同一個地方大姓。

除番姓外，胡姓亦是當地大姓。從 4 號簡可見，吳請等人本來視察了親冢、叔冢和弓冢，但不知道何故最終只盜取叔冢，並從中盜得銅器等財物，究竟墓主人「叔」是何許人？從 6 號簡可見，叔實名為胡叔，而胡姓似乎與番姓一樣是長沙臨湘地區的「大姓」—— 五一簡中亦有不少提及胡姓的記錄，例如《貳》簡 474 的胡平、《貳》簡 711 的胡佐等，凡四十多例。此外，在走馬樓吳簡中，胡姓之人亦出現逾三十次，[11] 顯然他們盤踞臨湘一帶已久，坐擁地方經濟資源，所以胡叔有能力建造一定規模、足以讓盜墓賊覬覦的墓葬。

事實上，親、叔、弓三冢的距離相近，可能屬同一個家族墓地。3 號簡牘指出叔冢距離親冢不過四十步，按漢制六尺為步，四十步即

---

9 魏斌，〈吳簡釋姓 —— 早期長沙編戶與族群問題〉，《魏晉南北朝隋唐史資料》24（2008），頁 23–45。

10 黎明釗，《輻輳與秩序：漢帝國地方社會研究》（香港：中文大學出版社，2013），頁 320–325。

11 魏斌，〈吳簡釋姓〉，頁 23–45。

二百四十尺，以漢代一尺約為 23.1 厘米計算，叔冢和親冢相距也不過約 55.44 米。吳請等人同一時間視察了三墓，推測弓冢應在親冢和叔冢不遠之處，而 4 號簡提及弓、親、叔三冢時無特別指明各墓主的姓，應意味著他們三人同姓。結合這兩點，筆者認為吳請等人盜掘的應是胡氏一族的家族墓地。事實上，位處現今安徽省亳州市的曹氏家族墓群中，曹氏族人的墳墓正是互相為鄰，包括曹操長女曹憲墓就在曹四孤堆的東邊一百多米處。[12] 胡氏一族的墓地應與之類似。

　　長沙地區四通八達，人口結構比其他地方複雜。臨湘位處湘水流域中心，該水為漢帝國南北交流的重要河域，除了流經零陵、洮陽、泉陵、重安等縣外，更與承水、漉水、瀏水、溈水等河流交接，[13] 他地民眾可通過水路到達湘水流域地區，並轉往他處。然而，近年有學者提出僱傭活動提供的工作機會促使秦漢人口流動。[14] 五一簡所提及的「孟負伯錢案」能引證上說，以下擇錄其中一枚簡牘：

> 江陵世，會稽綱，下坯（邳）徐、建、申，交阯孟、信、都，不處年中，各來客。福，吏；次，今年四月六日兼庚亭長。伯賣篷，孟債為桂陽送穀。船師張、建、福辟車卒，月直（《貳》簡 692）

　　世、綱、徐、建、申、孟、信、都等均是外地人，客居臨湘。張朝

---

12 李燦，〈安徽亳州市發現一座曹操宗族墓〉，《考古》1988.1，頁 57。

13 〔北魏〕酈道元（著），陳橋驛（校證），《水經注校證》（北京：中華書局，2007），卷 38，〈湘水〉，頁 890–898。

14 馬增榮，〈秦漢時期的僱傭活動與人口流動〉，《中國文化研究所學報》54（2012），頁 2。

陽認為孟是客商，為還債而運送穀物到桂陽；[15] 而張、建、福三名「船師」似乎是受孟僱傭，協助運送穀物，[16] 由此可以看到長沙地區客商往來頻繁，僱傭活動發達。《選釋》人名索引載不同姓氏的人們亦反映長沙地區人口的複雜性。[17] 然而，在複雜的人口結構下，秦漢人民始終注重安土重遷，若非天災、苛政等因素影響，不會輕易離開其生長的土地，因此仍然保留基本的社會形態。杜正勝、許倬雲等學者均同意當時最基本的社會單位，普遍是由父、母和未成年子女所組成約為五口的小型家庭，而在家庭單位以上存在更為複雜的社會架構。[18] 邢義田通過對西漢江陵鳳凰山十號墓簡牘、東漢「漢侍廷里父老僤賣田約束石券」等材料進行研究，指出在小型家庭以上，存在「較大的親屬組織」，亦即是所謂的宗族或家族，而地方鄉里普遍是「由若干族姓的人戶」所構成，所以「左鄰右舍大概仍然以或親或疏的宗族親戚為多」，但基於婚姻、遷徙等促使人口流動的因素，「一個里中不會完全同姓，但大概有一個或幾個主要的姓」，而一旦同一氏族的人員眾多並散居鄰近鄉里的時候，便「成了當地的『大姓』」。[19] 是故，「吳請等人盜發胡叔冢案」

---

15 張朝陽，〈東漢臨湘縣交阯來客案例詳考 —— 兼論早期南方貿易網絡〉，《中山大學學報（社會科學版）》2019.1，頁 80。

16 劉子鈞，〈五一廣場東漢簡牘「孟負伯錢」案再探〉，武漢大學簡帛研究中心「簡帛」網站：http://www.bsm.org.cn/?hanjian/8238.html，2020.04.04。（搜尋 2022.03.09）

17 長沙市文物考古研究所等（編），《長沙五一廣場東漢簡牘選釋》，頁 258–260。

18 杜正勝，〈傳統家族試論〉，載黃寬重、劉增貴（編），《家族與社會》（北京：中國大百科全書出版社，2005），頁 1–87；許倬雲，〈漢代家庭的大小〉，載氏著，《求古編》（臺北：聯經出版公司，1982），頁 515–541。

19 邢義田，〈漢代的父老、僤與聚族里居 ——「漢侍廷里父老僤買田約束石券」讀記〉，載氏著，《天下一家：皇帝、官僚與社會》（北京：中華書局，2011），頁 450–459。

除揭示臨湘一地存在番、胡兩大姓外，更反映同姓之人互為鄰里，聚族而居，死後則聚族而葬之社會文化風俗。[20]

2. 親、胡叔冢的規模與東漢的厚葬風氣

秦漢社會厚葬風氣興盛，西漢初年文帝曾提倡「薄葬」，[21] 然而，厚葬的觀念直至東漢時期仍然在社會上風靡，甚或有愈演愈烈之勢。《潛夫論·浮侈篇》曰：

> 古者墓而不崇。仲尼喪母，冢高四尺，遇雨而墮，弟子請治之。夫子泣曰：「禮不修墓。」鯉死，有棺而無椁。文帝葬於芷陽，明帝葬於洛南，皆不臧珠寶，不造廟，不起山陵。陵墓雖卑而聖高。今京師貴戚，郡縣豪家，生不極養，死乃崇喪。或至刻金縷玉，檽梓梗枏，良田造塋，黃壤致藏，多埋珍寶偶人車馬，造起大冢，廣種松柏，廬舍祠堂，崇侈上僭。寵臣貴戚，州郡世家，每有喪葬，都官屬縣，各當遣吏齎奉，車馬帷帳，貸假待客之具，競為華觀。[22]

---

20 漢人即使生前需要離開所屬的鄉里，但死後仍有「歸葬故里」之俗，有如東漢官員承宮、黃瓊死後歸葬其故鄉，《後漢書·承宮列傳》載：「（承宮）建初元年，卒，肅宗褒歎，賜以冢地。妻上書乞歸葬鄉里，復賜錢三十萬。」《後漢書·徐稺列傳》又記：「稺嘗為太尉黃瓊所辟，不就。及（黃）瓊卒歸葬，稺乃負糧徒步到江夏赴之，設雞酒薄祭，哭畢而去，不告姓名。」見《後漢書》，卷 27，〈承宮列傳〉，頁 945；卷 53，〈徐稺列傳〉，頁 1747。

21 《史記·文帝本紀》載文帝道：「當今之時，世咸嘉生而惡死，厚葬以破業，重服以傷生，吾甚不取。」《漢書·劉向傳》亦載文帝聽張釋之等人的進言後，「遂薄葬，不起山墳」。見〔西漢〕司馬遷，《史記》（北京：中華書局，1959），卷 10，〈孝文本紀〉，頁 433；〔東漢〕班固，《漢書》（北京：中華書局，1962），卷 36，〈劉向傳〉，頁 1951。

22 〔東漢〕王符（著），〔清〕汪繼培（箋），彭鐸（校正），《潛夫論箋校正》（北京：中華書局，1985），卷 3，〈浮侈第十二〉，頁 179–180。

東漢時期的皇親國戚、世家大族對喪葬高度重視。事實上，自漢武帝在官學上以儒學為尊後，各級官吏亦漸傾向學習儒術，而隨著「儒家帝國」逐漸建立，[23] 儒學亦與晉身仕途掛鈎，其中被視為「百行之先」的孝行成為最有效實踐儒學的表現之一。人們會視厚葬先人為彰顯財力、揚名顯世的有效途徑，有如《後漢書‧陳王列傳》就曾載「假孝子」趙宣之事：

> 民有趙宣葬親而不閉埏隧，因居其中，行服二十餘年，鄉邑稱孝，州郡數禮請之。郡內以薦蕃，蕃與相見，問及妻子，而宣五子皆服中所生。蕃大怒曰：「聖人制禮，賢者俯就，不肖企及。且祭不欲數，以其易黷故也。況乃寢宿冢藏，而孕育其中，誑時惑眾，誣汙鬼神乎？」遂致其罪。[24]

從趙宣之事可見，時人重視先人喪葬之禮是「孝」的體現，而喪禮愈隆重，守喪時間愈長，「孝名」則愈高。因此，趙宣在州郡得到「孝名」和禮遇，進而獲得舉薦，晉身仕途。趙宣「偽孝」之事反映在喪禮上顯現的「孝」是人們名利雙收的有效方法，所以東漢時期多流行厚葬先人，包括「金縷玉匣，檽梓梗枏，多埋珍寶偶人車馬，造起大冢」，[25] 以示對先人盡孝。話雖如此，現存有關漢代墓葬的資料中，只有與統治階級相關的墓葬才獲得重視和保存，而平民墓雖佔兩漢墓葬

---

23 有關「儒家帝國」的論述可參考 Liang Cai, *Witchcraft and the Rise of the First Confucian Empire* (New York: State University of New York Press, 2014)。

24 《後漢書》，卷 66，〈陳王列傳〉，頁 2159–2160。

25 《後漢書》，卷 49，〈王符列傳〉，頁 1637。

中的多數，但紀錄甚為缺乏。如黃曉芬所指，兩漢小型墓葬在「公開發表的調查簡報當中，對有無墳丘也很少記錄」，其原因很大程度上在於「墳丘規模比較小，受風雨浸蝕，遭自然破壞現象就比較突出」，並加上「發掘調查時多重視地下埋藏設施部分，墳丘的存在很容易為人忽視」。[26] 除此以外，據筆者所見的考古報告，[27] 長沙地區的中小型東漢墓大多殘缺，墳丘、墓頂多被破壞或陷塌。因此，學界對東漢時期長沙地區的平民墓葬，以及厚葬風俗仍然所知甚少。然而，「吳請等人盜發胡叔冢案」提供更多相關資料 —— 正如上文所提及吳請等人盜墓的行動細節，他們先打算盜掘親冢，但掘了「六七尺」後，覺得親冢太深，所以轉回盜掘胡叔冢。掘了「四五尺」後，就「得延門當拔壓」。可見，親冢和胡叔冢都有一定的深度，但他們的墓葬規模究竟有多大？

　　在探討親、叔二冢的規模之前，必須對吳請等人盜掘胡叔墓的過程，有更深入的探討。如上文所言，吳請等人掘了叔冢「四五尺」之後，便「得延門當拔壓」，而「延門」、「壓」相信是指墓中的某些結構。事實上，在雲夢睡虎地 M77 號漢墓中便出土過西漢的《葬律》，律文對徹侯墓的規模作了限制，其中又提到「叡（壓）」、「斗」、「羨」等字詞：

26　黃曉芬，《漢墓的考古學研究》（長沙：嶽麓書社，2003），頁 191。
27　吳銘生，〈長沙發現新莽時代墓葬〉，《考古》1956.3，頁 57；吳銘生，〈長沙黃土嶺發現東漢墓〉，《考古》1957.4，頁 59–60；宋少華，〈長沙西郊桐梓坡漢墓〉，《考古學報》1986.1，頁 61–93；李正光、彭青野，〈長沙沙湖橋一帶古墓發掘報告〉，《考古學報》1957.4，頁 33–67；周世榮，〈長沙白泥塘發現東漢磚墓〉，《考古》1956.3，頁 58；張欣如，〈長沙南郊砂子塘漢墓〉，《考古》1965.3，頁 116–118；張鑫如，〈長沙東郊雷家嘴東漢墓的清理〉，《考古》1958.2，頁 52–53；單先進，〈長沙金塘坡東漢墓發掘簡報〉，《考古》1979.5，頁 427–434；趙世綱，〈長沙東郊兩漢墓簡介〉，《考古》1963.12，頁 684–686。

徹侯衣衾毋過盈棺，衣衾斂束。帆（荒）所用次也。其殺，小斂用一特牛，棺、開各一大牢，祖一特牛，遣一大牢。棺中之廣毋過三尺二寸，深三尺一寸，袤丈一尺，厚七寸。椁二，其一厚尺一八寸；藏椁一，厚五寸，得用碳，叡（壑）、斗、羡深淵上六丈，墳大方十三丈，高三丈，榮（塋）東西四十五丈，北南四十二丈行車卅二，丈重圍（？）垣之，高丈，祠（？）舍蓋，蓋地方六丈。中垣為門，外為闕，垣四陬為不（罘）思（罳）[28]

　　彭浩指出，「壑」是「指掘土而成的墓坑，具體指墓口至椁室上蓋的深度」。而「斗」、「羡」分別是「位於洞室墓墓道底端的方壙」和「墓道」，所以「『壑、斗、羡深淵上六丈』是以椁室上蓋為底線計算，即壑、斗、羡的上口（地面）至椁蓋的深度為六丈」。[29] 長沙馬王堆墓一號漢墓是目前最為完整的漢代徹侯墓。該墓在地表上的封土約 4 米高，即約漢代的一丈七尺；而墓口（地面）以下的深度約為 16 米。若減去椁室的高度（約 2.7 米）的話，[30] 椁蓋至地面的深度（壑）則為 13.3 米，約為漢代的五丈七尺（參見圖一）。

　　兩漢的形制多採分離型構造形制，黃曉芬指出這代表「同一墓葬分為地上的墳丘設施和地下的埋葬設施兩部分」（見圖二），而漢墓的形制變化很大程度體現在封土由方形變為圓形上，但大體的構造上沒

---

28 湖北省文物考古研究所、雲夢縣博物館，〈湖北雲夢睡虎地 M77 發掘簡報〉，《江漢考古》2008.4，頁 31–37。

29 彭浩，〈讀雲夢睡虎地 M77 漢簡《葬律》〉，《江漢考古》2009.4，頁 132。

30 彭浩稱椁室高度為 2.6 米，疑有誤。見彭浩，〈讀雲夢睡虎地 M77 漢簡《葬律》〉，頁 133。

有太大變化，仍然由封土、墓口、壑和埋葬屍體的空間所組成。[31] 回到「吳請等人盜發胡叔冢案」，3 號簡牘提到吳請「拔壑」，又說「掘深可四五尺」後「得延門」。所謂「拔壑」指掘去墓口到槨室的泥土。

另外，3 號簡牘所指的「延門」亦很可能是羨道的門。《後漢書·陳王列傳》曾載墓道為「埏隧」，[32] 而「隧」一字本有地道之意，所以「埏隧」即為羨道、墓道是肯定的。與此同時，在秦漢的簡帛文字中，「延」字的衍生字，包括「涎」字等似乎都會以「延」字作表達，詳見如下：

表一：睡虎地秦簡與東漢長沙五一廣場簡「涎」、「延」二字的比較

出處及相關文字	《睡虎地秦簡·日書甲種》50 背 117 反「涎」字 [33]	五一《叁》簡 1057「延」字
圖例		

是故，筆者推斷《葬律》中的「延」應為其通假字，即「埏」字，加上基於已出版的五一簡中從未有「埏」、「羨」二字的運用，所以「延（埏）門」當是「埏（隧）門」，也即羨道、墓道的門。

由此可見，吳請等人掘到墓門，移開墓口到墓室的填土，意味他們

31 黃曉芬，《漢墓的考古學研究》，頁 171、200–201。

32 「民有趙宣葬親而不閉埏隧，因居其中，行服二十餘年，鄉邑稱孝，州郡數禮請之。郡內以薦蕃，蕃與相見，問及妻子，而宣五子皆服中所生。」見《後漢書》，卷 66，〈陳王列傳〉，頁 2160。

33 武漢大學簡帛研究中心、湖北省博物館、湖北省文物考古研究所（編），陳偉（主編），《秦簡牘合集·壹》（武漢：武漢大學出版社，2014），頁 1218。

圖一：長沙馬王堆一號漢墓剖面圖

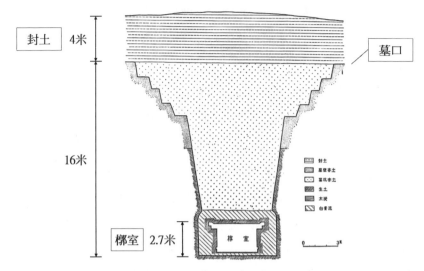

改自湖南省博物館、中國科學院考古研究所（編），《長沙馬王堆一號漢墓》（北京：文物出版社，1973），頁 3。

圖二：墳墓分離型構造形制示意圖

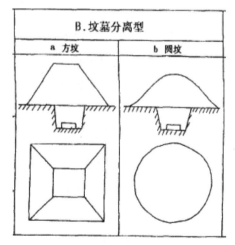

出自黃曉芬，《漢墓的考古學研究》（長沙：嶽麓書社，2003），頁 171。

是從封土向下挖掘的。如果這推斷是正確的話，我們可以根據與親、叔冢一樣採用墳墓分離型構造的長沙馬王堆墓一號漢墓和《葬律》所提供的數字，推測出吳請等人需要挖掘的深度，從而估計親、叔二家的大約規模——如《葬律》所示，壙與封土的比例是非常明確的 2：1，而長沙馬王堆漢墓一號墓的比例則為 3.325：1，考慮到該墓封土有機會隨時間流逝而流失，估計其本來之比例亦應如《葬律》所規定般，但為免錯漏，親、叔家的壙與墳丘比例可推測在 2：1 至 3.325：1 的之間。

從表二可見，親冢壙的推斷深度為 2.77 至 5.31 米，然而吳請等人挖掘了六、七尺仍然未能到達墓室，這似乎解釋到為何當、非等人會覺得親冢「殊深」：若計算他們已挖掘的 1.39 至 1.62 米，他們很可能需要挖掘多於 4.16 至 6.93 米才能到達墓室位置；而當時盜掘墓地的人應只有吳請、當、非三人，所以他們覺得盜發親冢非其能力範圍以內也是無可厚非之事。另一方面，吳請等人在胡叔冢挖掘了約 1 米，便挖到墓道的門口，這很可能意味他們只要再向下挖掘約 1.85 至 3.86 米便會到達墓室。

無可否認，以上推測只是一種嘗試。事實上，吳請等人需要挖掘的深度受著多方因素影響，包括他們的挖掘技術、角度及方向等問題，但筆者仍需指出以上的推測並非沒有價值——通過比對長沙地區的漢代中小型墓葬，它們深度與筆者的推斷相近。據《長沙發掘報告》指出，在陳家大山區、伍家嶺區、識字嶺區、楊家大山區所發現的 38 個西漢墓葬中，14 個墓可分類為 I 式墓，雖然「附地表的土被移去甚多」，但原來的深度推測有約 3 至 5 米。[34] 另外，可分為 II 式墓的 17 個墓都有墓

---

34 中國科學院考古研究所（編），《長沙發掘報告》（北京：科學出版社，1957），頁86。

表二：親、胡叔冢的壙與封土深度

墳墓組成部分	《葬律》	馬王堆一號墓	親冢	胡叔冢
壙	深六丈（13.86 米）	五丈八尺（13.3 米）	多於一丈二尺至一丈四尺／二丈至二丈三尺（多於 2.77 至 3.23 米／4.62 至 5.31 米）	八尺至一丈／一丈三尺至一丈七尺（1.85 至 2.31 米／3.06 至 3.86 米）
封土	三丈（6.93 米）	一丈七尺（4 米）	多於六、七尺（多於 1.39 至 1.62 米）	四、五尺（0.92 至 1.16 米）
比例	2：1	3.325：1	2：1／3.325：1	2：1／3.325：1
到達槨室（或墓室）總共需挖掘深度	九丈（20.79 米）	七丈五尺（17.3 米）	多於一丈八尺至二丈一尺／二丈六尺至三丈（多於 4.16 至 4.85 米／6 至 6.93 米）	一丈二尺至一丈五尺／一丈七尺至二丈二尺（2.76 至 3.45 米／3.98 至 5.02 米）

道，它們的深度推測更達 4 至 6 米。除此以外，長沙西郊桐梓坡 95 座西漢中小型漢墓中，有些墓葬現存封土高度約 1 至 3 米，墓口至墓底的深度則大多為 2 至 4 米，[35] 而長沙楊家山 304 號西漢晚期漢墓墓底與

---

35 宋少華，〈長沙西郊桐梓坡漢墓〉，頁 61。

地表距離亦有約 4.08 米。[36] 可見，筆者推測叔、親冢的深度（包括封土）分別在 2.76 至 5.02 米和多於 4.16 至 6.93 米，在一定程度與上述墓葬的深度相似。

從以上的推測可見，叔、親冢深達 3 至 7 米，規模實在不小，估計這與兩個原因有關：一，胡氏為當地大姓，盤踞臨湘多年，掌握田地、溏水等經濟資源，積累財富，故有能力營造大型墓葬，並使用青銅等貴金屬鑄製陪葬品；二，漢人素有厚葬的風俗，這種風氣在東漢時期的長沙基層社會依然流行，胡叔墓頗有規模，建造時需花費一定的人力物力，故不論墓葬是胡叔生前預先規劃，還是死後由子孫營建，它們顯然都受到這種厚葬觀影響，引來盜墓賊的惦記，導致案件的發生。

3. 家業、世業與盜墓賊群體的組成

過往有研究指出，盜墓應是漢代社會「相當常見的營生方式」。人們盜墓的動機除了經濟誘因、復仇外，更有貴族會因為個人喜好參與掘冢「遊戲」之中。[37] 可是，對於東漢盜墓賊群體的專門研究，至今仍然未見，而「吳請等人盜發胡叔冢案」的發現，為研究相關問題打開了方便之門。因此，以下筆者將會從盜墓賊群體的組成切入，希望揭開有關盜墓的「神秘」面紗。

首先，筆者認為盜墓很可能並非盜墓賊的主業，或至少他們以盜墓為業的同時，會另有生計糊口。《史記・貨殖列傳》載道：「掘冢，姦事

---

36 湖南省博物館，〈長沙楊家山 304 號漢墓清理簡報〉，載《考古》編輯部（編），《考古學集刊》，第 1 集（北京：中國社會科學出版社，1981），頁 139。

37 王子今，《中國盜墓史：一種社會現象的文化考察》（北京：中國廣播電視出版社，1999），頁 68–80。

也，而田叔以起。」[38] 在當時人們的眼中，盜墓雖然很可能被視為一種事業或營生，但「吳請等人盜發胡叔冢案」中提到當、非等人「行於樊爰丘求債」，可見收債也是他們的生計之一，其並非專職以盜墓為生的賊人。同樣地，嶽麓書院藏秦簡的「猩、敞知盜分贓案」中亦可看見盜墓賊有另有糊口的生計：

●屏陵獄史民詣士五（伍）達。與猩同獄，將從猩。●達曰：亡，與猩等獵漁。不利，負責（債）。宂募上造禄等從達等漁，謂達：「禄等亡居莫（夷）道界中，有盧舍。」欲毆（驅）從禄。達等從禄。猩獨居舍為養，達與僕徒時（蒔）等謀椒冢。不告猩，冢巳（已）勞（徹），分器，乃告 [39]

從以上簡文可知，盜取陪葬品的達、猩原是以捕漁為業，後來因為負債才去盜掘椒冢。是以，從「猩、敞知盜分贓案」、「吳請等人盜發胡叔冢案」兩案中可得知，通過販賣銅器等陪葬品，盜墓成為了一種獲取金錢利潤的旁門左道，吸引了本來不以盜墓為業，但又急需錢財的人冒險嘗試。就如《漢書·遊俠傳》亦載郭解為錢財盜墓：

郭解，河內軹人也，溫善相人許負外孫也。解父任俠，孝文時誅死。解為人靜悍，不飲酒。少時陰賊感慨，不快意，所殺甚眾。以軀藉友

---

38 《史記》，卷 129，〈貨殖列傳〉，頁 3282。

39 朱漢民、陳松長（主編），《嶽麓書院藏秦簡·叁》（上海：上海辭書出版社，2013），頁 121–122。

報仇，臧命作姦剽攻，休乃鑄錢掘冢，不可勝數。[40]

另外，《西京雜記》亦載廣川王聚集無賴少年與其玩樂，掘冢盜墓，其謂：「廣川王去疾，好聚無賴少年，遊獵畢弋無度，國內冢藏，一皆發掘。」[41] 因此，筆者認為在東漢盜墓賊群體中，至少有一部分人是一些需要錢財的無賴、少年、遊俠等業餘人員。

然而，必須指出的是，雖然沒有直接證據，我們仍不應全然抹殺東漢時期的盜墓業有著成為平民家業，乃至發展成世業的可能。「家業」，即家族成員多皆從事的職業，而「世業」則指職業會在父死子繼的情況下得到世代的傳承。兩者的分別在於世業傳承的時間會遠比家業為長，而且家業不著重職業的傳承。簡言之，世業放眼於職業的縱向傳承，而家業則著重營生橫向在家族內的發展。邢義田曾指出，世業相承在上層統治階級有較清楚的表現，例如以雅樂聲律為業的制氏、醫家、知星曆的疇人、巫家等；而平民階層容易受到天災人禍等影響，四散各方，導致他們「談不上族人，談不上世業，身後除了一堆黃土，魂魄恐怕是沒有祖塋可以依附的」。但他同樣認為縱使他們經歷過春秋戰國社會階級大為流動的時期，「不論士、農、工、商，大部分仍然過著族人生死相依、家業相承的生活」。[42] 據矢田博士所指，有一部分在宴席上為皇戚權貴表演歌舞、不屬於統治階級的樂人，是以家族為中心進行相關

---

40 《漢書》，卷 92，〈遊俠傳〉，頁 3701。

41 〔晉〕葛洪（著），周天游（校注），《西京雜記校注》（西安：三秦出版社，2006），卷 6，〈廣川王發古冢〉，頁 257。

42 邢義田，〈從戰國至西漢的族居、族葬、世業論中國古代宗族社會的延續〉，載氏著，《天下一家》，頁 433–434。

的事業，是以「倡」為家業。[43]《漢書‧馮唐傳》載道：「後會趙王遷立，其母倡也」，師古注曰：「倡，樂家之女。」[44]《漢書‧佞幸傳》亦載：「李延年，中山人，身及父母兄弟皆故倡也。」[45]另外，《漢書‧地理志》曾如此對中山一地作出描述：

> 趙、中山地薄人眾，猶有沙丘紂淫亂餘民。丈夫相聚遊戲，悲歌忼慨，起則椎剽掘冢，作姦巧，多弄物，為倡優。女子彈弦跕躧，遊媚富貴，徧諸侯之後宮。[46]

可見，中山人在文化、歷史等因素影響下，很可能是以家族為中心，投入「倡優」的事業，正如李延年及其父母家人都曾為倡，故李家正是以「倡」作為父子相承的職業。因此，在特定地方環境促使下，有家族投身成為所謂的「樂家」，令「倡」成為其家業外，更會通過父死子繼的形式成為「倡」。故此「倡」這一職業很大可能會隨著時間的推移，成為一部分中山人的世業。

與此同時，如同倡業一般，中山人亦熱衷盜墓，並視之為「業」的一種 ——《史記‧貨殖列傳》對中山人的行徑描述更為細緻，當中言道他們「起則相隨椎剽，休則掘冢作巧姦冶」，[47]可見中山人賴以為生的

---

43 〔日〕矢田博士（著），李寅生（譯），〈「昔為倡家女，今為蕩子婦」考 —— 兼論漢代「倡家」的實際社會生活狀況〉，《河池師專學報（社會科學版）》1998.3，頁24-29。
44 《漢書》，卷50，〈馮唐傳〉，頁2314。
45 《漢書》，卷93，〈佞幸傳〉，頁3725。
46 《漢書》，卷28，〈地理志〉，頁1655。
47 《史記》，卷129，〈貨殖列傳〉，頁3263。

「業」除了上文所說的「倡」外，亦有殺人掠財或掘冢盜寶，[48] 這或許就與「倡」一樣，是以家族為單位進行的，並有機會發展成世業。不過，盜墓與為倡有本質上的不同，盜墓是違反律法的，為倡則是合法的。但是，盜墓違反律法的性質或許亦增添其成為人們的家業，乃至世業的可能性，因為盜墓需要保密，盜墓賊應傾向選擇有血緣關係、福禍相依的親族為助手，從而減低被人告密、背叛的機會，亦可為自己的親族帶來財富。正如在「猩、敞知盜分贓案」中，達盜取堄冢時是與僕人蒔一同行動的。同樣地，黎明釗在討論地方大姓與盜賊的關係時，亦指出「『盜賊』與地方豪族、大姓、土豪惡霸很可能是一字之差」，[49] 所以地方大姓亦有機會是盜墓賊，以掘冢作為其家業，甚或世業，正如在「吳請等人盜發胡叔冢案」中，一同參與盜墓的當、非、常三人應如上文所指，來自番氏一族。

另外，關於平民以外的盜墓群體，《後漢書‧宦者列傳》對張儉所彈劾的宦官侯覽曾有以下記載：

> 督郵張儉因舉奏覽貪侈奢縱，前後請奪人宅三百八十一所，田百一十八頃。起立第宅十有六區，皆有高樓池苑，堂閣相望，飾以綺畫丹漆之屬，制度重深，僭類宮省。又豫作壽冢，石椁雙闕，高廡百尺，破人居室，發掘墳墓。虜奪良人，妻略婦子，及諸罪釁，請誅之。[50]

---

48 《史記索隱》謂「椎剽」即「椎殺人而剽掠之」，見《史記》，卷 129，〈貨殖列傳〉，頁 3263。

49 黎明釗，《輻輳與秩序》，頁 383。

50 《後漢書》，卷 78，〈宦者列傳〉，頁 2523。

侯覽「破人居室，發掘墳墓」，獲得的豐厚利潤，無疑吸引官員參與其中，如東漢末年曹操亦似乎設置了「摸金校尉」一職，盜取陪葬品以獲得逐鹿天下之資。是故，盜墓賊群體的組成並不單純只有低下階層，統治階級亦會因各類原因而投身其中。他們參與的方式相信亦離不開聘請平民，如廣川王集結無賴、少年，或與熟悉地方的官員、民眾合作。這從「吳請等人盜發胡叔冢案」可見端倪──在4號簡牘中，吳請在萌的帶領下，前往視察叔、弓、親三人的墳墓，而萌更在吳請逃亡後，在溠水中尋回其棄置的刀劍，足見萌熟知當地環境，應為當地居民。因此，吳請與萌的「合作」某程度反映盜墓賊、地方大姓與本地居民的「勾結」，由此亦可見盜墓賊群體網絡的構成。

四、總結

　　本文以長沙五一廣場東漢簡牘中的「吳請等人盜發胡叔冢案」作為切入點，從墓葬角度，通過墓主人、墳墓的位置論證了臨湘地區地方大姓的存在。在聚族而居的大環境下，東漢時期基層社會重葬風俗依然盛行，有一定財富的平民墓葬規模似乎不小，他們對喪葬的重視亦促使盜墓的風靡。上至統治階級，下至平民，均會因為經濟誘因而掘盜墓中陪葬品。與此同時，聚族而居的文化相信亦影響了盜墓賊群體的構成，人們很大可能會以家族為單位進行盜墓，增添盜墓為家業，乃至世業的可能。綜而觀之，筆者認為即使漢代社會結構不能單純以地緣和血緣進行解構，但至少在社會文化上，以血緣連繫的聚居文化仍然是當中不可忽略的要點。此案對於長沙東漢時期墓葬文化的研究價值同樣值得關注，相信隨著更多材料的出土，本文的論點會得到修正或證實，在此以前先求教於方家。

後記

　　本文的寫作和修訂得蒙黎師明釗、謝師偉傑、陳敬陽先生、劉天朗師兄及劉子鈞師兄惠賜寶貴建議，謹此致謝。

五一廣場東漢簡牘所見女性生活

温玉冰

一、引言

　　將社會性別（gender）作為有效的歷史研究範疇的討論已經屢見不鮮，「社會性別」研究不僅是「婦女」、「女性」或任何一種性別研究的代名詞，而是強調從社會文化建構、權力關係、政治經濟發展等各方面審視社會性別。[1] 換言之，以女性史為例，即不能完全忽視兩性關係及男性紀錄，孤立地研究女性。隨著愈來愈多的簡帛及圖像資料出土，漢代的女性研究成果漸豐，[2] 但論及女性姓名與工作時，受限於出土資料的不完整性，大多仍集中於討論女性情況。

　　長沙五一廣場東漢簡牘中有大量解書及假期書等司法文書，除了揭示東漢長沙社會的政治、司法、經濟、居住情況及人口流動等豐富資訊外，還記錄了不少的民眾身分信息，包含若干女性生活的枝微末節。雖然五一廣場簡已公佈的內容頗為零碎，有關女性的資料亦有限，暫無法建構東漢中期長沙地區的具體面貌，但本文仍望透過現有女性紀錄，輔以男性乃至家庭鄰里的信息，從姓名、婚姻、財產及工作等數方面淺談東漢中期長沙地區的女性生活，以求教於方家。

二、官文書所錄女性姓名

　　以往公佈的秦漢簡牘文書甚至三國吳簡中，女性一般書名不書姓，只記母某、妻某、子小女某等。劉增貴先生認為這種書寫形式反映了漢

1　這是上世紀八十年代由美國學者 Joan Scott 提出的研究方法，參見 Joan W. Scott, "Gender: A Useful Category of Historical Analysis," *American Historical Review* 91.5(1986), pp. 1053–1075。

2　參考姚琪艷，〈漢代女性研究綜述〉，《中國史研究動態》2015.1，頁 19–29；岳嶺、張愛華，〈近 20 年秦漢婦女史研究綜述〉，《南都學壇》2005.1，頁 18–22。

代女性之「名」較先秦重要，「稱名」取代了周代的「繫姓」習慣。[3] 王子今等先生更推測戶籍簡中母或妻不書姓，實為從夫姓。[4] 王雲菲則認為秦漢至魏晉的婦女經歷了從夫姓到從父姓的變化。[5]

而在長沙五一廣場東漢簡牘中，[6] 雖然亦有書名不書姓的，但亦屢見書名書姓的女性，皆見於司法文書。大致可細分為五類。第一類為向官府提出訴訟的女性原告，見於「南鄉言女子范榮自言本」（《選釋》例 82）等女子某某自言本事的木楬，以及考實這些自言本事的解書或假期書，如「直符右倉曹史豫言考實女子雷旦自言 書佐 張董取旦夫良錢假期書」（《陸》簡 2208）、「桑鄉賊捕掾珍言考實女子陳謁詣府自言竟解」（《貳》簡 500）。第二類為解書中被考問的知狀者或涉案人，如「知狀女子馬親、陳信、王義等」（《壹》簡 304）。第三類大多為出現於案件經過陳述中的女性，因簡文缺失，難以判斷其具體身分乃從犯、知狀者、受害人還是無關人士，如「武僦都亭部女子黃聖舍一孔，月直錢百五十」（《叁》簡 1121）、「吳陽女子劉姬、李姜釀酒」（《壹》簡

3 《禮記・喪服小記》云「男子稱名，婦人書姓與伯仲」，因此周代不書女性名字，僅記伯姬、季姜等「姓與伯仲」。東漢亦有女性以這種「繫姓」形式為名為字，如班昭字惠班、荀采字女荀等。參見劉增貴，〈漢代婦女的名字〉，《新史學》7.4（1996），頁 33–94。

4 孫兆華、王子今，〈里耶秦簡牘戶籍文書妻從夫姓蠡測〉，《中國人民大學學報》32.3（2018），頁 43–53。

5 王雲菲，〈漢唐官文書中的婦女姓名書寫〉，《歷史教學》2021.3，頁 65–72。

6 參考長沙市文物考古研究所，〈湖南長沙五一廣場東漢簡牘發掘簡報〉，《文物》2013.6，頁 4–26；長沙市文物考古研究所等（編），《長沙五一廣場東漢簡牘選釋》（上海：中西書局，2015）；長沙市文物考古研究所等（編），《長沙五一廣場東漢簡牘（壹至陸）》（上海：中西書局，2018–2020）。下文分別簡稱為〈簡報〉、《選釋》、《壹》、《貳》、《叁》、《肆》、《伍》、《陸》。引用這批簡牘時，一律使用整號理。

330）。第四類則為受害人，如「應弟于強略女子黃箄為妻」（《貳》簡435+434）、「劫女子王綏牛者師寇、蔣隆等」（《選釋》例21）。最後一類為被告，如「男子王石自言，女子溏貞以永元十四年中從石母列貸錢二萬」（《選釋》例106）。這種書有姓名的紀錄並非首見於五一簡，西北簡牘中亦有「官女子周舒君等自言責隸」（居58.15A）、「觻得敬兄里女子毛阿自言夫武故為肩水候官」（肩73EJT23:275）、「茂陵精期里女子聊碧年廿七　輢車一乘馬一匹　三月癸亥入」（肩73EJT37:1505）等。

　　以上五類亦適用於男子姓名的紀錄。單就自言書及相關解書等文書而言，既有「女子某某自言」，亦有「男子某某自言」，皆屬「民自言」，需要清楚記錄提出訴訟者的性別、姓名及其他身分信息。[7] 若無前情，即使是西北簡中的候長、燧卒、公乘等非庶人自言，亦須清楚注明姓名。但值得注意的是，除了「民自言」外，似乎只有與原告及其他涉案人無親緣關係，又無官職爵位者，才會記作「女子／男子某某」。例如「捕 順不得，輒考問廣、知狀者廣所從卒張柱、順兄妻待及姬，即訊比、戶、女子孟盡、盡夫成、女弟親。辤皆曰：縣民；柱，汝南。平與待、姬、盡、親、柱父母皆」（《陸》簡2200），其中女子孟盡與順、廣等無親緣關係，故書其姓名；而張柱為廣所從卒，故不記作「男子」；待及姬為順兄之妻、成為女子孟盡之夫，因而只書名不書姓。

---

7 例如與女子雷旦自言相關的數份文書皆有記錄雷旦父母皆前物故，嫁良為妻後，與良父母俱居於桑鄉廣亭部橋丘，與男子呂寶、烝次、雷軌等相鄰，並以績紡為事等身分信息。參見周海鋒，〈《長沙五一廣場東漢簡牘》文書復原舉隅（一）〉，武漢大學簡帛研究中心「簡帛」網站：http://www.bsm.org.cn/?hanjian/8009.html，2018.12.26；蔡雨萌，〈《長沙五一廣場東漢簡牘》文書編聯一例〉，武漢大學簡帛研究中心「簡帛」網站：http://www.bsm.org.cn/?hanjian/8315.html，2020.11.06。（搜尋，2022.02.04）

無關性別，不論是父、母、夫、妻，還是兄、姊、弟、女弟、子、子女，只要文書曾提及其中一人姓名，其他家人都只書名不書姓。[8] 秦漢戶籍簡中大多僅記戶主姓名，其父母妻子皆未書姓，王子今認為戶人的父親及子女當與戶人同姓，而母親及妻妾不書姓是省寫，說明她們實則從夫姓。按此邏輯，難道女子孟盡之夫成（《陸》簡 2200）、雷旦之夫良（《陸》簡 2208）等皆從妻姓，女子王劉之夫盛以及盛父諸與母基皆從王劉姓？[9]

　　就雷旦一案，王雲菲認為「防到獄門外，呼董曰：為我報雷督，我欲去，董即到南牢門外呼良曰：防在獄門，欲去，使我來」（《貳》簡 489）及「旦令男弟烝柊」（《壹》簡 396），反映了女子雷旦之夫良為「雷督」，即姓雷，而雷旦本姓應為烝，後從夫姓雷。[10] 此說成理，但並不足以說明文書紀錄上所有女子都會冠夫姓。例如《肆》簡 1504 中記「始父年往不處年中病物故，與母巳，巳一姓許，及妻海、子男盛、盛男弟充、充男弟堂、堂男記等俱居」，王雲菲認為這反映了東漢時期官文書紀錄與女性日常生活中分別使用兩種姓氏。但《貳》簡 540 亦記「忠，本蒼梧，與高相識知，高一姓王，字武高，妻泉陵人」，難道男性也有兩種姓氏嗎？因此，「巳一姓許」不足以說明東漢女性從夫姓並使用兩種姓氏，只能說明巳姓許而非從夫姓。

---

8 諸如「詳弟終、終弟護；晨與父宮、同產兄夜、夜弟疑、疑女弟捐；戇與母妾、同產弟強；除與妻委、子女嬰俱居自有廬舍倫亭部」（《選釋》例 22）；「少、雅，河南雒陽平樂鄉壽樂里；高，南陽宛；叔，東萊；午、親，縣民。午，南鄉滋里；親，都鄉樂里。初父孟、午父伯、雅父惠、親夫蘭皆前物故。初與母寧、少父孫、母姜、午母明，雅與母婓等各俱居」（《貳》簡 598）等。
9 當然，也有可能王劉乃隨夫姓王，所以盛父諸亦姓王，盛母基亦隨夫姓王。
10 王雲菲，〈漢唐官文書中的婦女姓名書寫〉，頁 65–72。

另外，司法文書主要著眼於涉案人的親朋鄰里關係，包括母系家族，而母系家族亦只記錄其親緣關係而非姓氏，如《伍》簡 1751+5175+4372+3100+4365 中的「拒母斂、斂姊子女貞、貞父河、母果往不處年月日嫁貞為」。即使拒母斂從夫姓，與拒同姓故可省寫姓氏，其姊的丈夫、女兒以及丈夫的母親難道皆從拒姓而被省寫姓氏嗎？由此可見，不書姓氏不代表後述的家人皆隨一姓。

西北簡中有不少「家屬出入符」，大部分都記錄了邊吏之妻、母或兄妻的姓名，除了一例為異姓外，其餘皆與邊吏同姓。[11] 雖然夫妻或母子同姓，很大機會能佐證西漢西北地區女性從夫姓的情況，但畢竟漢代普遍存在近距離婚嫁的情況，[12] 同村、同鄉、同縣者也有可能為同姓。[13] 謹慎而言，明確記錄父姓及夫姓者更為可靠。如《漢書‧杜周傳》記皇太后王政君之妹王君力為「司馬君力」；[14] 又如肩水金關簡 73EJT37:1463 中橐他隧長吾惠之妻為「吾阿」，吾阿之父為「胡良」，即吾阿從夫姓「吾」而非從父姓「胡」。然而，居延簡 27.4 中制虜燧卒周賢之妻為「止氏」、肩水金關簡 73EJH1:25 記「廣地關都亭長蘇安世妻居延鉼庭里薛存年廿九」、簡 73EJT9:86 記「亭長利主妻橑得定國里司馬服年卅二歲」、簡 73EJT37:1058 中張彭之母為「徐都君」等，可知並非所有漢代女性都會從夫姓。

---

11 黃艷萍，〈漢代邊境的家屬出入符研究 —— 以西北漢簡為例〉，《理論月刊》2015.1，頁 74–78。

12 彭衛，《漢代婚姻形態》（西安：三秦出版社，1988），頁 60–63。

13 當然，先秦乃至兩漢時期有所謂的「同姓不婚」，雖未知其具體實行情況，但已知的婚嫁個案中，同姓通婚者甚少。參見彭衛，《漢代婚姻形態》，頁 118。

14 〔東漢〕班固，《漢書》（北京，中華書局，1962），卷 60，〈杜周傳〉，頁 2670。

表一：長沙五一廣場東漢簡中女性姓名表

分類	節錄	來源
原告 / 自言	女子張罷自言	《選釋》例 46
	女子王劉自言；女子王劉自言本	《選釋》例 70、 《選釋》例 83
	南鄉言女子范榮自言本	《選釋》例 82
	女子張基自言本事	《選釋》例 84
	南鄉言女子周復自言須立秋書	《選釋》例 88
	女子王頃自言	《選釋》例 128
	女子隗好自言	《壹》簡 329A
	女子雷旦自言；直符右倉曹史豫言考實女子 雷旦自言 書佐 張董取旦夫良錢假期書	《壹》簡 341A； 《陸》簡 2208
	桑鄉賊捕掾珍言考實女子陳謁詣府自言竟解	《貳》簡 500
	考實女子關（？）旦自言	《叁》簡 1073
	南鄉女子黃綏自言本事	《伍》簡 1851＋1863
	延平元年府記□潕陽女子馮它 潕陽馮它自言本事	《肆》簡 1539A 《肆》簡 1539B
	十五年南鄉女子趙姹（？）自言御門亭長王 廣本事	《陸》簡 2494A/B
	逢門里女子路英詣	《壹》簡 36
	帶肆女子陳任詣	《陸》簡 2172

分類	節錄	來源
被考問的涉案人或知狀者	知狀女子馬親、陳信、王義等	《壹》簡 304
	訊女子張待	《貳》簡 540
	知狀者女子趙汝冀理李姜等	《叁》簡 940
	節誶女子光妾等	《叁》簡 958
涉案人	女子曲親舍，宿、赦、厚等辭不與李叔俱	《貳》簡 706
	實女子蔡女與男子張萌	《壹》簡 290
	俱過女子烝奈舍	《壹》簡 377
	吳陽女子劉姬、李姜釀酒	《壹》簡 330
	武儵都亭部女子黃聖舍一孔	《叁》簡 1121
	女子謝何詭責	《壹》簡 382
	南門亭部女子馬明失火	《肆》簡 1681
	兼左部賊捕掾則言實核女子李淺失火假期書	《伍》簡 1753
受害人	強略女子黃筭為妻	《貳》簡 435+434
	強盜女子王綏牛；劫女子王綏牛者	《壹》簡 336A；《選釋》例 21
被告	男子王石自言，女子溏貞以永元十四年中從石母列貸錢二萬	《選釋》例 106

三、婚姻

　　有關漢代婚姻的研究已經頗為詳細，下文旨在以數例五一簡略為補充討論，特別是「元的遺產案」。[15] 漢代不少記載反映父母任何一方死後，子女大多留在父家。[16] 元物故後歸葬臨湘，其妻或妾脩未有隨何去臨湘，反而是帶著四、五歲的女兒珠留在泉陵，似乎是在娘家獨自撫養女兒長大。脩及至永元十一年（99 年）再嫁，並安排珠嫁給同鄉男子，不久後珠因無子而被棄。此案反映了女性於丈夫逝世後的生活，包括再嫁、安排女兒婚事等，亦反映了女性無子被棄的情況。

1. 婚姻自主權

　　《孟子・滕文公下》記：「不待父母之命，媒妁之言，鑽穴隙相窺，逾牆相從，則父母國人皆賤之。」[17] 因此普遍認為婚嫁雙方須得到父母同意，並經由媒人來締結婚姻。雖則難以透過官方文書分析男女雙方是否自願成婚，但「父母之命，媒妁之言」的習俗似乎有跡可尋。五一簡司法文書中見有「（父母）嫁某為某妻」以及「某嫁為某妻」兩種表述，某程度上反映了不同女性於婚姻中的能動性。例如「元的遺產案」中，

---

15 即《選釋》例 61、例 108、《壹》簡 306，參見黎明釗，〈試析幾枚五一廣場東漢簡牘〉，載鄔文玲、戴衛紅（編），《簡帛研究・二〇一八（秋冬卷）》（桂林：廣西師範大學出版社，2018），頁 345–357。另見黎明釗，〈試析長沙五一廣場出土的幾枚東漢簡牘〉，載黎明釗、馬增榮、唐俊峰（編），《東漢的法律、行政與社會：長沙五一廣場東漢簡牘探索》（香港：三聯書店，2019），頁 11–32；李華，〈長沙五一廣場簡所見「元的遺產案」考述〉，武漢大學簡帛研究中心「簡帛」網站：http://www.bsm.org.cn/?hanjian/7744.html，2018.03.11。（搜尋，2022.02.04）

16 彭衛，《漢代婚姻形態》，頁 203。

17〔清〕焦盾，《孟子正義》（北京：中華書局，1987），卷 12，〈滕文公章句下〉，頁 426。

珠的父親元早已身故，珠隨其母脩留在泉陵，之後脩「嫁珠為其縣男子蔡洫妻」，由此可知掌握珠婚嫁權的既非父系家屬（即何），亦非繼父，而是珠的母親脩。又如「貞父河、母果往不處年月日嫁貞為⋯⋯」（《伍》簡1751+5175+4372+3100+4365），清楚說明貞的婚姻由其父母作主。

另一方面，「難不處年中嫁為⋯⋯」（《伍》簡1751+5175+4372+3100+4365），以及「且父母皆前物故，往不處年嫁為良妻」（《壹》簡339）或「父母皆前物故。往不處年中，姬、且各嫁。姬為蘇憙。且，良妻」（《壹》簡348）等例中，主語皆為嫁為人妻的女性，而非其父母，後兩例更記錄了女子雷且及姬於父母雙亡後才出嫁。當然，這種表述雖然似顯示了更多女性的主體性，但不足以說明她們擁有婚姻自主權，亦有可能是父母生前所訂下的婚約，只是婚禮並非由父母主持。

2. 再婚權

西漢時有「夫婦之道，有義則合，無義則離」之說，[18] 史書中不乏改嫁或再嫁者，甚至有六嫁者。[19] 至東漢班昭著《女誡》云「夫有再娶之義，婦無二適之文」，[20] 文獻及畫像石上亦出現更多褒揚婦女恪守貞節的記載，似乎東漢時期對女性「貞節」更為重視。但五一簡中仍有數例女性「更嫁」的記錄，可見東漢時期長沙社會並無限制女性的再婚權：

18《漢書》，卷81，〈孔光傳〉，頁3355。

19 六嫁者為張負孫女，記於《漢書》，卷40，〈陳平傳〉，頁2038。其他例子可參見彭衛，《漢代婚姻形態》，頁195–225；楊樹達，《漢代婚喪禮俗考》（上海：上海古籍出版社，2000），頁34–44。

20〔南朝宋〕范曄，《後漢書》（北京：中華書局，1965），卷84，〈列女傳・女誡〉，頁2790。

☐呼石居，占數戶下以為子，免、塱為庶人。到永元十一年中，脩更嫁為男子

☐與山居。脩嫁珠為其縣男子蔡洫妻，無子，棄。到十五年三月中，脩、珠俱來（《壹》簡306）

為良民，財物付苟瑟、丐瑟錢十萬，謝胡松十萬，根知妻勞以外國俗燒喪塱，更嫁為羅調妻，帶當勉為民。有書案解：不處苟瑟與根知有親無，根知何故以錢（《貳》簡522）

何延等相比近知習，以田作為事。不處年中，妾更嫁為同鄉男子楳國妻，產子女愈。今年五月斗為其丘小伍長，其月十七日亭長賜與右倉曹史高尤、功曹書佐文（《陸》簡2202+2636）

所謂「更嫁」，一種是指女性在丈夫死後再嫁，另一種是夫妻離異後女性改嫁他人。前兩例皆為丈夫死後再嫁的記錄，而第三例僅記一位名叫「妾」的女子更嫁同鄉男子楳國為妻，未知她是改嫁還是再嫁。但嫁同鄉男子，除反映漢代婚嫁的地緣結構外，因某程度上同鄉者對彼此的家庭狀況、此前的婚嫁情況更為了解，可見當地對女子更嫁甚為開明。

先說「元的遺產案」，脩於永元十一年再嫁，並安排了女兒珠的婚事。根據文獻及簡牘資料，漢代女性的成婚年齡平均在十五至二十歲，最低見有十三歲。[21] 假設珠出嫁時僅有十三歲，即脩至少在元物故

21 彭衛，《漢代婚姻形態》，頁85–108；臧莎莎，〈漢代女性「過時不嫁」現象研究 —— 基於簡牘資料的分析〉，《唐都學刊》34.2（2018），頁5–12；劉林，〈居延漢簡女子婚齡資料考議〉，《文博》2012.3，頁57–59。

後八、九年才再嫁他人。除巧合外，也許還有其他可能性。例如為免女兒寄人籬下，與繼父家庭同住，待女兒長大成家後才再嫁；又或是為了女兒婚事而再嫁，如為增添女兒嫁妝、尋找更好的夫婿等。特別是「脩嫁珠為其縣男子蔡洫妻」而非「同縣男子」，即此男子當與脩所再嫁對象為同縣人，故脩再嫁一事應有利於女兒嫁給他縣男子。無疑，這些只是推測，因簡文殘缺無法得知具體情況。另外，雖然不清楚脩的年齡，但可能在三十歲上下，可見長沙社會對女性再嫁的年齡及子女情況亦無太大限制。

至於第二例，[22] 當與《選釋》例 23 的「兼左部勸農賊捕掾种言考實蠻夷李根知塞却書」及《陸》簡 2203 相關。李根知當為僑居長沙地區的胡人，其遺孀勞按外國習俗火葬根知後，再嫁羅調為妻。雖然不清楚勞及羅調為胡人抑或漢人，如若她為胡人而羅調為漢人，即當時社會容許胡人女子與漢人男子通婚；但即使勞及羅調皆為漢人，勞亦曾嫁為胡人妻，同樣反映了當時胡漢通婚的情況，且女性不會因其前婚嫁對象的身分、地位而無法再嫁。

彭衛形容兩漢女性更嫁為主流，[23] 雖然相關簡文有限，但以上述情況各異的三例來看，東漢長沙社會對於女性再嫁的年齡、此前的婚嫁及子女狀況均頗為寬容，由此可知，即使女性更嫁不是主流，亦非罕事。有學者認為女性再嫁或改嫁亦需要「父母之命」，[24] 如張負安排其女孫第

---

22 有關此簡的討論，可參張朝陽，〈新見東漢外國僑民史料考釋〉，武漢大學簡帛研究中心「簡帛」網站：http://www.bsm.org.cn/?hanjian/8332.html，2020.12.21。（搜尋，2022.02.04）

23 彭衛，《漢代婚姻形態》，頁 211。

24 林紅，〈漢代女性婚姻自主權探析〉，《雲南大學學報（法學版）》2008.2，頁 32–36。

六次再嫁。但僅就上述簡文而言，均不見有父母的記錄。

3. 招贅、通奸與私奔

比之婚姻的自主權，招贅、通奸及私奔等行為更能反映漢代女性的能動性。值得注意的是，簡牘文書上除了記錄這些行為，還強調了「無媒娉」、「不應人妻」，說明了未經媒妁聘娶之禮的婚姻不被漢代政府所承認：

> 孟入為生贅壻，無媒娉錢財，生不應人妻。常求生自相和合，皆無罪
> 名。又
> 常客來日久，恐在縣有他犯脫，無名數，唯（《壹》簡 322）

> 知詣熊告又張據與禮私相好愛，無媒娉，不應人妻。熊初收據時，未
> 知禮無媒娉，縛據將去，道逢揚，揚欲解據，熊不聽揚，撲裂熊衣，
> 罟頓奉公，熊其時（《貳》簡 545）

第一例記孟入贅為生的贅婿，但無媒聘之禮，因此文書指生不應當作孟的妻子。為甚麼要說明生「不應人妻」呢？大概因為「常求生自相和合」，但生並非人妻，故兩人沒有干犯和奸罪。與之相反的是《壹》簡 93 的「人妻與若和奸」，即負責官員確認了與若和奸者為他人妻子。《二年律令·襍律》明確列明：「諸與人妻和奸，及其所與，皆完為城旦舂。其吏也，以強奸論之。（簡 192）」[25] 類似律令亦見於懸泉漢簡

---

25 張家山二四七號漢墓竹簡整理小組，《張家山漢墓竹簡（二四七號墓）（釋文修訂本）》（北京：文物出版社，2006），頁 34。

（II 0112(2):8）。因此，負責官員須就是否有媒聘之禮來考實女性的婚姻狀況，從而判定是否觸犯「與人妻和奸」一罪，並作出處罰。換言之，官員只能根據婚儀來判斷婚姻狀態，而非官方紀錄。然而，睡虎地秦簡及嶽麓秦簡均有登記婚制的規定：[26]

> • 十三年三月辛丑以來，取（娶）婦嫁女必參辨券∠。不券而訟，乃勿聽，如廷律∠。前此令不券訟者，治之如內史（嶽麓五 1099/188）律。 •謹布令，令黔首明智（知）。 •廷卒□（嶽麓五 1087/189）

> 女子甲為人妻，去亡，得及自出，小未盈六尺，當論不當？已官，當論；未官，不當論。（睡虎地秦簡《法律答問》166）

秦代規定嫁娶時或制訂婚約時須立「參辨券」，券書一分為三，當由嫁娶雙方以及在場官吏分別保管。「已官」、「未官」亦說明官方登記乃判別女子是否人妻的重要依據。另外還有「棄妻不書，貲二甲」（睡虎地秦簡《法律答問》169），規定休妻或離婚亦須登記。[27] 不過睡虎地秦簡及張家山漢簡都有討論男子在不知情的情況下娶了亡人為妻時該如何判決，[28] 反映了這些婚姻並沒有進行官方登記，即沒有確認雙方戶籍資料。足見秦代即使有婚姻登記的規定，卻並非所有人都會進行登記。如

---

26 有關婚姻關係的確立，可參見劉欣寧，〈秦漢律令中的婚姻與奸〉，《中央研究院歷史語言研究所集刊》90.2（2019），頁 199–251。

27 雖然都是指官方有記錄的婚姻關係，但「參辨券」大概是訂立婚約的婚書，而其他例子筆者猜測是與戶籍相關登記。

28 見睡虎地秦簡《法律答問》168、張家山《二年律令》168–169、張家山《奏讞書》28–30。

此說來，雖然漢簡未見有關婚姻登記造冊或立券的規定，即使沒有，理應可參考戶籍紀錄。但從上述例子看來，比起官方登記或戶籍紀錄，官員似乎更習慣以媒聘之禮來評判婚姻狀態。

而第二例前後文不明，似乎據與禮亦無媒聘之禮，故據不算是禮的妻子，但是熊是在以為張據與禮為夫妻的情況下縛據而去。這種表述似乎在說明熊是否有犯罪意識，如果在熊認知中張據為人妻，也許便犯了「略人妻」罪。故「不應人妻」的記錄當與官員量刑相關。此外，談及略人妻，「夜略尼以為妻」一案更曲折離奇。[29] 此案缺簡甚多，依照解書格式按順序茲列如下：[30]

（缺簡）

詳弟終、終弟護；晨與父宮、同產兄夜、夜弟疑、疑女弟捐；蟲與母妾、同產弟強；除與妻委、子女嬰俱居自有盧舍倫亭部。尼、晨、除，漢丘；蟲，上辱丘，與（《選釋》例22）

男子黃斗、胡戈、文煩、伍山、張育等比近知，皆以佃作。尼、晨紡

---

29 此案曾多次於香港中文大學的五一廣場東漢簡牘研讀班上討論，鄒鈺淇學妹、張煒軒師兄及楊頌宇師兄都曾就部分簡文進行釋讀。筆者在此前討論的基礎上，補充了後來新公佈的相關簡文。

30 筆者曾在香港中文大學中國歷史研究中心主辦的「五一廣場東漢簡牘工作坊」上發表〈五一廣場東漢簡所見「解書」初探〉一文，其中論及解書的性質與文書結構，以及朱宏案等冊書的復原方案，現拆分為兩篇文章。有關解書的部分尚在等候刊登，但朱宏案的復原以及部分解書格式的討論可參見拙文〈朱宏、劉宮臧罪案復原研究〉，武漢大學簡帛研究中心「簡帛」網站：http://www.bsm.org.cn/?hanjian/8271.html，2020.06.09。（搜尋，2022.01.04）

績為事。今年正月不處日，夜謂晨曰：我心好胡尼，汝為我以縑青求
之為妻。晨曰：可。其月不處日（《伍》簡 1713+2158+1739）

（缺簡）

家，夜從後與尼奸通。其日食之，臭持飯一、笱炙一盤，於舍下餉
夜，夜與尼俱食已，臭去，歸，日中時，斗來之夜所曰：尼母毋即
溝，溝不肯受謝（《肆》簡 1449）

（似有缺簡）

大怒，呼尼歸，語絕，斗去。臭、斗未復還，視夜。護恚夜將尼去，
即持所有木柃矛一，之山草中追求尼。到旱山中，見尼與夜俱在舍
下，未到廿步（《壹》簡 130+131+122）

（缺簡）

等證。案：夜、斗、功共掺兵掔頓尼。夜略尼以為妻。臭知情，通行
給餉。護踵追夜，夜斫傷尼，護其時刺夜，以辜立物故。夜強略人以
為妻，賊傷尼，不直，數罪。斗，助者。護，所殺有罪。斗、護各
（《壹》簡 97）

☐兵亡，盡力逐捕護、斗、臭必得，考實有曾異以後情，正處復言，
興、誦、倫職事惶恐叩☐死罪敢言之（《肆》簡 1391+1398+1427）

另外還有不少相關的竹簡，如《貳》簡796「尼手創一所，護以所持矛刺」、《伍》簡1971「歸口入謝尼家，夜從[後]與尼奸」等。[31] 大致的情況是夜喜歡尼，並讓晨幫忙以青色的細絹求娶尼，但似乎沒有成功，所以先到尼家與其奸通，後又「略」尼而去，最後在與護的打鬥中被殺死。負責官員總結案情並提出「夜強略人以為妻」的罪行。然而，尼到底是自願與夜奸通及私奔，還是被夜略走呢？如若是後者，尼自然是無罪的受害者。若是前者，且尼已為人妻的話，便干犯了和奸罪；即使尼並非人妻，與夜私通及私奔的行為亦會影響她個人和家族的聲譽。加上夜已物故，且護、斗、臭在逃亡的情況下，無論尼是否人妻，尼及其家人可能會盡量主張尼是無辜的受害者，以在最大程度上保存其名聲及避免被判罪。而負責官員雖然提出「夜強略人以為妻」，但亦認為案情有疑點，需要「盡力逐捕護、斗、臭」，從而進一步查核，即「考實有曾異以後情，正處復言」。

四、婚姻的地域性、女性的遺產權、日常工作及其他零散資料

除了上述的議題，還有很多因資料有限而無法展開討論的部分。例如有關離婚的主動權及條件，暫時僅見前引《壹》簡306「脩嫁珠為其縣男子蔡洫妻，無子，棄」一例，不足以說明東漢社會女性普遍會因沒有生育子女而被丈夫休棄的情況。又及，婚姻的地緣結構亦是值得探討的方向。再次以「元的遺產案」為例，元應是長沙郡臨湘人，而脩大概是零陵郡泉陵人，雖然兩地間有湘水相連，[32] 但仍反映了跨郡的婚姻。

---

31 還有《伍》簡1888、簡1908、簡2017及《陸》簡2418等。
32 黎明釗，〈試析長沙五一廣場出土的幾枚東漢簡牘〉，頁11–32。

只是元為商人，行商甚至居於長沙及零陵以南的蒼梧郡，自然流動性較高。又如「雷旦案」中記雷旦與姬各嫁，姬居於南鄉逢門亭部，而旦居於桑鄉廣亭部，雖然簡文沒有記錄她們的原居地，但無論她們原居於南鄉、桑鄉抑或其他地方，起碼有一人是嫁於非同鄉男子。與之相反，上文已提及「脩嫁珠為其縣男子蔡洫妻」，還有「為同鄉男子張□妻」（《肆》簡 1518）、「妾更嫁為同鄉男子楳國妻」（《陸》簡 2202+2636）等，充分顯示了東漢長沙社會近距離成婚的情況。另外，《叁》簡 880記「寵與父武、母臧及咊、漢妻妟等俱居，各有廬舍監亭部。寵，堤下；漢、撫，松田丘。相比近，皆各以田作為事」，寵與漢妻妟俱居於監亭部堤下，而漢居於監亭部松田丘，姑莫論漢與其妻妟是分居還是戶籍記錄問題，仍體現了同亭部「相比近」的婚姻。

　　論及五一廣場東漢簡所見的女性遺產權，除了「元的遺產案」中珠被棄後可能想與母親脩回臨湘奪回父親元的遺產外，[33]《選釋》例 107記有「男子樊柱自言：與姊醜爭財物。醜母物故，父孟御所有婢財產柱」，顯示御婢子柱與姊醜（大概是嫡女）爭財物。雖然《二年律令》僅見不同爵位在「毋（無）適（嫡）子」的情況下讓孺子子、良人子、下妻子、偏妻子、孽子繼承，[34]沒有提及御婢子是否有繼承權，[35]但不論

33　黎明釗，〈試析長沙五一廣場出土的幾枚東漢簡牘〉，頁 11–32。

34　張家山漢簡《二年律令》367–368、361–362。

35　有關御婢子的討論可參劉欣寧，〈秦漢律令中的婚姻與奸〉，頁 199–251。簡單來說，《二年律令》385 亦有「婢御其主而有子，主死，免其婢為庶人」的規定，嶽麓秦簡《為獄等狀四種》甚至有「識劫婉案」，顯示大夫沛在妻子去世後免其妾婉為庶人，以其為妻，婉之子更可繼承父親沛的爵位及財產，所以御婢子亦可能有繼承權。

是否嫡子，子男的繼承權都先於子女。[36] 此簡另外與《選釋》例 105 及例 111 相關，[37] 柱似乎被某人毆擊後，憤而離家與世俱居，但具體如何與姊醜發生財產糾紛則尚不得而知，留待日後更多相關簡文公佈。

　　比起遺產，女性自己的工作及財產更為重要。根據五一廣場簡，女性私人持有的財產包括衣服[38]、牛[39]、錢[40]以及房屋[41]等，並可透過出租盧舍賺取傭錢。至於女性從事的工作，簡中可見女子從事田作、佃作、績紡、販賣、釀酒等工作（見表二），基本上除了出任官職及庸債外，臨湘地區一般男女所從事的工作大致相同。[42] 換言之，「男耕女織」並非絕對情況，有同時從事田作及績紡的家庭，有只從事田作或佃作的女性或家庭，亦有只從事績紡的男性或家庭。值得一提的是，長沙地區的紡

36 張家山漢簡《二年律令》369–371 記：「毋子男以女；毋女以父；毋父以母；毋母以男同產；毋男同產以女同產；毋女同產以妻 ⋯⋯ 」；《二年律令》379–380 記：「死毋子男代戶，令父若母；毋父母令寡；毋寡令女；毋女令孫；毋孫令耳孫；毋耳孫令大父母 ⋯⋯ 」所以基本上都是由兒子優先繼承。

37 此案曾由謝雅妍同學在讀簡班上報告。

38 大致上是女子王劉凡十一種的衣服被丈夫的母親基賣了，即使丈夫盛及其父親諸想贖回來也不成功。涉及《選釋》例 60、例 70、例 71 及例 83 等簡。

39 《選釋》例 21 以及《壹》簡 336A/B 都提及「劫女子王綏牛者」、「強盜女子王綏牛」，明確表明牛的所有者為女子王綏。

40 如《選釋》例 106 中「女子溏貞以永元十四年中從石母列貸錢二萬」。

41 如《叁》簡 1121 中「武儌都亭部女子黃聖舍一孔，月直錢百五十」以及《壹》簡 377 中「俱過女子烝奈舍」，同時有《貳》簡 433「語丘男子唐豐舍」，可見這種表述顯示了該盧舍的所有人。

42 雖然漢代長沙地區還有製陶、冶鐵等生產活動，很多客商來往，除此還有各種刑徒及奴婢，但若只根據解書的司法文書的身分信息部分，大部分縣民皆以田作、績紡及販賣為事。

織業非常發達，有不少人種植桑柘麻紵以及藍草等植物染料，[43] 因此即使是同時從事田作及績紡的家庭，亦沒有證據說明只有「男耕女織」的工作模式，有可能是全家，甚至全亭部、全丘共同種桑、養蠶、紡績、染布、製衣等。

表二：五一廣場簡所見部分工作記錄

簡文	工作性質		
	男	女	性別不明
有廬舍庾亭部，以績織為事。（《選釋》例 62）			績織
□便因緣。都、解止通舍數日。債代南山鄉正，隨佐區肝在鄉。到九年九月中復還。解、通以庸債、販賣為事。通同產兄給事府，今年五月十日受遣將徒（《選釋》例 63）	庸債、販賣、給事府		
以販禾為事戴⋯⋯本□□相識知今（？）□不處日⋯⋯寧可助（《壹》簡 144）			販禾
階、番武等相比近知習，各以田作、績紡為事。（《壹》簡 303）			田作、績紡
近知習，各以田作為事。貪、祉、熊以故吏給事縣。（《壹》簡 90）	給事縣		田作

---

43 有關種植桑麻及染料的資料，可參「南陽茨充代颯為桂陽。亦善其政，教民種殖桑柘麻紵之屬，勸令養蠶織屨」，引自《後漢書》，卷 76，〈循吏列傳〉，頁 2460；溫玉冰，〈讀《長沙五一廣場東漢簡牘選釋》札記一則 —— CWJ1③:325-2-5 木兩行考釋〉，載黎明釗、馬增榮、唐俊峰（編），《東漢的法律、行政與社會》，頁 109–130；中國科學院動物研究所脊椎動物分類區系研究室、北京師範大學生物系，〈動物骨骼鑑定報告〉，載馬王堆漢墓帛書整理小組（編），《長沙馬王堆一號漢墓出土動植物標本的研究》（北京：文物出版社，1978），頁 1–42。

簡文	工作性質		
	男	女	性別不明
戶、秉、走、尉、慮、光、庫田作、接居、績紡為事。（《壹》簡 100+101+102）			田作、接居、績紡
董，上丘；旦，橋丘；與男子烝願、雷勒相比近知習，輔農以田作，真、旦績紡為事。普以吏次署獄掾；董，良家子，給事縣，備獄書佐，不處年中良給事縣（《壹》簡 126） 往不處年中，姬、旦各嫁，姬為蘇惠；旦，良妻，自有廬舍。姬，逢門；旦，廣亭部，與男子呂寶、烝次、雷勒等相比近知習。惠，賈販；旦、姬，績紡為事。到永初（《壹》簡 348）	田作、給事縣、賈販等	績紡	
輒訊問任、知狀女子馬親、陳信、王義等。辭皆曰：縣民，各有廬舍御門都亭部，相比近知習，各占租坐賣繳帶為事。任今月十七（《壹》簡 304）	占租、坐賣繳帶		
☑□吳陽女子劉姬、李姜釀酒 …… 言（《壹》簡 330）		釀酒	
考問，辭具服，與脩、若、丸等辭合驗，即脩、若、丸等證・案：宏、宮蒙恩在職，不思竭力盡忠，洒心自守，知詔書不得糜穀作酒，公教南讓酒，至今（《壹》簡 378）		釀酒	
縑，廳亭部，以佃作為事；良，往不處年中娉取縑為妻，今年九月不處日，良以吏次署杆亭長，將縑之亭；武為小伍長，俗往來亭助走使。（《壹》簡 380）	亭長、小伍長	佃作	
置，如波亭部蕥渚丘；譚，廱亭部帛粗丘；各以田作為事。（《貳》簡 466）	田作		

簡文	工作性質		
	男	女	性別不明
辤皆曰：縣民，各有廬舍竇亭部，皆比近相識。知，以田作；念，績紡（《貳》簡 539）			田作、績紡
□皆相比知習，以田作、績紡為事。危父柱、有父古枯田可種，三斛所與□□檖所有財田相比近。柱貧窮，往不處年中賣其田與檖，直禾八斛，斛為（《貳》簡 585）			田作、績紡
輒考問寵、漢、知狀寵同產兄凩、逐事伍長馬、撫。辤皆曰：縣民，寵與父武、母臧及凩、漢妻姃等俱居，各有廬舍監亭部。寵，堤下；漢、撫，松田丘。相比近，皆各以田作為事。（《叄》簡 880）	田作		
▨民，廬居駟朢亭部，各以田作、績紡為事（《叄》簡 1064）			田作、績紡
辤皆曰：縣民，各有廬舍駟朢亭部，相比近知習，以田作為事□（《叄》簡 1067）			田作
有廬舍，眾，廣成；武，僦都亭部女子黃聖舍一孔，月直錢百五十，各以販賣、績紡為事；邯以吏次署都亭長。今年六月三日，武從官市鮮魚十斤，直錢六十，眾於所有田溏中捕得小魚（《叄》簡 1121） 武家在都亭；眾家（？）□亭部，武、眾以販魚；通，績紡、田作為事。今▨（《肆》簡 1600+1593+1611）	販魚、績紡、田作等	出租廬舍	
□何等，辤皆曰：縣民，各有廬舍廣亭部，以田作、績（《肆》簡 1682）			田作、績紡

簡文	工作性質		
	男	女	性別不明
男子黃斗、胡戈文煩伍山、張育等，比近知，皆以佃作；尼、晨，紡績為事。今年正月不處日，夜謂晨曰：我心好胡尼，汝為我以縑青求之為妻。晨曰：可。其月不處日（《伍》簡 1713+2158+1739）	佃作	紡績	
考問林同產兄所、所男弟倉，節訊林妻怗、拒弟武妻聞等，辭皆曰：縣民，各有廬舍廣亭部，相比近知識，以績紡為事。拒母斂、斂姊子女貞、貞父河、母果往不處年月日嫁貞為（《伍》簡 1751+5175+4372+3100+4365）	績紡		
考問知狀者男子李紀，節訊少、卿妻儒、鱮妻濡、紀妻澤等，辭皆曰：縣民，自有廬舍麑亭部杯丘，與男子胡元、胡衛等相比近知習，各以田作、績紡為事（《伍》簡 1842）	田作、績紡		
☒柱、紀伯、紀仲，節訊難，辭皆曰：郁，吏次署視事；干、伯等縣民，廬 ☒部租溲丘，相比近知習，田作、績紡為事。難不處年中嫁為（《伍》簡 2150+1872+1866）	田作、績紡		
待與夫山及姬、盡、成、親等俱居，待、姬自有舍宅御門亭部，與男子傅仲、李次等相比近知識，各以績紡；柱，庸債為事。廣，吏次署視事，債柱為辛（《陸》簡 2199）	績紡		
（同上）	庸債		
何、延等，相比近知習，以田作為事。不處年中，妾更嫁為同鄉男子樣國妻，產子女愈（《陸》簡 2202+2636）			田作
母☐，辭皆曰：縣民，皆比近，田作為事，元年十一月不處日☐☒（《陸》簡 2354+2451）			田作

五、結語

　　總括而言，長沙五一廣場東漢簡牘提供了一些新資料，讓我們得以重新檢視漢代女性的生活。從官文書所錄女性姓名來看，司法文書中不論男女都要清楚記錄其姓名，特別是原告、被告及受害人。至於知情人或其他相關人士，因司法文書主要著眼考實於涉案人的親朋鄰里關係而非姓氏，若該人與原告及其他前述涉案人無親緣關係，又無官職爵位者，則會記作「女子／男子某某」，注明姓名；若與前述涉案人有親緣關係，即便是母系家族成員，亦會省寫姓氏。加上文獻及漢簡中的已婚女性，既有從夫姓的，亦有不從夫姓的。因此，即使文書僅記「妻某」、「母某」而不書姓氏，在沒有更明確的證據下，不能直接推測這些女性甚或是所有漢代女性婚後都會從夫姓。

　　又及，筆者嘗試從文書表述及記錄來分析漢代女性於婚姻中的能動性，包括婚嫁、招贅、通奸及再婚等行為。其一，簡文不足以說明相關女性是否自願成婚，且從「（父母）嫁某為某妻」以及「無媒娉，不應人妻」等話語來看，起碼長沙地區確實遵循「父母之命，媒妁之言」。相反來看，「無媒苟合」的招贅、奸通等行為亦在一定程度上顯示了漢代女性的能動性，同時反映了長沙地區官員似乎更習慣以媒聘之禮來評判夫妻的婚姻狀態。其次，透過數例更嫁的記錄，可知東漢長沙社會對於女性再嫁的年齡、此前的婚嫁及子女狀況均頗為寬容，女性更嫁並非罕事。

　　最後，囿於材料不足，只能淺談東漢長沙地區婚姻的地緣結構及女性的工作等若干議題，望隨著更多資料的公佈，日後可再行補充修改。

從「格殺亭長賊區義」看東漢和帝至安帝時期臨湘縣地方治安的機制與盲點

——以長沙五一廣場出土簡牘為中心

姜樹青

一、前言

　　東漢時期的臨湘縣隸屬於荊州刺史部長沙郡，距離都城洛陽逾一千五百里。[1] 考察臨湘地區地方治安的維持，須考慮其在地性（locality）。[2] 自和帝（88–106年）至安帝時期（106–125年）的三十七年間，多山多水的臨湘縣一直是當時商業都會之一，[3] 資源及人員流通頻繁，其社會治安既遵循著漢代普遍的管理機制，又存在著一些盲點，這反映了帝國對地方控制的遲滯。從長沙五一廣場東漢簡牘可見，臨湘縣既有一套「縣、鄉、里（丘）」的行政系統，又有一套「縣、部、亭」的治安系統，兩套系統相輔相成，共同踐行著漢代以文書治天下的傳統。相較於傳世文獻著眼於漢帝國公權力及其實施者的視角，長沙五一廣場東漢簡牘一則為觀察東漢地方掾吏執法提供了窗口，再則為解構案犯心理和行為提供了材料。[4]「亭」是帝國權力觸角的末端，而亭長與案犯的對立及衝突在臨湘地區多山多水的地理環境中得以放大，這既可折射東漢時期地方治安管控的機制，又可呈現帝國權力無法關照到的

---

1 譚其驤（主編），《中國歷史地圖集》（北京：中國地圖出版社，1982），第2冊，頁40–41、49–50。

2 「在地性」既可指大至文化區域的歸屬感，亦可指小到行政地域範圍，其範圍尺度彈性極大，大可至國家地區，小可至村落社區。筆者在此借用「在地性」的概念，以為下文討論臨湘地區地方治安特徵一鋪墊。詳見楊弘任，〈何謂在地性？：從地方知識與在地範疇出發〉，《思與言》49.4（2011），頁5–29。

3 黎明釗，〈試析長沙五一廣場出土的幾枚東漢簡牘〉，載黎明釗、馬增榮、唐俊峰（編），《東漢的法律、行政與社會：長沙五一廣場東漢簡牘探索》（香港：三聯書店，2019），頁22。

4 參見長沙文物考古研究所等（編），《長沙五一廣場東漢簡牘選釋》（上海：中西書局，2015）；長沙文物考古研究所等（編），《長沙五一廣場東漢簡牘（壹至陸）》（上海：中西書局，2018–2020）。為免冗贅，本文使用這批資料時，將直接引用整理編號而不另下注釋。

盲點。

　　本文以長沙五一廣場出土簡牘為中心，結合傳世文獻、出土簡牘與前人研究，回應以下問題：一，東漢臨湘地區的「亭長」職能是否具有專門性？二，地理因素如何影響地方執法者與違反規則者（即案犯）間的互動？三，地方執法者對律令的執行是否具有彈性？原因為何？

二、臨湘地區「亭長」職能專門化及其挑戰

　　亭作為漢代地方治安系統的底層機構，與其轄區的民眾互動直接且頻繁。[5] 在目前已公佈的長沙五一廣場東漢簡牘中，「亭長」及相關詞條出現多達 158 次（見附表）。該批簡牘中，除「亭長」外，亦出現「例亭長」、「兼亭長」、「郵亭掾」等稱謂，以下將對其職能逐一考釋，進而反思其在職能行使機制及挑戰。

1. 專職捕盜賊者：臨湘地區「亭長」考釋

　　亭長主轄區治安。「亭有亭長，以禁盜賊 …… 尉、游徼、亭長皆習設備五兵。五兵：弓弩、戟、楯、刀劍、甲鎧 …… 設十里一亭，亭長、亭候；五里一郵，郵間相去二里半，司姦盜。亭長持二尺板以劾賊，索繩以收執賊。」[6] 儘管引文後半部分描述的是東漢邊郡的武備配置，其對於內郡亭長的任職資格亦具有借鑑意義，說明即便他們不需習

5　關於漢代「亭」的功能與隸屬關係，學界莫衷一是。黃義軍將其分為邊疆亭與內郡亭，後者又分為都市亭和鄉野亭。長沙郡臨湘縣所轄諸亭，當屬內郡亭中的鄉野亭。參看黃義軍，〈關於漢代「亭」的幾個問題〉，《中國歷史地理論叢》2006.2，頁75–79。

6　〔南朝宋〕范曄，《後漢書》（北京：中華書局，1965），志 28，〈百官五〉，頁3624–3625。

「五兵」，但至少要具備一定的格鬥素養，恰好印證後文的討論。

與傳世文獻所述內郡亭長類似，臨湘地區的亭長一直專職於緝捕案犯。長沙五一廣場東漢簡牘顯示，亭長往往不止配有一名亭卒。譬如：

> 亭卒孫建等（？）□□□□亭長□□以□□斫奇、建（？）□□（《叄》簡 867）

那麼，亭長之職由何人擔任呢？據長沙地區出土的東漢簡牘，亭長通常由當地大姓的族人擔任。譬如，長蘭亭長張□，「張」即為長沙大姓。[7] 另據吳簡，「區」亦為臨湘當地大姓。[8]「區」姓者在長沙五一廣場簡牘中形象正負參半：既有都亭長區昭、陽里故吏區□、鄉佐區輔，又有

---

7 長沙市文物考古研究所、中國文物研究所（編），《長沙東牌樓東漢簡牘》（北京：文物出版社，2006），頁 75。關於「大姓」之判別標準，王萬雋認為，須有兩同姓以上任郡縣吏掾，分為長沙郡級大姓與縣級大姓，詳見王萬雋，〈漢末三國長沙族群關係與大姓研究之一 —— 漢末部分〉，《早期中國史研究》2.1（2010），頁 54–57、62。其用該標準統計分析長沙東牌樓東漢簡牘所涉及的「大姓」，並與走馬樓三國吳簡相互參詳。但應注意的是，由於時間先後關係，不能將其直接應用於長沙五一廣場東漢簡牘中，意即在長沙地區，東漢章帝、安帝時期的「大姓」，亦可能於其後衰落，以致寂寂無名；同樣，東漢末期亦可能於該地區崛起另外「大姓」。關於這一點，王氏也在後文以「劉」、「桓」二姓進行論證，向上追溯其至東漢順帝永和年間。當然，對長沙東牌樓漢簡、長沙五一廣場漢簡作一姓氏上的統計與分析，對於理清東漢章帝、安帝時期至靈帝時期長沙地區族群變化，具有一定的參考意義。黎明釗先生將漢代的豪族大姓分為四類：經濟大地主型、官吏型、學術型、其他類，指出豪族大姓於不同時間段形態可能轉變，其主要利用簡牘材料為長沙出土嘉禾年間《嘉禾吏民田家莂》，參看黎明釗，《輻輳與秩序：漢帝國地方社會研究》（香港：中文大學出版社，2013），頁 19、28–29。結合二者的研究，則長沙五一廣場東漢簡牘中的大姓，以縣級官吏型大姓居多。

8 黎明釗，《輻輳與秩序》，頁 316。

格殺亭長的區義、殺死謝昌的男子區京等人。漢代的豪族大姓於史籍所列並未盡然，但其已「融入官僚系統，成為郡縣掾吏、鄉里亭長，其家族成員散佈在官僚結構之中，有廣大的關係網絡」，從而拓展其於地方上的利益。[9] 漢高祖劉邦、漢武帝大臣王溫舒、光武功臣吳漢、將領臧宮等人為亭長之際，收養賓客，其行頗具「群盜」特徵。[10] 但要注意，這些「亭長」皆處於秦漢交替、前後漢交替之亂世，嘯聚一方，具備當世正統的執法者和類似「群盜」的反叛者雙重身分。而和帝至安帝時期，帝國運行相對平穩，這些異類亭長鮮少出現，多數安分地運作於帝國地方治安維繫的鏈條之上。

2. 亭長的監察者：「郵亭掾」

目前已公佈的長沙五一廣場簡牘中，「郵亭掾」一職共出現四次（見表一），東牌樓東漢簡牘中除了「郵亭掾」一職外，亦出現「郵亭長」，二者皆未見於史籍。[11] 以下將結合傳世文獻與簡牘材料對臨湘縣「郵亭掾」的職能及其與亭長之關係作一考論。

9　黎明釗，《輻輳與秩序》，頁 399、410。

10　黎明釗，《輻輳與秩序》，頁 392–395。

11　「郵亭長」見於「建寧年間佚名書信」木牘二八；「郵亭掾」見於殘簽牌一一〇六，「故郵亭掾李」。參看長沙市文物考古研究所、中國文物研究所（編），《長沙東牌樓東漢簡牘》，頁 84、114。長沙東牌樓東漢簡牘反映的是東漢末年臨湘地區的狀況，可見「郵亭掾」、「郵亭長」之類職位依然存在。

表一：長沙五一廣場已公佈東漢簡牘（壹至陸）中「郵亭掾」統計表 [12]

序號	轄區	姓名	職位	簡號
*23	中部	揖	郵亭掾	330 木牘 2010CWJ1③:164
*29	東部	趙竟	郵亭掾	359 木兩行 2010CWJ1③:193
*35	東部	張茂	郵亭掾	381A/B 木兩行 2010CWJ1③:199-4A/B
*84	東部	參	郵亭掾	1106 木牘 2010CWJ1③:264-260

「郵亭」一詞則見載於先秦及兩漢的傳世文獻。《墨子・襍守》載：「筑郵亭者圍之，高三丈以上，令倚殺。」[13] 此處「郵亭」用作瞭敵預警，為軍事防禦建築，而非行政機構。《漢書・平帝紀》載：「考察不從教令有冤失職者，宗師得因郵亭書言宗伯，請以聞。」[14] 此處「郵亭」已具備傳遞文書的功能。而《漢書・循吏傳》曰：「使郵亭鄉官皆畜雞豚，以瞻鰥寡貧窮者。」[15] 可見，西漢期間的郵亭已演化為具有接待功能的地方機構。[16] 在《漢書・趙充國傳》中可見於邊疆地區「其間郵亭多敗壞者」，以及對付羌人策略「以閒暇時下所伐材，繕治郵亭」。[17] 則此處「郵亭」既為邊疆交通、通信系統的一節點，又保留了先秦的軍事警

---

12 此表格根據筆者製作的「長沙五一廣場已公佈東漢簡牘（壹至陸）『亭長』統計表」（本篇附表）整理製成，保留原表序號。

13〔清〕孫詒讓，《墨子間詁》（北京：中華書局，1954），卷 15，〈襍守〉，頁 367。

14〔東漢〕班固，《漢書》（北京：中華書局，1962），卷 12，〈平帝紀〉，頁 358。

15《漢書》，卷 89，〈循吏傳〉，頁 3629。

16 郵亭的人事接待功能在東漢亦有體現：「（趙孝）嘗從長安還，欲止郵亭。亭長先時聞孝當過，以有長者客掃灑待之。」見《後漢書》，卷 39，〈趙孝列傳〉，頁 1298-1299。

17《漢書》，卷 69，〈趙充國傳〉，頁 2986-2987。

戒功能。東漢時期的「郵亭」見於王充《論衡·感虛》:「星之在天也,為日月舍;猶地有郵亭,為長吏廨也。」[18] 以及《論衡·談天》:「又以二十八宿效之,二十八宿為日月舍,猶地有郵亭為長吏廨矣。郵亭著地,亦如星舍著天也。」[19] 考慮到《論衡》時常借喻說理、用詞浮誇,此處「郵亭」當理解為郡縣高級官吏的休憩之所。[20] 綜上,「郵亭」若用於邊郡語境下,則具備軍事通信和警戒功能;若用於內郡語境下,應為郵傳和人事接待之所。[21]

「郵」、「亭」屬於同一系統,為漢朝政府控制地方的重要環節,故而文獻常將「郵亭」並稱。從長沙五一廣場東漢簡可見,郵亭掾所處的轄區涉及臨湘縣諸部,如中部、東部。臨湘縣各部所轄的亭長主追捕案犯等治安職能,那麼「郵亭掾」職能為何?簡 359 提供了一些線索:

廷書曰:故亭長李嵩病,郵亭掾趙竟勑楮溪例亭長黃詳次領嵩軄(職)。其夜雞鳴時,詳乘馬,將子男順起例之廣成,到赤坑冢閒。詳從馬上見,不知何一(《壹》簡 359)[22]

---

18 〔東漢〕王充(撰),黃暉(校釋),《論衡校釋》(北京:中華書局,1990),卷 5,〈感虛〉,頁 232。

19 《論衡校釋》,卷 11,〈談天〉,頁 484。

20 長沙五一廣場讀簡會的劉天朗學長指出,雖「廨」可釋作「衙署」,但此處通「解」,即「解止」,更為合理。

21 長沙東牌樓東漢簡牘整理小組認為東漢長沙地區「郵亭」、「傳驛」並置,前者負責郡縣內交通,後者負責郡縣外交通。參看長沙市文物考古研究所、中國文物研究所(編),《長沙東牌樓東漢簡牘》,頁 71。

22 斷句參考蔡雨萌,〈讀《長沙五一廣場簡牘(伍、陸)》札記〉,武漢大學簡帛研究中心「簡帛」網站:http://www.bsm.org.cn/?hanjian/8435.html,2021.09.13。(搜尋,2021.12.18)

該例中，「勑」即命令的意思，楮溪原來的亭長李嵩因病未能履職，故而東部郵亭掾趙竟命令例亭長黃詳接任其職位。這暗示了郵亭掾職位應當高於亭長，前者有權節制並監察後者。另外，郵亭掾經手往來文書時需要加蓋其官印，亦暗示其當屬郡縣一級官吏。[23] 如下例：

> 永初二年閏月乙未朔四日戊戌，東部郵亭掾茂叩頭死罪敢言之。廷移
> 府記曰：男子石官自言，同丘男子區伯，伯子男儀以今年四月中，共
> （《壹》簡381A）

> 東部郵亭掾張茂名印
> 　　　　　　　　　史　白開（《壹》簡381B）
> 閏月　日　郵人以來

3. 過渡的救場者：「例亭長」

臨湘地區的亭長僅具備「禁盜賊」的治安職能，並不負責郵傳、接待等事務，其上有郵亭掾加以監察節制。然而，從簡牘所反映狀況來看，除亭長外，臨湘縣諸部所轄的亭亦出現了一些臨時設立的「例亭長」（見表二），其職位具有一定的臨時性和過渡性。

---

23 長沙五一廣場讀簡會的劉天朗學長指出，郵亭掾當為「制度掾」，即縣廷掾吏會因職務不同而被冠以不同的職稱，其職稱具有一定的彈性。

表二：長沙五一廣場已公佈東漢簡牘（壹至陸）「例亭長」統計[24]

表二：長沙五一廣場已公佈東漢簡牘（壹至陸）「例亭長」統計[24]

序號	轄區	姓名	職位	簡號
#1	沂口亭	楊皋	例亭長	3A 木牘 2010CWJ1①:3A
#30	楮溪亭	黃詳	例亭長	359 木兩行 2010CWJ1③:193
#37	繚溪亭	福	例亭長	426A 木兩行 2010CWJ1③:202-1A
#38	獨櫟亭		例亭長	
=61	庚亭	伯	兼亭長	692 木兩行 2010CWJ1③:263-42
#92	櫟丘亭	轉	例亭長	1296 竹簡 2010CWJ1③:265-42
#93		□□	例亭長	1299 竹簡 2010CWJ1③:265-45
#119	廣亭	謝暘	例亭長	1752+1755 木兩行 2010CWJ1③:266-84+266-87
#121	左部		例亭長	1792 木牘 2010CWJ1③:266-124
#122	（左部）		例亭長	1796 竹簡 2010CWJ1③:266-128
#123	（左部）		例亭長	1798 竹簡 2010CWJ1③:266-130
#124	（左部）		例亭長	1800 竹簡 2010CWJ1③:266-132

　　筆者採用李均明先生對於「例亭」的解釋，泛指具有遮攔檢查功能的臨時崗亭，而「例亭長」即為基於對當地實際情況的考量而臨時設立的職位。[25]譬如，五一簡 1792 提及，適臨湘縣逢輸租交稅時節，左部賊捕掾考慮到當地的治安狀況，希望縣廷批准在鄉民進入縣城途中解止之

24 該表格據筆者製作的「長沙五一廣場已公佈東漢簡牘（壹至陸）『亭長』統計表」（本篇附表）整理製成，保留原表序號。筆者認為，「兼亭長」與「例亭長」出現原因類似，故將其歸於一類。

25 李均明，〈五一廣場東漢簡牘所見「例亭」等解析〉，《出土文獻》2020.4，頁 6–12。

處設置例亭長一人，以「禁絕姦人」。簡文如下：

> 兼左部賊捕掾勤叩頭死罪白：案故事，橫溪深內（匿），常恐有小
> 發，置例亭長禁姦，從聞以來省罷。方今民輸租時間，潕陽鄉民多解
> 止橫溪入縣輸租，或夜出縣歸主人，恐姦猾昏夜為非法，姦情難知。
> 願置例亭長一人，禁絕姦人，益為便。唯廷。勤愚戇，職事無狀，惶
> 恐叩頭死罪死罪（《陸》簡1792）

除了臨時加強治安的需要外，筆者認為，前任亭長職位空缺亦可能
成為例亭長出現的動因。亭長更替，原因有三：一則因功升遷，二則因
公殉職或遭仇殺，三則獲罪遭免。《尹灣漢墓簡牘》中所列西漢東海郡
長吏名籍可以提供一些參考。其中亭長因功（捕盜或廉潔）升遷者七人
（見表三），皆非士大夫豪族。[26] 由表格可見，亭長升遷後皆擔任鄉級或
以上的職位，此晉升空間對其具有一定吸引力。

---

26 黎明釗，《輻輳與秩序》，頁181–188。

表三：尹灣漢簡所見西漢東海郡亭長升遷表 [27]

序號	姓名	籍貫	原職	現職	升遷理由
1	史父慶	魯國魯	假亭長 [28]	戚左尉	捕格不道者
2	張崇	南陽郡堵陽邑	亭長	利成右尉	捕格山陽亡徒尤異
3	幾級	南陽郡涅陽邑	亭長	〔繒〕左尉	捕格山陽賊尤異
4	胡毋欽	瑯琊〔郡〕柜	亭長	平曲丞	捕格群盜尤異
5	張永國	淮陽國陳	亭長	蘭旗丞	廉
6	旦恭	魯國魯	亭長	山鄉相	捕格不道者
7	橋敬	魯國魯	亭長	山鄉丞	捕格不道者

　　在地方行政正常運作的情況下，倘若上任亭長因升遷而出現職位空缺，則理應提前遴選並任命下任亭長。那麼，出現臨時任命的亭長，說明前任亭長可能遭遇突發情況以致空缺，不排除遭格殺、因過罷免等因素。長沙五一廣場所公佈的簡牘尚未見亭長因功升遷的記錄，反而有不少亭長因公受傷乃至殉職或者遭遇仇殺的案件。譬如，上述楮溪亭的例

27 連雲港市博物館等（編），《尹灣漢墓簡牘》（北京：中華書局，1997），頁 85–95。

28 對於「假亭長」含義的討論，學界的前人研究頗有值得借鑑之處。沈剛認為「假」即秩階相近的下級代行上級職權，所缺惟程序上之認可，而此種認可是可預期的，即「假」官存在成為真官的可能。高震寰認為「假」即「權宜借號」，以便執行任務，若情況持續，則可成為真官。此處「假亭長」與長沙五一廣場東漢簡牘的「例亭長」有相似之處，皆可視作常制無法解決狀況的過渡措施。詳見沈剛，〈也談秦簡所見之守官〉，載首都師範大學歷史學院（編），《中古中國的政治與制度學術研討會論文集》（北京：首都師範大學歷史學院，2014），頁 25；高震寰，〈試論秦漢簡牘中「守」、「假」、「行」〉，載王沛（主編），《出土文獻與法律史研究》，第 4 輯（上海：上海人民出版社，2015），頁 66–70。

亭長黃詳由於原亭長李嵩生病而接任其職位，然其在例行巡夜時卻遭遇外地不明男子持刀襲擊，幸未受傷，該男子反被黃詳刺傷兩處。[29] 這一方面印證了亭長具備一定的格鬥素養，另一方面也反映出亭長一職的職業風險。此外，「雷旦、張董財產糾紛案」中，前廣亭長雷良則因犯罪而遭削職下獄。[30] 這些因素都為例亭長的設立創造了可能。

三、「格殺亭長賊區義」的去向

上文討論了東漢臨湘地區亭長的職能分工及其職業風險。亭長緝捕盜賊須直面案犯，易與他們衝突打鬥。目前已公佈的長沙五一廣場東漢簡中載有較多的亭長參與格鬥，乃至被殺的案例，藉這些史料，可窺東漢時期地方社會之一斑。在「黃詳遇刺案」中，楮溪亭長黃詳憑藉自身的格鬥素養令刺殺者未能得逞，然「區義案」中的獨櫟例亭長則被兇犯區義殺害。案犯區義不僅殺害例亭長，而且盜掘墳墓。據簡428、395、447，區義始終未被抓獲，於是該案負責人抓獲他的兄長、母親和妻子。後在押解過程中，區義的兄長絜被押解他的縹溪例亭長福等人格殺。案情相關的具體簡文如下：

> 永元十六年十月丁亥朔廿日戊午，南部游徼栩、柚州例游徼京、縹溪例亭長福，叩頭死罪敢言之。廷前以府唐掾書，陰微起居，逐捕殺獨櫟例亭長、盜發冢者男子區義（《貳》426A）

---

29 詳見蔡雨萌對「黃詳遇刺案」的綴合。參看蔡雨萌，〈讀《長沙五一廣場簡牘（伍、陸）》札記〉。

30 詳見蔡雨萌對「雷旦、張董財產糾紛案」的綴合。參看蔡雨萌，〈讀《長沙五一廣場簡牘（伍、陸）》札記〉。

南部游徼張栩名印

十月　日　郵人以來　史　白開（《貳》426B）

兼南部游徼栩言，格殺亭長賊區義

同產兄絜與捕者吏格鬬、格殺絜解書　十月廿三日開（《貳》428）

即日人事，起居推本義不得，得義兄絜、母縹、絜妻狼，皆收縛。及
縹、狼載福船中。福其日餔時栁州，日未入到雍亭東岸。絜求出更
衣，絜、縹解東，上岸得一大木，可長（《壹》395）

☐絜右肩二所，福復以把刀斫絜，脅創二所，絜

☐姦詐正處復言唯（《貳》447）

　　此案中，臨湘縣廷應郡府要求，部署南部游徼栩等人抓捕犯有「盜
發冢」和「格殺亭長」兩項重罪的區義，然而「不得」，他們只好拘執
其親屬，通過水路押往縣廷。那麼，區義究竟逃亡到何處呢？雖然目前
並無證據說明區義的去向，但是通過探討其他犯案者的事後去向，或許
可以得到一些啟示。

　　長沙地區多山多水，根據黎明釗先生對於臨湘籍客商元的遺產糾紛
案的分析，可知彼時長沙地區水陸交通皆較通達，存在基於婚姻與商業
的人口流動。[31] 這為案犯逃匿提供了交通便利，故重犯事後往往遁入山
中或者逃入鄰縣。例如：

31 黎明釗，〈試析長沙五一廣場出土的幾枚東漢簡牘〉，頁 13–16。

左賊史顏邊白：府檄曰：鄉佐張鮪、小史石竟、少鄭平毆殺

費櫟，亡入醴陵界。竟還歸臨湘，不處鮪從跡所，斷絕。案

君教若　文書。前部賊捕掾蔡錯、游徼石封、亭長唐曠等逐捕鮪、

平、竟，跡絕醴陵檳亭部劣淳丘乾溲山中。前以處言，如府

書。丞優、掾隗議請□却賊捕掾錯等。白草（《貳》427）

「府檄」是一種行事急切且具有較強訓誡警示作用的文書形式。[32] 此間既用「府檄」，則表示郡府對該案較為重視。此案中，臨湘縣的鄉佐張鮪[33] 及其兩個副手將費櫟毆殺後，逃入醴陵縣，後雖回到臨湘縣，但是線索中斷。臨湘縣負責該案的賊捕掾、游徼、亭長追捕三案犯，三人最終又逃到醴陵縣，藏身檳亭部劣淳丘的乾溲山中。其失職導致臨湘縣丞請求罷免負責該案的賊捕掾、游徼、亭長。[34] 此處，我們可以觀察到一個臨湘地區基層執法掾吏人事變動的基本邏輯：案犯遁入深山，導致執法人員（含亭長）捕不得，繼而後者被罷免，最終出現職位空缺。那麼，設立例亭長似乎順理成章。

此案弔詭之處在於，負責該案的地方掾吏已經確認了案犯的具體去向，卻未捕獲三人。該案中未能抓捕案犯的癥結並非其逃入鄰縣，而是其藏匿地點——山。地理上，「山」指深山，雖位於漢帝國境內，

---

32 李均明，《秦漢簡牘文書分類輯解》（北京：文物出版社，2009），頁103。

33 該批簡牘中在他處亦出現「張鮪」或者「鮪」，但無法確認是否為同一人。

34 蒙唐俊峰學長指出，該條簡文中「却」字的釋讀存疑：一方面，該字可能為「部」，即「口部」，根據簡文，當為「前部」；另一方面，倘若釋讀為「却」，則既可解釋為罷免，又可解釋為退卻他們之前呈上的文書，要求重新調查。筆者傾向於解釋為罷免。

卻遠離亭郵系統之外，其路途難行、人跡罕至，為亡人藏匿佳所。[35]
觀念上，「山」似乎與「群盜」構成了語言敘述上的關聯。如睡虎地秦
墓竹簡《封診式》記錄案犯逃亡的供詞曰：「⋯⋯山儉（險）不能出身
山中⋯⋯丁與戊去亡，流行毋（無）所主舍，自（白）晝居某山。」[36]
可見逃亡者選擇匿身的山地勢一般較複雜。又傳世文獻載西漢時期，益
州刺史孫寶曾「親入山谷，諭告群盜」；[37]蕭望之觀察到「群盜並起，至
攻城邑，殺郡守，充滿山谷，吏不能禁」。[38]從實際及象徵意義上而言，
「山」成為法外之地的構成要素之一，常為群盜嘯聚之所。案犯事後遁
入山中，並非偶然，「山」或許在當時已成為當地民眾觀念中的「法外
之地」或者地方掾吏慣例中的「禁區」。匿身其中，一則地方官府搜尋
難度及執法成本增加，再則心理上抑或事實上有所依恃。倘若此說合
理，地方掾吏在文書敘述的「不得」，可能並非僅僅陳述結果，而是對
抓捕難度的暗示。諸如「區義格殺亭長案」中拘執其親屬（尤其女性家
人），則為對此的補償性措施，其目的也不僅希望拷問出案犯蹤跡，而
更像是帝國法律體系在執行上有所偏差時，一種無奈的應付措施。當時
臨湘地區人口高度流徙與地理環境，客觀上增加了案犯成功逃亡的機
率，主觀地鼓勵了他們選擇逃匿。雖然漢帝國律法細密、文書暢達，但
其權力觸角深入基層時，對地方的控制卻顯得乏力。

---

35 在五一簡《壹》簡 343 中，一名為「翕」的犯人請人將自己的母親、兄弟、妻兒共
　　計十一人藏匿於北首田旁山中，可見當地民眾或以將「山」作為習慣性匿身之所。
36 睡虎地秦墓竹簡整理小組（編），《睡虎地秦墓竹簡》（北京：文物出版社，
　　1990），頁 152。
37《漢書》，卷 77，〈孫寶傳〉，頁 3258。
38《漢書》，卷 78，〈蕭望之傳〉，頁 3278。

四、臨湘縣基層執法的盲點

在與地方執法掾吏的博弈中，案犯並非是完全被動的一方。他們的逃亡行為，本身已迫使執法者有所權衡。以下將根據出土的秦漢法律條文，剖析案犯的行為和決策。「區義案」中，官方文書將其定性為「格殺亭長賊」。睡虎地秦墓竹簡《法律問答》曰：「求盜追捕罪人，罪人挌（格）殺求盜，問殺人者為賊殺人，且鬬殺？鬬殺人，廷行事為賊。」[39] 漢承秦律，則該案中獨櫟例亭長應當在逐捕區義、與他格鬥時被殺。那麼，在格殺亭長前，區義又為何逃亡？他所犯的「盜發冢」罪或為其動機。據《二年律令·盜律》：「……盜發冢（塚）……皆磔。」[40] 「磔」，顏師古注曰：「磔，謂張其屍也。」[41] 不過，景帝中元「二年（前148年）……改磔曰棄市，勿復磔。」[42] 倘若依此定罪，區義須被判為「棄市」，即於鬧市將案犯處死並丟棄屍身。當然，具體如何將案犯處死，用斬刑還是絞刑，學界尚無定論。[43] 不論如何，此刑罰是具侮辱性的死刑，當為重刑。出於對死亡的恐懼，區義在盜墓事發後選擇逃亡，並且不惜鋌而走險，格殺前來追捕的例亭長。另據《二年律令·賊律》：「賊殺人、鬬而殺人，棄市。」[44] 區義格殺例亭長，又當棄市，這更增強了其逃亡的動機。考慮到上文對「山」及其象徵意義的分析以

---

39 睡虎地秦墓竹簡整理小組（編），《睡虎地秦墓竹簡》，頁109。

40 彭浩、陳偉、〔日〕工藤元男（主編），《二年律令與奏讞書：張家山二四七號漢墓出土法律文獻釋讀》（上海：上海古籍出版社，2007），頁115。

41 《漢書》，卷5，〈景帝紀〉，頁146。

42 《漢書》，卷5，〈景帝紀〉，頁145。

43 關於「棄市」的具體執行手法，李均明、張建國、曹旅寧等學者皆認為當以「絞刑」執行。見趙久湘，《秦漢簡牘法律用語研究》（北京：人民出版社，2017），頁116。

44 彭浩、陳偉、工藤元男（主編），《二年律令與奏讞書》，頁98。

及臨湘地區多山的現實，區義有可能遁入深山。

「區義案」可被視作一典型，案犯基於對預期刑罰的畏懼，並衡量當地自然環境不利官吏追捕後而選擇逃亡。這側面體現了漢代律法之嚴苛，以及地方政府只能對不被涵蓋在亭郵系統之內的區域，維持較弱的控制。另外，《二年律令·亡律》規定：「匿罪人，死罪，黥為城旦舂，它各與同罪。」[45] 有鑑於此，即使案犯擁有良好的親族網絡和鄰里關係，藏身於親友處既有被告發的風險，又會累及親族。因此，欲逃脫懲罰，選擇逃亡或為最上之策。從長沙五一廣場目前已公佈的簡牘來看，臨湘地區民眾既有協助案犯逃亡之例，亦有藏匿人犯之例，這些或可印證其對律令的選擇性遵守。[46] 然而，簡牘並無記錄案犯逃亡後的情況。

討論至此，需要解決一個問題：東漢地方吏民有多熟悉律法？對於罪名及量刑的認知，又會否影響他們犯案後的行為決策？此外，《二年律令》多承襲秦律，[47] 其條文對於東漢的案件又有多少約束力？目前並無足夠的傳世或出土文獻回應這些問題。不過，新莽時期傳達至張掖郡下轄縣城的詔書被置於「鄉、亭、市、里顯見處，令吏民盡誦之」，以求「盡知之」。[48] 可見，邊疆地區較為重視普及法律。當時的吏民會相對

---

45 彭浩、陳偉、工藤元男（主編），《二年律令與奏讞書》，頁 31。

46 五一簡 343、383 等皆見案犯親友協助並藏匿犯人。

47《二年律令》中「二年」具體指李學勤主張的「呂后二年」（前 186 年）還是邢義田主張的「惠帝二年」（前 194 年十月至前 193 年九月），學界莫衷一是，但無論如何不會晚於「呂后二年」。詳見李學勤，〈張家山漢簡研究的幾個問題〉，《鄭州大學學報》2002.3，頁 5–6；邢義田，〈張家山漢簡《二年律令》讀記〉，載氏著，《地不愛寶：漢代的簡牘》（北京：中華書局，2011），頁 144–199；黎明釗，《輻輳與秩序》，頁 239。

48 魏堅（主編），《額濟納漢簡》（桂林：廣西師範大學出版社，2005），頁 228–231。

熟稔他們關心的法條，不過，「亡」並非犯案後的首選，而是他們犯案後權衡利弊後的結果。當然，也有可能他們對「亡」有前例可循，逃亡即成功避罪。

在漢代，詔書作為對漢律的補充，有一定的參考價值。倘若時人按照上述先例「盡誦之」、「盡知之」，則其內容在當地吏民中亦當被知悉。[49] 建武三年（27年）詔書曰：「男子八十以上，十歲以下，及婦人從坐者，自非不道，詔所名捕，皆不得繫。」[50]「區義案」中，地方執法人員似乎不知曉或不在乎以上條文，依然拘執區義的妻、母。無獨有偶，長沙五一廣場簡牘中亦有他例：

> 廷書曰：故賊捕掾殷宮等逐捕賊傷鄉佐區輔賊李高、張巷等。蒙絕不言何□高、巷等所。犯無狀，咎在□等，不以為意，記到，趣推起掩捕高、巷及妻（《伍》簡 1783+1855）

該案中，案犯李高、張巷在賊傷鄉佐後逃亡，賊捕掾追捕無果後，即掩捕李高、張巷的妻子。由此可見，追捕盜賊未得而拘執其親屬（尤其女性），似乎成為臨湘一地執法的定式。此體現了當時臨湘地區地方政府在執法上的彈性。那麼，這種所謂「彈性」又源自何處呢？筆者認為，當從執法者的心理角度考量。

---

49 據敦煌、居延簡牘，皆有對法條「諷誦」、「諷讀」的記錄。冨谷至認為，「諷誦」、「諷讀」當解釋為「出聲朗讀條規以令眾人知曉」，對於漢代內地的基層地區而言，文書命令當由基層負責人諸如里正口頭傳達。故而，儘管庶民百姓識字率較低，但有可能對相關律令耳熟能詳。見〔日〕冨谷至（著），劉恆武、孔李波（譯），《文書行政的漢帝國》（南京：江蘇人民出版社，2013），頁 104、113。
50 《後漢書》，卷 1，〈光武帝紀〉，頁 35。

首先，這種彈性來自於執法者對未能完成任務懲罰的畏懼。《二年律令・捕律》曰：

> □□□□發及鬬殺人而不得，官嗇夫、士吏、吏部主者，罰金各二兩，尉、尉史各一兩；而斬、捕、得、不得、所殺傷及臧（贓）物數屬所二千石官，二千石官上丞相、御史。能產捕群盜一人若斬二人，拜爵一級。其斬一人若爵過大夫，及不當拜爵者，皆購之如律。所捕、斬雖後會赦不論，行其購賞。斬群盜，必有以信之，乃行其賞。[51]

這一規定雖有賞有罰，但由於人的「損失厭惡」（loss aversion）[52] 心理，決策往往基於「損失」（此處為懲罰）而非「收穫」。此外，〈捕律〉又載：

> 群盜殺傷人、賊殺傷人、強盜，即發縣道，縣道亟為發吏徒足以追捕之，尉分將，令兼將，亟詣盜賊發及之所，以窮追捕之，毋敢□界而環（還）。吏將徒，追求盜賊，必伍之，盜賊以短兵殺傷其將及伍人，而弗能捕得，皆戍邊二歲。[53]

顯然，若吏徒追捕殺傷人的案犯無果，且其部下反被案犯殺傷，勢必浪

---

51 彭浩、陳偉、工藤元男（主編），《二年律令與奏讞書》，頁 150。

52 「損失厭惡」理論認為，損失對理性人的負效應遠大於收益帶來的正效應，前者約為後者的兩倍。在此借用這一經濟學概念來解釋地方掾吏對於《二年律令・捕律》中賞罰效應的反應。參看 Eyal Zamir, *Law, Psychology, and Morality: The Role of Loss Aversion* (New York: Oxford University Press, 2015), p. 15。

53 彭浩、陳偉、工藤元男（主編），《二年律令與奏讞書》，頁 148。

費地方政府資源，削弱他們的權威，因此直接相關的執法人員會受到嚴懲。有鑑於此，地方掾吏在獲取案犯蹤跡及追捕時，往往不擇手段，務以「捕得」為要。

其次，官吏的彈性執法，源自法律鼓勵及寬容追捕過程中殺傷案犯的行為。《二年律令·捕律》曰：「捕盜賊、罪人，及以劾劾逮捕人，所捕搐（格）鬥而殺傷之，及窮之而自殺也，殺傷者除，其當購賞者，半購賞之。」[54] 該條律令規定，掾吏在逐捕時，倘若與犯人打鬥或將其逼入絕路而造成殺傷，他們所獲得的獎賞會減半，這也是地方掾吏在逐捕案犯時將其格殺的合法依據。

五、結論

《史記·叔孫通傳》載：「且明主在其上，法令具於下，使人奉職，四方輻輳，安敢有反者？」[55] 這雖為當時叔孫通搪塞秦二世的諛詞，但亦不啻反映了儒者的政治理想。事實上，東漢帝國雖有法令，但非人人奉職。從長沙五一廣場東漢簡牘可見，臨湘地區亭長在職能上的高度專一，無助維持地方的良好治安；亭長反而在與案犯周旋過程中，屢遭殺傷或失職，此促使臨時、過渡性的「例亭長」的出現。臨湘縣多山的地貌及便利的水路交通，使案犯熱衷於犯案後逃亡，而當地掾吏基於自身利益考量，在執行律令時體現出一定「彈性」。

---

54 彭浩、陳偉、工藤元男（主編），《二年律令與奏讞書》，頁151。
55〔西漢〕司馬遷，《史記》（北京：中華書局，1959），卷99，〈叔孫通傳〉，頁2720。

此外，臨湘地區民眾「聚族而居」，[56] 又有異姓雜處，不同姓氏的居民保存著多樣的鄰里關係，[57] 並非單純地依附豪族大姓。土地對民眾的綑縛相對較弱，故基於壟斷土地而產生的豪族大姓，對個體成員的控制力也相應減弱。[58] 換言之，雖然漢代以農立國，基層民眾的親緣關係往往綑定於土地，而且在會網絡中發揮相當作用，但同時應注意到臨湘地域所蘊含的商業元素，使得身處以上社會網絡的人們，以別樣的方式應對國家權力。這種多樣性反作用於地方政府，增加了地方治安管控的難度，也促使地方掾吏在執法過程中不擇手段，「選擇性」地忽略一些法律規定。雙方的這種互動，在當時的臨湘地區似乎已成固定的範式，揭示了游離於成文法之外的群體習慣如何影響地方治安。漢帝國的政府的司法架構中，以「亭」為終點，這恰恰是權力觸角的邊緣，是遠離同質

---

56 黎明釗先生詳細研究了臨湘地區的十種大姓，推論出其民「聚族而居」，同時也注意到，東漢嘉禾四、五年（235–236 年）的臨湘縣並非「一姓一丘」，即一姓主導一丘里，而是四鄉十姓，互相雜處。參看黎明釗，《輻輳與秩序》，頁 371。長沙五一廣場簡牘為和帝至安帝時期，為走馬樓吳簡之前一百餘年，若就此追溯，或許彼時臨湘縣並未形成上述十個大姓，而是僅具雛形，又或已然形成，並且得以順利傳承（筆者以為此中可能性並不大），這百年間必然伴隨大姓的形成、繁盛、消亡。

57 關於漢代「鄰里關係」的研究，學者考論多源自傳世文獻如《漢書》、《後漢書》，其主題圍繞鄰里和睦與鄰里失和。參看薛瑞澤，〈漢代鄰里關係研究〉，《上海大學學報（社會科學版）》2003.5，頁 48–53。然不論何種主題，皆以能夠載入史籍的儒家官員為例，班固、范曄在裁剪其事例之時，自然有宣揚儒家教化諸如孝道之考量。在尚存「儒吏之爭」的漢代，相較傳世文獻，出土簡牘等官文書並尚未被時人二次加工。那麼其中所反映的鄰里關係又如何呢？有飲酒、互助，亦有鬥毆等現象的存在，即鄰里關係受血緣、地緣、利益等因素影響，複雜而多樣，非一「和睦」與否可以概括。

58 這與有漢的戶籍制度並不相悖。雖然目前已公佈的長沙五一廣場簡牘中有關戶籍的簡牘較少（如簡 2173），但是從相關案件中對於涉案人員戶籍（姓名、年齡、性別、籍貫、社會身分及遷徙至相鄰郡縣等）等信息明確的陳述，可推測編戶齊民在當時依然運作有效。

化嚴重的中心的地帶，於此群體間的差異得以放大，從而為觀察其組織、行為及心理提供了更清晰的視角。

後記

　　本文的寫作和修改多蒙黎師明釗、劉天朗學長、唐俊峰學長，以及長沙五一廣場讀簡會諸位同門惠賜建議，幫助筆者釐清了一些關鍵概念，獲益匪淺。筆者在漢代簡牘及地方史研究上尚未窺門徑，本文亦必頗多不足之處，望不吝斧正。

序號[60]	轄區	姓名	職位	簡號
#1	沂口亭	楊皋	例亭長	3A 木牘 2010CWJ1①:3A
2	口亭	朱戎	亭長	
3	高置亭	純護	亭長	4 木牘 2010CWJ1①:4
4	麇亭	王固	亭長	88A 木兩行 2010CWJ1①:92A
5	長賴亭	長祉	亭長	90 木兩行 2010CWJ1①:94
6		董种	亭長	123 木兩行 2010CWJ1①:110
7	粗鄉陵亭	王岑、蔡英	亭長	156 木牘 2010CWJ1②:54-4
8	馴塱亭	范	亭長	230A 木兩行 2010CWJ1②:124A
9	西市亭		亭長	257 木牘 2010CWJ1③:71-26
10	曲平亭	昭	亭長	
11		袁初、殷弘	亭長	CWJ1③:291 木牘
12	都亭	區昭	（故）亭長	294A 木牘 2010CWJ1③:132A
13		謝暘	亭長	316A 楬 2010CWJ1③:151A
14	庚口亭	栩	亭長	CWJ1③:325-1-54A 木兩行
15	效功亭	徐豐	亭長	CWJ1③:325-1-57 木兩行
16		薛口	亭長	J1③:325-1-140

---

59 為了更系統地研究東漢臨湘地區的「亭長」，筆者將該批簡牘中所涉及「亭長」、「例亭長」、「監亭長」（存疑）、「兼亭長」、「故亭長」以及「郵亭掾」皆歸入表格中。

60 符號所示含義：「#」即「例亭長」，「＊」即「郵亭掾」，「？」即「監亭長」，「＝」即「兼亭長」。

序號	轄區	姓名	職位	簡號
17	西市亭		亭長	CWJ1③:325-2-11 木兩行
18	□□亭	□	亭長	CWJ1③:325-3-63 竹簡
19	御門亭	廣	亭長	CWJ1③:325-4-43A 木牘
20	庚亭	樓綱	亭長	CWJ1③:325-4-54A 木兩行
21	曲平亭	壽	亭長	CWJ1③:325-5-21 木牘
22			亭長	326 木兩行 2010CWJ1③:161-1
*23	中部	揖	郵亭掾	330 木牘 2010CWJ1③:164
24	庚亭	倫	亭長	331 木牘 2010CWJ1③:165A
25	市亭	慶睦	（故）亭長	336A 木牘 2010CWJ1③:169A
26	廣亭	（雷）良	亭長	341A 木兩行 2010CWJ1③:174A
27			亭長	342 木兩行 2010CWJ1③:175
28		李嵩	故亭長	359 木兩行 2010CWJ1③:193
*29	東部	趙竟	郵亭掾	
#30	楮溪亭	黃詳	例亭長	
31	效亭	良	亭長	371 木兩行 2010CWJ1③:198-8+198-9
32	?陵亭	酺集	亭長	376 木牘 2010CWJ1③:198-16
33	廮亭部		亭長	380 木兩行 2010CWJ1③:199-3
34	杅亭		亭長	
*35	東部	張茂	郵亭掾	381A 木兩行 2010CWJ1③:199-4A
				381B 木兩行 2010CWJ1③:199-4B
36	羅（縣）摻溏亭部		亭長	403+416 木兩行 2010CWJ1③:201-12+201-25

序號	轄區	姓名	職位	簡號
#37	繟溪亭	福	例亭長	426A 木兩行 2010CWJ1③:202-1A
#38	獨櫟亭		例亭長	
39		唐曠	亭長	427 木牘 2010CWJ1③:202-2
40	醴陵（縣）櫨亭部			
41		王廣	（故）亭長	440 木兩行 2010CWJ1③:203
42	效功亭	胡詳	亭長	441A 木兩行 2010CWJ1③:204
43	麋亭	殖	亭長	443 木兩行 2010CWJ1③:205-2
44		朱種	亭長	454+465+544 木兩行 2010CWJ1③:207-2+217-2+261-24
45	效亭		亭長	489 木兩行 2010CWJ1③:240
46	庚亭長	福	亭長	494 木兩行 2010CWJ1③:245
?47	監亭	勳	亭長[61]	503 木牘 2010CWJ1③:253
48		由	亭長	515 木兩行 2010CWJ1③:259-2
49		戴輔	亭長	
50	御門亭	元	亭長	520、881+927、924、925、1719A/B
#51		宋皋	例亭長	
52	廣亭		亭長	523 木兩行 2010CWJ1③:260-5
53	陽馬亭	種	亭長	538 木牘 2010CWJ1③:261-18
54			亭長	540 木兩行 2010CWJ1③:261-20

---

61 從圖版看，此處「監」字並不清晰。

序號	轄區	姓名	職位	簡號
55	廣亭	毛暉	亭長	664+542A 木兩行 2010CWJ1③:263-14+261-22A
56	御門亭	丁壽	亭長	543 木兩行 2010CWJ1③:261-23
57		□□	亭長	602 竹簡 2010CWJ1③:261-87
58	廣亭	（毛）暉	亭長	654 木兩行 2010CWJ1③:263-4
59		□	亭長	684 竹簡 2010CWJ1③:263-34
60		安	亭長	687 竹簡 2010CWJ1③:263-37
=61	庚亭	伯	兼亭長	692 木兩行 2010CWJ1③:263-42
62		龍貪	亭長	695 竹簡 2010CWJ1③:263-45
63		王固	亭長	729 竹簡 2010CWJ1③:263-79
64	曠亭	王固	亭長	739 竹簡 2010CWJ1③:263-89
65		態（？）	亭長	810 竹牘 2010CWJ1③:263-160
66		熊□	亭長	818 竹簡 2010CWJ1③:263-168
67			亭長	858 竹簡 2010CWJ1③:264-12
68		□□	亭長	867 竹簡 2010CWJ1③:264-21
69	監亭[62]	民	亭長	886 竹簡 2010CWJ1③:264-40
70	庚亭		亭長	907 竹簡 2010CWJ1③:264-61

---

62 筆者認為，此處或為「監亭長」。在簡 886「賊捕掾□游徼求盜亭長民自言諦如辝尊負租不輸所□□□□□」中，整理小組或據「求盜」這一既成的、秦漢時期表示亭長屬下亭卒的詞語，將該字釋為「盜」。然而，如此斷句上並不能講通。倘若將「盜」釋作「監」，則斷句為：「賊捕掾□、游徼求、監亭長民，自言，諦如辝：尊負租不輸，所□□□□□」。那麼，如此則「□」、「求」、「民」皆為人名，亦符合該批簡牘中的「職位＋姓名（或單字名）」的表述習慣。

序號	轄區	姓名	職位	簡號
71	□□	□□	亭長	909 竹簡 2010CWJ1③:264-63
72		樂	亭長	922 木兩行 2010CWJ1③:264-76
73		張漢	亭長	984 木牘 2010CWJ1③:264-138
74	效功亭	丞優	亭長	
75	庾亭	扶	亭長	1286+996 木兩行 2010CWJ1③:265-32A+264-150A
76	逢門亭	充德	亭長	1022 木兩行 2010CWJ1③:264-176A
77		□香	亭長	1043 竹簡 2010CWJ1③:264-197
78	效功亭	□	亭長	1048 竹簡 2010CWJ1③:264-202
79	南亭	桓建	亭長	1053 竹簡 2010CWJ1③:264-207
80	東部	馮	亭長	1083 竹簡 2010CWJ1③:264-237
81	潙陵亭	蔡英	亭長	1100 竹簡 2010CWJ1③:264-254
82		李值	亭長	1101 竹簡 2010CWJ1③:264-255
83	小武陵（縣）曲平亭	伉寶	亭長	1103 木兩行 2010CWJ1③:264-257
*84	東部	參	郵亭掾	1106 木牘 2010CWJ1③:264-260
85	小武陵（縣）	箱	亭長	1110 木牘 2010CWJ1③:264-264
86	都亭部	（薛邯）	亭長	1121 木兩行 2010CWJ1③:264-275
87	（都亭部）	薛邯	亭長	1153+1127 竹簡 2010CWJ1③:264-307+264-281
88	沮鄉	李道	亭長	1140 木牘 2010CWJ1③:264-294A
89	逢門亭	萌	亭長	1186 竹簡 2010CWJ1③:264-340
90	□□	☑	亭長	1208 竹簡 2010CWJ1③:264-362

序號	轄區	姓名	職位	簡號
91	都亭	李宗	亭長	1274 木牘 2010CWJ1③:265-20
#92	櫟丘亭	轉	例亭長	1296 竹簡 2010CWJ1③:265-42
#93		□□	例亭長	1299 竹簡 2010CWJ1③:265-45
94		朱義	亭長	1310 竹簡 2010CWJ1③:265-56
95	□□亭	郭梁	亭長	1330 竹簡 2010CWJ1③:265-76
96		樂	亭長	1350 木兩行 2010CWJ1③:265-96
97		王固	故亭長	1363 竹簡 2010CWJ1③:265-109
98			亭長	1369 竹簡 2010CWJ1③:265-115
99	杆亭	郁	亭長	1383 木兩行 2010CWJ1③:265-129A
100	效功亭	龔均	亭長	
101	蓬門亭	巍淩	亭長	1393 竹簡 2010CWJ1③:265-139
102	逢門亭	竟	亭長	1400 竹簡 2010CWJ1③:265-146
103	效功亭	龔（均）	亭長	
104	庚亭	盖	亭長	1421 木兩行 2010CWJ1③:265-167A
105	效功亭	王純	亭長	1430 竹簡 2010CWJ1③:265-176
106		封	亭長	1436 竹簡 2010CWJ1③:265-182
107		王演	故亭長	1445 木兩行 2010CWJ1③:265-191
108	杆亭	鄧☑	亭長	1466 竹簡 2010CWJ1③:265-212
109	效功亭	龔（均）	亭長	1503 竹簡 2010CWJ1③:265-249
110	御亭	□□	亭長	1523 竹簡 2010CWJ1③:265-269
111	☑亭	范□	亭長	1598 竹簡 2010CWJ1③:265-344
112	□□亭	☑	亭長	1637 竹簡 2010CWJ1③:265-383

序號	轄區	姓名	職位	簡號
113	長賴亭	長勤	亭長	1671A 木兩行 2010CWJ1③:266-3A
114	益陽亭	許宮	亭長	
115	溹陽鄉	區昭	亭長	491+1709 木兩行 2010CWJ1③:242+266-41
116	□□	□□	亭長	1716 竹簡 2010CWJ1③:266-48
117	效功亭	龔均	亭長	1732 楬 2010CWJ1③:266-64
118	廣亭	封肥	亭長	1752+1755 木兩行 2010CWJ1③:266-84+266-87
#119		謝暘	例亭長	
120	廣亭	張□	亭長	1764 竹簡 2010CWJ1③:266-96
#121	左部		例亭長	1792 木牘 2010CWJ1③:266-124
#122	（左部）		例亭長	1796 竹簡 2010CWJ1③:266-128
#123	（左部）		例亭長	1798 竹簡 2010CWJ1③:266-130
#124	（左部）		例亭長	1800 竹簡 2010CWJ1③:266-132
125	庚亭		亭長	1810 竹簡 2010CWJ1③:266-142
126		徼	亭長	1839 竹簡 2010CWJ1③:266-171
127		劉柳	亭長	1853 木兩行 2010CWJ1③:266-185
128	都亭	薛邯	亭長	1856+1878 木兩行 2010CWJ1③:266-188+266-210
129	（南鄉） 逢門亭	勤	亭長	1866 竹簡 2010CWJ1③:266-198
130		石	亭長	1867 竹簡 2010CWJ1③:266-199
131		□霸	亭長	1896+1948 竹簡 2010CWJ1③:266-228+226-280

序號	轄區	姓名	職位	簡號
132	（南鄉）逢門亭	陳□	亭長	1901 竹簡 2010CWJ1③:266-233
133	馳望亭	范民	亭長	1927 竹簡 2010CWJ1③:266-259
134		王異	亭長	1946 竹簡 2010CWJ1③:266-278
135	庾亭	□□	亭長	1985 竹簡 2010CWJ1③:266-317
136	□亭	黃熊	亭長	2025 竹簡 2010CWJ1③:266-357
137	三門亭	昭	亭長	2030 竹簡 2010CWJ1③:266-362
138	潔亭	何竟	亭長	2066 竹簡 2010CWJ1③:266-398
139	監亭	？	亭長 [63]	
140	☑□	种	亭長	2094 竹簡 2010CWJ1③:266-426
141	都亭	□	亭長	2137 竹簡 2010CWJ1③:266-469
142				2172 木兩行 2010CWJ1③:269
143	市亭	則	亭長	2172 木兩行 2010CWJ1③:269
144		賜	亭長	2202+2636 木兩行 2010CWJ1③:282-14+283-84
145	□□	☑	亭長	2235 竹簡 2010CWJ1③:282-47
146	（？）□	□☑	亭長	2261 竹簡 2010CWJ1③:282-73
147	（南鄉）逢門亭		亭長	2288 竹簡 2010CWJ1③:282-100
148		黃祐	亭長	2366 竹簡 2010CWJ1③:282-178
149	☑亭	尊	亭長	2379 竹簡 2010CWJ1③:282-191
150	☑亭	順	亭長	2420 竹簡 2010CWJ1③:282-232

---

63 從圖版看，此處「監」字較為清晰。

序號	轄區	姓名	職位	簡號
151		劉☒	亭長	2459 竹簡 2010CWJ1③:282-271
152	□亭	楊☒	亭長	2465 竹簡 2010CWJ1③:282-277
153	御門亭	王廣	亭長	2494 楬 2010CWJ1③:282-306
154	（南鄉）逢門亭	德	亭長	2496 木牘 2010CWJ1③:282-308
155	（南鄉）逢門亭	德	亭長	2497 木牘 2010CWJ1③:282-309
156	（南鄉）逢門亭	趙竟	亭長	2505+2528 封檢 2010CWJ1③:282-317+282-340
157		五訢	亭長	4300+2508+4331 木兩行 2010CWJ1③:285-260+282-320+285-291
158		李商	亭長	

長沙五一廣場簡中的官吏偵捕手法

——以「故亭長王廣不縱亡徒周順案」為中心

莫澤銘

一、引言

　　2010 年湖南長沙五一廣場出土了一批屬於東漢時期的簡牘材料，經整理團隊的努力，至今出版了六冊《長沙五一廣場東漢簡牘》，共收錄超過二千枚出土簡牘，以長沙郡及門下諸曹、臨湘縣及門下諸曹的下行文書，和臨湘縣下屬諸鄉、亭及外郡縣的往來文書為主，當中不乏司法官吏被調查的刑事案件。[1]

　　其中，在新公佈的簡文出現的「故亭長王廣不縱亡徒周順案」（後文簡稱「王廣不縱亡徒案」），初次出現犯人「乞鞫」要求覆案的案例，同時又新見「南亭租船史」一職，值得我們留意。針對此案進行研究的學者不多，案件初見於周海鋒的〈《長沙五一廣場東漢簡牘（伍、陸）》初讀〉，文中嘗試將案件有關的簡文進行編連，盡可能復原此案原貌。[2] 筆者留意到此案顯示了漢代吏員對平民行使武力以引出逃犯的情況，揭示了東漢苛吏的蹤跡，有機會與官吏為避免犯下瀆職罪有關。下文將以此案為中心，嘗試解釋案情，並探討案件所示東漢官吏的偵捕手法問題。

1　長沙市文物考古研究所等（編），《長沙五一廣場東漢簡牘（陸）》（上海：中西書局，2020），頁 1–3。

2　周海鋒，〈《長沙五一廣場東漢簡牘（伍、陸）》初讀〉，武漢大學簡帛研究中心「簡帛」網站：http://www.bsm.org.cn/?hanjian/8431.html，2021.08.22。（搜索，2022.03.29）另外，張朝陽先生留意到在案件中新見的「南亭租船史」一職，初步探討了當中的案情。可參張朝陽，〈五一簡新見「南亭租船史」一案的幾點分析〉，武漢大學簡帛研究中心「簡帛」網站：http://www.bsm.org.cn/?hanjian/8434.html，2021.09.01。（搜索，2022.03.29）

二、簡文內容釋讀

　　周海鋒早前已針對案件提出了編連方案，由於部分簡文尚待公佈，暫時未能就其編連方案進行詳細探討，但從已公佈的簡文字跡以及內容推斷，基本可確定當中已公佈的簡 326、440、2189、2190、2198、2199 及 2200 屬於「王廣不縱亡徒案」的同一份文書，下文將會針對上述簡進行討論，按現有釋文轉錄其編連方案如下：[3]

　　簡 2650

　　（缺簡）

　　簡 2673 + 簡 2677 + 捕、順不得，輒考問廣、知狀者廣所從卒張柱、順兄妻待及姬。即訊比戶女子孟盡、盡夫成、成女弟親，辭皆曰：縣民，柱，汝南平輿，待、姬、盡、親、柱父母皆（簡 2200）前物故，待與夫山及姬、盡、成、親等俱居，待、姬自有舍宅御門亭部，與男子傳仲、李次等相比近知識，各以績紡、柱庸債為事。廣吏次署視事，債柱為卒，（簡 2199）月錢直（值）千五百。順前為南亭租船史，順脫不稅汝南不處姓名男子珠貸銀筭，後為江湖掾所覺得，府覆考南亭銀筭簿不相應，今年十一月二日，論決錄，見（簡 2190）行部不得，平理自言求乞鞫行部，聽順念當傳毄（繫）家，貧單（殫）無以自給餉。其月四日黃昏時，順墨（默）去亡，其月不處日，廣被廷書逐捕順。其十九日廣與（簡 2189）外部掾劉悳、賊捕掾殷宮、游徼黃饒俱掩順家不得。其廿二日餔時，廣復與柱俱之順舍，欲詭出順，

3　尚未公佈的簡文為簡 2650、2673、2677、2675、2674。編連方案參考周海鋒，〈《長沙五一廣場東漢簡牘（伍、陸）》初讀〉。

時順門開，廣、柱入門到堂前，一男子倨內中，東（簡2198）𤵸小床。一男子即順兄山，山見廣，恐，走出後戶，轉度落去，廣從後逐山不得，還以馬鞭令柱靽（撻）姬、待背各數十下，皆有疚痏，詭出順。姬恚為，廣（簡2201）＋簡2675＋簡2674＋亭長逐捕順，及赦後餘亡卅日，無功正法，蒙、寶、龍職事留遲無狀惶恐叩頭死罪死罪敢言之。（簡326）

左部賊捕掾蒙言考實　　　　　　・詣左賊　十二月十八日開（簡440）
故亭長王廣不縱亡徒周順書

　　簡440為文書標題，是左部賊捕掾經考實後，認為故亭長王廣並沒有放縱亡徒周順，向上級匯報考實結果的上行文書。簡2200及2199分別提供了在案件中被召訊人物的基本背景資料，其中主要的被考問人為故亭長王廣、卒張柱、周順兄長的兩名妻子待及姬，[4]另外又有被召訊的周順鄰居，女子孟盡、孟盡丈夫成以及成的妹妹親（見表一）。

　　故亭長王廣為偵訊追捕周順的主要涉案人之一，雖在上述簡中並未表明王廣所屬哪一個亭，但按周順兄長山的妻子待及姬二人「自有舍宅御門亭部」，負責追捕周順的王廣亦應屬御門亭部。另外又見簡2494「𰚔（？）自言御門亭長王廣本事」，以及簡49「理訟掾伉、史寶、御門亭長廣叩頭死罪白」，兩簡中均顯示御門亭部有名為「王廣」的亭長，故基本可確定牽涉此案的王廣應為御門亭長。另外，簡2199指王廣是以「吏次署視事」，《選釋》例216「普以吏次署獄掾」注云：「以

4　案件內文並未表明待、姬二人誰是山的正妻，為方便討論，下文將稱二人為山的妻子。

表一：其餘被召訊者背景資料

人名	基本背景資料
張柱	汝南郡平與人，父母已去世，以庸債為事，以月錢千五百受僱於王廣為亭卒。
山	周順的兄長，待、姬的丈夫，與孟盡、成、親同居
待	山的妻子，父母已去世，在御門亭部有舍宅，與姬、孟盡、成、親、山同居，以績紡為事
姬	山的妻子，父母已去世，在御門亭部有舍宅，與待、孟盡、成、親、山同居，以績紡為事
孟盡	父母已去世，與丈夫成、待、姬、親、山同居於御門亭部
成	父母已去世，與妻子孟盡、待、姬、親、山同居於御門亭部
親	父母已去世，與兄長成、孟盡、待、姬、山同居於御門亭部

吏職相近代行獄掾之職」，「視事」為履行職務之意，參《漢書・王尊傳》「今太守視事已一月矣」，[5] 王廣應是以吏職相近的職責擔任御門亭長一職。

簡 2190、2189、2198、2201、326 則描述了周順所犯之案以及被追捕的案情，按現有釋文，案情整理如下：

周順原本為南亭租船史，職責徵收船舶稅收，但周順瀆職，未有收取來自汝南一名男子的「珠貸銀箏」，張朝陽認為「珠貸」大概是珍珠等的奢侈品，「銀箏」則為稅收，應為往來船舶貨物的稅收。[6] 周順瀆職

5〔東漢〕班固，《漢書》（北京：中華書局，1964），卷 76，〈王尊傳〉，頁 3228。
6 張朝陽，〈五一簡新見「南亭租船史」一案的幾點分析〉。

一事被上級江湖掾發現，最終在縣廷覆核銀箄簿，發現帳目並不相應後揭發，故在該年十一月二日對周順的罪行作出判決。其後周順認為判決不公，希望向「行部乞鞫」以推翻案件重審。

「行部」制度始於漢武帝時，刺史於每年到各郡國視察，以省察當地治狀。按《後漢書·百官志》載「諸州常以八月巡行所部郡國，錄囚徒」；[7]《漢書·何武傳》又記載，何武在擔任刺史時「行部錄囚徒」，顏師古曰：「省錄之，知其情狀有冤滯與不也」，[8] 可見刺史行部的職責亦包括考查下級司法機關的案件審理是否公正，以避免冤案發生。

而「乞鞫」則為秦漢時期的覆訊制度，一般而言覆訊應在犯人被定罪前進行，主要以防止鞫獄不正的情況出現。[9] 若犯人被定罪以後要求覆訊，則需要以乞鞫的法律程序要求重審。按司馬貞《史記索隱》：「案：晉令云：『獄結竟，呼囚鞫語罪狀，囚若稱枉欲乞鞫者，許之也。』」[10] 又張家山漢簡《二年律令》：「罪人獄已決，自以罪不當，欲乞鞫者，許之。乞鞫不審，加罪一等；其欲復乞鞫，當刑者，刑乃聽之。」[11] 若罪犯不服判決結果，則可向司法機關乞鞫要求重審，若乞鞫並不符實情，則會罪加一等。案中周順先被論決判刑而後向行部乞鞫，程序符合漢代的司法規定，為五一廣場簡中首見乞鞫的案例。

---

7 〔南朝宋〕范曄，《後漢書》（北京，中華書局，1965），志 28，〈百官五〉，頁 3617。

8 《漢書》，卷 86，〈何武傳〉，頁 3482。

9 陳炫瑋，〈秦漢時代的鞫獄措施及其相關問題探究〉，《清華學報》2016.2，頁 239-276。

10 〔西漢〕司馬遷，《史記》（北京，中華書局，1959），卷 95，〈夏侯嬰列傳〉，頁 2664。

11 彭浩、陳偉、〔日〕工藤元男（主編），《二年律令與奏讞書：張家山二四七號漢墓出土法律文獻釋讀》（上海：上海古籍出版社，2007），頁 139。

周順以家貧為由向行部乞鞫失敗，在其月（十一月）四日逃亡。及後王廣受縣廷的指示開始追捕周順，於十九日與外部掾劉憙、賊捕掾殷宮、游徼黃饒等人包圍順的家，但一無所獲。二十日，王廣再與張柱到順家「欲詭出」順，當時順的家門打開，王廣與張柱進入，發現順的兄長山，山從家中後門慌忙逃去，其後王廣命令張柱以馬鞭鞭撻山的兩位妻子姬及待的背部各數十下，最終成功「詭出」順。由於周海鋒編連方案中部分簡文尚未公佈，故未能得知周順在被「詭出」後的案情，但按簡 326 的內容，亭長王廣最終應未能成功拘捕周順，而周順又在其後繼續逃亡三十日。居延漢簡記載了地方官吏追捕犯人時所跟從的行政程序：

> □案捕疑亡人所依倚匿處必得，得詣如書。毋有令吏民相牽證任爰書，以書言。（255.27）[12]

　　上述所引簡文出自居延的基層機構按照上級命令追捕逃亡犯後，回報文書中所援引有關「捕亡」的律令。當中有三點規定：第一，地方官署在接受通緝令以後，須立案搜索所轄區域有否隱匿逃犯；第二，捕獲犯人後須將其押送至指定地點；第三，若搜索無果，曾參與搜索的吏民均須就無法尋獲逃犯一事「相牽證任」，即互相擔保作證。[13]

　　簡 2200 中提及此案被考問人為王廣、知狀者張柱以及山的兩名妻

12　簡牘整理小組（編），《居延漢簡（參）》（臺北：中央研究院歷史語言研究所，2016），頁 128。

13　高恆，《秦漢簡牘中法制文書輯考》（北京：社會科學文獻出版社，2008），頁 158。另外在五一廣場簡中有不少有關保任制度的記錄，其中以擔保疑犯不逃亡或繼續犯罪為主，與本文關連較少，故在此不作贅述。

子待、姬，相信除王廣以外的三人應為在當月二十二日順逃亡後需要與王廣「相牽證任」的吏民，一旦王廣被判斷為「故縱亡徒」，同行的張柱、待、姬相信亦可能受到牽連。

三、王廣案所見「詭出」的問題

「王廣不縱亡徒案」的考實報告是基於王廣與同行三人的證供所得，結果是左部賊捕掾認為王廣在追捕逃犯周順的過程中，並沒有放縱亡徒。在已公佈的簡文中，考實報告的重點亦在於描述王廣追捕順的過程，以證明王廣在執法期間並沒有瀆職。過程中王廣為捉捕順，命令張柱以馬鞭鞭撻姬及待的背部各數十下，並留有鞭打的傷痕，以「詭出」順。

「詭出」一詞並未見於傳世典籍，按目前已出版的五一廣場東漢簡牘中，「詭出」一詞曾出現在三件案件，包括「王廣不縱亡徒案」、「孟負伯錢案」以及只有單獨一條材料的「惕、法、茂案」。劉子鈞在探討「孟負伯錢案」簡 494「司空、庚亭長、福以伯自言，故詭出伯，毆擊伯母」，及簡 619「福鞭（鞭）元、毆世、詭伯，無所隱切」時引《後漢書・孟嘗傳》的注：「詭，責也」，[14] 認為「詭」應理解為詭責。[15] 但結合新公佈的「王廣不縱亡徒案」，筆者認為在上述三件案件中「詭」一詞不應理解為詭責，而是責求、要求，「詭出」應為吏員命令要求被追捕或被召對象出現的意思。

---

14 《後漢書》，卷 76，〈循吏列傳〉，頁 2473。

15 劉子鈞，〈五一廣場東漢簡牘「孟負伯錢」案再探〉，武漢大學簡帛研究中心「簡帛」網站：http://www.bsm.org.cn/?hanjian/8238.html，2020.04.04。（搜索，2022.03.29）

「詭責」一詞具責備、責問之意，常見於漢代的司法實踐。如《漢書‧朱博傳》：「縣有劇賊及它非常，博輒移書以詭責之。」[16] 五一廣場簡《選釋》例 54「記到，實核，詭責。明分別正處言」、簡 1393「☒□蓬門亭長巍淩詭責故效（？）吏黃倉□」、例 49「留事到五月詭責治決」等，均為漢代官僚司法體系中對犯錯者作出責備的用語。筆者認為劉引《後漢書》注認為孟負伯錢案中的「詭」為詭責的觀點值得商榷。按《後漢書‧孟嘗傳》的原文：「先時宰守並多貪穢，詭人採求，不知紀極，珠遂漸徙於交阯郡界。於是行旅不至，人物無資，貧者餓死於道。」[17] 依文理推斷，該段所描述的為孟嘗擔任全浦太守前，前任太守因貪穢而「詭人採求」，即要求當地百姓為自己採珠，故文中的「詭」應理解為責求、要求之意，而非詭責。

「詭」一字常見於五一簡中官吏接受上級命令的情況，如：簡 1422「乏、竟不得，時堂為伍長，受詭陰微起居乏、各等」，伍長常受命暗中調查乏、各等人；《選釋》例 21「初、昌、怒、寇、高、四男子等所犯皆無狀，當必禽（擒）得。縣、充、弘被書受詭逐捕連月，訖不捕得」，縣、充、弘三人受縣廷所令逐捕犯人等。漢簡中所見的「受詭」，一般為受上級命令之意。《漢書‧傅常鄭甘陳段傳》：「於是天子從其計，果起昌陵邑，後徙內郡國民。萬年自詭三年可成」，顏師古注：「詭，責也，自以為憂責也」，[18] 為萬年責成自己在三年內完成任務的意思。可見「詭」一詞，在漢代官僚體系中具有命令之意。

16《漢書》，卷 83，〈朱博傳〉，頁 3041。
17《後漢書》，卷 76，〈循吏列傳〉，頁 2473。
18《漢書》，卷 70，〈陳湯傳〉，頁 3024。

另外，「詭」在「孟負伯錢案」簡494中並非單獨以「詭」書寫，而是以「詭出」一詞表達，筆者認為與漢代官吏的追緝手法有關，「詭出」應為以命令要求被捕人出現的情況。

在「王廣不縱亡徒案」中，亭長王廣先與外部掾劉憙、賊捕掾殷宮、游徼黃饒等人在其月（十一月）十九日「掩」周順的家，但一無所獲；二十日，王廣再與張柱到順家，「欲詭出」周順，當時順的家門打開，王廣與張柱在進入順的家門並希望可以「詭出順」，而其後則以鞭撻姬及待的背部為手法將其「詭出」。另外在「惕、法、茂案」中，亦同樣出現官吏在追捕亡犯期間「欲詭出」犯人的例子：

> 自有馬一匹，音與監俱，各騎馬將人，兵掩捕法、茂，欲詭出惕、
> 法、茂各辟則音於法舍，收井事已廖索吳山中，求捕惕不得，見競母
> 匹取薪音謂匹曰若獨行山中疑餉賊收匹及將井殼（簡676）

由於暫時未見其他與簡676所述案件相關的簡文，故未能詳細了解案件的全貌，但從簡676可初步推斷，音與監應為當地下級官吏，當時正在追捕法、茂、惕等人，二人先「掩捕」法、茂，而後「詭出」惕，與「王廣不縱亡徒案」中王廣追捕周順的情況相近。

「掩」，即包圍、掩覆之意，《漢書》：「渾邪裨王將見漢軍而多欲不降者」，顏師古曰：「恐被掩覆也」。[19] 另外又見簡409「純、郡等將兵廿餘人掩覆主家」。「掩捕」一詞常見於五一簡的其他追捕犯人的案件，說明官吏針對逃犯或疑犯展開包圍追捕之意，如簡643+685「孝逐捕

19《漢書》，卷55，〈霍去病傳〉，頁2482。

應。其月十六日，孝見應在勹山中，孝詣隆，告隆將孝、競武等俱掩捕應」、簡1100「陵亭長蔡英、男子李駁俱掩捕肢」等。從「惕、法、茂案」及「王廣不縱亡徒案」中可見，「詭出」皆出現在吏員追捕逃犯的過程，其中王廣與其他吏員「掩」順家、音與監「掩捕」法、茂、惕等人，同時兩案的官吏均是在追捕過程中「欲詭出」逃犯，即希望以某種方法將犯人引出，緝拿歸案。

五一簡中「詭出」在上引三案中均具引出某人之意，配合「詭」作為責求、要求的詞義，並在漢代官僚體系中一般具有命令的意思，故筆者認為「詭出」應指漢代官吏以命令要求被捕人出現的偵捕手法。

四、王廣所使用的「詭出」手法問題

在案中王廣為引出順，以嚴刑方式令姬、待二人背部皆有「疢痏」。應劭注《漢書》曰：「以杖手毆擊人，剝其皮膚，腫起青黑而無創瘢者，律謂疢痏。」[20]「疢痏」一詞常見於秦漢司法判斷的過程，用以表明受害人的傷勢，屬於客觀的法醫判斷，可用以追究罪責。筆者認為王廣在追捕順的過程中以嚴刑鞭打姬、待二人以引出周順的行為，很可能不具合法性。

漢代官吏一般不能以執行職務為由毆擊人或對人行使致死的武力。張家山漢簡《二年律令・賊律》載「諸吏以縣官事笞城旦舂、鬼薪白粲，以辜死，令贖死」；[21] 又《居延新簡》載「・吏士明聽教：告吏，謹以文理遇士卒∠，病致醫藥。加恩仁恕，務以愛利省約為首∠，毋行暴

---

20 《漢書》，卷83，〈薛宣傳〉，頁3396。
21 彭浩、陳偉、工藤元男（主編），《二年律令與奏讞書》，頁109。

毆擊」（EPF22:246）。[22] 從上述二例可見，漢代對官吏因公事對罪人以及下屬行使武力有嚴格限制。居延漢簡中又有戍守的官吏隨意毆擊戍卒而被判刑的案例：「故甲渠候長唐博叩頭死罪，博前為甲渠鉼庭候長，今年正月中坐搒卒，繫獄。七月廿」（4.9），[23] 甲渠候長唐博因毆擊下屬被處以囚禁。從上引漢律可見，官吏因執行職務對其下屬或刑徒行使暴力的行為是禁止的。

　　而有關針對官吏對平民使用武力的限制，在五一廣場簡的資料中顯示，地方官吏若「以縣官事」對平民施暴，須負上刑責。如簡 95「受所監臧（贓）到六十，以縣官事他賊毆人無痏痏數罪，戎以劾前失不分別處」；簡 1378「胡朗議誧吏盜賦受所監臧皆二百五十以上，以縣官事他賊毆人有痏痏，數罪」；另外簡 2506+541 又見「純以縣官事它賊毆人，當以律削爵」的例子。以上數例與《二年律令》中所見「諸吏以縣官事笞城旦舂、鬼薪白粲」，以及「以縣官事毆若詈吏，耐。所毆詈有秩以上，及吏以縣官事毆詈五大夫以上，皆黥為城旦舂。長吏以縣官事詈少吏」的律例相似，[24] 不同之處在於被毆打的對象，故相信地方官員以「縣官事」毆傷平民亦有機會負上刑事責任。同時，在五一簡中又見如「毋拘毄（繫）無罪毆擊人」的文例，似乎禁止官吏在執行職務期間對百姓濫用武力。

---

22 甘肅省文物考古研究所等（編），《居延新簡：甲渠侯官與第四燧》（北京：文物出版社，1990），頁 493。

23 簡牘整理小組（編），《居延漢簡（壹）》（臺北：中央研究院歷史語言研究所，2014），頁 10。

24 彭浩、陳偉、工藤元男（主編），《二年律令與奏讞書》，頁 108–109。

勿失期解會，推起實核姦詐，如自期，毋拘毃無罪毆擊人如律令（簡 2570）

書所疾疑倉所犯非一書到聽受密收毃倉部疾姦大吏考實正處言府關副在所會十二月十日務實核令可覆，無妄佝毃無罪毆擊（簡 2575）

稽留使勿有所緩（？）遲（？）始春毋佝毃無罪毆擊☒（簡 1344）

日無妄拘毃無罪犯時禁如律令（簡 957）

二月八日丙辰，長沙大守兼中部勸農督郵書掾育有案問。寫移臨湘書到，亟考實姦詐，明，正處，言府，關副在所，會月十五日。毋妄拘毃（簡 600）

失前會日無妄佝無罪毆毃人☒（簡 588）

上引簡文的用字有部分差異，但基本屬於「毋拘毃（繫）無罪毆擊人」的文例。所謂「毋拘毃（繫）無罪毆擊人」，即不要拘捕、囚禁、毆擊無罪人的意思。從簡 600、2575、1344、2570 的內容可見，出現「毋拘毃（繫）無罪毆擊人」相關文例的時候應屬於上級機構（簡 600 為長沙太守府）有需要調查詢問的事項，提出交由屬縣在限期以內調查的下行文書，[25] 並提醒下級官吏在執行命令時不應任意拘繫無罪，以暴

---

25 李均明，〈五一廣場東漢簡牘「留事」考〉，載李學勤（主編），《出土文獻》，第 11 輯（上海：中西書局，2017），頁 370–378。

力執法。

　　從上述例子可見，漢代官吏理應不能以職務為由向刑徒甚至平民行使武力。筆者認為，即使秦漢律法容許官吏追捕犯人的過程中對犯罪者施行適當的武力，王廣所施行的暴力亦可能不具合法性。

　　在「王廣不縱亡徒案」中，周順自其月（十一月）四日以來逃亡超過半個月，縣廷依然一無所獲。而姬、待、山三人雖知道周順的位置卻未有告知官府，山在二十二日被王廣發現後「走出後戶」慌忙逃去，應該是畏罪而潛逃，姬、待出現在周順家中亦有理由被懷疑「舍匿罪人」而被視為共犯。

　　嶽麓書院藏秦簡《亡律》記載：「父母、子、同產、夫妻或有罪而舍匿之其室及敝（蔽）匿之于外，皆以舍匿罪人律論之。」[26]《二年律令・亡律》：「匿罪人，死罪，黥為城旦舂，它各與同罪。其所匿未去而告之，除。諸舍匿罪人，罪人自出，若先自告，罪減，亦減舍匿者罪。」[27]秦漢法律以連坐嚴懲匿藏亡犯的行為，若民眾匿藏亡犯，除死罪會被黥為城旦舂外，其他一律被處以與亡犯同罪。《漢書》雖記載宣帝曾昭曰「自今子首匿父母、妻匿夫、孫匿大父母，皆勿坐。其父母匿子、夫匿妻、大父母匿孫，罪殊死，皆上請廷尉以聞」，[28]以改革過去在西漢中後期鹽鐵會議中提及「自首匿、相坐之法立，骨肉之恩廢」的風氣，[29]但三人並非周順的直系，不屬於昭帝寬免的範圍內，故姬、待、山均有理

---

26 陳松長（主編），《嶽麓書院藏秦簡・肆》（上海：上海辭書出版社，2015），圖版釋文，頁40。

27 彭浩、陳偉、工藤元男（主編），《二年律令與奏讞書》，頁157。

28《漢書》，卷8，〈宣帝紀〉，頁251。

29〔西漢〕桓寬（撰），王利器（校注），《鹽鐵論校注》（北京：中華書局，1992），卷10，〈周秦〉，頁585。

由被視為周順的共犯。

　　有關官吏追捕犯人的過程中可依法對犯罪者施行武力的規定，《二年律令・捕律》：「捕盜賊、罪人，及以告劾逮捕人，所捕格鬬而殺傷之，及窮之而自殺也，殺傷者除，其當購賞者，半購賞之。」[30] 當官吏在追捕罪犯的過程中，犯人因反抗而與官吏發生格鬬，並因而被殺傷，或在逃亡過程中自殺，官吏均可免除刑事責任。另外睡虎地秦墓竹簡《封診式》則對官吏用刑拷問被審訊人的程序作出指引：「詰之極而數訑，更言不服，其律當治（笞）諒（掠）者，乃治（笞）諒（掠）」，[31] 受訊者若在審訊過程中詞窮、改變口供、拒不服罪，官吏則可依律法進行拷問。

　　上述二例雖顯示秦漢律法容許官吏在追捕犯人的過程中對犯罪者施行適當的武力，但按照「王廣不縱亡徒周順書」所顯示的案情，當中並未提及姬、待二人在王廣的追捕過程中作出反抗或與官吏格鬬。同時，《封診式》的規定只容許官吏在訊獄過程期間對被審訊人進行拷問，而「王廣不縱亡徒周順書」中所記錄的則為王廣追捕順的過程，姬、待二人當時尚未進入被審訊的程序，故筆者認為王廣在案中所行使的武力很可能並不具合法性。

五、王廣案所見的苛吏行為

　　「王廣不縱亡徒周順書」作為左部賊捕掾的考實文書，其目的在於

---

30 彭浩、陳偉、工藤元男（主編），《二年律令與奏讞書》，頁 151。

31 武漢大學簡帛研究中心、湖北省博物館、湖北省文物考古研究所（編），陳偉（主編），《秦簡牘合集・壹》（武漢：武漢大學出版社，2014），頁 284–285。

考實王廣有否故意縱容周順逃亡。[32] 礙於文書書寫目的所限，單憑現有材料難以得知王廣命令張柱以馬鞭鞭撻姬、待的方式是否違法，或有否被上級調查，但從廣以詭出順的手法似乎看到漢代酷吏苛暴、慘刻的身影。

自武帝晚年頒《輪臺詔》以來，西漢政府早意識到國內酷吏苛察殘暴之弊，但至東漢一直未有真正改善。哀帝於元壽二年（前 1 年）曾詔曰：「禁吏無苛暴，丞史歸告二千石，順民所疾苦，急去殘賊，審擇良吏，無任苛刻，治獄決訟，務得其中。」[33] 而和帝於永元十二年（100 年）頒《擇良吏詔》：「三公朕之腹心，而未獲承天安民之策。數詔有司，務擇良吏。今猶不改，競為苛暴，侵愁小民，以求虛名，委任下吏，假執行邪。是以令下而姦生，禁至而詐起。」[34] 十六年（104 年）又頒《察苛吏詔》：「今秋稼方穗而旱，雲雨不霑，疑吏行慘刻，不宜恩澤，妄拘無罪，幽閉良善所致。其一切囚徒於法疑者勿決，以奉秋令。方察煩苛之吏，顯明其罰。」[35] 以此昭令整肅國內吏行慘刻的風氣，上文所引「毋拘毄（繫）無罪毆擊人」的指引有機會由此時開始。

然而，漢律對官吏的管理相當嚴謹，未能順利完成司法任務的官吏很有可能被劾以不同類型的瀆職罪，甚至可能被懷疑包庇罪犯。[36] 筆者認為基層官吏在執法與體恤百姓的問題上難以平衡，故可能會為確保職

---

32 姚遠，〈東漢內郡縣法官法吏復原研究 —— 以長沙五一廣場東漢簡牘為核心〉，《華東政法大學學報》2016.4，頁 60。

33 《後漢書》，志 24，〈百官一〉，頁 3560。

34 《後漢書》，卷 4，〈和帝紀〉，頁 186。

35 《後漢書》，卷 4，〈和帝紀〉，頁 192。

36 李均明，〈張家山漢簡所反映的包庇犯罪〉，載氏著，《簡牘法制論稿》（桂林：廣西師範大學出版社，2011），頁 121–129。

務執行順利而行使暴力，令漢代酷吏苛刻的情況一直存在。以《二年律令‧捕律》為例：

> 盜賊發，士吏、求盜部者，及令、丞、尉弗覺知，士吏、求盜皆以卒戍邊二歲，令、丞、尉罰金各四兩。[37]

> 群盜殺傷人、賊殺傷人、強盜，即發縣道，縣道亟為發吏徒足以追捕之，尉分將，令兼將，亟詣盜賊發及之所，以窮追捕之，毋敢□界而還。吏將徒，追求盜賊，必伍之，盜賊以短兵殺傷其將及伍人，而弗能捕得，皆戍邊二歲。卅日中能得其半以上，盡除其罪；得不能半，得者獨除；‧死事者，置後如律。大痍臂臑股胎，或誅斬，除。與盜賊遇而去北，及力足以追逮捕之而 官□□□□□ 逗留畏愞弗敢就，奪其將爵一級，免之，毋爵者戍邊二歲；而罰其所將吏徒以卒戍邊各一歲。興吏徒追盜賊，已受令而逋，以畏愞論之。[38]

當盜賊出現時，地方政府必須「以窮追捕之」，若官吏在過程中覺察、追捕盜賊不力，則會受嚴重處罰。類似的律令又如武帝時頒佈的《沈命法》，以懲治捕盜不力的官吏，《漢書‧酷吏傳》云：「群盜起不發覺，發覺而弗捕滿者，二千石以下至小吏主者皆死。」[39] 雖然「王廣不縱亡徒案」中「周順」所干犯的罪行為官吏瀆職罪而非盜賊，但王廣被質疑「故縱亡徒」的罪行亦罪可致死。參《二年律令‧具律》：「鞠

---

37 彭浩、陳偉、工藤元男（主編），《二年律令與奏讞書》，頁 150。
38 彭浩、陳偉、工藤元男（主編），《二年律令與奏讞書》，頁 148–149。
39 《漢書》，卷 90，〈酷吏傳〉，頁 3662。

獄故縱、不直，及診、報、辟故弗窮審者，死罪，斬左趾為城旦，它各以其罪論之。」[40] 陳偉認為「辟」是作為治獄的一個具體環節，有召喚證人、招引證據一類含義，[41]「鞫獄故縱、不直，及診、報、辟故弗窮審者」等均屬於官吏故意不作為的罪行的重罪。武帝天漢二年（前 99 年）新時侯趙弟「坐為太常鞫獄不實，入錢百萬贖死而完為城旦」，李昭毅認為所謂「不實」，包括「故縱」與「故不直」兩種情況。[42] 漢宣帝時期，京兆尹趙廣漢亦曾因「鞫獄故不以實」等罪名被判處腰斬。

另外，漢代的司法實踐又見基層官吏因故意不作為而被判刑的案件。參五一簡中的「雄等不以徵逮為意案」，當中臨湘縣的賊曹掾張雄，賊曹史舒俊、朱循，驂駕樂竟及驛曹史熊趙受命傳召驛卒李崇。因沒有成功召得李崇，被判「皆不以徵逮為意，不承用詔書」的瀆職罪，被「耐為司寇，衣服如法，司空作，計其年」，以刑徒身分在司空服役為刑罰。[43] 若王廣被判罪成，相信亦會被處以上述「不以徵逮為意」的重罪。所謂「徵逮」，一般為秦漢時期傳召證人時所用，會以「徵書」或「逤書」通知縣府知會被傳召的對象，雖然與王廣被廷書「逐捕」犯人的性質不同，但張雄等五人被判處的刑罰基本與《法律答問》載「將上不仁邑里者而縱之，何論？當作如其所縱，以須其得；有爵，作官府」的刑法一致。在王廣案中，由於周順已經被「詭出」，相信在其上

40 彭浩、陳偉、工藤元男（主編），《二年律令與奏讞書》，頁 128。

41 陳偉，〈嶽麓秦簡《奏讞書》校讀〉，載李宗焜（主編），《古文字與古代史》，第 4 輯（臺北：中央研究院歷史語言研究所，2015），頁 494。

42 李昭毅，〈西漢前期衛尉組織的司法職掌 —— 以訴訟程序為中心的考察〉，《中國中古史研究》12（2013），頁 1–32。

43 張煒軒，〈東漢臨湘縣廷掾吏的「不作為」罪 —— 以五一廣場簡「雄等不以徵逤為意」案為中心〉，載黎明釗、馬增榮、唐俊峰（編），《東漢的法律、行政與社會：長沙五一廣場東漢簡牘探索》（香港：三聯書店，2019），頁 53–77。

級官員眼中王廣等人隨時可對順進行拘捕行為，但當中似乎因某些事而讓順再次逃脫，王廣顯然因「逐捕不力」而被上級懷疑，相信若王廣罪成，亦應與上述張雄等人的處罰相近。

綜上言，即使自武帝以來漢政府已開始嘗試禁止酷吏苛刻，在五一簡中又見禁止官吏濫拘繫無罪百姓的規定，但漢政府對官吏執行職務的要求甚高，特別針對追捕盜賊、逃犯的官吏有更嚴格的監管，若稍有不慎則可能被處以重罪。苛吏風氣的延續或許正因如此。

六、結語

出土於五一簡場簡的「王廣不縱亡徒案」為漢代基層官僚系統的研究提供了相當重要的資料，亦揭示了東漢苛吏的蹤跡。結合五一簡其他官吏追捕的案件，可得知「詭出」應屬於漢代官吏以命令要求被捕人出現的偵捕方式。另外，依照東漢初年開始禁苛吏，以及五一簡中禁止官吏以縣官事毆擊平民的規定中，可見當時漢政府應該有意減少酷吏的出現；但在司法實踐中，基層官吏往往會被要求全力追捕犯人，否則可能負上刑責，官吏在兩者之間可能無所適從。雖然王廣以馬鞭鞭撻逃亡犯親屬的行徑似乎無異於一般酷吏，但從結果而言，筆者相信王廣以暴力引出逃犯的手法應為他「不縱亡徒」的重要證據，以較嚴苛的手段執法，有機會是當時基層官吏保障自身的習慣。

罪名與核實

——從五一廣場簡牘「夜略尼案」看東漢格殺問題

陳偉

一、引言

　　湖南長沙五一廣場一帶是漢代長沙郡府與臨湘縣廷的所在，自九十年代起，該地多次出土了漢代至三國時期的簡牘。在 2010 年，五一廣場東側偏南的 J2 古井又發現了六千多枚東漢簡牘，名為長沙五一廣場東漢簡牘。這批簡牘屬於東漢和帝至安帝時期的遺物，主要為當地縣廷的行政、司法文書，是研究漢代地方社會的珍貴材料。[1]

　　隨著五一廣場簡牘陸續公佈，記錄在司法文書上的案件情節亦漸見明確，標題中的「夜略尼案」便是其一。此案講述男子夜掠奪女子尼為妻而被男子護刺死，牽涉東漢長沙地區的社會與司法情形。本文嘗試復原此案經過，歸納犯人罪名，由此討論東漢時期官府追捕犯人時所衍生的格殺問題。所謂格殺，即是雙方相拒格鬥時，其中一方被殺的司法用詞。學界過去依據睡虎地秦簡與張家山漢簡等出土法律文書，整理了基層官吏格殺犯人時的法律條件，這些研究偏好援引法律條文來判斷各類格殺案件的合法性，忽略了條文潛在的矛盾與漏洞，以及地方政府在執行層面上的困難。[2] 筆者認為，即便法律容許捕者在特定情況下格殺犯人，官府也會謹慎審核，確保相關條文不被濫用。本文最後一部分正是

1　參見長沙文物考古研究所等（編），《長沙五一廣場東漢簡牘選釋》（上海：中西書局，2015）；長沙文物考古研究所等（編），《長沙五一廣場東漢簡牘（壹至陸）》（上海：中西書局，2018–2020）。後文中簡號標示上，筆者將以「例＋數字」表示簡文初公佈並收錄於《選釋》，而以「簡＋數字」表示其收錄於《壹》、《貳》、《叁》、《肆》、《伍》及《陸》的簡牘。

2　閆曉君依據出土文書就格殺問題曾作初步研究，指出何種情況下捕者可以格殺勿論，見閆曉君，《秦漢法律研究》（北京：法律出版社，2012），頁 312–324；陳鳴則分析了案中人物的罪名，最後依據《二年律令》指殺死了罪人夜的護無罪，見陳鳴，〈試析長沙五一廣場出土 CWJ1①:100 號東漢簡牘所見案件〉，載王沛（主編），《出土文獻與法律史研究》，第 8 輯（北京：法律出版社，2020），頁 371–384。

利用新近出土的五一簡，具體分析東漢時期長沙縣廷如何執行與格殺犯人有關的法律條文，以及如何核實捕者格殺犯人等問題。

二、簡牘關聯、簡文解釋與案情整理

我們先由簡97開始談起：

> 等證。案，夜、斗功，共摻兵擊頓尼。夜略尼以為妻，臭知情通行、給餉。護踵追夜，夜斫傷尼，護其時刺夜，以辜立，物故。夜，強略人以為妻、賊傷尼、不直，數罪；斗，助者；護，所殺有罪。斗、護各

此簡提及了五名案中的關鍵人物 —— 夜、斗、臭、護、尼，總述了整宗「夜略尼案」。夜、斗「功」，一同攜備兵器「擊頓」尼。陳鳴指「功」疑為人名，[3] 但綜合上下文來看，「功」似非人名，因為簡97的最後部分清晰羅列了夜、斗、護的行動與罪名。相反，後續從未提及過「功」，若解為人名，則上下文不通。總的來說，我們不宜將「功」視為人名。反而「功」通「攻」，《釋名》載：「功，攻也，攻治之乃成也」。[4] 另見簡297：

> 又、子、斗、配、酎、曾、予、邯、永、怗等十三人，倍奴謀殺主。三人以上相與功盜，為群盜謀祠而誅詛，共殺人強盜臧百錢以上。根

---

3 陳鳴，〈試析長沙五一廣場出土 CWJ1①:100 號東漢簡牘所見案件〉，頁371。

4〔東漢〕劉熙，《釋名》，收於張元濟（主編），《四部叢刊初編・經部》（臺北：臺灣商務印書館，1967），頁16。

從上所見,「功」的意思應謂攻擊、出擊,亦比起解作人名更為恰當。
至於「擊頓」一詞,暫未見於傳世文獻,且先拆開二字解釋。《史記・
鄭世家》載「鄭襄公肉袒擊羊以迎」,[5] 可見「擊」通「牽」;「頓」則有
叩擊之意,王嘉《拾遺記》載「(曹)彰手頓其鼻,象伏不動」。[6] 合而
觀之,「擊頓」似意謂牽拉叩擊。夜此舉是為了強取尼為妻,臭知情協
助夜的行動,而護緊追夜,最終刺死了他,簡末總結了夜、斗、護的
罪名。

　　隨著更多的簡牘出土,筆者以此簡所載的基本資訊,共搜集了
額外十二枚簡牘,其中五枚為木兩行(分別是《選釋》例 22、簡
1713+2158+1739、簡 1449、簡 130+131+122 及簡 1391+1398+1427),
另外七枚則為殘缺竹簡(分別為簡 2418、簡 1971、簡 1888、簡 2017、
簡 1908、簡 796 及簡 1040)。木兩行與竹簡的材質不同,內容明顯重
複但字跡不同,估計分屬不同冊書,各自編聯。

　　另外,這些木兩行分屬第一層與第三層堆積層,而多數木兩行間的
編聯痕跡、字跡也多不相近,不能直接聯綴,或來自不同的冊書;竹簡
則因破損、資料不全,亦難綴合。儘管如此,這些散簡均一次或多次提
及了案中的關鍵人物,文意亦與此案相關。總的來說,上述簡牘可暫視
為多份記錄同一宗案件的簡冊散簡。以下將就可能的案情順序,排列眾

---

5 〔西漢〕司馬遷,《史記》(北京:中華書局,1959),卷 42,〈鄭世家〉,頁 1768。
6 〔晉〕王嘉,《拾遺記》(北京:中華書局,1981),卷 7,〈魏〉,頁 165。

簡，並分為三個部分，以梳理案情。[7]

1. 案件背景

《選釋》例 22 與簡 1713+2158+1739 分別闡述了涉案人的背景。兩簡的內容連貫，但字跡與字形大體相似，暫且編聯連讀：[8]

> 詳弟終、終弟護；晨與父宮、同產兄夜、夜弟疑、疑女弟捐；戇與母妾、同產弟強；除與妻委、子女嬰俱居自有廬舍倫亭部。尼、晨、除，漢丘；戇，上辱丘，與（《選釋》例 22）男子黃斗、胡戈、文煩、伍山、張育等比近知，皆以佃作，尼、晨紡績為事。今年正月不處日，夜謂晨曰：「我心好胡尼，汝為我以縑、青求之為妻。」晨曰：「可。」其月不處日（簡 1713+2158+1739）

調查人員列出了夜的家族成員姓名，以及部分涉事人的工作與居住地。李均明指出，五一簡中訴訟文書多見身分認定的記錄，一般位於文件

---

7 就筆者所見，形制相同、筆跡與編聯痕跡上較相似的，有例 22 與簡 130+131+122，以及簡 97 與簡 1391+1398+1427。前者文句不能直接聯綴，但內容相通，相信為同一冊的散簡；後者文句相接，似可直接編聯，但二簡堆積層數不同，簡 97 位於第一層，簡 1391+1398+1427 位於第三層，或遭擾亂，又或分屬不同文書，本文認為前者機會較大。另外，完整的木兩行與殘缺竹簡內容多有重複，筆者估計殘簡可能為抄本。

8 例 22 長 23 厘米，寬 2.9 厘米。簡 1713+2158+1739 分別由三簡組合而成，簡 1713 長 8.9 厘米，寬 2.9 厘米；簡 2158 長 4 厘米，寬 1.5 厘米；簡 1739 長 15.2 厘米，寬 2.9 厘米。由於後者由殘簡拼合而成，估計其長度應約 23 厘米左右，兩簡實際相差不遠，至於兩簡字跡比對下亦見相似。

前中段，也會專門詢問涉事人的身分情況以確保調查取證的準確性。[9]
上述兩枚簡牘，較為仔細地描述了涉案人的社會關係、居住狀況與職業
背景，有助進一步釐清案情。在簡 1713+2158+1739 中，「黃斗」應為
此案共犯斗的全名。原來夜在搶奪尼為妻前，曾委託同產弟或妹晨，以
「縑、青」協助夜求「胡尼」為妻。

「縑青」二字有兩斷：一作「縑青」，二作「縑、青」。筆者取後
者，因為「縑青」一詞未見於傳世文獻與出土材料中，意思不明。相
反，「青縑」、「青」及「縑」在史書中多次出現，如《漢官儀》載「尚
書郎入直臺中，官供新青縑白綾被」，[10] 而「青」與「青縑」均見於簡
469：[11]

> 五十；縠單繻一，直百；鴻肥一丈，青二丈九尺，并直一千，皆與不
> 知何人。孝偆賣絳複直領一，直錢千。青縑皆以作綣，其青綑丏與巨
> 雲。孝偆、叔異

張倩儀認為「青」與「青縑」即「染成青色的絹縑」；[12] 而據趙承澤整
理，「縑」則是用生絲以兩根緯紗所織成的絲織品，而生絲的顏色為

---

9 李均明，〈長沙五一廣場東漢簡牘所見身分認定述略〉，載中國文化遺產研究院
　（編），《出土文獻研究》，第 17 輯（上海：中西書局，2018），頁 325–333。

10〔西漢〕蔡質，《漢官典職儀式選用》（北京：中華書局，1985），頁 5。

11 斷句取張倩儀之說。見張倩儀，〈五一廣場東漢簡所見繒帛衣物劫案（一）〉，武
　漢大學簡帛研究中心「簡帛」網站：http://www.bsm.org.cn/?hanjian/8282.html，
　2020.07.06。（搜尋，2021.12.11）

12 張倩儀，〈五一廣場東漢簡所見繒帛衣物劫案（一）〉。

近似淡乳黃色，故縑未加練時也呈黃色。[13] 儘管漢代構成婚姻的形式多樣，[14] 但劉增貴與彭衛都認為媒人是構成婚姻的主要渠道，[15] 由媒人來執行六禮中的「納采」之事。劉增貴解釋：「納采，即遣媒視其可否」，通常附有禮物。[16] 若以簡文對照以上所述，晨似乎在為同產兄夜擔任媒人的角色，而縑、青就是「納采」之禮物。當然，晨與夜或許不是在按六禮行事。同時，由於簡冊不全，我們亦無法知悉夜是委託晨向尼的父母查詢，還是直接向尼本人議婚。

至於「胡尼」，應當是尼的全名。值得注意的是，現時已經出版的五一簡中，時見胡姓官吏、人物，該姓或為當地大姓。[17] 據現存資料所見，夜與晨的請求應未成功，以致夜呼朋喚友，手持兵器搶奪胡尼為妻。

2. 案件經過

由於相關簡牘較為零碎，本部分將依據簡 97 的案情總結，嘗試組合、排列不同簡牘間所載的資料。

承接上文，夜的請求應當未成功，於是夜、斗持兵劫走尼，簡 2418 所述的或許是這個情況：「☐掔引尼去，夜曰：『呫……』」「掔

---

13 趙承澤，〈關於漢代縞縑絹紈的一些問題〉，《自然科學史研究》1987.4，頁 359–360。

14 有關傳世文獻中漢代婚姻的類型、擇媳／婿條件、記載等，可參楊樹達，《漢代婚喪禮俗考》（上海：上海古籍出版社，2000），頁 1–7。

15 劉增貴，《漢代婚姻制度》（臺北：華世出版社，1980），頁 47–50；彭衛，《漢代婚姻形態》（西安：三秦出版社，1988），頁 116–119。

16 劉增貴，《漢代婚姻制度》，頁 50。

17 此處可參秦浩翔，〈《長沙五一廣場東漢簡牘》所見地方大族初探 —— 以屬史、鄉官姓氏分佈為中心的考察〉，武漢大學簡帛研究中心「簡帛」網站：http://www.bsm.org.cn/?hanjian/8324.html，2020.11.25。（搜尋，2021.12.11）

引」可解為牽引，語義亦通。至於「呭」，顏注《漢書・東方朔傳》曰：
「呭，叱呭之聲也。」[18] 或指夜呵叱尼。官府總結指，夜強奪尼為妻以
後，臬曾提供協助，以下兩簡亦似是與此相關：

☒歸□入謝尼家。夜從，後與尼奸☒（簡1971）

家，夜從，後與尼奸通。其日，食之，臬持飯一笥、炙一弊，於舍下
餉夜。夜與尼俱食已，臬去歸。日中時，斗來，之夜所，曰：「尼母
毋即溝，溝不肯受。」謝（簡1449）

簡1971所述較不清晰，筆者猜測某人到尼家「入謝」，但未能肯定。
隨後簡1449記述了夜跟從尼，然後與尼「奸通」。在文獻中，「奸」
（姦）、「通」意思多與犯罪有關。劉欣寧認為，秦漢時期，「奸」專指
男女私合，也指出雖然《史記》、《漢書》並用「奸」、「通」來形容私
合之事，但「奸」（姦）較多用於論罪之時。在秦漢簡牘中，「奸」多用
於男女私通、私合之事，也可理解為「性犯罪」。[19]「奸」、「通」二字合
用較罕見，但意思應當「相通」，如《漢書・王商傳》：「頻陽耿定上書
言商與父傅通，及女弟淫亂，奴殺其私夫，疑商教使。」顏注：「私夫，
女弟之私與姦通者。」[20]《藝文類聚》引《風俗通》載：「平原君讕鞹譚

18〔東漢〕班固，《漢書》（北京：中華書局，1962），卷65，〈東方朔傳〉，頁2844。
19 劉欣寧，〈秦漢律令中的婚姻與奸〉，《中央研究院歷史語言研究所集刊》90.2
　　（2020），頁199–251。
20《漢書》，卷82，〈王商傳〉，頁3372。

娶周碧為妻，譚陰陽不屬，令碧與李方張少姦通，冀得其子。」[21]《列異傳》又有一例：「漢桓帝馮夫人病亡。靈帝時，有賊盜發冢，七十餘年，顏色如故，但小冷，共姦通之，至鬥爭相殺。」[22] 故此，「與尼奸通」當指夜與尼有不正當的性關係。

簡文緊接轉到某一天，「食之」。當中的「食」可解為「飼」，飼即予人食也，養也。[23] 臭「持飯一筥、炙一弊，於舍下飼夜」。《說文解字》載「筥：䈿也」，又載「䈿……飯器，容五升」。[24] 假定䈿為普通容器，按代國璽的研究，秦漢時期的一升約為現代的 202.15 毫升。換言之，五升約等於現代的 1010.75 毫升。[25] 由於重量需視乎物品的密度，故米的重量難以估算，但足可推知米飯的分量不少。「炙」則見於《後漢紀·殤帝紀》：「驚舉炙啖充曰：『君宜及溫食之。』充受炙擲地曰：『說士之樂，甘於啖炙。』」[26] 又見《說文解字》載「炙：炮肉也」，故炙即燒熟的肉。[27]「弊」字則未得解，若對應前面的「筥」，可以估計弊也是漢代的一種食物容器。臭為夜提供食物，二人食畢，臭便離開。正午時，斗到夜的居所，與夜提及尼母名「毌」，並指她「即溝」，《漢書》顏注

21〔唐〕歐陽詢，《藝文類聚》（上海：上海古籍出版社，1965），卷 35，〈人部十九〉，頁 618。

22《藝文類聚》，卷 35，〈人部十九〉，頁 617。

23〔東漢〕徐幹（著），孫啟治（解詁），《中論解詁》（北京：中華書局，2014），頁 385。

24〔東漢〕許慎，《説文解字》（北京：中華書局，1963），卷 6，〈竹部〉，頁 96。

25 代國璽，〈秦漢的糧食計量體系與居民口糧數量〉，《中央研究院歷史語言研究所集刊》89.1（2019），頁 138–139。

26〔晉〕袁宏（著）、周天游（校注），《後漢紀校注》（天津：天津古籍出版社，1987），卷 15，〈殤帝紀〉，頁 426。

27《説文解字》，卷 11，〈炙部〉，頁 212。

曰：「即，就也」，[28] 即為靠近之意，而溝「不肯受」。由於簡文有缺，目前尚未知悉溝是誰，簡文末段的具體意思亦有待確認。

及後，轉到本案另一關鍵人物護上。簡1888載：

☑□者取，尼死生不相置。護曰：諾□☑

筆者推測這裏的「置」應解為放。參見《漢書・常惠傳》載：「惠曰：『即如此，縛姑翼來，吾置王。』」顏注：「置猶放。」[29] 據此，簡文的意思為尼死生皆不放。由於前後文缺失，具體意思仍待考究。之後的簡牘描述了護、夜、尼三人的行動：

大怒呼尼歸。語絕，斗去。臭、斗未復還視夜。護恚夜將尼去，即持所有木柃矛一，之山草中追求尼。到旱山中，見尼與夜俱在舍下，未到廿步（簡130+131+122）

旱山中見尼與□☑（簡2017）

同樣，由於欠缺前後文，簡文意思相對模糊。其中值得注意的是簡130+131+122與簡2017均提到「旱山」二字，或許是指長沙郡附近的特定地點。由於缺簡甚多，具體意思實難再作深究。

依據官府的調查與總結，夜、護曾碰面，護更刺死了夜。按此思路，以下兩枚殘簡應是在描述案件的尾聲：

28《漢書》，卷6，〈武帝紀〉，頁174。
29《漢書》，卷70，〈常惠傳〉，頁3004。

☑□俱□命□，護呼尼曰：「汝來出。」尼□欲□☑（簡1908）

☑□尼手創一所，護以所持矛刺□☑（簡796）

另外兩枚殘簡也記述了護、尼、夜三人的行動。簡796顯示了尼手部受傷，當是夜所為；而後半簡文中，護以矛刺向的對象無疑是夜。依照官府的總結，案情至此大抵完結，而官府的總結及後續跟進，將於下一部分展開。

三、官府行動與犯人罪名

「夜略尼案」牽涉頗廣，最終以護刺死夜作結。由於簡冊不全，目前我們尚未知曉官府是如何「發覺」此案，以及案中受害女子胡尼的下落。但是，官府確實全面調查了本案的過程，並就結果作出相應行動。李均明指出，五一簡時見「摻驗」一詞，意即對案件進行多人、多視角的驗證檢核，是漢代訴訟中重要的一環。[30] 就簡文所示，犯人斗、臭、護皆未被捕，大抵只有本案的受害人尼才能供述案件經過。當然，官吏亦會找不同人協助調查，依據簡97開首的「等證」二字，所屬冊書的前一條簡應記有人名。「等證」二字屢見於五一廣場簡，如《選釋》例67：

埭（？）為界，觀田與祉地傳為界。祉無銅田，祉不當得。謹以田畍與黨、點、貉等。又東祉地無古池，淳埭（？）作處即孟羽觀。初、

---

30 李均明，〈長沙五一廣場東漢簡牘「摻驗」解〉，載鄔文玲、戴衛紅（主編），《簡帛研究‧二〇一八（秋冬卷）》（桂林：廣西師範大學出版社，2019），頁338–344。

占、左等證：祉地無銅田，祉不當得

從例 67 可以見到，官吏找了三人以上作供，所以「等證」二字正好反映官吏在「夜略尼案」中也找了多人作供。至於作供之人，李均明稱多是犯人或受害人的家庭成員、鄰里以及里的負責人等。[31]

最後官府總結了案情，並頒令「逐捕」涉案的護、斗與臭三人。簡 97 與簡 1391+1398+1427 似屬同一冊書，且內容連貫，形制與字跡十分相近；然而，二簡堆積層數不同，簡 97 位於第一層，簡 1391+1398+1427 木兩行位於第三層，疑曾受擾亂，或原本分屬不同冊書，暫覺前者的可能性較大。以下先將兩簡合而讀之：

等證。案，夜、斗功，共摻兵擊頓尼。夜略尼以為妻，臭知情通行、給餉。護踵追夜，夜斫傷尼，護其時刺夜以辜立，物故。夜，強略人以為妻、賊傷尼、不直，數罪；斗，助者；護，所殺有罪。斗、護各（《壹》簡 97）☑兵亡，盡力逐捕護、斗、臭，必得。考實有曾異，以後情正處復言，興、誦、倫職事惶恐叩☑死罪敢言之（《肆》簡 1391+1398+1427）

簡 1040 似乎同樣在描述「逐捕」三人之事。從簡文來看，部分涉案人似是仍在法網之外，護則正在接受審訊：

□□□言（？）逐捕□，未能得。節訊護□□……

---

31 李均明，〈長沙五一廣場東漢簡牘「摻驗」解〉，頁 343。

案件到此漸入尾聲，具體調查已見完成，待官吏逮捕、審訊在逃的涉案人、整理案情資料和匯報結果予縣廷等，即可結案。總括而言，以上簡文提供了犯人的具體罪行資料。由於這些罪名複雜，以下將分成兩部分，先討論夜、斗的罪名，再分析臭的罪行。

1. 夜、斗的罪名與懲罰

在此案中，夜共犯三罪，「強略人以為妻」、「賊傷人」及「不直」，三罪均甚為嚴重。《二年律令‧襍律》：「強略人以為妻及助者，斬左止以為城旦。」[32] 但《二年律令》在呂后當政時期發佈，或受後來文帝時期的肉刑改革影響，其說未能在東漢作準。[33] 據此，孫聞博藉《漢書‧高惠高後文功臣表》的記載進一步指出漢初功臣陳平之後、承襲了爵位的陳何亦因略人妻而被判棄市，以此推論武帝或更早時，強略人以為妻的刑罰已經改為棄市。[34] 東漢時期的「略人妻罪」繼承自西漢，故可推測其刑罰應同為棄市。斗曾協助夜，如按《二年律令》所載，二人當為同罪，但當刑罰改為棄市時，共犯須受的刑罰則有待考究，未必繼續如《二年律令》所載般執行。

夜另外的罪行為「賊傷人」、「不直」。「賊傷人」即對他人身體造成傷害，據《二年律令‧賊律》所載：「賊傷人 …… 黥為城旦舂。」[35] 至於「不直」是指不公正、不誠實，趙久湘總結不直罪為「義為斷案

---

32 彭浩、陳偉、〔日〕工藤元男（主編），《二年律令與奏讞書：張家山二四七號漢墓出土法律文獻釋讀》（上海：上海古籍出版社，2007），頁 167。

33 張建國，《帝制時代的中國法》（北京：法律出版社，1999），頁 191–206。

34 孫聞博，〈秦漢簡牘所見特殊類型奸罪研究〉，武漢大學簡帛研究中心「簡帛」網站：http://www.bsm.org.cn/?hanjian/5575.html，2011.01.10。（搜尋，2021.12.11）

35 彭浩、陳偉、工藤元男（主編），《二年律令與奏讞書》，頁 100。

不公正」，[36] 但與本案不符，而傳世文獻的記載則較為相近。西漢哀帝時
期，楊明受薛況指使斬傷了申咸，其罪名同為「賊傷人不直」。朝中官
員的說法值得細閱，《漢書·薛宣傳》載：

廷尉直以為「律曰：『鬥以刃傷人，完為城旦，其賊加罪一等，與謀者
同罪。』詔書無以詆欺成罪。傳曰：『遇人不以義而見疻者，與痏人之
罪鈞，惡不直也。』咸厚善修，而數稱宣惡，流聞不誼，不可謂直。
況以故傷咸，計謀已定，後聞置司隸，因前謀而趣明，非以恐咸為司
隸故造謀也。本爭私變，雖於拔刀外傷咸道中，與凡民爭鬥無異。殺
人者死，傷人者刑，古今之通道，三代所不易也。孔子曰：『必也正
名。』名不正，則至於刑罰不中；刑罰不中，而民無所錯手足。今以
況為首惡，明手傷為大不敬，公私無差。春秋之義，原心定罪。原況
以父見謗發忿怒，無它大惡。加詆欺，輯小過成大辟，陷死刑，違明
詔，恐非法意，不可施行。聖王不以怒增刑。明當以賊傷人不直，況
與謀者皆爵減完為城旦。」[37]

申咸「厚善修，而數稱宣惡，流聞不誼」，「遇人不以義」，故為「不
直」。因為申咸不直，加上薛況的動機較為純粹，所以按「原心定罪」
的原則，薛況的刑罰可以減輕。這裏的「不直」，是指動機上的不妥，
故意做出不當的行為。《二年律令·具律》載「其輕罪也而故以重罪劾
之，為不直」，[38] 簡文所示的「不直」，帶有故意為惡、用權不公之意。

---

36 趙久湘，《秦漢簡牘法律用語研究》（北京：人民出版社，2017），頁 47–48。
37 《漢書》，卷 83，〈薛宣朱博傳〉，頁 3662。
38 彭浩、陳偉、工藤元男（主編），《二年律令與奏讞書》，頁 138。

又見《魏略》載「（桓範）與徐州刺史鄭岐爭屋，引節欲斬岐，為岐所奏，不直，坐免還」，[39] 其內涵亦與上同，即桓範不正當地使用其持節之權，為不直。懸泉漢簡亦載：「髡鉗城旦昭宣，坐元壽二年十二月壬寅關取非其兵傷人，不直。」[40] 單從簡文來看，該名城旦使用他人兵器傷人，其行不正，故為不直。回到〈薛宣傳〉，正如顏注曰：「以其受賕也」，[41] 楊明因受賕而殺傷申咸，同為不直，可見不直罪指向道德上的不正當。

基於簡文殘缺之故，目前仍未能得知夜被判不直的具體原因。但結合上文所述，筆者推想，不直之罪的意思或是指罪行與犯人的身分有所衝突，並出現不道德的情況。夜原本認識尼，並曾委託晨協助其求尼為妻。在雙方認識的情況下，夜竟行掠人為妻之事，此罪無可寬宥，故在強略人為妻、賊傷人的罪名外，再加不直之罪，當從嚴處罰。夜數罪同時為官府所發覺，依李婧嶸之說，秦漢時期，若犯人的多宗罪行被官吏同時發現，將以數罪中較重的罪行論處刑罰，[42] 故可推測夜的官方懲處當為棄市，但夜已被護刺死，故有關懲罰自是無從執行。

2. 臭的罪名與懲罰

至於臭的罪名為「知情通行、給餉」。在《二年律令》中，不少罪行均是知情者與同罪，或是嚴厲處罰。〈盜律〉載「智（知）人為群盜

---

39 〔晉〕陳壽（著），〔南朝宋〕裴松之（注），《三國志》（北京：中華書局，1971），卷 9，〈諸夏侯曹傳〉，頁 290。

40 胡平生、張德芳（編），《敦煌懸泉漢簡釋粹》（上海：上海古籍出版社，2001），頁 19。

41 《漢書》，卷 83，〈薛宣傳〉，頁 3397。

42 李婧嶸，〈秦漢法律中的罪數形態及處罰原則〉，《古代文明》13.3（2019），頁 77。

而通歚（飲）食餽遺之，與同罪」;〈亡律〉載「取（娶）人妻及亡人以為妻，及為亡人妻，取（娶）及所取（娶）、為謀（媒）者智（知）其請（情），皆黥以為城旦舂」。[43] 歷經文帝肉刑改革後，懲罰或有所更變。《漢書・酷吏傳》載，武帝時期，西漢酷吏以「通行飲食」之罪，即為群盜提供資訊與飲食為由誅殺犯人，「坐相連郡，甚者數千人」，[44] 與臭的罪名甚為類似。只是臭的罪行是協助個體而非群盜，相對之下較為輕微。另外，「知情通行、給餉」之罪，或可能像《唐律疏議》的「知情藏匿罪人條」所載般，以「減罪人罪一等」論處。[45] 儘管論罪時或會有所減輕，但臭須受的刑罰仍見嚴酷。

上文整理了官府對本案的總結，並探討了夜、斗、臭三人的罪名。有關官府對護的處置將於下節續探。

四、護有罪否？ —— 試探東漢時期的格殺及核實

夜、斗、臭三人固然有罪，上文亦分析了他們各自的罪行與懲罰。但除此之外，有一個問題更為棘手 —— 到底刺死罪人夜的護，是否需要接受懲罰？是否犯有鬬殺或其他相關罪行？同樣研究「夜略尼案」的陳鳴稱，依據《二年律令・捕律》，護應為無罪。[46] 但筆者認為，至少從現存史料來看，答案仍是模糊不清。要回答這條問題，有必要回顧秦漢時期的法律及司法程序。

---

43 彭浩、陳偉、工藤元男（主編），《二年律令與奏讞書》，頁 115、157。

44《漢書》，卷 90，〈酷吏傳〉，頁 3662。

45〔唐〕長孫無忌等，《唐律疏議》（臺北：弘文館出版社，1986），卷 28，〈捕亡〉，頁 540。陳鳴亦曾援引《唐律疏議》初步分析案中罪名與懲罰，參見陳鳴，〈試析長沙五一廣場出土 CWJ1①:100 號東漢簡牘所見案件〉，頁 371–384。

46 陳鳴，〈試析長沙五一廣場出土 CWJ1①:100 號東漢簡牘所見案件〉，頁 382–384。

1. 購賞、非應捕人與格殺

我們知道，秦漢時期設有購賞以吸引民眾協助逮捕犯人或完成特定任務。《二年律令‧捕律》載：「☐亡人、略妻、略賣人、強奸、偽寫印者棄市罪一人，購金十兩。」[47] 在懸泉漢簡中，我們亦見縣廷有此做法，如永光五年（前 39 年）的〈失亡傳信冊〉載：「書到，二千石各明白布告屬官縣吏民，有得亡傳信者，予購如律。」[48] 這種制度或延續至東漢時期，為平民提供誘因，令他們協助官府追捕犯人。就此案來說，夜無疑是罪人，其罪亦在上述購賞之列，追捕夜可說是有一定的法律依據。

閆曉君借用清代以至現代執法的情況，提出了「應捕人」與「非應捕人」的概念。簡文中的護應不是官吏，當屬「非應捕人」，他追逐夜的動機，大多出於個人或賞金等因素。相應地，所謂的「應捕人」則主要出於職務與責任逮捕人。雖然秦漢法律沒有這種概念，但是實際操作上卻呈現了這樣的區分。[49] 不論捕者的分類如何，秦漢法律對捕者或逮捕人有若干限制，如睡虎地秦簡《法律答問》提到：

> 捕貲罪，即端以劍及兵刃刺殺之，何論？殺之，完為城旦；傷之，耐為隸臣。[50]

---

47 彭浩、陳偉、工藤元男（主編），《二年律令與奏讞書》，頁 147。

48 胡平生、張德芳（編），《敦煌懸泉漢簡釋粹》，頁 29。

49 閆曉君指出，儘管秦漢法律沒有「應捕人」與「非應捕人」的概念，但是實際操作上存在著這種思考，對作為「應捕人」的官吏設立若干罪名與懲罰，對「非應捕人」的百姓則作獎勵。他稱這種一賞一罰體現了先秦的法家思想。參見閆曉君，《秦漢法律研究》，頁 312–316。

50 睡虎地秦墓竹簡整理小組（編），《睡虎地秦墓竹簡》（北京：文物出版社，1990），頁 122。

貲罪即處以罰款之刑，[51] 屬輕微罪行，捕者刻意殺傷犯罪者即須按情節受罰，說明官府會審視官吏逮捕罪犯時的行為。至於重罪者何如？這一方面，不論秦漢的傳世文獻或者出土文獻，均未有提供線索。但參考《唐律》載「罪人本犯應死而殺者，加役流」，[52] 相對完城旦、耐為隸臣等懲罰，其刑罰確實輕微不少。然而，秦漢法律是否奉行相同原則，尚待進一步出土材料的發掘才可知悉。

　　秦漢法律不只保護犯人的性命安全，殺死捕者的，必然嚴懲。見《法律答問》：

> 求盜追捕人，罪人格殺求盜，問殺人者為賊殺，且鬥殺？鬥殺人，廷行事為賊。[53]

　　從上可見，格殺、鬥殺與賊殺，分屬三個概念。《後漢書》劉盆子傳章懷注：「相拒而殺之曰格。」[54] 據此，格殺即形容雙方相拒並在格鬥中其中一方被殺，屬法律概念但非罪行；鬥殺與賊殺則為明確的罪行。《二年律令‧賊律》：「賊殺人、鬥而殺人，棄市」；《說文解字》載：「鬥：兩士相對，杖在後，象鬥之形。凡鬥之屬皆从鬥」，「鬥：遇也」。[55] 據此，鬥殺即意作打鬥過程中殺死對方；相對地，賊殺則特指殺

---

51 任仲爀，〈秦漢律的罰金刑〉，《湖南大學學報（社會科學版）》22.3（2018），頁 26–31。

52 《唐律疏議》，卷 28，〈捕亡〉，頁 528。

53 睡虎地秦墓竹簡整理小組（編），《睡虎地秦墓竹簡》，頁 109。

54 〔南朝宋〕范曄，《後漢書》（北京：中華書局，1965），卷 11，〈劉玄劉盆子列傳〉，頁 482。

55 《說文解字》，卷 4，〈鬥部〉，頁 63。

人罪，性質更為嚴重。故此，上述引文謂罪犯在格鬥中殺死捕者，亦以「賊殺」論，多少是出於對捕者的保障。除此之外，法律也賦予權力讓捕者保護自身。閆氏亦依據〈捕律〉，指出若罪人反抗，捕者可動用合理武力，甚至格殺罪人而無罪：[56]

> 捕盜賊、罪人，及以告劾逮捕人，所捕捁（格）鬬而殺傷之 …… 殺傷者除，其當購賞者，半購賞之。[57]

簡文明確提到購賞者遇上犯人反抗時，殺傷罪人也只是賞金折半，可知應捕人與非應捕人也被納入於此法中，獲有格殺對方而無罪的法律保障。當然，以上主要依據的是秦或西漢早期的材料，未必與東漢的情形一致，但當中法律原則應當未有大變。目前五一簡中未見有非應捕人格殺對方並取得賞金的具體例子，但按張忠煒的整理，居延新簡記錄了一名官奴婢在東漢初年成功捕殺羌人，滿足購賞條件，不但獲得豐厚購錢，更獲免為民。後因大將軍竇融廢除舊有的購賞之制（即「西州書」），頒佈新法，只提供重金，於是這些獲免為民的官奴婢被收繫於官府。[58] 這些例子側證了購賞是向非應捕人開放。

---

56 閆曉君，《秦漢法律研究》，頁 321–323。

57 彭浩、陳偉、工藤元男（主編），《二年律令與奏讞書》，頁 151。

58 詳情可參考張忠煒，〈《居延新簡》所見「購償科別」冊書復原及相關問題之研究 —— 以《額濟納漢簡》「購賞科條」為切入點〉，《先秦秦漢史》2008.2，頁 56–63。有關「購賞科」的研究可參考張忠煒，〈「購賞科條」識小〉，《歷史研究》2006.2，頁 184–186；張忠煒，〈漢科研究：以「購賞科」為中心〉，《南都學壇》2012.3，頁 1–15。張忠煒指出，購賞科是源於漢律令中的購賞條文，當中存有對律令規定的詮釋、細化以應對特定情形，也有彌補律令規定不周的意圖。以此作推敲，東漢時期的律令，亦應仍存在一套系統性購賞之制。

2. 五一簡中的格殺與檢驗核實

　　前述的法律制度看似完整，然而法律條文與實際執行之間，往往有所差距。法律條文須經過一定行政程序才能切實應用，否則或會流於理想、成為空言，甚至被人濫用。筆者認為，保護犯人的法律條文與保障捕者的條文存有矛盾 —— 因為單從條文來看，這些保障捕者的條文很容易便可化為傷人甚至殺人的藉口。死者無言，官吏藉此行搶劫之事等並非不可能。且在上述的秦漢法律制度下，人人皆可成為捕者（非應捕人），可獲法律賦權逮捕罪犯，或會因此為心懷不軌者打開了方便之門。所以，合理利用與管制購賞制度就成了地方官僚的重要任務。

　　透過參考五一簡多個官吏格殺犯人的實例，我們可以了解地方官僚的管制措施。當中最為學者關注的例子，莫過於簡336A所載，待事掾王純追捕殺人賊黃倁、郭幽時遇上反抗，格殺二人一案。[59] 事實上，基層官吏格殺犯人後，有其跟進工作，如簡443：[60]

　　　廬亭長殖言格殺　　六月十三☐
　　　耐罪大男區敢解書

---

59 此案頗受學者關注，有關研究可參考李均明，〈東漢木牘所見一樁未遂報復案〉，載西北師範大學歷史文化學院、甘肅簡牘博物館（編），《簡牘學研究》，第5輯（蘭州：甘肅人民出版社，2014），頁111–115；王子今，〈長沙五一廣場出土待事掾王純白事木牘考議〉，載武漢大學簡帛研究中心（主辦），《簡帛》，第9輯（上海：上海古籍出版社，2014），頁293–300；郭文德，〈血親復仇抑或豪強欺法？——五一廣場CWJ1③:169號東漢木牘考論〉，收於黎明釗、馬增榮、唐俊峰（編），《東漢的法律、行政與社會：長沙五一廣場東漢簡牘探索》（香港：三聯書店，2019），頁79–93。
60 簡443為斷簡，下半部分斷裂，僅長11.9厘米（正常木兩行約長23厘米）。

李均明指出雖然官吏可以出於自衛原因格殺罪人，但過後須作詳細解釋，而解書就是這一類的文書。[61] 唐俊峰認為解書的目的在於解釋某事，其前提是上級機關曾就該事詢問屬下機構，要求他們調查並回覆。[62] 簡 428 等所見的「兼南部游徼栩言格殺亭長賊區義同產兄絜與捕者吏格鬭格殺絜解書」，提供了這類解書具體的詳情：

A 面：

永元十六年十月丁亥朔廿日戊午，南部游徼栩、柚州例游徼京、縹溪例亭長福叩頭死罪敢言之：

廷前以府唐掾書陰微起居，逐捕殺獨櫟例亭長、盜發冢者男子區義

B 面：

南部游徼張栩名印

史　　白開

十月　　日　郵人以來

又見簡 428：

兼南部游徼栩言格殺亭長賊區義

十月廿三日開

同產兄絜與捕者吏格鬭，格殺絜解書

---

61 李均明，〈長沙五一廣場東漢簡牘所見職務犯罪探究〉，《鄭州大學學報（哲學社會科學版）》，52.5（2019），頁 86–87。

62 唐俊峰，〈東漢早中期臨湘縣的行政決策過程 —— 以五一廣場東漢簡牘為中心〉，收於黎明釗、馬增榮、唐俊峰（編），《東漢的法律、行政與社會》，頁 176–177。

簡 447 亦與以上兩簡相關，內容似是描述福與絜格鬥的細節：[63]

> ☒絜右肩二所，福復以把刀斫絜脅，創二所。絜
> ☒姦詐正處復言唯

簡 428 及 443 同屬簡冊的啟封記錄。簡 443、428 與 447 應屬同一簡冊，而簡 428 為標題簡。根據簡 426A/B 與 447 的內容，我們可推知簡 428 的案情內容：游徼栩等捕吏在「逐捕」殺亭長賊、盜發冢者區義時，與區義及其同產兄絜格鬥，例亭長福在過程中應殺死了絜。換言之，這份解書的目的就是說明格鬥與格殺的經過。如依據唐俊峰對臨湘縣行政過程的梳理，解書的出現，意味著縣廷就格殺一事向下屬機構查詢或作指示，[64] 而縣廷特意要求下屬機構就案件再作解釋，反映了基層官吏格殺犯人並不必然獲上級認可。

此外，核實格殺的過程也涉及秦漢時期傷勢檢驗的問題。且看《禮記‧月令》載：

> 是月也，命有司修法制，繕囹圄，具桎梏，禁止奸，慎罪邪，務搏執。命理瞻傷，察創，視折，審斷。決獄訟，必端平。戮有罪，嚴斷刑。天地始肅，不可以贏。

東漢末年蔡邕注曰：

---

63 簡 447 為斷簡，上半部分斷裂，僅長 14.7 厘米（正常木兩行約長 23 厘米）；另外此簡與簡 443、簡 428 字跡與形制上十分相似，出土編號也相近，應屬同一簡冊。
64 唐俊峰，〈東漢早中期臨湘縣的行政決策過程〉，頁 176–177。

皮曰傷，肉曰創，骨曰折，骨肉皆絕曰斷。[65]

雖然按孫希旦的解釋，〈月令〉所載是指治獄之官須檢視受刑者的傷勢，從而展現天子的「矜恤之意」，並非針對受害人的傷勢作檢驗。[66]但是，蔡邕的解釋也足以顯示，先秦時期已具備對創傷的基本認識與分類，這對檢驗傷勢十分重要。事實上，檢驗傷者傷勢或屍體傷勢的做法行之已久，見睡虎地秦簡《封診式‧賊死》載：

某亭求盜甲告曰：「署中某所有賊死、結髮、不知何男子一人，來告。」即令令史某往診。令史某爰書：與牢隸臣某即甲診，男子屍在某室南首，正偃。某頭左角刃痏一所，背二所，皆縱頭背，袤各四寸，相耎，廣各一寸，皆召中類斧，腦角頓皆血出，被污頭背及地，皆不可為廣袤；它完。衣布襌幕、襦各一。其襦背直痏者，以刃決二所，應痏。襦背及中衽□污血。男子西有？秦絭履一兩，去男子其一奇六步，一十步；以履履男子，利焉。地堅，不可知賊迹。男子丁壯，晳色，長七尺一寸，髮長二尺；其腹有久故瘢二所。男子屍所到某亭百步，到某裏士伍丙田舍二百步。‧令甲以布幕剟埋男子某所，待令。以襦、履詣廷。訊甲亭人及丙，知男子何日死，聞號寇者不也？[67]

65〔清〕孫希旦，《禮記集解》（北京：中華書局，1989），頁 468–469。
66《禮記集解》，頁 469。
67 睡虎地秦墓竹簡整理小組（編），《睡虎地秦墓竹簡》，頁 157。

當中的記載可說是明確地展現了秦漢時期有檢驗屍體之例。[68] 閆氏更指出，以上內容證明了秦漢時期官吏已有意識地從傷口形狀推測犯人的兇器，也特意交代死者的衣物與身型特徵，[69] 其檢驗之法相當完整。

五一簡也時有詳細的驗屍報告，如簡 436 記載了亭、風、皋、出四人爭執鬥毆後，各皆物故後的驗屍報告：

> 寸。左脅創二所，袤各二寸，廣各一寸。要創一所，袤二寸，廣五（分），深皆通中。風要創一所，袤二寸，廣一寸，深通中；臍上、左臂創各一所，袤、廣各五分，深皆達外。皋凡創五所，出創四所，亭、風凡創各三所，鬮處

從上述的報告中，更可發現東漢的官吏具備足夠知識，能夠區分致命傷（要創）與非致命傷（創），反映出漢代官吏對於人體創傷、檢驗有相當認識。此外，五一簡中亦出土了「象人」，即標注受害人較為嚴重的創傷位置與程度的木俑。黃樸華、羅小華總結時稱，象人多與爰書作為文件一同上報，而按籾山明的解釋，爰書是「由負責官吏所作成的、為了進行公證的文書」，內容可涉及口供證詞與檢驗報告。[70] 而黃、羅二人則指若為「象人、爰書一槽」的組合，爰書的內容是驗屍報告，二者用

---

68 進一步的分析可參考賈靜濤、張慰豐，〈雲夢秦簡與醫學、法醫學〉，《中華醫史雜誌》1980.1，頁 15–20。

69 閆曉君，《秦漢法律研究》，頁 119–120。

70〔日〕籾山明（著），李力（譯），《中國古代訴訟制度研究》（上海：上海古籍出版社，2009），頁 199。

作官府量刑的依據，[71] 這個結論當為穩妥。然而，筆者以為「象人、爰書」尚有餘義可討論，見簡 538+393：[72]

> 兼左賊史英、助史壽白：陽馬亭長种言：掩捕小盜男
> 子劉郎所有奴吉、官。官以矛刺种，种以所持刀研官，創三所。
>
> 君教若　官以格辜物故。吉捕得繫亭。丞優、兼掾重議：屬功曹辟（？）
> 行丞事兼賊曹掾史各一人迎取吉，并診官死。得吏便
> 刺遣當言府，復白。
> 延平元年九月廿八日壬寅白

又可參見簡 123：

> 延平元年十月乙巳朔八日壬子，兼獄史封行丞事永叩頭死罪敢言之
> 謹移：案診男子劉郎大奴官為亭長董种所格殺爰書、象人一讀

亭長董种作為應捕人，在掩捕小盜大奴吉、官時，與大奴官格鬥，最後董种格殺了大奴官。若按上述的法律條文來說，董种的情況，無疑是符合〈捕律〉下的格殺條件，當為無罪。但在實際層面上，縣廷並不單以

---

71 黃樸華、羅小華，〈長沙五一廣場東漢簡牘中的「象人」〉，《出土文獻》2020.4，頁 1–5。

72 538+393 兩牘可綴合。參見汪蓉蓉的分析，見汪蓉蓉，〈《長沙五一廣場東漢簡牘》綴合（四）〉，武漢大學簡帛研究中心「簡帛」網站：http://www.bsm.org.cn/?hanjian/8166.html，2019.11.13。（搜尋，2021.12.11）簡文斷句則參考楊頌宇，〈從五一廣場出土東漢簡牘試探漢代的「君教」文書（修訂）〉，武漢大學簡帛研究中心「簡帛」網站：http://www.bsm.org.cn/?hanjian/8234.html，2020.03.11。（搜尋，2021.12.11）

他的一己之詞作判斷。相反，縣廷方面要求「屬功曹辟行丞事兼賊曹掾史各一人迎取吉，并診官死」，不但迎取另一小盜大奴吉，也要求檢驗大奴官的屍體，並將結果回覆縣廷。官吏也慎重其事，約十多天後便將相關的爰書、象人奉上。

圖一：長沙五一廣場出土「象人」木俑

出自黃樸華、羅小華，〈長沙五一廣場東漢簡牘中的「象人」〉，《出土文獻》2020.4，頁 159。

上述記載證明縣廷與地方針對董种格殺大奴官一事皆極為慎重。縣廷除了檢視董种的陳述外，亦索取相關的驗屍報告。正如前文所述，秦漢時期檢驗屍首的方法有其系統，報告的記錄非常仔細。參考南宋時期的《洗冤集錄》中的記載或至近現代法醫學檢驗中，屍首的傷口往往有其規律，藉此能基本還原當時的罪案場景。[73] 所以，檢驗報告應能提供有用的資訊予調查官員。筆者估計，以秦漢嚴謹的偵查制度，在以上案例中，調查官員或會為目擊整個過程的吉錄取口供，然後將合驗、比對手上的證據，核實董种格殺罪犯的行為。

　　總括而言，透過分析「董种格殺大奴官」及其他相關簡牘，我們可得出在秦漢時期，縣廷對基層官員格殺罪犯存在審核與監管。有關格殺的文書重複出現，亦體現縣廷對於格殺犯人的審慎態度。以五一簡為基礎，筆者認為在基層官吏報告有關官吏格殺犯人的案件後，縣廷會經內部審議後回覆與指使下屬機構下一步的行動或建議（簡 538+393），這些行動包括查詢案件詳情、指派官員處理等。下屬機構則須根據上級機構的回覆，製作解書提交縣廷（簡 443、428、426A/B）陳述格殺罪人的詳情，或按縣廷指示再增補資料（簡 123），直至縣廷核實或作判決為止。以上文書來往過程，或可視為帝國官僚機構防止基層官吏濫用模糊法律條文的舉措。

　　談畢秦漢時期的格殺與檢驗的關係，護有罪與否的問題卻仍有疑問。事實上，案件相關的十二枚散簡均未有提及夜有否持械抵抗護，而

---

73 可參考〔宋〕宋慈（著），高隨捷、祝林森（譯注），《洗冤集錄譯注》（上海：上海古籍出版社，2009）；廖育群，〈宋慈與中國古代司法檢驗體系評說〉，《自然科學史研究》1995.4，頁 374–380；張哲嘉，〈「中國傳統法醫學」的知識性格與操作脈絡〉，《中央研究院近代史研究所集刊》44（2004），頁 1–30。

護與夜的打鬥過程尚不清楚，亦未見有夜的驗屍報告，資料頗為有限，因此難以判斷縣廷會否許可護的行為。不過，本文推測，護雖然為非應捕人，但程序應與以上一般官吏格殺犯人後的情況相似：基層機構先向縣廷說明案情，接下來縣廷或會指使下屬機構下一步的行動，例如進一步提供兩人格鬥的詳情，再待縣廷判決與處理。但是，護在刺死夜後，便持兵逃離，自然無法進入上述的程序。

五、結語

本文從東漢五一簡中所見的一宗強掠人為妻案件——「夜略尼案」說起。案件相對完整的記錄，有助了解東漢社會與司法的實況。夜在犯案的過程中，先後受到斗、臭的幫助。後來東窗事發，夜為護所殺，斗、臭亦被追捕。筆者嘗試整理案中細節，並梳理涉案人物的罪名與處置，其中「不直」罪的內涵值得繼續討論。除此之外，殺死犯人的護有罪與否，亦是本文的另一重點。

結合舊有的出土法律文獻與五一廣場新出土簡牘，筆者推測，雖然法律條文賦予捕者格殺犯人的權利，但是縣廷對於捕者格殺犯人的審查十分謹慎。據簡文所示，正如調查一般案件般，縣廷就格殺案件需要採納多重的證供，不會依賴捕者的單一供詞，亦會就格殺案件審核，以至派員偵查。故此，即使地方官吏、平民在追捕犯人時遇上武力反抗，格殺對方也非理所當然地合法，須待縣廷個別審視與判斷。國家壟斷正當的暴力，與此同時需要制約暴力的使用。基於上述的觀點，我們或可思索秦漢時期法律條文付諸於實際執行時，官吏如何拿捏平衡，以避免條文被濫用的情況。

後記

本文蒙黎明釗教授、謝偉傑教授惠閱點評，並獲劉天朗學長惠賜寶貴建議良多。劉子鈞學長、何國誠同學與其他讀簡會成員亦在寫作過程中幫助不少，特此致謝。

五一簡所見訴訟人身扣押與「閉」、「閉司空」試探

李偉豪

一、引言

長沙地區出土不同時期的簡牘，五一簡反映出東漢臨湘地方的行政文書。本文嘗試以五一簡一窺東漢初、中期臨湘作為地方的司法、訴訟事務實況。本文所指的司法乃廣義包括民事訴訟、刑事訴訟的一般過程，關係地方治安機構的執法，以及上級對下級機構的案驗覆核等。秦漢之「獄」多為「決獄」、「斷獄」等意，屬司法制度主體的一環，有別處於末端監禁囚犯的「監獄」，亦有別於判決之後處理「刑徒」。移交、收押涉事者及疑犯無疑亦是司法過程一部分。考察五一簡中所見東漢臨湘地區司法程序，以民事的「訟」已發展出一系，反映在明顯的刑事案件外，民事訴訟伴隨當地經濟活動日益膨脹。臨湘縣須處理日益增加的複雜民事案件，以及相應的人身扣押需求。在五一簡中可見有「閉司空」，本文相信「閉」是一種針對民事案件、非當事人的扣押程序，並由「司空」執行，藉以補充縣廷執行人身扣押的能力。

二、司法程序中鄉亭起始的人身扣押

學者曾論鄉在秦漢地方訴訟系統中的角色變化，從輔助縣廷、縣獄執行司法審訊，舉出如《粟君所責寇恩事》冊書簡為例，指出到西漢中期以後「鄉為縣的派出機構，受上級縣的委託而審理案件，具有一定的審判權是可能的」。[1] 也有意見認為，該事件中主導調查的為居延都尉府，鄉只處理民間較輕的訴訟，鄉、亭作為地方的治安維持機構，往往是接受訴訟、告發的起點。[2] 在過去討論中，有意見認為部分漢律的適用

1 孫聞博，〈簡牘所見秦漢法律訴訟中的鄉〉，《中華文化論壇》2011.1，頁 137–141。
2 〔日〕水間大輔，〈秦・漢における鄉の治安維持機能〉，《史滴》31（2009），頁 28–47。

對象有「繫者」（未決囚）與「刑徒」（已決囚）的差異。「獄」作為司
法機構之一，處理的對象應是未決囚，這點似乎也存在於五一簡中：

．囚律，諸治獄者各以其告☒（《貳》簡688）

《晉書‧刑法志》：「囚律有繫囚、鞫獄、斷獄之法。」[3] 懸泉漢簡
I90DXT011①:1：「囚律，劾人不審為失，以其贖半論之」，[4]「囚律」應
為「治獄者」處理「獄」的律法之一。前引五一簡〈囚律〉一條「治獄
者各以其告☒」，早在《二年律令‧具律》已有類似的例子：

治獄者，各以其告劾治之。敢放訊杜雅，求其它罪，及人毋告劾而擅
覆治之，皆以鞫獄故不直論。[5]

《二年律令‧具律》中有多條與治獄、訴訟相關條文，李均明認為在整
理者所整理的〈具律〉之中，實際應分出部分條文為〈囚律〉。[6] 此點可
以從上引五一簡中獲得證實。〈囚律〉涉及「繫囚」、「鞫獄」、「斷獄」
等項，後兩者實際上是前述論及「獄」審訊與案驗覆審職能。至於「繫
囚」，《說文解字》謂「囚，繫也」，[7] 即意指被拴縛之意，代表對個人行

---

3 〔唐〕房玄齡等，《晉書》（北京：中華書局，1974），卷30，〈刑法志〉，頁924。
4 甘肅簡牘博物館等（編），《懸泉漢簡（壹）》（上海：中西書局，2019），頁416。
5 張家山二四七號漢墓竹簡整理小組，《張家山漢墓竹簡（二四七號墓）（釋文修訂本）》
  （北京：文物出版社，2006），頁24，簡113。
6 李均明，〈《二年律令‧具律》中應分出《囚律》條款〉，《鄭州大學學報（哲學社會
  科學報）》2002.3，頁8–10。
7 〔東漢〕許慎，《説文解字》（北京：中華書局，1963），頁129。

動自由的限制。《史記‧建元以外侯者表》言王山:「為人所上書言,繫獄當死,會赦,出為庶人,國除。」[8]《漢書‧楚元王傳》:「孝宣皇帝時,夏侯勝坐誹謗繫獄,三年免為庶人。」[9]《漢書‧宣帝紀》:「上遣使者分條中都官獄。繫者,輕重皆殺之。」[10]《後漢書‧明帝紀》:「其施刑及郡國徒,在中元元年四月己卯赦前所犯而後捕繫者,悉免其刑。」[11]「繫」即收捕疑犯,「繫獄」則是疑犯被收捕後拘留在「獄」等待判決,而《晉書》所言「繫囚」的「繫」便為對嫌疑人、囚犯的收押之事,便成為了「獄」日常運作必然面對的問題。因此,為了執行「獄」的訴訟、決獄功能,「獄」往往兼有「牢獄」的功能及意義。

漢代的訴訟判決多以縣為基礎,然而《漢書‧刑法志》曰:「禮教不立,刑法不明,民多貧窮,豪桀務私,姦不輒得,獄豻不平之所致也。」服虔注曰:「鄉亭之獄曰豻。」[12]《後漢書‧崔駰傳》李賢注亦引《前書音義》曰:「鄉亭之獄曰豻。」[13]《毛詩正義》中則稱:「韋昭注漢書同韓詩,作犴,音同。云鄉亭之繫曰犴,朝廷曰獄。」[14]鄉、亭存在類似郡縣「獄」的「豻」或「犴」,至少有初步處理訴訟,自然也具有扣押功能。然而在漢代地方的訴訟中,鄉似乎只是輔助性質,《二年律令‧具律》載:

8〔西漢〕司馬遷,《史記》(北京:中華書局,1959),頁1061。

9〔東漢〕班固,《漢書》(北京:中華書局,1962),卷36,〈楚元王傳〉,頁1931。

10《漢書》,卷8,〈宣帝紀〉,頁236。

11〔南朝宋〕范曄,《後漢書》(北京:中華書局,1965),〈明帝紀〉,頁89。

12《漢書》,卷23,〈刑法志〉,頁1109–1110。

13《後漢書》,卷52,〈崔駰傳〉,頁1704。

14〔西漢〕毛亨(傳),〔東漢〕鄭玄(箋注),〔唐〕孔穎達(疏),《毛詩正義》(北京:中華書局,1980,據〔清〕阮元校刻《十三經注疏附校勘記》本),頁184(總頁452)。

諸欲告罪人，及有罪先自告而遠其縣廷者，皆得告所在鄉，鄉官謹聽，書其告，上縣道官。廷士吏亦得聽告。[15]

我們至少能推斷因應地理交通的困難，除縣廷所在的都鄉或鄰近的鄉外，「離鄉」的訴訟起始亦可以是由當地鄉吏承接受理，展開司法及文書的程序。「獄」的衍生需求是對涉案人士的拘禁，鄉亭作為維持地方治安、執法的機構，或未可以處理較複雜、嚴重的司法訴訟及案件。鄉亭初步因應案件成功扣押的人物自然而然與案件一併轉交縣廷，接續在縣廷進行訴訟、司法程序。所以，轉交、運送涉事者的程序也成為日常問題，在五一簡中可以見到不少有關鄉亭拘留疑犯，甚至轉交縣廷的記錄，後文除有關「訟」所引《選釋》例53提及「訟辤訟事在鄉」和〈簡報〉例五「亭長姓薛不知名奪收捕皮，毄亭」的情況外，不少案件在鄉、亭已展開司法程序，拘留涉案人士並等待送至縣廷：

□□鄉吏毄共田者張助等七人。伯、溫二人聽賣田空草澤地，助等毄□□二人，訴私市不當行。前失緣、游等當以為市當行。謹令柱、宋等與記、伯共（《選釋》例64）

縣五百里，故不欲送冉獄，還毄亭積三日。其廿七日，圍留禽出沙等九人亭中，令伍長樊仲、陳明等守視，圍悉遣妻子空亭去，因與敇、調，調一棄當步。圍、柱道乘都師區堅小楄船一樓（《選釋》簡83）

---

15 張家山二四七號漢墓竹簡整理小組，《張家山漢墓竹簡（二四七號墓）（釋文修訂本）》，頁22–23，簡101。

兼左賊史英、助史壽白：陽馬亭長种言掩捕小盜男子劉郎所有奴吉、官。官以矛刺种，种以所持刀斫官，創三所。官以格辜物故，吉捕得縠亭。丞優兼掾重議屬功曹辟（？）行丞事兼賊曹掾史各一人，迎取吉并診官死，得吏便（《貳》簡 538）

君教若

置初舍籠中。十月廿五日出之市，還，不知繒五十五匹所在，詣御門亭長丁壽告。壽收縠初少名莨不處姓。莨辭盜十五匹不知餘所在，疑初與莨共盜。壽書到，考實姦詐，正處言。則祉（《貳》簡 543）

無論是「訟」、「獄」，在前線執行維持治安工作的往往是亭長，因此不少被捕者都是先「繫亭」，即拘留在亭並待移送至縣作進一步審理、判決。簡 83 說「縣五百里，故不欲送冄獄」，最後相信把某名曰冄者「還縠亭積三日」，即延長拘留冄在亭三天。可見，在鄉亭與縣廷之間囚犯移送的現實中，地理距離為顯然易見的困難。

例 64「鄉吏縠共田者張助」、簡 543 御門亭長丁壽收縠「名莨不處姓」者，[16] 莨相信是初以「少」這樣的名目所僱傭：

效功亭長徐豐言男子胡通不債男子薛便為少，書 十一月五日開。（《選釋》例 109）

---

16 此簡相關案件詳情，最近見蔡雨萌曾嘗試梳理，筆者此處的標點略有不同。見蔡雨萌，〈讀《長沙五一廣場東漢簡牘（伍、陸）》札記（二）〉，武漢大學簡帛研究中心「簡帛」網站：http://www.bsm.org.cn/?hanjian/8437.html，2021.09.17。（搜尋，2022.02.10）

年不處月日，為廣亭長債醴陵男子夏防為少，月直六百。今年二月不
處日，左賊史連陽、鄧脩白：屬獄嗀良，坐桑鄉游徼帛豫書言良送殺
人賊黃玉，道物故。良（《貳》簡 523）

《選釋》例 109 提及「男子胡通不債男子薛便為少」，簡 523 說「為廣
亭長債醴陵男子夏防為少」，月直六百，應是夏防的月薪。按兩例皆涉
及亭長，則「少」相信可能是一種幫助地方吏處理事務而建立起的私人
助理僱傭。無論如何，上引例子也側面證明「遠其縣廷者，皆得告所在
鄉」的事實和需要。不論鄉的「聽訟」功能如何，極限也應是處理一些
較簡單的訴訟。從上五一簡的各案例所見，鄉確有「謹聽」的司法功
能，並在此上加以初步執法或拘留涉案人士，最後移送至縣加以審理判
決。不過隨著經濟活動的多樣化，部分訟事應當超越了鄉可處理的範
圍，按從後文的討論可知，「（理）訟掾」似乎並非鄉吏。

　　鄉存在比作「獄」的「豻」或「犴」，但似乎在審判權上有所差距。
前引兩漢書注稱「豻」或「犴」為「鄉亭之獄」，《毛詩正義》則稱「鄉
亭之繫」，可見「獄」與「繫」的關係密不可分。水間大輔解釋尹灣漢
簡、里耶秦簡所見「牢監」、「牢人」等為由士兵、附屬身分或刑徒組
成「從事管理獄的工作」，[17] 前者為後者的上級。[18] 控制疑犯、被告的人
身自由，是民事與刑事訴訟所共通的。前引文獻上提及相當於「獄」的
「豻」或「犴」，在審判權上仍有差距，而實際上應以執法、暫時拘留
疑犯的功能為重。因此可以理解「決獄」之外，「獄」亦有「牢獄」之
意，「獄」處理刑事、犯罪的案件，自然伴隨著限制人身自由的功能。

17〔日〕水間大輔，〈里耶秦簡所見的「牢監」與牢人〉，載王沛（主編），《出土法律
　　與文獻研究》，第 2 輯（上海：上海人民出版社，2013），頁 34。
18 水間大輔，〈里耶秦簡所見的「牢監」與牢人〉，頁 32。

三、五一簡所見的「訟」與民事案件的人身扣押

司法程序無疑有各種人身扣押的需要，亦產生相應的處理問題，但不限於刑事、治安的案件。五一簡《選釋》、《壹》中曾被多次探討的「孟負伯錢案」，[19]當中亭長戴輔未能收繫孟，轉而收繫了孟的弟弟海，展示了東漢臨湘縣似乎有一種稱「閉」的人身扣押、羈押程序，簡494載：

> 孟弟海付領訟掾淩，閉海司空。庚亭長福以伯自言故詭出伯、毆擊伯母及舍客、元婢皆有疢痏，福部吏不詳實事而多毆擊元門內三人疑有所（《貳》簡494）·

此簡與本文重點關係在於孟弟海被收繫後「付領訟掾淩，閉海司空」，這樣的後續處理，也就是「訟掾」與「閉海司空」之關係。首先，是有關「訟」、「訟掾」，《周禮·地官·大司徒》載：

> 凡萬民之不服教而有獄訟者，與有地治者聽而斷之，其附于刑者歸于士。[20]

---

19 有關此案的內容，黎明釗師曾有探討，同窗劉子鈞亦曾在「簡帛」網站發表文章，在此不贅。見黎明釗，〈試析幾枚五一廣場東漢簡牘〉，載鄔文玲、戴衛紅（主編），《簡帛研究·二〇一八（秋冬卷）》（桂林：廣西師範大學出版社，2019），頁349–352；劉子鈞，〈五一廣場東漢簡牘「孟負伯錢」案再探〉，載武漢大學簡帛研究中心「簡帛」網站：http://www.bsm.org.cn/?hanjian/8238.html，2020.04.04。（搜尋，2020.04.13）

20〔東漢〕鄭玄（箋注）、〔唐〕賈公彥（疏），《周禮注疏》（北京：中華書局，1980，據〔清〕阮元校刻《十三經注疏附校勘記》本），頁70（總頁708）。

鄭玄注曰：

　　爭罪曰獄，爭財曰訟。[21]

　　在漢代，郡縣普遍設獄，有特定吏員處理訴訟。《後漢書・獨行列傳》中周嘉「高祖父燕，宣帝時為郡決曹掾」。[22]《漢書・王尊傳》載「復召署守屬治獄，為郡決曹史」。[23]《漢書・于定國傳》于定國「其父于公為縣獄史，郡決曹，決獄平，羅文法者于公所決皆不恨」。[24]「決曹，主罪法事。」[25] 如淳曰：「賊曹、決曹皆後曹。」[26] 在郡獄之外，漢代存在各種的「獄」，如後宮暴室獄、都官獄、上林獄等等，前人學者有詳細論及。[27] 有學者認為，尹灣漢簡當中不見郡獄，乃是由縣治之獄兼任，並不分設。[28] 另外，有關出土史料的秦漢縣獄屬吏，學界亦有研究，在此

---

21 《周禮注疏》，頁 70（總頁 708）。

22 《後漢書》，卷 81，〈獨行列傳〉，頁 2675。

23 《漢書》，卷 76，〈王尊傳〉，頁 3227。

24 《漢書》，卷 71，〈于定國傳〉，頁 3041。

25 《後漢書》，卷 20，〈王霸傳〉，頁 734，《漢舊儀》注；《後漢書志》，卷 24，〈百官志一〉，頁 3559。

26 《漢書》，卷 78，〈蕭望之傳〉，頁 3289。

27 〔日〕冨谷至，《秦漢刑罰制度の研究》（京都：同朋舍，1998）；徐世虹，《中國法制通史》，第 2 卷（北京：法律出版社，1999）；〔日〕宮宅潔，《中国古代刑制史の研究》（京都：京都大学学術出版会，2011），頁 251–262；宋杰，《漢代監獄制度研究》（北京：中華書局，2013）。

28 宋杰，《漢代監獄制度研究》，頁 185。

不贅。[29]

「獄」為刑事案件，「訟」為民事、財務的案件，不少學者早已注意有關漢代司法在民事、刑事的兩面，及兩者在程序上的差異。[30] 五一簡中鄉的確有處理「訟」的功能：

> □□姃名數戶下。譚比自言，□還驪、姃等。又譚所訟辤訟事在鄉，當為治決。請以譚、汎屬南鄉有秩明等治決，處言。□□勤職事留遲無狀，惶恐叩頭死罪死罪敢言之（《選釋》例53）

此簡提及譚的「訟辤訟事在鄉」，應當「治決」，而「治決」者為譚、汎二人所屬的「南鄉有秩」，應是有秩嗇夫，亦符合「嗇夫職聽

---

29 如〔日〕水間大輔，〈秦漢縣獄吏考〉，載中國社會科學院考古研究所（編），《漢代城市和聚落考古與漢文化》（北京：科學出版社，2012），頁201–228；〔日〕水間大輔，〈秦漢時期縣獄史的職責〉，載王沛（主編），《出土文獻與法律史研究》，第1輯（上海：上海人民出版社，2012），頁201–228；〔日〕水間大輔，〈秦漢時期承擔覆獄的機關與官吏〉，載武漢大學簡帛研究中心（主辦），《簡帛》，第7輯（上海：上海古籍出版社，2012），頁277–296；水間大輔，〈里耶秦簡所見的「牢監」與牢人〉，頁25–34；朱紅林，〈史與秦漢時期的決獄制度〉，《社會科學輯刊》2017.1，頁150–155；朱騰，〈簡牘所見秦縣少吏研究〉，《中國法學》2017.4，頁188–206；〔韓〕金鍾希，〈秦代縣廷獄史的職能和特殊性〉，載武漢大學簡帛研究中心（主辦），《簡帛》，第19輯（上海：上海古籍出版社，2019），頁147–162。

30 張建國，〈居延新漢簡「粟君責寇恩」民事訴訟個案研究〉，《中外法學》1996.5，頁15–21；徐世虹，〈漢代民事訴訟程序考述〉，《政法論壇》2000.6，頁122–130；徐世虹，〈漢代社會中的非刑法機制〉，載柳立言（編），《傳統中國法律的理念與實踐》（臺北：中央研究院，2008），頁309–341；〔日〕籾山明，《中國古代訴訟制度の研究》（京都：京都大学学術出版会，2006），頁125–164；〔日〕鷹取祐司，《秦漢官文書の基礎的研究》（東京：汲古書院，2015），第4部第5章，〈漢代の聽訟〉，頁693–714。

訟」。此簡只提及「名數戶下」，實際案情不可知。刑事犯罪及民事糾紛中，事實的性質或許在模糊之處，「獄」與「訟」雖有分別但往往仍難以分解。[31] 不過，觀察五一簡中有關「訟」的各例，的確與民事、經濟活動相關：

表一：五一簡所見「訟」與相關案情

「訟」	相關案情	原文（簡號）
訟辤、訟事	未知	□□妶名數戶下。譚比自言，□還騅、妶等。又譚所訟辤事在鄉，當為治決。請以譚、氾屬南鄉有秩明等治決，處言。□□勤職事留遲無狀，惶恐叩頭死罪死罪敢言之（《選釋》例53）
訟掾	孟從伯市篷錢不畢，伯責孟不得 [32]	孟弟海付領訟掾淩，閉海司空，庾亭長福以伯自言故詭出伯、毆擊伯母及舍客、元婢皆有疼痏，福部吏不詳實事而多毆擊元門內三人疑有所（《貳》簡494）
理訟掾	從羌市馬，未畢三千七。事到五月詭責治決	理訟掾伉、史寶、御門亭長廣叩頭死罪白。廷留事曰：男子陳羌自言，男子董少從羌市馬，未畢三千七百。留事到五月詭責治決。處言。伉、寶、廣叩頭死罪死罪。奉得留事，輒召少，不得。實問少比舍男子張孫、候卒張尊，辤：少七月廿八日舉家辟（避）則（側）。輒與尊、孫集平少所有什物，直錢二千七百廿，與羌。盡力曉喻少出與羌校論。謹籍少所有物，右別如牒。少出，辤有增異。復言。伉、寶、廣惶恐頭死罪死罪。（《選釋》例49）

---

31 籾山明，《中國古代訴訟制度の研究》，頁152–161；徐世虹，〈漢代社會中的非刑法機制〉，頁325–332。

32 此另見簡515。

「訟」	相關案情	原文（簡號）
理訟掾	以由從惠質錢八百。由去，易當還惠錢	兼辤曹史煇、助史襄白：民自言，辤如牒。教屬曹分別白。案：惠前遣姊子毒、小自言，易永元十七年中，以由從惠質錢八百。由去，易當還惠錢。屬主記為移長刺部曲平亭長壽考實，未言，兩相誣。丞優、掾暘議請**勅理訟掾伉**、史寶實核治決。會月廿五日復白（《選釋》例 47）
領訟掾	劉夫盛父諸令盛贖母基持劉所有衣，凡十一種	永初二年閏月乙未朔廿八日壬戌，**領訟掾充**、史凌叩頭死罪敢言之。女子王劉自言，永元十七年四月不處日，劉夫盛父諸令盛贖母基持劉所有衣，凡十一種，從（《選釋》例 70）
辤訟	買船，直未畢	未敢擅付。又次妻孝自言，皮買船，直未畢。今郅言，恐皮為姦詐，不載。**辤訟**，當以時決皮。見左書到，亟實核姦詐，明正處言，會月十七日。熹、福、元叩頭死罪死罪。（《選釋》例 65）
訟決	船師王皮當償彭孝夫文錢，及當保米致屯營（與《選釋》例 65 應為一事）	永元十五年閏月丙寅朔八日癸酉，武陵大守伏波營軍守司馬郅叩頭死罪敢言之。前言船師王皮當償彭孝夫文錢。皮船載官米財。遣孝家從皮受錢。郅叩頭叩頭死罪死罪。皮船載米四千五百斛，已重，孝不來。今月六日遣屯長王于將皮詣縣，與孝、誼。誼未到。亭長姓薛不知名奪收捕皮，縠亭。案：軍糧重事，皮受僦米六百卅斛，當保縠致屯營。今收縠皮，空船無攝護者。亭重船稽留有日，不得發，恐宿夜災異，無誰詭責。郅客吏被蒙府厚恩，發遣正營流汗。唯長沙府財吏馬，嚴臨湘晨夜遣當代皮攝船者詣郅，須進道。**皮訟決**，手械，部吏傳詣武陵臨沅保入官。朱郅誠惶誠恐，叩頭叩頭死罪，敢言之。 閏月十日乙亥，長沙大守行文事大守丞虞謂臨湘：寫移縣，知皮受僦當保載，而盛卷（？）佝留皮，又不遣孝家受取直，更相推移，何？書到，亟處，言，會急疾如律令。 掾廣、卒史昆，書佐熹 今白誰收皮者召之閏月十一日開 （〈簡報〉例五）

以上各例提及「訟辯訟事」、「訟決」，亦有「理訟掾」、「領訟掾」、「訟掾」之職位。各簡均是有錢財上的爭議，如「直未畢」、「從羌市馬，未畢三千七」、「當償彭孝夫文錢」、「當還惠錢」，皆符合「爭財曰訟」。同時，上表簡 494、《選釋》例 49、《選釋》例 47、《選釋》例 70 可見臨湘地方的理訟掾、訟掾之職多次涉及在這些案件之中，當中例 47、49、53 也出現過「治決」一詞。此外：

> 錢八千，即日畢。男子任仲孫、李仲升、齋仲孫證。今市有秩佐奪明肆還次。書到，亟治決。明處言。馮聞叩頭死罪死罪。謹案文書，輒實問次、知狀男子齋仲孫、李仲升，辭皆曰：前（《選釋》例 66）

不難發現，以上各例中須「治決」之事，也是「訟」及與錢財爭議相關，而居延漢簡《粟君所責寇恩事》冊書亦見「書到驗問治決言」。[33]「治決」在文書上與「訟」的關係有待證明，但「決」應代表對案件的判決。

前引傳世文獻屢見「決獄」、「決曹」，《二年律令》中亦見「罪人獄已決」、「獄已決盈一歲」，[34] 又《肩水金關漢簡（壹）》73EJT4:80 亦有「獄已決」。[35] 相對於「獄決」，文書上的「訟決」反映出兩種司法訴訟的（階段性）判決及完結，《選釋》例 53 亦明確提及「訟辭」、「訟

---

33 馬怡、張榮強（主編），《居延新簡釋校》（天津：天津古籍出版社，2013），頁 754，簡 E.P.F22:30。

34 張家山二四七號漢墓竹簡整理小組，《張家山漢墓竹簡（二四七號墓）（釋文修訂本）》，頁 24，簡 117。

35 甘肅省簡牘保護研究中心等（編），《肩水金關漢簡（壹）》（上海：中西書局，2010），下冊，頁 43。

事」，也許能反映出「訟」至少在臨湘司法程序、訴訟當中成為明確的一類，從而在文書產生出與「獄狀」、「劾狀」不同的稱呼，但其本質上仍是「辭狀」、「辭書」的供詞，這點可以參後文第四節對簡470、437的討論。

筆者認為「理訟掾」、「訟掾」應為處理「訟」而產生的吏，實際上全名可能為「理訟掾」，至於其在訴訟程序的位置則參閱後文。無論如何，〈簡報〉例五的「訟決」相信是指「訟」已獲「治決」，相對於一般的「獄決」，表示了如同鄭玄所言「獄」與「訟」一致的差異。值得注意是，例47作為君教文書，可見訟掾有可能是縣吏。

對百姓而言，民事訴訟中關乎生計收入的財務糾紛自然較為重要，而在日益複雜的經濟及法律下，僱傭、租借、貿易等經濟活動中，「訟」可能出現的場景亦變多，[36] 特別是遺產問題。甘肅臨澤西晉出土的《田產爭訟爰書》中，記錄家人之間的爭產問題，提及「香、發兄弟不和，還相誣言，不從分理，詣官紛云，興長訟，訴平官法」，[37] 單是遺產繼承的法律問題已能「興長訟」。另外，東牌樓東漢簡《光和六年諍田自相

---

36 相關五一經濟材料先行研究，見前引黎明釗，〈試析幾枚五一廣場東漢簡牘〉；朱德貴、齊丹丹，〈長沙五一廣場東漢簡牘所見若干經濟史料初探〉，載楊振紅、鄔文玲（主編），《簡帛研究·二〇一五（春夏卷）》（桂林：廣西師範大學出版社，2016），頁184–217；蔣丹丹，〈五一廣場東漢簡牘所見流民及客 —— 兼論東漢時期長沙地區流動人口管理〉，載鄔文玲（主編），《簡帛研究·二〇一七（秋冬卷）》（桂林：廣西師範大學出版社，2018），頁229–238。

37 相關釋文及討論見張榮強，〈甘肅臨澤新出西晉簡冊考釋〉，《魏晉南北朝隋唐史資料》32（2015），頁187–202；魯家亮，〈甘肅臨澤西晉《田產爭訟爰書》芻議〉，載武漢大學簡帛研究中心（主辦），《簡帛》，第9輯（上海：上海古籍出版社，2014），頁337–344。

和從書》亦與遺產繼任、爭產問題有關。[38] 平民關心遺產，而繼承代戶也是秦漢帝國的關注，形成介於刑事犯罪與民間爭財之間的法律問題。《漢書·薛宣傳》載：

> 宣除趙貢兩子為史。貢者，趙廣漢之兄子也，為吏亦有能名。宣為相，府辭訟例不滿萬錢不為移書，後皆遵用薛侯故事。[39]

薛宣為丞相後改例，「訟」事未滿萬錢，不用抄寫移送相關文書，以訟事涉及的財物價值定下丞相府接受處理「訟」的最低要求。薛宣此舉似乎反映當時民間訟事之多令既有系統難以全面處理而要加以篩選，亦可以說民間訟事繁瑣。同時，秦漢時期簡牘作為書寫媒介，限制了文書行政在政府架構內上行移送的觀點，或許也可應用於理解此史料。[40] 可以推想，長沙作為輻輳之地，各類經濟活動及人口流動頻繁必然產生更多民間訟事。人口跨縣跨郡而變得更為複雜，郡縣之間的身分、事實確認的文書行政亦耗時，「訟」的數量及深度往往已非一鄉可以處理。由此，當這些民事案件日益複雜之際，又可能在法律詮釋的邊緣，更多的司法程序在縣廷處理，或許也產生更多暫時扣押各類人物的需要。

---

38 如侯旭東，〈長沙東牌樓東漢簡《光和六年諍田自相和從書》考釋〉，載黎明釗（主編），《漢帝國的制度與社會秩序》（香港：牛津大學出版社，2012），頁 247–275。

39《漢書》，卷 83，〈薛宣傳〉，頁 3393。

40 張榮強〈簡紙更替與中國古代基層統治重心的上移〉，《中國社會科學》2019.9，頁 180–203。

四、五一簡所見「閉」:「獄」與「司空」功能再探

　　在〈湖南長沙五一廣場東漢簡牘發掘簡報〉公佈的例二當中出現了所謂「獄司空」者,[41] 李均明認為是「主管監獄刑徒的機構」,[42] 宋杰曾指出古代「獄」之意可分為「牢獄」及「訊獄」兩種,[43] 陳偉則對此強調「獄」與「司空」有本質上的區別:「里耶秦簡等資料所見,獄與司空實為二事,各有不同的職能。」[44] 在此筆者希望再次探討此問題,而關鍵在於前引簡 494 中「閉海司空」一語。從簡 494 中可知,「閉海司空」發生在孟弟海被交付到當地某訟掾名淩者之後。與此同時,《選釋》例 95 提及「後徙關司空」:

> 從 沅陵男子楊仲方買之,益、息即卿婢者,付卿。多即將益、息歸其主人。後可十餘日,姜詣都部,自言毄益、息都亭,後徙關司空可十三日所。縣部賊捕掾珍(《選釋》例 95)

41 長沙市文物考古研究所,〈湖南長沙五一廣場東漢簡牘發掘簡報〉,《文物》2013.6,頁 4–26。

42 李均明,〈長沙五一廣場出土東漢木牘「直符」文書解析〉,《齊魯學刊》2013.4,頁 35–37。

43 宋杰,〈秦漢國家統治機構中的「司空」〉,《歷史研究》2011.4,頁 15–34。

44 陳偉,〈五一廣場東漢簡牘校釋〉,武漢大學簡帛研究中心「簡帛」網站:http://www.bsm.org.cn/?hanjian/6093.html,2013.09.22。(搜尋,2019.10.31)

表二：簡494、《選釋》例95、簡105 三簡之「閉」或「關」字

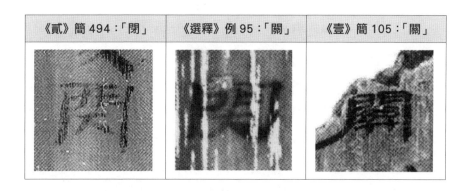

《貳》簡494：「閉」	《選釋》例95：「關」	《壹》簡105：「關」

　　按照圖版，簡494、《選釋》例95二簡的「閉」和「關」當為同一字，與簡105所釋「關」有明顯差異，《選釋》例95或許應從「閉」字釋。由此，「閉」或為動詞，而「閉海司空」應是對孟弟的處理，並與司空有密切關係。在簡289有一份簿籍統計了司空「囚徒」數目，當中亦出現了「復閉」，或有助理解「閉」的意思：

簿丞旦　簿　　　　　凡囚徒卅七人　凡囚徒……

　　　　　　　　　　其卅人徒　　　之　之　之　之　之　必

　　　　　　　　　　佝觳二人

　·十二月一日司空臧簿　復閉二人守　　丞梁集與守嗇夫旻臧堅　之　之

　　　　　　　　　　□□□人

（《壹》簡289A）

　　「十二月一日司空臧簿」應是此簡簿的標題，「簿丞旦簿」之字跡潦草，或是後書。「（復）閉」與「司空」有密切的關係，有學者指出是「復

作」之別稱。[45] 筆者認為「閉」類似「佝毄」，為一種官方限制未決囚人身自由的司法程序，司空是執行的機構設施。

第一，此簡的統計對象是「囚徒」，似乎較「刑徒」意義廣泛。「凡囚徒卌七人」表示總數四十七人，「其卌人徒」即當中四十人屬於「徒」，則「佝毄」、「復閉」等統計分類項目不算作「徒」。對此，部分學者曾經論及里耶秦簡當中有稱為「徒簿」、「作徒簿」（或「徒作簿」），里耶秦簡「徒簿」以鬼薪白粲、城旦舂、隸臣妾等勞動項目或刑後身分作為統計項目，詳細列出相關勞動力的分配。[46] 再者，在目前已公佈的五一簡中不見「刑徒」，但有如簡 347 提及「髡鉗徒」、「完城旦徒」，簡 450「左倉請徒二人作」、簡 451「左倉曹請徒十人」，似乎五一簡中的「刑徒」是以「肉體刑罰」為中心作種類區分「刑徒」。「刑徒」、「作徒」應皆可簡稱為「徒」，此處「徒」已經意涵所有「刑徒」。相對之下，「佝毄」應是已拘捕但還未有作出判決，並不是已判決受刑

---

45 周海鋒，〈《長沙五一廣場東漢簡牘【壹】》選讀〉，武漢大學簡帛研究中心「簡帛」網站：http://www.bsm.org.cn/?hanjian/8008.html，2018.12.26。（搜尋，2019.10.16）

46 湖南省考古文物研究所，〈龍山里耶秦簡之「徒簿」〉，載中國文化遺產研究院（編），《出土文獻研究》，第 12 輯（上海：中西書局，2014），頁 101–131；高震寰，〈從《里耶秦簡（壹）》「作徒簿」管窺秦代刑徒制度〉，載中國文化遺產研究院（編），《出土文獻研究》，第 12 輯，頁 132–143；張春龍，〈里耶秦簡中遷陵縣之刑徒〉，載李宗焜（主編），《古文字與古代史》，第 3 輯（臺灣：中央研究院歷史語言研究所，2012），頁 453–464；水間大輔，〈里耶秦簡所見的「牢監」與牢人〉；賈麗英，〈里耶秦簡牘所見「徒隸」身分及監管官署〉，載中國社會科學院簡帛研究中心等（主編），《簡帛研究·二〇一三》（桂林：廣西師範大學出版社，2014），頁 68–81；何有祖，〈里耶秦簡「（牢）司寇守囚」及相關問題研究〉，載西北師範大學歷史文化學院等（編），《簡牘學研究》，第 6 輯（蘭州：甘肅人民出版社，2016），頁 90–101。

的「徒」，進一步證明此處「囚徒」並非完全等於「刑徒」。也就是說，此簿中「囚徒」比「刑徒」更為廣泛，其他列出統計項目並非判決後產生的「刑徒」，而是「囚」，即人身受扣押者。前文曾引有學者提出「牢監」為看守，而簡349亦似乎見類似情況。

元興元年正月不處日，角作獄主，為諸囚炊☐

刑到。其年九月不處日，角、墨解械去亡到☐（《壹》簡349）

角、墨兩人「解械去亡」，角曾為「獄主」，並且為獄內各「囚」炊食。此簡後文斷開，但後文提及的「刑到」似乎為促成角、墨二人去亡的主因，則角、墨很可能本身都是等待判刑的「諸囚」之一。

第二，比較「佝繫」、「閉」，進一步說明「閉」與「復作」有差別。首先，「孟負伯錢案」中孟弟海並非事主之一。簡515提及「輔收孟不得，得孟弟海，付領訟掾淩」，及前引簡494記「孟弟海付領訟掾淩，閉海司空」，似乎顯示整個司法程序中，只達致了把孟弟海交給「領訟掾淩」並「閉海司空」的結果。司法訴訟程序似乎仍未完成，審判亦未發生，則「閉」不限於已決囚。其次，按照一般對「復作」的認識，「復作」可能是已判獲減刑、被赦免但仍要服勞動刑的刑徒，其先決在於有否曾為刑徒。[47]因此，未有定罪的海，當時的身分不會是刑徒，亦難是「復作」身分。所以「復閉」應不是「復作」之意，而此簿作用便不如「作徒簿」般是為了管理刑徒勞動力及交代相關分配的。從「徒」到「佝繫」再到「復閉」，三者或以嚴重性排列。當中「佝繫」及「復閉」均有二

47 高震寰，〈從勞動力運用角度看秦漢刑徒管理制度的發展〉（臺北：臺灣大學歷史學系博士論文，2017），頁85–88；宮宅潔，《中国古代刑制史の研究》，頁69–71。

人，如果考慮「復作」可能是已判獲減刑、被赦免但仍要服勞動刑的刑徒，而「佝繫」針對疑犯，等於在相同數據的情況下視「復作」的嚴重性輕於「佝繫」。其可能只在於簿的紀錄本身。當然，亦不能排除本身的排列沒有意義。

若同意「閉」不為「復作」之意，亦不是「徒」，那按《說文解字》謂「囚，繫也」，[48] 即意指被拴縛，亦代表對個人行動自由的控制。在五一簡中，「轂（繫）」字往往作為動詞，使用場景亦是作為案情的一部分，記錄官府人員的執法過程，如後文引《選釋》例 151。另外：

拘轂無罪、毆擊人，如律令。　　　四月廿九日（《選釋》例 94）

失前會日，無妄佝無罪，毆轂人☐（《貳》簡 588）

有「拘轂無罪」，亦有「無妄佝無罪」，「佝轂」的對象不必然是被定罪者，但執法、定罪為「拘轂」前題的程序；「毆轂人」，轂在程序同時，也是為對人所作出的基礎行為。前人所提及「繫」傳世用法，亦側重於人身的扣押。水間大輔解釋里耶秦簡中所見「守囚」一職，認為是「看守羈押於牢獄的未決囚」；[49] 游逸飛討論「繫城旦舂」是有期刑時，亦指出傳世文獻及出土簡牘中「『繫』為拘禁之意，用於判決、行刑以前……『繫者』通常指未決的囚犯，少數指待行刑的死囚」。[50] 此處「囚徒」可能是被依法限制人身自由，即亦所謂被監禁者的集合稱呼。

---

48 《說文解字》，頁 129。

49 水間大輔，〈里耶秦簡所見的「牢監」與牢人〉，頁 25–34。

50 游逸飛，〈說「繫城旦舂」——秦漢刑期制度新論〉，《新史學》20.3（2009），頁 1–52。

雖然簡289A「閉」字略有模糊，但釋作「閉」字，則「復閉」便可解釋例95中先「縠（繫）益、息都亭」而「後徙閉司空」之言，即可理解為益、息二人從亭轉移至於司空進行扣押。由此，「閉海司空」實際上可能是指將孟弟海拘留在司空之意。

就算孟確實欠負伯錢，其弟弟海也非直接犯事者，罪名應該未有確認，目的或在於等待其兄長孟乃至相關審訊程序的展開。考慮「孟負伯錢」本身為有待解決的財務糾紛，類似「佝縠」，「（復）閉」可能是對較非刑事之輕罪名、間接涉案者進行羈留，確保日後的審訊程序順利。總之，在文書及實際程序上，「訟」在臨湘縣的司法系統中似乎相對明確地自成一類。

針對未決囚到刑徒之間的身分轉換過程，學者曾提出「西漢中期以後的刑徒被判罪以後會先送到司空，司空會按各官署的需要，將刑徒分發到其他機構服役，而刑徒被分發到哪個機構，該機構便負責管理他」。[51] 司空在西漢中後發展為刑徒的主要管理機構，或屬正確：

縠，何亭部賊及徒，主名占為誰？逢、素、肯不覺，文未決。朗、純詐以文為徒亡，有白事文書，屬倉曹逐捕不。書到亟實核，正處言。良叩頭死罪死罪謹案：文（《壹》簡364）

書考問朗、平、備等，辭皆曰：正月十五日，文罪定，朗、純具鞫狀署，逢未論決文。其日暮，再縠。後都亭部男子慶枇鬥傷張湘，縠鳴，逢出追。朗、純以為文已署（《貳》簡470）

---

51 高震寰，〈從勞動力運用角度看秦漢刑徒管理制度的發展〉，頁102–132。

永初三年正月壬辰 朔 日　臨湘令丹守丞皓敢言之，謹移耐罪大男張雄、舒俊、朱循、樂竟、熊趙辭狀一編，敢言之

掾祝商獄助史黃護（《貳》簡 437A/B）

簡 470 中「狀」應為簡 437「辭狀」之意，五一簡中有大量「辭」、「辭有增異」、「辭書」之語。有學者曾討論與「鞫」相關的司法文書，指出「劾書」的背後記有「劾狀」，「鞫」應該同樣有「鞫書」及「鞫狀」。[52]「鞫狀」應是朗、純二人在「鞫」司法程序中所提出的供詞。「具鞫狀署」、「以為文已署」，或是指在「狀」上署名。簡 364 中提到「文為徒亡」，又言「屬倉曹逐捕不」，可見各機構獲分配勞動力後，由各官署自行管理的情況。那麼，按照上述意見，「司空」在東漢實際上更像是現代的監獄，管理著刑徒。

總而言之，此「十二月一日司空臧簿」提示了一個情況：在司空管理的人員當中，同時存在「佝殼」、「閉」的未決囚，而非單純只有刑徒。換言之，臨湘縣的未決囚似乎在審判時轉化為已決囚，即刑徒，之前已在司空管理的實體設施之下，臨湘縣「司空」似乎兼有「牢獄」的功能。如果將「司空」想像為只管理刑徒的機構，那麼便難以解釋上引五一簡「司空臧簿」出現的情況。宮宅潔認為司空自先秦時期主管國家土木工程而需求大量勞動力，在秦漢時期成為主管強制勞動的機構，「刑徒」管理只為其中一環，亦同時主張「獄司空」或許是因應相關管理需求下，由「縣獄」附設在司空之形式而產生的官職，隨東漢時期司

---

52 〔德〕陶安あんど（Arnd Helmut Hafner），〈「鞫書」と「鞫状」に関する覚書〉，「中国古代簡牘の横断領域的研究」網站：http://www.aa.tufs.ac.jp/users/Ejina/note/note07(Hafner).pdf，2014.03。（搜尋，2020.04.07）

空的「稀薄化」，司空漸成為主理刑徒的機構，並進一步歸於「獄」屬下。[53] 高震寰總結宮宅潔以為「司空」原屬於「獄」下，自西漢末年才開始改變，由此提出「司空」不為「獄」下機構，文獻所見「司空」與治獄的密切關係乃為「都司空」之誤，「都司空」對勞動力更大，機構內設「獄」能免去人員遷移，加快補充「刑徒」數量，而「縣司空」不普遍有獄。[54]

A 面：

直符戶曹史宋奉、書佐烝譚符書。　直月十七日。

B 面：

永初五年七月丁未朔十八日甲子，直符史奉、書佐譚敢言之。直月十七日，循行寺內獄司空、倉、庫，後盡其日夜無詣告當舉劾者。以符書屬戶曹史陳躬、書佐李憲。敢言之。（《選釋》例 97）

「直符」應指「當值」，[55] 當日當值的史奉、書佐譚在夜巡邏了「獄司空、倉、庫」，作出「無詣告當舉劾者」的報告。《說文解字》謂：「寺，廷也」，[56]《二年律令・徭律》有「縣道官敢擅壞更官府寺舍者，罰

53〔日〕宮宅潔，〈「司空」小考 —— 秦漢時代における刑徒管理の一斑〉，載氏著，《中国古代刑制史の研究》，頁 226–263。

54 高震寰，〈從勞動力運用角度看秦漢刑徒管理制度的發展〉，頁 129–131。

55 李均明，〈長沙五一廣場出土東漢木牘「直符」文書解析〉，頁 35–37；楊小亮，〈略論東漢「直符」及其舉劾犯罪的司法流程〉，載中國政法大學法律古籍整理研究所（編），《中國古代法律文獻研究》，第 9 輯（北京：社會科學文獻出版社，2015），頁 176–186；馬增榮，〈漢代地方行政中的直符制度〉，載武漢大學簡帛研究中心（主辦），《簡帛》，第 16 輯（上海：上海古籍出版社，2018），頁 253–277。

56《說文解字》，頁 67。

金四兩，以其費負之」之記載。[57] 陳偉認為「臨湘縣寺有獄、司空、倉、庫等多個部門，乃是有一定範圍的建築群」。[58] 由此可見，臨湘縣的司空、獄、倉等同時存在於縣廷的特定範圍內，位置應相距不遠。同時，如果同意司空、獄、倉在縣廷的一定範圍內，那麼把孟弟海交給「理訟掾」並「閉」在司空，也似乎說明「理訟掾」可能是在縣廷中針對處理自鄉、亭上報「訟事」的職位，未必是鄉的外部吏。

高震寰曾指出都官司空可能為了勞動力需求，下設「獄」以加快刑徒及相關官有勞動力的轉化；宮宅潔所認為東漢司空可以「稀薄化」，成為專管刑徒的機構，並轉入「獄」的屬下。[59] 二人的說法突顯出權宜之下，漢司空與獄之間僅紙一重分隔的緊密關係，而筆者認為綜合兩者之意見或許能達致最合理的解釋。為了方便，都官司空可以設獄；郡縣獄也可以利用地方司空的扣押設施。「獄」與「司空」均有收押、收繫的實際需要及功能，但對象為未決囚與已決囚，源自於兩者分別為「決獄」與「刑徒分配」的職掌。然而，在收押、收繫一點上，其實並無二致，只是兩者實現其職能的產品。正如「獄」與「訟」有所差異，但難以想像在實際上兩者被分開管理，如兩者的被告往往由鄉亭所拘留一樣。因應司法判決，「囚徒」在司空下轉變身分，成為「刑徒」，並進一步被分配至各地方部門。

由此可以解釋各種文獻史料上「獄」與「司空」的密切關係，上

---

57 張家山二四七號漢墓竹簡整理小組，《張家山漢墓竹簡（二四七號墓）（釋文修訂本）》，頁 64，簡 410。

58 陳偉，〈五一廣場東漢簡牘屬性芻議〉，武漢大學簡帛研究中心「簡帛」網站：http://www.bsm.org.cn/?hanjian/6094.html，2013.09.24。（搜尋，2020.04.11）

59 高震寰，〈從勞動力運用角度看秦漢刑徒管理制度的發展〉，頁 129–131；宮宅潔，〈「司空」小考 —— 秦漢時代における刑徒管理の一斑〉，頁 226–263。

引五一簡司空轄下簿籍同時存在「囚徒」與「刑徒」或是證據。東漢的縣司空為地方管理及加以分配刑徒的機構，實際上主要功能之一是執行對刑徒、特定對象的收押及監管。臨湘縣的司空為了方便，可兼具為「獄」收繫未決囚的功能。不過，臨湘司空有「牢獄」的功能，未必代表「獄」沒有「牢」：

> 亭部皆不問旦，不敢上爰書。董付良錢時無證左，請且適董獄牢監，願假期，逐召柊考實正處言，不敢出月唯（《貳》簡415）

> 上其月不處日，良病物故。旦令男弟丞柊與防俱責董錢，防、柊報旦錢未得。董辤已付良錢，董不為良賕普。防債日備歸醴陵不處亭部，柊桑鄉廣（《壹》簡396）

> 冒俱加功者以故，奉之曷所，很言猥痛。辟吏考問曷、奉，辤不以斫建狀報語曷。曷未有見罪，又商賀逐召馮建未還，請且適曷司空牢檻須商。（《壹》簡120）

> 出之息舍，其日餔時還，留宿曷舍。明十一日奉建與☐斫崔建狀報語，曷、奉未有服辤，曷不知情，輒令奉☐（《貳》簡120）

前文引水間大輔研究里耶秦簡乃至尹灣漢簡，當中曾提出「牢監」一職與收繫未決囚的「牢獄」有密切關係。簡415、簡120分別見有「獄牢監」、「司空牢檻」，「牢檻」行文上皆為「適某某牢（監／檻）」。

《說文》謂：「檻，櫳也。从木，監聲。所以囚罪人之牢也，故囚車曰檻車。」《廣雅》謂：「檻，牢也。」[60]「監」或通「檻」而與牢獄有密切關係。[61] 按照看守實際牢獄的角度來看，或許三者分別指向獄、司空各自的扣押設施。有關「適」，《說文》謂「適」：「之也」，[62]《史記·吳太伯世家》：「去鄭，適衛。」[63] 然而，按此解或許是把涉事者交付「牢監」，這是按照簡文邏輯最直接的理解，但如此則「牢監」更名的解法便產生懸念。

另一可能性或許是為曷、董二人皆有涉及案件，在程序原則上，需要調離其原有職務。傳世文獻也有「適戍」與「謫戍」者，似乎是受罰充當戍卒，里耶秦簡中也有「罰戍」與「適戍」。[64] 可是，簡 120 提及「曷未有見罪」、「曷不知情」等，加上簡 415「適董獄牢監」也提及「無證左」一語，顯示兩人的罪證不足，未能下判決。且簡文上云「願假期」、[65]「須商」等語，也顯示仍未能完成調查及下結論，也代表當時訴訟、司法程序仍在進行，相關的涉事者不可能是「已決」的刑徒。

如前引例 94、簡 588，在五一簡常見「（無／毋妄）佝斃無罪」之語，相信當時面對涉案人的角色、參與程度、實際罪證等元素，官吏執

60〔清〕王念孫（著），鍾宇訊（點校），《廣雅疏證》（北京：中華書局，1983），頁 211。

61《說文解字》，頁 125。

62《說文解字》，頁 39。

63《史記》，卷 31，頁 1458。

64 有意見認為前者是犯罪、後者是逃稅，見〔日〕宮宅潔，〈征服から占領統治へ —— 里耶秦簡に見える穀物支給と駐屯軍〉，載氏編，《多民族社会の軍事統治》（京都：京都大学学術出版会，2018），頁 69–71。

65「假期」應是官吏未及時處理案件、職務，向上級請示延長的程序及其衍生用語。見李均明，〈長沙五一廣場東漢簡牘「假期書」〉，載李學勤（主編），《出土文獻》，第 13 輯（上海：中西書局，2016），頁 367–373。

法時需要以不同的原則處理，不能無故逮捕人物。簡 415 涉及雷旦、張董的案件，已獲不少學者注意，[66] 在相關簡中透露了張董的原來職位：

> 廣亭部。董，上丘；旦，橋丘。與男子烝願、雷勒相比近知習，輔農，以田作、莫旦績紡為事。普以吏次署獄掾。董，良家子，給事縣，備獄書佐。不處年中，良給事縣。永初元（《壹》簡 126）

> 永初二年五月丙寅朔十八日癸未，直符右倉曹史豫叩頭死罪敢言之。廷書曰：女子雷旦自言夫良前為廣亭長，他坐，毄。獄書佐張董從良少夏防（《壹》簡 341）

不管「司空牢監」、「獄牢監」是職名還是機構，臨湘司空與獄皆有牢監，至少有一種可能：「司空」與「獄」各有其牢 —— 即「司空」與「獄」有各自的人身。這人身扣押設施，很可能是針對未決囚、等待司法程序展開的涉事者。

---

66 相關討論見張煒軒，〈讀《長沙五一廣場東漢簡牘選釋》札記 —— 以 CWJ1①:113 及 CWJ1③:172 木兩行為中心〉，武漢大學簡帛研究中心「簡帛」網站：http://www.bsm.org.cn/?hanjian/7603.html，2017.08.09（搜尋，2019.10.31）；李均明，〈長沙五一廣場東漢簡牘所見職務犯罪探究〉，《鄭州大學學報（哲學社會科學版）》52.5（2019），頁 82–81；蔡雨萌，〈五一廣場簡「雷旦、張董財產糾紛案」簡冊復原再議〉，武漢大學簡帛研究中心「簡帛」網站：http://www.bsm.org.cn/?hanjian/8430.html，2021.08.20。（搜尋，2022.02.10）

五、總結

漢代的「獄」是專門處理訴訟的機構之一。在處理訴訟過程中衍生對疑犯、嫌疑人進行監管、拘留的需要，「獄」因而從「獄訟」擴大至兼有扣押人身的「牢獄」之意。雖然「獄」處理訴訟，但仍以刑事案件為主，原則上與民事的「訟」有所差別。然而經濟活動、財富匯集的地方往往是刑事案件的溫床，在五一簡中可以見到各種的司法文書，涉及不同的訴訟，當中多傾向與錢財糾紛相關。這些相信與臨湘作為長沙郡治所的都市性質有關，臨湘縣廷有「理訟掾」、「訟掾」之職，專門處理大量因各種經濟活動產生的「訟事」案件。不過可以相信，在刑事、民事訴訟中被扣押的疑犯是共用「牢獄」的。

從簡289A「司空臧簿」中可見，東漢臨湘司空轄下管有「佝㲄」、「復閉」等未決囚，並非單純是「刑徒」的管理機構。在「司空」專門化為刑徒管理機構之時，為了方便，「司空」或許會成為「獄」的附屬以一併監管未決及已決之囚。未決囚在「司空」等待「決獄」，轉變為已決囚後，便可以立即被加以分配，不用在各機構之間轉移。由此，或可以解釋「獄」與「司空」的密切關係，甚至「獄司空」模糊的定位。

長沙五一廣場東漢簡牘研究概述（2013－2021）

張煒軒、溫玉冰

一、引言

　　長沙五一廣場東漢簡牘內容豐富，涉及當時的政治、經濟、法律、軍事諸多領域，都是當時使用的公文，主要包含長沙郡及門下諸曹、臨湘縣及門下諸曹的下行文書，臨湘縣、臨湘縣下屬諸鄉、亭的上行文書，亦有與外郡縣的往來文書。公文涉及之地域廣泛，從中可了解當時的行政區劃及管理體系。經歷數年的整理工作，整理者確認了這批簡牘總數為 6,862 枚。

　　2013 年 6 月〈湖南長沙五一廣場東漢簡牘發掘簡報〉（以下簡稱〈簡報〉）一文率先公佈了其中 20 枚簡牘的彩色照片、釋文及簡要說明。2015 年又出版了《長沙五一廣場東漢簡牘選釋》（以下簡稱《選釋》），選釋了 176 枚簡牘。其後亦陸續出版了《長沙五一廣場東漢簡牘》（壹）、（貳）、（叁）、（肆）、（伍）、（陸）（以下簡稱《壹》、《貳》等如此類推），囊括了 2,600 枚簡牘，均引發廣泛的研讀興趣，不少學者先後撰文對已公佈簡牘的字、詞、句，乃至所記案件進行分析、梳理、討論。以下將略作概述：

二、簡牘屬性與概述

　　長沙市文物考古研究所撰寫的〈湖南長沙五一廣場東漢簡牘發掘簡報〉是首份介紹長沙五一廣場東漢簡牘具體情況的報告，內容包括位置、地層、出土遺物與簡牘的主要形制等。長沙五一廣場東漢簡牘形制分為木牘、兩行簡、小木簡、封檢、封泥匣、簽牌（木楬）、竹簡、竹牘、削衣、異形簡等十大類，以木牘居多，年代為東漢中期偏早，最早者為漢章帝章和四年（實際為漢和帝永元二年，90 年），最晚者為漢安帝永初五年（112 年）；絕大多數為官文書，就行文關係而言主要是下

行文書及上行文書，亦見少量平行文書及用於封緘文書的封檢及函封、標識文書內容的楬（簽牌）等，也有部分名籍及私人信函；由於簡牘多為官文書正本，故書體相對端正，甚少草稿。〈簡報〉推斷，簡牘出土的一號窖是東漢時期長沙府衙所在地，「屬於當時官府建築內的儲物窖，廢棄後變成了堆積生活垃圾雜物的灰坑」，與以往長沙簡牘出土於古水井不同。〈簡報〉總結指出，以往全國各地出土東漢早中期簡牘較少，且傳世史料對該時期的記載較為缺乏，此次出土紀年明確、數量眾多的官府檔案文書，對於彌補該時期簡牘缺以及補證史料均具有極其重要的學術價值。[1] 同時，黃樸華又著有《長沙古城址考古發現與研究》，形容長沙五一廣場一帶作為城市中心位置兩千餘年未變，兩漢時先後作為長沙國都城、王宮，以及長沙郡治、臨湘縣治、臨湘侯國官署。[2] 有關兩漢長沙郡署、臨湘故城的考古研究還可參考何旭紅〈長沙漢「臨湘故城」及其「宮署」位置考析〉、[3] 卜鴻翔〈長沙古「北津城」考析〉，[4] 以及安部聰一郎〈臨湘縣の地理的環境と走馬樓吳簡〉[5] 等文章。

　　然而，陳偉就〈簡報〉指一號窖位於東漢長沙府衙所在的說法提出異議。他認為五一廣場一號窖出土的東漢簡牘基本屬於臨湘縣廷的文書

1 長沙市文物考古研究所，〈湖南長沙五一廣場東漢簡牘發掘簡報〉，《文物》2013.6，頁 4–26；黃樸華，〈長沙五一廣場東漢簡牘概述〉，《中國書法》2016.9，頁 121–131。

2 黃樸華，《長沙古城址考古發現與研究》（長沙：嶽麓書社，2016）。

3 何旭紅，〈長沙漢「臨湘故城」及其「宮署」位置考析〉，《南方文物》1998.1，頁 96–100。

4 卜鴻翔，〈長沙古「北津城」考析〉，《湖南師範大學自然科學學報》1990.2，頁 162–167。

5 〔日〕安部聰一郎，〈臨湘縣の地理的環境と走馬樓吳簡〉，載〔日〕伊藤敏雄、〔日〕關尾史郎（編），《後漢・魏晉簡牘の世界》（東京：汲古書院，2020），頁 5–26；中文譯版載於《河北師範大學學報（哲學社會科學版）》2020.2，頁 34–43。

檔案，應由臨湘縣廷負責保管，因此簡牘所保藏的地點應當在臨湘縣官署之內或者相去不遠。[6] 侯旭東〈湖南長沙五一廣場東漢簡 J1③:264-294考釋〉對一號窖屬性的看法與陳偉一致，認為一號窖附近應是臨湘縣的辦公地點，其理據也是一號窖主要儲存臨湘縣的文書，包括所收到的長沙郡的下行文書與下屬鄉亭的上行文書，以及己縣上行、下行文書的底稿，還有從其他郡縣發來的文書。[7]

三、簡牘形制及文書內容

　　長沙五一廣場東漢簡所反映東漢行政文書形式，是不少學者關注的重點。首先，不少學者就某些文書用語，或是就文書的校訂、綴合、復原

6　陳偉，〈五一廣場東漢簡牘屬性芻議〉，武漢大學簡帛研究中心「簡帛」網站：http://www.bsm.org.cn/?hanjian/6094.html，2013.09.24。（搜尋，2022.02.04）
7　侯旭東，〈湖南長沙五一廣場東漢簡 J1③:264-294 考釋〉，武漢大學簡帛研究中心「簡帛」網站：http://www.bsm.org.cn/?hanjian/6206.html，2014.06.06。（搜尋，2022.02.04）

及解讀等方面進行討論，劉樂賢[8]、李洪財[9]、周海鋒[10]、王朔[11]、汪蓉蓉[12]、

8 劉樂賢，〈秦漢行政文書中的「謾」字及相關問題〉，載武漢大學簡帛研究中心（主辦），《簡帛》，第 15 輯（上海：上海古籍出版社，2017），頁 133–149。

9 李洪財，〈讀《五一廣場東漢簡簡牘（壹、貳）》札記〉，武漢大學簡帛研究中心「簡帛」網站：http://www.bsm.org.cn/?hanjian/8011.html，2018.12.27。（搜尋，2022.02.04）

10 周海鋒，〈《長沙五一廣場東漢簡牘》文書復原舉隅（一）〉，武漢大學簡帛研究中心「簡帛」網站：http://www.bsm.org.cn/?hanjian/8009.html，2018.12.26；周海鋒，〈《長沙五一廣場東漢簡牘》文書復原舉隅（二）〉，武漢大學簡帛研究中心「簡帛」網站：http://www.bsm.org.cn/?hanjian/8241.html，2020.04.17；周海鋒，〈《長沙五一廣場東漢簡牘【壹】》選讀〉，武漢大學簡帛研究中心「簡帛」網站：http://www.bsm.org.cn/?hanjian/8008.html，2018.12.26；周海鋒，〈《長沙五一廣場東漢簡牘【貳】》選讀〉，武漢大學簡帛研究中心「簡帛」網站：http://www.bsm.org.cn/?hanjian/8010.html，2018.12.26；周海鋒，〈《長沙五一廣場東漢簡牘（伍、陸）》初讀〉，武漢大學簡帛研究中心「簡帛」網站：http://www.bsm.org.cn/?hanjian/8431.html，2021.08.22；周海鋒，〈《長沙五一廣場東漢簡牘（伍、陸）》初讀（續）〉，武漢大學簡帛研究中心「簡帛」網站：http://www.bsm.org.cn/?hanjian/8433.html，2021.08.28。（搜尋，2022.02.04）

11 王朔，〈讀《長沙五一廣場東漢簡牘選釋》札記二則〉，載武漢大學簡帛研究中心（主辦），《簡帛》，第 14 輯（上海：上海古籍出版社，2017），頁 185–193。

12 汪蓉蓉，〈《東漢五一廣場簡牘》綴合一則〉，武漢大學簡帛研究中心「簡帛」網站：http://www.bsm.org.cn/?hanjian/8085.html，2019.05.20；汪蓉蓉，〈《長沙五一廣場東漢簡牘》綴合（二）〉，武漢大學簡帛研究中心「簡帛」網站：http://www.bsm.org.cn/?hanjian/8095.html，2019.06.04；汪蓉蓉，〈《長沙五一廣場東漢簡牘》綴合（三）〉，武漢大學簡帛研究中心「簡帛」網站：http://www.bsm.org.cn/?hanjian/8096.html，2019.06.04；汪蓉蓉，〈《長沙五一廣場東漢簡牘》綴合（四）〉，武漢大學簡帛研究中心「簡帛」網站：http://www.bsm.org.cn/?hanjian/8166.html，2019.11.13。（搜尋，2022.02.04）

蔡雨萌[13]、王可卓[14]、張凱潞[15]、張朝陽[16]、張倩儀[17]等。除此以外，簡牘形制如兩行、封檢、合檄，官方文書如解書、本事、君教諾文書等問題更是不可或缺的研究題目。

1. 簡牘形制

a. 兩行

癸中指出長沙五一廣場東漢簡中「兩行」簡所佔比例甚高，是其他墓葬或遺址出土簡牘中較少見的現象，且大多都用於書寫與司法相關的內容，絕非偶然，當與其重要性相關。[18]

---

13 蔡雨萌，〈《長沙五一廣場東漢簡牘》文書編聯一例〉，武漢大學簡帛研究中心「簡帛」網站：http://www.bsm.org.cn/?hanjian/8315.html，2020.11.06；蔡雨萌，〈讀《長沙五一廣場東漢簡牘（伍、陸）》札記〉，武漢大學簡帛研究中心「簡帛」網站：http://www.bsm.org.cn/?hanjian/8435.html，2021.09.13；蔡雨萌，〈讀《長沙五一廣場東漢簡牘（伍、陸）》札記（二）〉，武漢大學簡帛研究中心「簡帛」網站：http://www.bsm.org.cn/?hanjian/8437.html，2021.09.17。（搜尋，2022.02.04）

14 王可卓，〈《長沙五一廣場東漢簡牘（壹）》釋文校訂一則〉，武漢大學簡帛研究中心「簡帛」網站：http://www.bsm.org.cn/?hanjian/8538.html，2021.12.15。（搜尋，2022.02.04）

15 張凱潞，〈釋《五一簡》中的「斧佚」「縱斧」〉，武漢大學簡帛研究中心「簡帛」網站：http://www.bsm.org.cn/?hanjian/8484.html，2021.11.16。（搜尋，2022.02.04）

16 張朝陽，〈《五一廣場東漢簡牘選釋》簡 63 之「解」並非人名〉，武漢大學簡帛研究中心「簡帛」網站：http://www.bsm.org.cn/?hanjian/8231.html，2020.03.04。（搜尋，2022.02.04）

17 張倩儀，〈五一廣場東漢簡所見繒帛衣物劫案（一）〉，武漢大學簡帛研究中心「簡帛」網站：http://www.bsm.org.cn/?hanjian/8282.html，2020.07.06；張倩儀，〈五一廣場東漢簡所見繒帛衣物劫案（二）〉，武漢大學簡帛研究中心「簡帛」網站：http://www.bsm.org.cn/?hanjian/8286.html，2020.07.18。（搜尋，2022.02.04）

18 癸中，〈說「兩行」〉，載長沙市文物考古研究所等（編），《長沙五一廣場東漢簡牘選釋》（上海：中西書局，2015），頁 331–337。

b. 柿

簡牘學中的「柿」即「削衣」。劉國慶以地灣漢簡、長沙五一廣場東漢簡及尚德街東漢簡等材料中所見的「柿」進行分類研究，提出判別簡牘文書學中「柿」及簡牘文獻學中「柿」的方法，例如殘留的字跡、殘片的厚度及長度等。[19]

c. 封檢與合檄

「合檄」的稱謂始見於居延漢簡，近年出土的東牌樓東漢簡及五一廣場東漢簡牘中則出現更多原件形態。一般認為「合檄」是當時一種保密文書，即用「┗」型木牘和楔型封檢相互契合，再用繩子纏繞固定，壓上封泥，防止發送或郵遞過程中被拆閱。何佳、黃樸華以五一廣場新出多件「合檄」實物為例，嘗試探討東漢簡「合檄」的封緘方式。CWJ1③:265-1 及 CWJ1③:227 自稱「合檄」，由其上楔型封檢及其下「┗」型木牘相互契合而成，與東牌樓東漢簡牘 B 型封檢 1128 號形制接近或相同。除上述「合檄」的形態及封緘方式外，五一廣場簡牘中另有三類帶封泥槽的封檢類似於「合檄」上部楔型封檢，這對復原顯示「合檄」的完整形態，考證其書寫格式與封緘方式都有很好的幫助。[20] 謝雅妍則就「封檢」、「函封」和「封緘」等不同稱謂再作歸納分類，指出五一廣場所出土的為斗形檢及平檢，並嘗試探討各種「封檢」的形制

---

19 劉國慶，〈簡牘柿及相關問題初論〉，載李學勤（主編），《出土文獻》，第 15 輯（上海：中西書局，2019），頁 330–340。

20 何佳、黃樸華，〈東漢簡「合檄」封緘方式試探〉，《齊魯學刊》2013.4，頁 44–47；何佳、黃樸華，〈試探東漢「合檄」簡〉，載長沙市文物考古研究所等（編），《長沙五一廣場東漢簡牘選釋》，頁 314–324。

變化。[21]

　　與之相關的還有「名印」問題，杜曉指出五一廣場東漢簡所見的封泥紀錄皆為「名印」私印，顯示了當時臨湘縣行政中容許文書以私印封印，故存在臨湘縣掾、亭長大規模使用「名印」私印且不需要說明「以私印行事」的情況。[22]

2. 簡牘文書

a. 本事

　　出土簡牘中多有以「本事」題名的簽牌，但其具體含義向來不甚明瞭。在傳世文獻中，「本事」有「原事」，即事件基本事實的含義。楊小亮以為出土資料中的「本事」則多指代公文，指經認定的可以存檔或據以進行後續工作的可靠材料，即只包括能反映事件基本事實的檔案，不論是原始檔案或是抄件。[23] 此外，張榮強、張俊毅就「連道奇鄉受占南鄉民逢定本事」文書進行復原與研究，指出「本事類文書不僅包含反映事件基本事實的公文，還包含與該事件相關的呈報、批覆、周轉等其他內容」，並論及東漢地方行政文書的流轉過程及流民著籍的情況。[24]

---

21 謝雅妍，〈從長沙出土東漢簡牘看「封檢」類文書的形制與轉變〉，載黎明釗、馬增榮、唐俊峰（編），《東漢的法律、行政與社會：長沙五一廣場東漢簡牘探索》（香港：三聯書店，2019），頁 221–256。

22 杜曉，〈漢代官用私印小議 —— 以職官姓名印和「名印」私印為中心〉，載李學勤（主編），《出土文獻》，第 14 輯（上海：中西書局，2019），頁 391–406。

23 楊小亮，〈「本事」簽牌考索〉，《齊魯學刊》2013.4，頁 48–50。

24 張榮強、張俊毅，〈五一廣場東漢簡「連道奇鄉受占南鄉民逢定本事」文書的復原與研究〉，載鄔文玲、戴衛紅（主編），《簡帛研究·二〇二〇（秋冬卷）》（桂林：廣西師範大學出版社，2020），頁 305–315。

b. 解書

「解書」雖見於走馬樓三國吳簡，但就漢簡來說，首見於五一廣場東漢簡。《選釋》的整理者只籠統概括「解書」為「解釋、辯解之書」。[25]

陳松長〈長沙五一廣場東漢簡「解書」例說〉一文認為解書是一種官方文書，或多在陳述案情時使用。參照秦漢出土文獻資料以及李均明對於「爰書」的定義，初步判斷「解書」就是東漢時期的「爰書」，只是名稱不同而已。[26] 楊小亮則結合五一廣場東漢簡牘、走馬樓三國吳簡及西北漢簡等資料，討論「解書」的文體概念及其內容性質。他判斷至遲在東漢時期，「解書」已成為一種普遍的文書形式，是一種下級針對上級詢事進行解答的文書；它可獨立運行，亦可作為附件上報。[27]

這類回覆上級機構質詢的解答文書，主要與案件調查相關，例如「從掾位惺言考實倉曹史朱宏、劉宮臧罪竟解書」。這份解書見有多於十二枚相關兩行簡，張亞偉[28]、溫玉冰[29] 及崔啟龍[30] 等皆曾論及復原方

---

25 參見長沙市文物考古研究所等（編），《長沙五一廣場東漢簡牘選釋》，頁 176。

26 夏笑容，〈「2013 年長沙五一廣場東漢簡牘學術研討會」紀要〉，《文物》2013.12，頁 90–92。

27 楊小亮，〈從五一廣場東漢簡牘談對「解書」的初步認識〉，載張德芳（主編），《甘肅省第三屆簡牘學國際學術研討會論文集》（上海：上海辭書出版社，2017），頁 366–373。

28 張亞偉，〈五一廣場東漢簡「左倉曹史朱宏、劉宮、卒張石、男子劉得本【事】」簡冊復原〉，武漢大學簡帛研究中心「簡帛」網站：http://www.bsm.org.cn/?hanjian/8073.html，2019.04.30。（搜尋，2022.02.04）

29 溫玉冰，〈朱宏、劉宮臧罪案復原研究〉，武漢大學簡帛研究中心「簡帛」網站：http://www.bsm.org.cn/?hanjian/8271.html，2020.06.09。（搜尋，2022.02.04）

30 崔啟龍，〈五一廣場簡「朱宏、劉宮臧罪案」簡冊復原再議〉，武漢大學簡帛研究中心「簡帛」網站：http://www.bsm.org.cn/?hanjian/8276.html，2020.06.20。（搜尋，2022.02.04）

法，而李蘭芳[31]、廣瀨薰雄[32]、及羅小華[33]等則曾探討此案一些語義未明的語句，如「山徒」及「杅」等。另外，周海鋒亦曾釋讀「逐捕不知何人所盜羅捽矛者未能得解書」。[34]

c. 舉劾文書

五一廣場簡中尚有不少舉劾文書。馬力就簡 CWJ1③:71-26 的形制、內容以及結構三方面進行了初步分析，指出漢代對舉劾文書的形制並不拘泥於某一種形式，而劾狀的文書結構為「劾文 + 發文 B」。[35] 李均明則集中討論圍繞同一案 CWJ1③:201-1 的「鞫狀」和 J1③:281-5 的「劾狀」，他認為兩份文書未見收發日期，當為草稿，且「鞫狀」可能是指簡 437（2010CWJ1③:202-12）中的「舜狀」，作為附件上報。[36]

與之相反，唐俊峰認為 CWJ1③:201-1 的鞫大量沿襲 J1③:281-5 的劾的內容，雖屬於不同訴訟程序中製作的獨立文書，但筆跡相同，為同

31 李蘭芳，〈《長沙五一廣場東漢簡牘選釋》札記數則〉，武漢大學簡帛研究中心「簡帛」網站：http://www.bsm.org.cn/?hanjian/7535.html，2017.05.02。（搜尋，2022.02.04）

32 〔日〕廣瀨薰雄，〈長沙五一廣場東漢簡牘中所見的「山徒」小議〉，載氏著，《簡帛研究論集》（上海：上海古籍出版社，2019），頁 170–177。

33 羅小華，〈《長沙五一廣場東漢簡牘選釋》所見酒價與酒具〉，武漢大學簡帛研究中心「簡帛」網站：http://www.bsm.org.cn/?hanjian/6585.html，2016.01.12（搜尋，2022.02.04）；後收入長沙簡牘博物館（編），《長沙簡帛研究國際學術研討會論文集》（上海：中西書局，2017），頁 521–525。

34 周海鋒，〈五一簡「逐捕不知何人所盜羅捽矛者未能得解書」淺析〉，《出土文獻》2020.4，頁 20–23。

35 馬力，〈長沙五一廣場東漢簡牘舉劾文書初讀〉，載李學勤（主編），《出土文獻》，第 8 輯（上海：中西書局，2016），頁 211–220。

36 李均明，〈長沙五一廣場東漢簡牘「劾」與「鞫」狀考〉，載鄔文玲（主編），《簡帛研究·二〇一七（秋冬卷）》（桂林：廣西師範大學出版社，2018），頁 191–197。

一書手後來統一抄寫，顯示了東漢劾文書製作出現了儀式化傾向。[37] 同時，他透過縱向對比秦漢時期的劾文書，指出五一簡中 CWJ1③:71-26 和 J1③:281-5 兩份劾文書符合「單獨簡」的特徵，當為完整的劾文書，反映了東漢中期的劾文書改善了以往西漢末至東漢初冗贅的格式，減省了劾狀重複的部分。而徐世虹著墨於五一廣場簡 CWJ1③:201-1 以及湖南益陽兔子山簡 J3⑤:1、J3⑤:2 所展示的鞫文書制度，特別就程序意義及指代意義作出討論。[38]

d. 君教文書

以往學界就吐魯番文書、長沙走馬樓吳簡及東牌樓東漢簡上的草書批字是否「畫諾」眾說紛紜，王素認為五一廣場東漢簡的「君教」文書批有規整的「諾」字或減省的「若」字，佐證了漢唐時期的「畫諾」制度。[39]

《選釋》的整理者認為「教」是命令，「諾」則是應詞。[40] 而陳松長、周海鋒認為由於縣丞和掾吏都只有「議請」的權力，須上報請君指教、批覆，故「君教諾」之「君教」即請縣級令長給予教令批覆，「諾」字

---

37 唐俊峰，〈秦漢劾文書格式演變初探〉，載中國政法大學法律古籍整理研究所（編），《中國古代法律文獻研究》，第 11 輯（北京：社會科學文獻出版社，2017），頁 132–159；修訂版收入出土文獻與中國古代文明研究協同創新中心中國人民大學分中心（編），《出土文獻的世界：第六屆出土文獻青年學者論壇論文集》（上海：中西書局，2018），頁 190–212。

38 徐世虹，〈秦漢「鞫」文書讞讞 —— 以湖南益陽兔子山、長沙五一廣場出土木牘為中心〉，載武漢大學簡帛研究中心（主辦），《簡帛》，第 17 輯（上海：上海古籍出版社，2018），頁 267–280。

39 王素，〈「畫諾」問題縱橫談 —— 以長沙漢吳簡牘為中心〉，《中華文史論叢》2017.1，頁 121–136。

40 長沙市文物考古研究所等（編），《長沙五一廣場東漢簡牘選釋》，頁 132。

則是縣級令長表示同意認可的簽署。[41] 邢義田雖贊成批覆及畫諾之說，但指出「畫諾」與簽署不能等同。[42] 李松儒則集中探討《選釋》中「君教」類文書與官吏簽署問題，指出「君教」類文書的格式可分為四種，透過分析「諾」字的簽署字跡來推論文書的構成、報批、簽署之類的運作方式，也對研究東漢官吏簽署的書法藝術有重要意義。[43] 楊頌宇亦將君教文書分為四種類型，例如前兩種分別書有「君教」、「君教諾」及「君追賊」於木牘上端，算是標準型「君教」文書；而寫在木兩行簡的後兩種類型，便可能延續了西漢「教」字簡模式。[44] 李均明則強調了君教文書中合議（合審）簽押的情況，並以五一廣場東漢簡及走馬樓吳簡等材料來分析漢晉簽名、畫押的特徵。[45] 另外，亦有學者集中討論個別君教文書，如王彬的〈湖南長沙五一廣場東漢簡 J1③:325-32 考釋〉。[46]

---

41 陳松長、周海鋒，〈「君教諾」考論〉，載長沙市文物考古研究所等（編），《長沙五一廣場東漢簡牘選釋》，頁 325–330。

42 邢義田，〈漢晉公文書上的「君教諾」——讀《長沙五一廣場東漢簡牘選釋》札記之一〉，武漢大學簡帛研究中心「簡帛」網站：http://www.bsm.org.cn/?hanjian/7386.html，2016.09.26（搜尋，2022.02.04）。增補後收入氏著，《今塵集：秦漢時代的簡牘、畫像與文化流播》（上海：中西書局，2019），頁 313–329。

43 李松儒，〈長沙五一廣場「君教」類木牘字跡研究〉，《中國書法》2016.9，頁 169–172。

44 楊頌宇，〈從五一廣場出土東漢簡牘試探漢代的「君教」文書〉，載黎明釗、馬增榮、唐俊峰（編），《東漢的法律、行政與社會》，頁 189–220；修訂版刊於武漢大學簡帛研究中心「簡帛」網站：http://www.bsm.org.cn/?hanjian/8234.html，2020.03.11。（搜尋，2022.02.04）

45 李均明，〈簡牘所見簽名、畫押及其書寫特徵〉，《書法研究》2016.4，頁 1–16。

46 王彬，〈湖南長沙五一廣場東漢簡 J1③:325-32 考釋〉，載鄔文玲、戴衛紅（主編），《簡帛研究·二〇一九（春夏卷）》（桂林：廣西師範大學出版社，2019），頁 287–297。

e. 詔書簡

五一廣場東漢簡中見有數份詔書，包括兩份永初二年（108 年）的
「甲戌詔書」以及一份永初四年（110 年）詔書。周海鋒指出這些詔書
簡並非中央政府下發的詔書原件，而是臨湘縣曹屬及鄉收到詔書後上報
的回覆文書，並從文書日期分析了詔書傳送過程，以及「甲戌詔書」提
及立秋以後治獄之事。[47] 劉國忠則著眼於另一份永初四年詔書，對其中
提及的內憂外患問題加以釋讀。[48]

f. 其他

王子今圍繞「待事掾王純叩頭死罪白」木牘文書進行釋讀，就〈簡
報〉的數處釋文及斷句提出商榷，並對「白事」文書類型提出新見解：
「白事」文書應為上行文書，但不限於某一官府機關內部的限定，可直
接送達最高統治者。[49]

李均明就五一廣場東漢簡牘中的「留事」及「假期書」等問題撰文。
「留事」的基本含義乃指留待辦理的事務，五一廣場東漢簡牘所見的「留
事」不僅指待辦事務，亦是與之相關的專用文書名稱，通常是上級對下
級處理事項的具體要求及期限。其中長沙中部督郵的「留事」大多是在
巡視各縣時產生的，發現的問題多滯後由所在縣調查處理，處理結果寫

---

47 周海鋒，〈長沙五一廣場東漢簡牘所見永初年間三份詔書淺析〉，載武漢大學簡帛研
　　究中心（主辦），《簡帛》，第 20 輯（上海：上海古籍出版社，2020），頁 252–
　　263。

48 劉國忠，〈五一廣場東漢永初四年詔書簡試論〉，《湖南大學學報（社會科學版）》
　　31.5（2017），頁 10–13。

49 王子今，〈長沙五一廣場出土待事掾王純白事木牘考議〉，載武漢大學簡帛研究中心
　　（主辦），《簡帛》，第 9 輯（上海：上海古籍出版社，2014），頁 293–300。

成匯報文件，正本送往長沙郡治，副本查送到督郵書掾所到的地方。[50]
而「假期書」是一種與期會相關的文書形式，即告上級申請延期，並說
明延期的理由及延期時限。[51]

四、地方行政

1. 地方行政制度

　　王朔以長沙五一廣場東漢簡來考察東漢的縣廷行政過程，他認為縣
廷會通過百姓的「自言」、「條言」以及分駐各鄉、亭的賊捕掾文書來
獲取地方資訊，再根據資訊的內容和性質分配給不同的屬曹處理。例如
有關盜賊者由賊曹處理，而有關辭訟者分配給辭曹，但他認為辭訟是指
錢財糾紛的案件。然後諸曹史需要透過查考文書、審問當事人等方法來
核實信息，繼而擬成合議草稿，將案件的概要和初步判斷提供給縣廷、
廷掾「畫諾」處理。[52]

　　李松儒、莊小霞認為木牘 J1③:264-294 根據筆跡差異可分為三部
分，反映了東漢晚期基層地方政府的文書流轉程序及行政管理機制：縣
廷派駐沮鄉的掾職以合檄形式記錄有關沮鄉度田糾紛情況，以郵行方式
傳遞至臨湘縣廷，由臨湘賊曹拆閱並作初步批示。[53] 唐俊峰則透過分析

50 李均明，〈五一廣場東漢簡牘「留事」考〉，載李學勤（主編），《出土文獻》，第 11
　　輯（上海：中西書局，2017），頁 370–378。

51 李均明，〈長沙五一廣場東漢簡牘「假期書」考〉，載李學勤（主編），《出土文獻》，
　　第 13 輯（上海：中西書局，2018），頁 367–373。

52 王朔，〈東漢縣廷行政運作的過程和模式 —— 以長沙五一廣場東漢簡為中心〉，《華
　　中師範大學學報（人文社會科學版）》2018.6，頁 149–160。

53 李松儒、莊小霞，〈長沙五一廣場 J1③:264-294 號木牘所見文書製作流轉研究〉，
　　載鄔文玲（主編），《簡帛研究·二〇一七（秋冬卷）》，頁 198–218。

各種東漢官方文書窺視東漢早中期臨湘縣行政決策的過程：（1）鄉嗇夫、分駐諸鄉的縣外部吏以及縣廷曹吏向縣廷上呈報告；（2）縣廷啟封文書後發到縣令或相關的曹；（3）縣令初步批示並分配給相關屬吏處理；（4）曹據吏調查完成後，與縣丞、廷掾合議，並將建議方案製作成君教木牘交由縣令畫諾簽署；（5）如事務尚未完成，則讓相關屬吏繼續查核再回覆縣曹，重複以上程序直至完成為止。他更提出「秦至西漢初以來一套以縣令、丞、尉 — 裨官、鄉官為骨幹構成的統治機構，逐漸被縣令 — 諸曹、外部吏的新制度取代」。[54]

姚立偉透過里耶秦簡、尹灣漢簡以及諸長沙東漢簡牘，分析秦漢時期郡縣管理事務的承擔者由諸官嗇夫逐漸過渡為列曹掾史。[55] 張新超著眼於秦漢時期鄉的管理模式變化，指出五一簡所見的賊捕掾、勸農掾等制度掾皆是受縣廷派遣去管理鄉部事務的廷掾，並反映了游徼在基層治安系統的地位有所下降。[56] 孫聞博亦有議論秦漢鄉制的變化，即如何從秦及漢初的鄉嗇夫發展為吳簡所見的鄉勸農掾、典田掾。他指出五一廣場東漢簡多見「勸農賊捕掾」，即縣廷派遣掾史赴鄉兼領勸農及賊捕職務，顯示了漢晉之際鄉官式微及亭制消亡的情況，但不代表鄉嗇夫工作

---

54 唐俊峰，〈東漢早中期臨湘縣的行政決策過程 —— 以五一廣場東漢簡牘為中心〉，載黎明釗、馬增榮、唐俊峰（編），《東漢的法律、行政與社會》，頁 131–188；另刊於武漢大學簡帛研究中心「簡帛」網站：http://www.bsm.org.cn/?hanjian/8196.html，2019.12.20。（搜尋，2022.02.04）

55 姚立偉，〈從諸官到列曹：秦漢縣政承擔者的轉變及其動因考論〉，《史學月刊》2020.1，頁 5–14。

56 張新超，〈論秦漢時期鄉的規模和管理方式的變遷〉，《內蒙古大學學報》2020.2，頁 74–79；張新超，〈論漢代縣屬游徼的設立與演變 —— 以考古資料為中心〉，《古代文明》14.2（2020），頁 96–104。

完全被掾史取代。[57] 徐暢補充說明這種鄉嗇夫等鄉部屬吏及勸農掾、游徼等縣廷臨時派遣私分部吏共治的情況，反映了西漢後期至東漢鄉級管理的兩種並存模式。[58] 而王彥輝從郵路等交通制度和自然聚落的形成情況來闡述秦漢亭制的變遷，並提出五一簡中的「丘」乃新形成的自然聚落，由亭部管理。[59] 張榮強則從簡紙更替來分析秦漢乃至唐宋時期的基層行政模式變化，包括五一廣場簡等漢簡所反映的漢代鄉吏職責。[60]

又有討論個別職官者，如伊強推測「例亭長」、「例督盜賊」之「例」應指意為集市的「列」；[61] 但李均明則認為「例」應釋為遮擋、阻擋，引申為檢查之意，故「例亭」指具有遮攔檢查職務的崗亭。[62] 徐暢認為長沙簡中的丞掾並非郡縣僚佐的泛稱而是丞的直屬吏，而「長沙太守中部督郵書掾」為督郵代表太守監察諸縣。[63] 又如楊然、王曉光談及書佐以及其書寫特徵；[64] 張朝陽認為《選釋》例 155 的「兼庾亭長」當指守兼

57 孫聞博，〈從鄉嗇夫到勸農掾：秦漢鄉制的歷史變遷〉，《歷史研究》2021.2，頁 68–88。

58 徐暢，〈出土簡牘與漢代鄉吏性質再思 —— 兼談漢代鄉級治理的兩種模式〉，《中國史研究動態》2021.2，頁 28–33。

59 王彥輝，〈聚落與交通視閾下的秦漢亭制變遷〉，《歷史研究》2017.1，頁 38–53。

60 張榮強，〈簡紙更替與中國古代基層統治重心的上移〉，《中國社會科學》2019.9，頁 180–203。

61 伊強，〈長沙五一廣場東漢簡牘中的「例」及相關職官問題初論〉，載武漢大學簡帛研究中心（主辦），《簡帛》，第 16 輯（上海：上海古籍出版社，2018），頁 174–178。

62 李均明，〈五一廣場東漢簡牘所見「例亭」等解析〉，《出土文獻》2020.4，頁 6–12、154。

63 徐暢，〈長沙出土簡牘中的「丞掾」〉，《文物》2017.12，頁 70–78；徐暢，〈再談漢吳簡牘中的「長沙太守中部督郵書掾」〉，《文物》2021.12，頁 74–82。

64 楊然、王曉光，〈漢代的「書佐」與簡牘書寫〉，《書法》2015.6，頁 82–85。

庾亭長。[65] 黎明釗認為五一簡所見的辭曹以辭訟為核心工作，即考實涉案者的供詞、整理辭狀，並有議請之權。[66] 戴衛紅則以五一簡探討了東漢時期亭長的人選、遷除及職責等。[67]

另外，就一些地名的釋讀，孫濤認為《選釋》例 22 中的「漢丘」當為「澅丘」；[68] 莊小霞指《選釋》例 22 中的「艾」為艾縣，以及「海昬」為「海昏侯國」。[69]

2. 直符制度

李均明指〈簡報〉中的三枚木牘皆涉及臨湘縣府佐史值班事宜，包括一份值班報告和一份值班舉劾報告及其附件（被告名單），以此探討東漢時期值班之執行、責任人、交接日期、案情處理等情況，從而揭示漢代官吏日常值班的職責與程式等重要史實。他認為東漢木牘所提供的新資訊，在於官員「值班責任的擴大」，即值班官員不僅要巡視官府所在監獄、倉庫是否安全，而且還要對轄境內的治安負責。另外，這在一定程度上反映了漢代詔獄「擴大化傾向嚴重，故不僅多有證人逃亡躲

---

65 張朝陽，〈五一廣場簡 155「兼庾亭長」再考〉，武漢大學簡帛研究中心「簡帛」網站：http://www.bsm.org.cn/?hanjian/7909.html，2018.06.22。（搜尋，2022.02.04）

66 黎明釗，〈長沙五一廣場出土東漢簡牘中的辭曹〉，載周東平、朱騰（主編），《法律史譯評》，第 7 卷（上海：中西書局，2019），頁 104–132。

67 戴衛紅，〈東漢簡牘所見亭長及基層社會治安〉，《中國社會科學報》，2019 年 3 月 1 日。

68 孫濤，〈釋五一廣場漢簡第 22 號簡「澅丘」〉，武漢大學簡帛研究中心「簡帛」網站：http://www.bsm.org.cn/?hanjian/7686.html，2017.12.16。（搜尋，2022.02.04）

69 莊小霞，〈長沙五一廣場東漢簡牘 CWJ1①:86 簡所載「艾」釋義獻疑〉，武漢大學簡帛研究中心「簡帛」網站：http://www.bsm.org.cn/?hanjian/6705.html，2016.05.09。（搜尋，2022.02.04）

避，也容易被下級所扭曲或忽視」的現象。[70]

　　楊小亮亦據五一簡中三枚相關的木牘（J1③:281-5A、J1③:201-30A 及 J1③:201-1）復原直符舉劾犯罪的司法流程。此外，他指出「直符」的職責於東漢出現了一些變化，即當值者兼有糾驗不法、舉劾犯罪等義務，但這些變化可能與五一簡中的當值機構或區域之不同有關。[71]

　　陳偉也論及「直符」問題，但反對將牘文中的「符書」全部籠統理解為值班報告。他雖然認同 CWJ1③:325-1-26B 中的「符書」是「直符書」之簡稱，也就是值班日誌，但指出 CWJ1③:325-1-26A 所記「以符書屬戶曹史陳躬、書佐李憲」中的「符書」，實指「符」，即值班的信物；也就是說，宋奉、焭譚在值班一晝夜後，將符交付給接班的戶曹史陳躬、書佐李憲。[72]

　　馬增榮解釋「直符」中「直」指當值，「符」指當值者所持的憑證，當值者持有直符，所以傳世文獻和出土簡牘常稱持符當值這項工作為「直符」，持符當值的官吏為「直符史」。根據文獻及出土簡牘，西漢候官中由令史、尉史擔任直符工作，東漢臨湘縣則由戶曹史、書佐充當，猜疑縣政府內「官」、「曹」分置的情況，從西漢後期開始出現變化，到東漢時「曹」正式取代「官」為主理縣政府的日常工作，即縣政府架構從「官」、「曹」對立演變到以「曹」獨尊。他亦以五一廣場出土的

---

70 李均明，〈長沙五一廣場出土東漢木牘「直符」文書解析〉，《齊魯學刊》2013.4，頁 35–37。

71 楊小亮，〈略論東漢「直符」及其舉劾犯罪的司法流程〉，載中國政法大學法律古籍整理研究所（編），《中國古代法律文獻研究》，第 9 輯（北京：社會科學文獻出版社，2015），頁 176–186。

72 陳偉，〈五一廣場東漢簡牘校釋〉，武漢大學簡帛研究中心「簡帛」網站：http://www.bsm.org.cn/?hanjian/6093.html，2013.09.22。（搜尋，2022.02.04）

三枚相關木牘（J1③:281-5A、J1③:201-30、CWJ1③:201-1）[73] 分析直符史的舉劾之責。另外，他認為東漢縣政府內的曹，發展已相當成熟，諸曹史、書佐可能是按曹輪班持符當值，令官吏可互相監察。[74]

五、司法制度

1. 司法程序

姚遠嘗試從較宏觀的角度，復原東漢內郡縣整體的法官法吏結構。他認為五一廣場東漢簡中所記載的地方法官法吏司法行為分工清晰，職權明確，大致上郡縣的偵查、逮捕、訊問、審理、判決、執行、監察等各司法行為分別由不同機關負責，流程清楚，賊曹、辭曹、決曹分別負上司法行為，整體案件從前期偵查、逮捕到後期的判決需要在不同的專職司法機關之間流轉。郡守、縣令總體掌控司法活動的節奏並督察司法工作外，實際司法專職化清晰。[75]

至於具體的司法程序亦各有論著。如喬志鑫單以五一廣場簡中的「逐捕文書」嘗試探討及復原東漢基層司法系統中的逐捕程序：執法官

---

73 這幾枚簡牘另有學者進行釋文修正，見孫兆華，〈五一廣場東漢簡牘直符戶曹史盛舉劾文書釋文訂正〉，武漢大學簡帛研究中心「簡帛」網站：http://www.bsm.org.cn/?hanjian/7395.html，2016.10.19；羅小華，〈五一廣場東漢簡牘選釋七則〉，武漢大學簡帛研究中心「簡帛」網站：http://www.bsm.org.cn/?hanjian/6419.html，2015.06.02；丁義娟，〈五一廣場簡 J1③:281-5 簡注釋小議〉，武漢大學簡帛研究中心「簡帛」網站：http://www.bsm.org.cn/?hanjian/7554.html，2017.05.30。（搜尋，2022.02.04）

74 馬增榮，〈漢代地方行政中的直符制度〉，載武漢大學簡帛研究中心（主辦），《簡帛》，第 16 輯，頁 253–277。

75 姚遠，〈東漢內郡縣法官法吏復原研究 —— 以長沙五一廣場東漢簡牘為核心〉，《華東政法大學學報》2016.4，頁 55–65。

吏抓捕犯人前先報請上級調查，核實後由縣令長官下發「逐捕文書」，相關官吏再將逐捕情況及結果上呈縣廷。[76] 馬小菲則集中分析五一廣場簡中所見的立秋案驗與麥秋案驗，並以此說明了和帝永元改律在地方的具體施行情況，以及月令對東漢訴訟程序的影響。[77] 而汪蓉蓉以君教文書來討論東漢縣廷的治獄制度，指出東漢時期獄只保留了議罪及監守功能，賊曹卻承擔了訊問、考實、抓捕的職責，逐漸成為治獄主體。[78]

李均明指司法審理訴訟過程中官員須進行調查核實，五一廣場簡所見司法文書中官員會向當事人、知情的家庭成員、鄰里等相關人士進行訊問取證，甚至對質，從而對案件進行多個人證或物證的相互檢驗，即五一廣場簡中屢見的「摻驗」、「參驗」、「合驗」、「檢驗」。[79] 除了對比證詞來核實案情，訊問過程中當事人及相關人士提供的主要為眾人的身分信息，如社會關係、居住及職業情況等，有助於確認當事人的身分，並對案件論決甚為重要。[80] 李均明亦曾論及五一廣場簡中「保任」、「五

76 喬志鑫，〈五一廣場東漢簡所見「逐捕有書」—— 以東漢基層司法為中心〉，《安陽師範學院學報》2018.6，頁 55–58。

77 馬小菲，〈五一廣場簡中的立秋案驗與麥秋案驗〉，載黎明釗、馬增榮、唐俊峰（編），《東漢的法律、行政與社會》，頁 33–52；修訂版刊於武漢大學簡帛研究中心「簡帛」網站：http://www.bsm.org.cn/?hanjian/8243.html，2020.04.22。（搜尋，2022.02.04）

78 汪蓉蓉，〈「君教」文書與東漢縣廷治獄制度考論 —— 從長沙五一廣場東漢簡牘說起〉，《古代文明》14.4（2020），頁 62–72。

79 李均明，〈長沙五一廣場東漢簡牘「摻驗」解〉，載鄔文玲、戴衛紅（主編），《簡帛研究·二〇一八（秋冬卷）》（桂林：廣西師範大學出版社，2019），頁 338–344。

80 李均明，〈長沙五一廣場東漢簡牘所見身分認定述略〉，載中國文化遺產研究院（編），《出土文獻研究》，第 17 輯（上海：中西書局，2018），頁 325–333。

任」、「無任」等記載，藉此審視東漢時期的候審擔保制度。[81] 除了司法程序外，他還撰文討論五一廣場簡中的職務犯罪，諸如「受賕請」、「盜賦受所監」等以權謀私、監守自盜的經濟犯罪、無理傷人等執法過當的行為，以及「不作為」、「不承用詔書」等不履行職責的行為。[82] 同樣地，張煒軒以「雄等不以徵逯為意」一案討論掾史的「不作為」罪。[83] 又及，記錄及核實傷口亦是調查案情的重要一環，黃樸華與羅小華指出五一廣場出土的木俑即標注傷者受傷位置及程度的「象人」，當與調查報告一併上呈，作為量刑依據。[84]

吳雪飛則分析了不少法律用語，諸如「舉劾」、「不承用詔書」、「稽留」、「格殺」、「謀議」等，並以五一廣場簡中的〈囚律〉律文來佐證張家山漢簡《二年律令》中〈囚律〉的存在。[85]

---

81 李均明，〈東漢時期的候審擔保 —— 五一廣場東漢簡牘「保任」解〉，《湖南大學學報（社會科學版）》31.5（2017），頁 1–4。

82 李均明，〈長沙五一廣場東漢簡牘所見職務犯罪探究〉，《鄭州大學學報（哲學社會科學版）》52.5（2019），頁 82–87。

83 張煒軒，〈東漢臨湘縣廷掾史的「不作為」罪 —— 以五一廣場簡「雄等不以徵逯為意」案為中心〉，載黎明釗、馬增榮、唐俊峰（編），《東漢的法律、行政與社會》，頁 43–78。

84 黃樸華、羅小華，〈長沙五一廣場東漢簡牘中的「象人」〉，《出土文獻》2020.4，頁 1–5。

85 吳雪飛，〈長沙五一廣場東漢木牘相關法律用語探析〉，載中國政法大學法律古籍整理研究所（編），《中國古代法律文獻研究》，第 9 輯，頁 187–199；吳雪飛，〈長沙五一廣場簡牘法律用語續探〉，載中國文化遺產研究院（編），《出土文獻研究》，第 16 輯（上海：中西書局，2017），頁 305–318；吳雪飛，〈長沙五一廣場簡中的一則《囚律》律文〉，武漢大學簡帛研究中心「簡帛」網站：http://www.bsm.org.cn/?hanjian/8015.html，2018.12.31。（搜尋，2022.02.04）

2. 司法案件

圍繞五一廣場漢簡所記載個別案件進行分析、梳理，也是研究者論述的重點，而且多涉及當時的政治、法律、軍事諸多領域。當然，大部分研究都集中於案件的復原及釋讀，或是文書結構等。學者關注的案例，較為完整的主要包括「船師王皮遭臨湘縣扣留案」（J1③:325-1-140木牘）及「孫詩供詞不實案」（J1③:285 木牘）等。

a. 王皮案

劉國忠認為案件既提供了一個很具體的運輸成本費，又反映了東漢時期軍隊與地方行政部門之間發生行政糾紛時的溝通和處理過程，也體現了東漢官府的運行效率。[86] 劉樂賢就此案探討相關的地方軍制、行政運作等問題，如「伏波營」應為武陵郡的郡兵等，且他認為文書包括三部分：朱郢寫給長沙太守府的文書、長沙太守府發給臨湘縣的指令、臨湘縣的收文登記及處理意見。[87] 之後新公佈的簡牘中又有三枚相關的木簡，但這三枚簡並不完整，劉國忠及楊小亮亦只就部分釋文及文書結構略作補充。[88]

b. 孫詩案

至於「孫詩供詞不實案」（J1③:285 木牘），則是學者另一著重討論的司法案例。趙平安、羅小華除了修正〈簡報〉的若干誤讀外，並指出

---

86 劉國忠，〈長沙東漢簡所見王皮案件發微〉，《齊魯學刊》2013.4，頁 41–43。

87 劉樂賢，〈長沙五一廣場出土東漢王皮木牘考述〉，《中山大學學報（社會科學版）》2015.3，頁 52–61。

88 劉國忠，〈五一廣場東漢簡王皮運送軍糧案續論〉，載李學勤（主編），《出土文獻》，第 7 輯（上海：中西書局，2015），頁 250–253；楊小亮，〈關於「王皮木牘」的再討論〉，《出土文獻》2020.4，頁 13–19。

整單案件都是圍繞「完城旦徒孫詩」的證詞展開，牘文一共提及了孫詩三段供詞，分別是攸縣官吏、臨湘縣及「兼賊曹史湯」相關人員錄取，由於三段證詞存在很大差異，致使案情變得複雜，導致多方機構參與調查。長沙太守府針對這一案件，責令參審的兼賊曹史和臨湘縣核實情況，並在當月十五日上報。[89]

劉樂賢大致同意趙平安、羅小華的看法，但對部分釋讀表示異議，如「縣又不綠（錄）湯書而未殺」的「未」應釋為「末」，「末殺」即抹殺之意；「毋何毄（繫）無罪」中的「何毄」應為「佝繫」，即拘留之意等。此外，他推測此文書目的是查清證人孫詩的供詞，應當另有專門調查趙明及王得被殺情況的文書存在；而此案會由臨湘縣偵辦，或許是因為孫詩是臨湘縣人的緣故；文書表面上指責「兼賊曹史湯」和臨湘縣，但主要目的應是指責臨湘縣辦案不力，沒有徹查案情的缺失。[90] 伊強也同意「未殺」當是「末殺」字。[91]

六、經濟方面

1. 度田問題

建武十五年（39 年），光武帝下詔實施度田，要求州郡長官核查墾田面積及調查戶口，《後漢書‧光武帝紀》載：「河南尹張汲及諸郡守

---

89 趙平安、羅小華，〈長沙五一廣場出土 J1③:285 號木牘解讀〉，《齊魯學刊》2013.4，頁 38–40。

90 劉樂賢，〈長沙五一廣場所出東漢孫詩供辭不實案再考〉，載中國文化遺產研究院（編），《出土文獻研究》，第 12 輯（上海：中西書局，2013），頁 272–279。

91 伊強，〈湖南長沙五一廣場東漢簡牘箚記〉，武漢大學簡帛研究中心「簡帛」網站：http://www.bsm.org.cn/?hanjian/6048.html，2013.07.16。（搜尋，2022.02.04）

十餘人，坐度田不實，皆下獄死。」[92]「度田」作為東漢歷史上的重要事件，其具體施行的情況在五一簡中得到反映。侯旭東、劉國忠、李均明、陳偉、劉紹剛等學者在 2013 年「長沙五一廣場東漢簡牘學術研討會」上，曾圍繞簡 J1③:264-294 所反映的度田問題發表初步觀點。[93]

侯旭東、劉國忠均認為，簡文提供六月度田的實例，反映官府選擇在糧食作物基本長成的農忙季節（五、六月）到民間度田，由於田地作物接近成熟，更易分辨耕地與未耕地，以便官府掌握墾田情況。但就「度田」此公務行為的性質，尤其是「以令舉度民田」中「令」字的含義，學者們則提出了不同看法。侯旭東分析度田作為東漢長期化的制度性規定，依據「令」而行，實際工作則由鄉吏完成，動員百姓中的頭面人物參加，以免丈量不實。長沙在籍人口在各郡國中增長最快，土地開墾一定隨之增長，官府對賦稅的徵收也會增加；加上長沙郡還承擔了為武陵郡供應軍糧的任務，東漢朝廷與武陵蠻之間的戰事時斷時續，長沙郡作為物資基地的重任也必定延續了很長時間。以上均使「度田」成為當地反覆開展的工作，以保證稅收。[94]

但劉紹剛、劉國忠則提出質疑，認為「令」指縣令，「舉」指舉薦、推舉，「度」指丈量、測量。到底是法令還是縣令，至今尚未有定論。另外，劉國忠特別指出：（1）度田只包括丈量清查田畝的內容，不一定涉及清查戶口，不應把核實人口與核查田畝籠統歸於一起；（2）「流□田」可能是一種等級的土地，與官府把土地劃分成三個等級的丈量田地

92〔南朝宋〕范曄，《後漢書》（北京：中華書局，1973），卷 1，〈光武帝紀〉，頁 66。

93 夏笑容，〈「2013 年長沙五一廣場東漢簡牘學術研討會」紀要〉，頁 90–92。

94 侯旭東，〈湖南長沙五一廣場東漢簡 J1③:264-294 考釋〉。

制度有關；（3）木牘所記蔡力被伍純刺傷，反映度田過程中官府和民眾之間發生衝突；（4）度田政策不單在光武帝時期實行，東漢一代也持續貫徹執行，因此應進一步肯定度田的作用。[95] 朱德貴、齊丹丹則指出五一簡揭示東漢以「鄉別治掾」為首的「力田」、「長爵」和「小史」的基層「度田」組織，而且還透露了和帝時期「鄉吏」解決「度田」糾紛問題的具體辦法。[96]

2. 商品種類與物價情況

東漢中期地方市場上商品種類繁多，商品交換活躍。朱德貴運用五一簡案例，探討當時商業貿易及貨幣經濟的情況，強調長沙地區用於交換的商品包括衣、食、住、行等各個方面，諸如紡織類商品、食物、住宅和店舖、運輸工具、奴婢買賣以及田地交易等。不僅如此，東漢中期貨幣經濟也相當發達，銅錢作為交換媒介佔有主導地位，並由此論證過去有人認為官府「明令廢止，封錢不用」的觀點不能成立。[97] 朱德貴推斷東漢中期商業繁榮的主要原因，在於「官府對商業的支持、市場建制的完善、貨幣經濟的發達以及崇奢風氣的影響等幾個方面」。[98]

事實上，五一簡所記錄的商品交易案例不少，也能在一定程度上反

---

95 劉國忠，〈從長沙五一廣場 J1③:264-294 號木牘看東漢的度田〉，載李宗焜（主編），《古文字與古代史》，第 4 輯（臺北：中央研究院歷史語言研究所，2015），頁 538–545。

96 朱德貴、齊丹丹，〈長沙五一廣場東漢簡牘所見若干經濟史料初探〉，載楊振紅、鄔文玲（主編），《簡帛研究・二〇一五（春夏卷）》（桂林：廣西師範大學出版社，2015），頁 184–200。

97 朱德貴，〈長沙五一廣場東漢簡牘所見商業問題探討〉，《中國社會經濟史研究》2016.4，頁 8–25。

98 朱德貴，〈長沙五一廣場東漢簡牘所見商業問題探討〉，頁 25。

映東漢名物及物價的情況。羅小華結合了簡牘以及出土漆器銘文及傳世文獻，細緻地探討了東漢早中期的酒、酒具[99]、奴婢[100]，以至空地、店舖（粢肆）、鮮支、青縑等各類商品的物價。[101] 温玉冰則探討《選釋》例 55 所載「山藍」，其認為是一種藍草，可作藍色染料；考慮到長沙布匹交易種類繁多，推斷東漢時期藍草已是重要的農業經濟作物，不同地方都有種藍為業的情況。[102] 符奎則結合長沙尚德街東漢簡牘所見「紙」、「帋」的記載，探討東漢時期縑帛紙、絲質絮紙、植物纖維紙之間的名實關係與技術淵源，以及書寫載體從絲質紙向植物纖維紙逐漸轉換的發

---

99 CWJ1③:137 及 CWJ1③:189-3 號簡中提到「沽酒一杅，直卅」、「復沽一杅，直卅」，羅小華認為「杅」通「盂」，而安徽阜陽西漢汝陰侯墓頭箱中出土四件漆盂的銘文指「盂」的容量當為「一斗五升」，因此推測酒一杅為一斗五升，值三十錢；而酒一斗則當值二十錢，雖與傳世文獻中的記載未能完全印證，但可能與時代和酒的種類有關。另外，牘文又載「沽四器，直錢四百」，「復沽二器，直錢二百」，「復沽一器，直錢百」。經過換算，一器的容量是五斗，與《九章算術‧盈不足》算題顯示的「大器」容量相吻合，因此認為牘文中的盛酒之「器」疑即《九章算術》的「大器」。見羅小華，〈《長沙五一廣場東漢簡牘選釋》所見酒價與酒具〉。

100 CWJ1③:325-4-25 簡提到「後何賣民，直錢九萬五千。以其五萬買大婢侍，空地一所直八千」，羅小華認為西漢時期《奏讞書》、《僮約》，以及時代較晚的《東觀記》、居延漢簡和《風俗通》中，奴婢價格一般沒有超過三萬，與王仲犖「一萬五千至二萬之間」的結論比較接近。與此相比，長沙東漢簡牘所反映的奴婢價格明顯比前者高出一至數倍，其原因有待進一步研究。一般而言，奴的價格應高於婢，因此五一廣場牘文中的「民」可能是奴。見羅小華，〈《長沙五一廣場東漢簡牘選釋》所見奴婢價〉，武漢大學簡帛研究中心「簡帛」網站：http://www.bsm.org.cn/?hanjian/6596.html，2016.01.14。（搜尋，2022.02.04）

101 羅小華，〈五一廣場簡牘所見名物考釋（一）〉，載李學勤（主編），《出土文獻》，第 14 輯，頁 344–350。

102 温玉冰，〈讀《長沙五一廣場東漢簡牘選釋》札記一則〉，武漢大學簡帛研究中心「簡帛」網站：http://www.bsm.org.cn/?hanjian/7772.html，2018.03.31。（搜尋，2022.02.04）

展階段。[103] 凡此均有利深化我們對東漢長沙商品市場與種類的認識。

就商業行為形式而言，《選釋》例 55 提及「豢買」一詞，整理者解釋「豢」為「利誘」，認為是指以高於市價的價錢買賣、租賃；但溫玉冰則認為「豢買」與其他簡牘所見「券貸」、「豢買」、「豢僦」三例的詞性、結構相近，應指買賣、租賃並立券書的商業行為。[104]

3. 對外交通與人口流動

除此以外，五一簡所見司法案例也能反映長沙地區對外交通與人口、商品的流動。例如，朱德貴、齊丹丹認為五一簡展示了東漢和帝永元十五年（103 年）僱傭民力水路轉輸軍糧的嚴密管理體系，同時披露先秦兩漢時期的傳世文獻及出土簡牘未見記載之「船師」史料。[105]

黎明釗則具體審視了三宗涉及著籍外郡人口的案件，包括因婚嫁從零陵郡泉陵來到長沙的人口、從外郡到臨湘謀生的客商、因受懲罰被迫來到長沙服刑的刑徒等，指出東漢早中期長沙郡各縣內商旅、吏民與外郡人口的密切往來。由於臨湘縣位於湘水流域重要的地理位置，鄰近郡縣人口得以經水陸兩道湧入長沙，臨湘縣則成為「商業都會」及「南北貨物集散的中心」。[106]

---

103 符奎，〈長沙東漢簡牘所見「紙」「帋」的記載及相關問題〉，《中國史研究》2019.2，頁 59–68。

104 溫玉冰，〈讀《長沙五一廣場東漢簡牘選釋》札記一則〉。

105 朱德貴、齊丹丹，〈長沙五一廣場東漢簡牘所見若干經濟史料初探〉，頁 184–200。

106 黎明釗，〈試析幾枚五一廣場東漢簡牘〉，載鄔文玲、戴衛紅（主編），《簡帛研究・二〇一八（秋冬卷）》，頁 345–357；另見黎明釗，〈試析長沙五一廣場出土的幾枚東漢簡牘〉，載黎明釗、馬增榮、唐俊峰（編），《東漢的法律、行政與社會》，頁 11–32。

張朝陽持相近觀點，指出東漢臨湘縣對外商貿相當發達，尤其水上交通。他一方面根據簡155交趾客商越人孟欠債的案件，論證當時「交趾 — 長沙」水上商道的存在，以及交趾越人與內郡商業相互往來與結合的情況；[107] 並引用簡37、117等例子，說明東漢臨湘的商販也常常乘舟於湘江乃至小溪中交易，在實踐中形成靈活、非官方的水上市場。[108] 而簡1505中，「成、次、此」三人從外郡到臨湘的記錄，更揭示人口流動的原因，除了因突發災荒使生活成本陡增，促使人們遠赴宜居的臨湘謀生，同時不排除是出於商人對市場時機和物價資訊的把握。[109] 至於五一簡中出現的「油錢」，他考證後認為是運費的省稱，與當時一種形體小、速度快，用來運送重量較輕的物品，如布匹之類的「油船」相關。[110]

另外，長沙五一廣場出土的另一枚簡牘透露了外僑客居長沙的情況。張朝陽通過考證簡牘所記載火葬和寡婦再嫁等習俗，結合對長沙出土胡俑等文物的分析，認為該僑民等來自印度文化區，信仰佛教或耆那教，有一定的人數基礎，組建了家庭，頑強地保留了自身生活和文化習

107 張朝陽，〈東漢臨湘縣交趾來客案例詳考 —— 兼論早期南方貿易網絡〉，《中山大學學報（社會科學版）》2019.1，頁78–84；張朝陽，〈長沙五一廣場東漢簡所見交趾 —— 長沙商道〉，載王捷（主編），《出土文獻與法律史研究》，第6輯（北京：法律出版社，2017），頁174–187。

108 張朝陽，〈東漢臨湘的水上市場初考〉，武漢大學簡帛研究中心「簡帛」網站：http://www.bsm.org.cn/?hanjian/8156.html，2019.10.23。（搜尋，2022.02.04）

109 張朝陽，〈五一廣場東漢簡牘1505箚記〉，武漢大學簡帛研究中心「簡帛」網站：http://www.bsm.org.cn/?hanjian/8262.html，2020.05.17。（搜尋，2022.02.04）

110 張朝陽，〈五一廣場簡東漢簡牘「油錢」小考〉，武漢大學簡帛研究中心「簡帛」網站：http://www.bsm.org.cn/?hanjian/8003.html，2018.12.21。（搜尋，2022.02.04）

俗；他又推測很可能和海上絲綢之路有關聯。[111]

4. 債務糾紛

與貿易活動相關，簡牘中還出現了不少債務糾紛的材料，進一步增添了研究東漢債務問題的史料基礎。[112] 前文提到，學界研究頗多的「王皮運送軍糧案」便是其中一例，案中船師王皮因欠彭孝金錢不還而被當地官府拘留。但除此之外，「孟負伯錢案」也是有關債務的重要案例。劉子鈞便嘗試釐清簡 494 及簡 515 與簡 692 及簡 619 的關係，補充及重塑該案的原形，並就案情建構出人物關係，更推論此案可能牽涉到官商勾結的情況。[113]

簡牘中的若干用語也與債務問題相關。段艷康分析簡文「債代」一詞，認為其含義為「代替別人完成某項工作來抵債」，其中「代」不通「貸」，而應表示代替。[114] 另外，還有「貸主」一詞，在已公佈的長沙五一廣場東漢簡牘中共四見，但未見於兩漢的傳世文獻，注釋謂「債權人」。[115] 但馬增榮對「貸主」一說持商榷態度，其參看五一廣場簡牘原文的脈絡，並考慮字形和傳世文獻等因素，認為「○主」釋作「貨主」，比「貸主」更為合理。「貨主」即貨物的賣方，該批竹簡應是從他郡來

---

111 張朝陽，〈新見東漢外國僑民史料考釋〉，武漢大學簡帛研究中心「簡帛」網站：http://www.bsm.org.cn/?hanjian/8332.html，2020.12.21。（搜尋，2022.02.04）

112 朱德貴，〈長沙五一廣場東漢簡牘所見商業問題探討〉，頁 8–25。

113 劉子鈞，〈五一廣場東漢簡牘「孟負伯錢」案再探〉，武漢大學簡帛研究中心「簡帛」網站：http://www.bsm.org.cn/?hanjian/8238.html，2020.04.04。（搜尋，2022.02.04）

114 段艷康，〈試論《長沙五一廣場東漢簡牘選釋》簡 63 中的「債代」〉，武漢大學簡帛研究中心「簡帛」網站：http://www.bsm.org.cn/?hanjian/8269.html，2020.06.05。（搜尋，2022.02.04）

115 長沙市文物考古研究所等（編），《長沙五一廣場東漢簡牘選釋》，頁 179。

到臨湘縣進行商品（尤其是絲織品）買賣活動的商販名籍；貨主須注籍於官府，這顯示了臨湘縣對商業活動的控制。[116]

七、社會方面

1. 地方宗族

五一簡也為學界深入漢代基層社會以及地方宗族問題提供了契機。秦浩翔以其為樣本，結合傳世文獻及長沙地區其他出土簡牘，對東漢長沙地區的地方大族作出了初步探討。首先，他考察地方屬吏、鄉官的姓氏分佈，對簡牘中出現的所有帶姓氏的屬吏、鄉官進行統計並加以量化，發現陳、李、王、張、黃、區此六姓擔任屬吏、鄉官的人數遠遠多於其他姓氏，可以確定它們為長沙地區的大姓。另外，他也就簡牘內容所見案例，分析宗族特點及其相關活動，包括資產雄厚和奴僕眾多、利用家族資產謀取利益，以及利用家族勢力肆意妄為等。他特別指出，簡牘中出現的劫人賊分別為陳姓、王姓、周姓，均是在地方上有一定影響力的大姓，他們之所以敢如此膽大妄為，或許與其背後的家族勢力有一定的關聯。[117]

當中，《長沙五一廣場東漢簡牘》記載了一起典型的宗族報復性械鬥，涉及長沙地區大姓黃姓。[118] 關於此次械鬥，李均明、王子今均曾進

---

116 馬增榮，〈「貸主」？抑或「貨主」？── 長沙五一廣場東漢簡牘讀記一則〉，武漢大學簡帛研究中心「簡帛」網站：http://www.bsm.org.cn/?hanjian/8290.html，2020.08.07。（搜尋，2022.02.04）

117 秦浩翔，〈《長沙五一廣場東漢簡牘》所見地方大族初探 ── 以屬吏、鄉官姓氏分佈為中心的考察〉，武漢大學簡帛研究中心「簡帛」網站：http://www.bsm.org.cn/?hanjian/8324.html，2020.11.25。（搜尋，2022.02.04）

118 秦浩翔，〈《長沙五一廣場東漢簡牘》所見地方大族初探〉。

行探討。[119] 郭文德進一步從東漢復仇風氣、文吏和儒生之爭及經學復仇觀三個角度理解案中情節。[120]

2. 身分與著籍

秦漢時代社會身分秩序以爵制為基礎,是管控鄉村邑里的重要方式。賈麗英指出,「庶人」介於有爵者與司寇徒隸衛之間,是序列當中的至重點,接起了「爵」和「刑」;秦漢時期還存在著從免除奴婢而來的「私屬」這一過渡性身分。但根據長沙五一廣場東漢簡記錄和帝永元年間,名字叫做「坻」的奴被直接免為庶人的案例,賈麗英認為這表示隨著爵制身分鬆弛,「私屬」這一過渡性身分在東漢時期也逐漸消失。[121]

蔣丹丹則針對五一簡所見「流民」及「客」的案例,討論東漢時期長沙地區流動人口的管理問題。她根據簡 CWJ1①:85 及 CWJ1③:265-13,揭示兩宗分別從奇鄉到南鄉以及益陽縣到臨湘縣的「流客」案例,認為政府對當時長沙地區的流民及客等流動人口實施了有效管轄。臨湘縣通過對外來人口的登記和調查,掌握境內流民和客的信息,實現對流動人口的監控。對流民採取異地著籍政策,允許流民在流亡地占籍。大批來到長沙地區的客,以傭作為生,成為當地僱傭勞動力的重要組成部

---

119 李均明,〈東漢木牘所見一樁未遂報復案〉,載西北師範大學歷史文化學院、甘肅簡牘博物館(編),《簡牘學研究》,第 5 輯(蘭州:甘肅人民出版社,2014),頁 111–115;王子今,〈長沙五一廣場出土待事掾王純白事木牘考議〉。

120 郭文德,〈血親復仇抑或豪強欺法?—— 五一廣場 CWJ1③:169 號東漢木牘考論〉,載黎明釗、馬增榮、唐俊峰(編),《東漢的法律、行政與社會》,頁 79–94。

121 賈麗英,〈庶人:秦漢社會爵制身分與徒隸身分的銜接〉,《山西大學學報》2019.6,頁 16–25。

分。[122] 汪蓉蓉也分析該冊書內容，勾連出占籍相關文書在郡、縣、鄉、里的傳遞路徑，以及占籍文書的基本結構，從而論證流民管理是東漢戶籍制度的內容之一。[123]

另外，王雲菲關注漢唐官文書中的婦女姓名書寫，留意到《長沙五一廣場東漢簡牘（肆）》中收有一枚木兩行，其中供詞稱「始」與母親妻子俱居，其母「巳」應未改嫁，但本簡中稱巳「一姓許」，或許即指巳在夫姓之外的本姓。她認為這顯示東漢以來，已婚婦女在官文書層面和日常生活中或分別使用兩種姓氏，在私人領域冠稱父姓日益普遍，暗示著婦女在夫族和父族間相對位置的改變。[124]

3. 遺產繼承

簡牘中反映的遺產繼承問題也吸引不少學者注意。陳偉很早就關注到簡 108、135 所載「元物故倉梧」一案。[125] 李華則進一步判斷簡 61 與簡 108、135 三枚散簡屬同一公文，梳理案情，並認為是「一樁長大後的女兒與父親的同產兄弟（或姐妹）圍繞財產繼承權的遺產糾紛案」。元在世時是臨湘籍商人，與何、納或為同產與同居關係，由何管理家財。元物故蒼梧後，財產由何接手並變賣。元歸葬時，女兒珠因年幼不

122 蔣丹丹，〈五一廣場東漢簡牘所見流民及客 —— 兼論東漢時期長沙地區流動人口管理〉，載鄔文玲（主編），《簡帛研究・二〇一七（秋冬卷）》，頁 229–238。

123 汪蓉蓉，〈五一廣場東漢簡牘所見流民占籍問題及其文書行政〉，載鄔文玲、戴衛紅（主編），《簡帛研究・二〇二〇（春夏卷）》（桂林：廣西師範大學出版社，2020），頁 270–283。

124 王雲菲，〈漢唐官文書中的婦女姓名書寫〉，《歷史教學》2021.3，頁 65–72。

125 陳偉，〈五一廣場東漢簡 108、135 號小考〉，武漢大學簡帛研究中心「簡帛」網站：http://www.bsm.org.cn/?hanjian/7655.html，2017.10.11。（搜尋，2022.02.04）

同行，暫留在泉陵，由脩（元的妻妾）撫養長大，其後回到臨湘縣討要遺產繼承權。臨湘縣因此從十年前元的同居同產關係開始調查，對元的家財、何與珠的承戶權等進行梳理。此案對了解「東漢早中期長沙的家庭關係、財產繼承、性別與喪葬」都有一定價值。[126]

五一簡中還有另一涉及遺產糾紛的案例，即「柱暴病物故」一案。楊頌宇首先更正例 100 釋文「佳」字的釋讀，認為應當釋為「柱」，從而肯定簡例 100、102 與〈簡報〉例一存在著編聯關係。他藉此案例重構臨湘地方處理領取遺物案件的行政過程，包括縣廷要求錢物封存於官府、派死者家屬迎取屍身及遺物者身分證明等安排。[127]

八、書法與文字問題

趙平安、許可肯定長沙五一廣場東漢簡牘的文字學價值，認為簡牘文字在構形上出現了豐富的筆畫改易、伸縮、節省、增添和部件簡省、移位、類化、分化、混同等值得研究的文字學現象。藉由這些東漢文字，我們可以上溯秦漢簡帛文字，下探魏晉碑刻、敦煌俗字、傳抄古文，從而加深我們對漢字發展演變過程的認識。從書體角度看，簡牘上的文字絕大多數是隸書，有些已相當接近楷書，具有多方面的文字學

---

126 李華，〈長沙五一廣場簡所見「元的遺產案」考述〉，武漢大學簡帛研究中心「簡帛」網站：http://www.bsm.org.cn/?hanjian/7744.html，2018.03.11（搜尋，2022.02.04）；另收黎明釗、馬增榮、唐俊峰（編），《東漢的法律、行政與社會》，頁 95–107。

127 楊頌宇，〈《長沙五一廣場東漢簡牘選釋》例 100「佳」字再釋與「柱」案再分析〉，武漢大學簡帛研究中心「簡帛」網站：http://www.bsm.org.cn/?hanjian/7766.html，2018.03.22。（搜尋，2022.02.04）

價值。[128]

　　劉紹剛認為東漢是八分漢隸解體的時期，而這種書體演變的特徵在五一廣場簡得到一定程度的反映。在五一廣場簡牘中，漢隸作為一種正體，依然出現在日常書寫的文書中，但更多的隸書已失去「蠶頭雁尾」的八分用筆，行、楷書用筆的摻入逐漸使漢隸解體，轉為今隸，已出現比較成熟的楷書，改變書法史論者對楷書出現時間的認識。[129]

　　冉令江也認同長沙五一廣場東漢簡牘官文書呈現了行、楷書在嚴謹、工整的官文書書寫領域的衍生過程。他指出五一廣場簡牘正處於漢隸向俗體隸書分化發展的東漢中期，各種書體因素雜糅，漢隸、草書、行書及楷書的各種用筆和形體，都出現在這一時期乃至同一枚簡牘中。大致上，五一廣場簡牘，特別是上行文書多以官文書正體 —— 工整規範的八分書寫，但一些下行文書或上級批示的書寫則相對隨意、草率，多以隨性率意的日常草寫新隸體或草體書寫。總括而言，五一廣場東漢簡牘為研究同期手書體隸書與銘石體隸書，以及東漢書刻的本質特徵，提供全新材料和獨特的視角。[130]

　　王曉光除了分析五一廣場簡牘墨跡的寫法，同時論及漢代屬吏與簡牘書寫的關係。他指出五一廣場木楬墨跡多為俗寫隸體、新隸體之類寫法，代表了東漢日常書寫的主流，也是新體楷、行、今草的主要演進系

128 趙平安、許可，〈長沙五一廣場東漢簡牘文字初探〉，載長沙市文物考古研究所等（編），《長沙五一廣場東漢簡牘選釋》，頁 267–293。

129 劉紹剛，〈隸書「八分」的解體和行楷書的發展 —— 從五一廣場簡看東漢時期的書體演變〉，載長沙市文物考古研究所等（編），《長沙五一廣場東漢簡牘選釋》，頁 294–313；劉紹剛、黃曉青，〈解散隸體之後 —— 從長沙五一廣場東漢簡看隸書解體的表現〉，《中國書法》2021.7，頁 180–184。

130 冉令江，〈長沙五一廣場簡牘隸書及其藝術風格〉，《中國書法》2016.10，頁 106–112。

統。而這種字體演進與漢代屬吏書寫有重要關連，蓋屬吏作為簡牘書寫的主體，其日常書寫的巨大數量和普及性，都積微成著地改變當時通行字體，有力推助隸變完成。就書寫格式而言，五一廣場簡牘也反映東漢中後期官文書已不再拘於西漢格式，呈現靈活簡單化的情況。最後，王曉光一方面肯定五一廣場簡牘對於完善漢字發展序列研究的重要價值，但同時強調這批簡牘仍為一個「點」，尚不足以代表整個東漢中期墨書全貌。[131]

李洪財特別關注五一廣場東漢簡文字中「俗寫異構」的特殊現象。他發現《選釋》中公佈的官文簡牘幾乎每一枚都可見異構的俗字，而且書寫並不十分謹慎規範，與想像中公文用字情況有不少差距。《漢書・藝文志》記：「吏民上書，字或不正，輒舉劾。」漢代應該有一個政府規定的文字書寫標準，否則政府文書在傳達過程中也會因為文字產生很多問題。雖然手寫文字多少都會存在書手抄寫習慣的差異或俗寫錯訛的情況，但如有政府嚴格統一的規範，這種差異必然大大縮小。因此，文字的規範程度也是政府文化統治的一個反映。從五一簡中的文書用字情況來看，到了東漢時政府對文字的規範程度可能已逐漸鬆懈，這應該也是許慎所說「小學不修」的一個表現；這種情況到了東漢後期出現了「文字多謬，俗儒穿鑿」現象，於是有蔡邕上書奏請正六經文字，立石經於太學門外，以確立正字標準之事。[132]

新近研究也較多從不同時代的比較角度進行，藉此分析書體風格的

---

131 王曉光，〈東漢中葉隸書墨跡標桿之作 —— 試析五一廣場簡牘墨書及相關問題〉，《中國書法》2016.9，頁 132–145。

132 李洪財，〈五一廣場東漢簡的文字問題〉，《中國書法》2016.9，頁 173–177。

演變，如何茜及大橋修一。[133] 何俊謙從長沙五一廣場東漢簡牘試析東漢前中期官文書的書體風格；[134] 劉昱菡則針對比較漢晉簡紙文本，從撇捺筆形書寫解析漢字楷化問題；[135] 林秋秋更結合走馬樓西漢簡書體，著力探討書體風格的演變。[136]

九、總結

總括而言，五一廣場東漢簡牘作為東漢時期的官府文書檔案，所載內容涉及當時的政治、經濟、法律、軍事諸多領域。學者針對行政文書特徵、訴訟案例進行各方面的探討，並由此分析東漢郡縣基層行政運作、司法訴訟及社會經濟狀況等問題。隨著更多內容陸續公佈，相信可進一步豐富世人對東漢基層統治的認識。

---

133 何茜，〈由長沙五一廣場東漢簡牘筆畫探筆法演變規律〉，《大眾書法》2017.6，頁 24–30；〔日〕大橋修一，〈中國古代における文字習得システム —— 漢新出土の簡牘にもとづいて〉，《川口短大紀要》31（2017），頁 204–210。

134 何俊謙，〈從長沙五一廣場東漢簡牘試析東漢前中期官文書的書體風格〉，載黎明釗、馬增榮、唐俊峰（編），《東漢的法律、行政與社會》，頁 257–287。

135 劉昱菡，〈從撇捺筆形書看漢字楷化問題 —— 基於對漢晉簡紙文本的解析〉，《書法教育》2019.2，頁 38–47。

136 林秋秋，〈長沙五一廣場東漢簡牘與走馬樓西漢簡書體比較〉，《書法》2020.3，頁 132–134。

參考書目

一、文獻典籍

〔西漢〕孔安國（傳），〔唐〕孔穎達（疏），〔清〕阮元（校勘），《重刊宋本尚書注疏（附校勘記）》，臺北：藝文印書館，1965。

〔西漢〕毛亨（傳），〔東漢〕鄭玄（箋注），〔唐〕孔穎達（疏），《毛詩正義》，北京：中華書局，1980，據〔清〕阮元校刻《十三經注疏附校勘記》本。

〔西漢〕司馬遷，《史記》，北京：中華書局，1959。

〔西漢〕桓寬（撰），王利器（校注），《鹽鐵論校注》，北京：中華書局，1992。

〔西漢〕蔡質，《漢官典職儀式選用》，北京：中華書局，1985。

〔東漢〕王充（撰），黃暉（校釋），《論衡校釋》，北京：中華書局，1990。

〔東漢〕王符（著），〔清〕汪繼培（箋），彭鐸（校正），《潛夫論箋校正》，北京：中華書局，1985。

〔東漢〕徐幹（著），孫啟治（解詁），《中論解詁》，北京：中華書局，2014。

〔東漢〕班固，《漢書》，北京：中華書局，1962。

〔東漢〕許慎，《說文解字》，北京：中華書局，1963。

〔東漢〕劉熙，《釋名》，收於張元濟（主編），《四部叢刊初編・經部》，臺北：臺灣商務印書館，1967。

〔東漢〕蔡邕，《獨斷》，北京：中華書局，1985。

〔東漢〕鄭玄（注），〔唐〕孔穎達（疏），〔清〕阮元（校勘），《重刊宋本禮記注疏（附校勘記）》，臺北：藝文印書館，1965。

〔晉〕王嘉，《拾遺記》，北京：中華書局，1981。

〔晉〕袁宏（著），周天游（校注），《後漢紀校注》，天津：天津古籍出版社，1987。

〔晉〕常璩，《華陽國志校補圖注》，上海：上海古籍出版社，1987。

〔晉〕陳壽（著），〔南朝宋〕裴松之（注），《三國志》，北京：中華書局，1971。

〔晉〕葛洪（著），周天游（校注），《西京雜記校注》，西安：三秦出版社，2006。

〔南朝宋〕范曄，《後漢書》，北京：中華書局，1965。

〔南朝梁〕蕭子顯，《南齊書》，北京：中華書局，1974。

〔南朝陳〕徐陵（編），《玉臺新詠箋注》，北京：中華書局，1999。

〔北魏〕酈道元（著），陳橋驛（校證），《水經注校證》，北京：中華書局，2007。

〔隋〕蕭吉，《五行大義》，上海：上海書店出版社，2001。

〔唐〕杜佑，《通典》，北京：中華書局，1992。

〔唐〕長孫無忌等，《唐律疏議》，臺北：弘文館出版社，1986。

〔唐〕歐陽詢，《藝文類聚》，上海：上海古籍出版社，1965。

〔宋〕洪适，《隸釋‧隸續》，北京：中華書局，1986。

〔清〕王念孫（著），鍾宇訊（點校），《廣雅疏證》，北京：中華書局，1983。

〔清〕孫希旦，《禮記集解》，北京：中華書局，1989。

〔清〕孫星衍等（輯），周天游（點校），《漢官六種》，北京：中華書局，1990。

〔清〕孫詒讓，《周禮正義》，北京：中華書局，1987。

〔清〕孫詒讓，《墨子間詁》，北京：中華書局，1954。

〔清〕馬國翰（輯佚），《玉函山房輯佚書》，揚州：廣陵書社，2005。

〔清〕陳立（撰），吳則虞（點校），《白虎通疏證》，北京：中華書局，1994。

〔清〕焦盾，《孟子正義》，北京：中華書局，1987。

〔清〕楊守敬、熊會貞（疏），陳橋驛（校），《水經注疏》，南京：江蘇古籍出版社，
　　　1989。

〔清〕錢繹（撰集），李發舜、黃建中（點校），《方言箋疏》，北京：中華書局，1991。

〔清〕顧祖禹，《讀史方輿紀要》，上海：商務印書館，1937。

〔日〕中村璋八，《五行大義校註（增訂版）》，東京：汲古書院，1998。

楊伯峻，《論語譯注》，北京：中華書局，1980。

二、出土文獻

中國文物研究所，《四時月令詔條》，北京：中華書局，2001。

中國社會科學院考古研究所（編），《居延漢簡甲乙編》，北京：中華書局，1980。

毛遠明（編），《漢魏六朝碑刻校注》，北京：線裝書局，2009。

甘肅省文物考古研究所、甘肅省博物館、文化部古文獻研究室、中國社會科學院歷史研
　　　究所（編），《居延新簡——甲渠候官與第四隧》，北京：文物出版社，1990。

甘肅簡牘博物館、甘肅省文物考古研究所、甘肅省博物館、中國文化遺產研究院古文獻
　　　研究室、中國社會科學院簡帛研究中心（編），《肩水金關漢簡（伍）》，上海：中

西書局，2016。

甘肅簡牘博物館、甘肅省文物考古研究所、陝西師範大學人文社會科學高等研究院、清華大學出土文獻研究與保護中心（編），《懸泉漢簡（壹）》，上海：中西書局，2019。

朱漢民、陳松長（主編），《嶽麓書院藏秦簡·叁》，上海：上海辭書出版社，2013。

武漢大學簡帛研究中心、湖北省博物館、湖北省文物考古研究所（編），陳偉（主編），《秦簡牘合集·壹》，武漢：武漢大學出版社，2014。

長沙文物考古研究所、清華大學出土文獻研究與保護中心、中國文化遺產研究院、湖南大學嶽麓書院（編），《長沙五一廣場東漢簡牘（壹至陸）》，上海：中西書局，2018–2020。

長沙文物考古研究所、清華大學出土文獻研究與保護中心、中國文化遺產研究院、湖南大學嶽麓書院（編），《長沙五一廣場東漢簡牘選釋》，上海：中西書局，2015。

長沙市文物考古研究所，〈湖南長沙五一廣場東漢簡牘發掘簡報〉，《文物》2013.6，頁4–26。

長沙市文物考古研究所、中國文物研究所（編），《長沙東牌樓東漢簡牘》，北京：文物出版社，2006。

長沙市文物考古研究所、中國文物研究所、北京大學歷史系走馬樓簡牘整理組（編），《長沙走馬樓三國吳簡·嘉禾吏民田家莂》，北京：文物出版社，1999。

胡平生、張德芳（編），《敦煌懸泉漢簡釋粹》，上海：上海古籍出版社，2001。

馬怡、張榮強（主編），《居延新簡釋校》，天津：天津古籍出版社，2013。

連雲港市博物館、東海縣博物館、中國社會科學院簡帛研究中心、中國文物研究所（編），《尹灣漢墓簡牘》，北京：中華書局，1997。

彭浩、陳偉、〔日〕工藤元男（主編），《二年律令與奏讞書：張家山二四七號漢墓出土法律文獻釋讀》，上海：上海古籍出版社，2007。

裘錫圭（主編），湖南省博物館、復旦大學出土文獻與古文字研究中心（編），《長沙馬王堆漢墓簡帛集成》，北京：中華書局，2014。

睡虎地秦墓竹簡整理小組（編），《睡虎地秦墓竹簡》，北京：文物出版社，1990。

簡牘整理小組（編），《居延漢簡（壹至肆）》，臺北：中央研究院歷史語言研究所，2014–2017。

魏堅（主編），《額濟納漢簡》，桂林：廣西師範大學出版社，2005。

〔日〕永田英正（編），《漢代石刻集成：圖版·釋文篇》，京都：同朋舍，1994。

三、考古報告

中國科學院考古研究所（編），《長沙發掘報告》，北京：科學出版社，1957。

北京歷史博物館、河北省文物管理委員會（編），《望都漢墓壁畫》，北京：中國古典藝術出版社，1955。

吳銘生，〈長沙發現新莽時代墓葬〉，《考古》1956.3，頁 57。

吳銘生，〈長沙黃土嶺發現東漢墓〉，《考古》1957.4，頁 59–60。

宋少華，〈長沙西郊桐梓坡漢墓〉，《考古學報》1986.1，頁 61–93。

李正光、彭青野，〈長沙沙湖橋一帶古墓發掘報告〉，《考古學報》1957.4，頁 33–67。

李燦，〈安徽亳州市發現一座曹操宗族墓〉，《考古》1988.1，頁 57。

周世榮，〈長沙白泥塘發現東漢磚墓〉，《考古》1956.3，頁 58。

青海省文物考古研究所（編），《上孫家寨漢晉墓》，北京：文物出版社，1993。

馬王堆漢墓帛書整理小組，〈長沙馬王堆三號漢墓出土地圖的整理〉，《文物》1975.2，頁 35–42。

張欣如，〈長沙南郊砂子塘漢墓〉，《考古》1965.3，頁 116–118。

張鑫如，〈長沙東郊雷家嘴東漢墓的清理〉，《考古》1958.2，頁 52–53。

單先進，〈長沙金塘坡東漢墓發掘簡報〉，《考古》1979.5，頁 427–434。

湖北省文物考古研究所、雲夢縣博物館，〈湖北雲夢睡虎地 M77 發掘簡報〉，《江漢考古》2008.4，頁 31–37。

湖南省博物館、中國科學院考古研究所（編），《長沙馬王堆一號漢墓》，北京：文物出版社，1973。

湖南省博物館、湖南省文物考古研究所（編），《長沙馬王堆二、三號漢墓·第一卷·田野考古發掘報告》，北京：文物出版社，2004。

趙世綱，〈長沙東郊兩漢墓簡介〉，《考古》1963.12，頁 684–686。

四、專著

卜憲群，《秦漢官僚制度》，北京：社會科學文獻出版社，2002。

于振波，《走馬樓吳簡初探》，臺北：文津出版社，2004。

王子今，《中國盜墓史：一種社會現象的文化考察》，北京：中國廣播電視出版社，1999。

王子今，《秦漢交通史稿》，北京：中共中央黨校出版社，1994。

王子今，《秦漢交通史稿（增訂本）》，北京：中國人民大學出版社，2012。

安作璋、熊鐵基，《秦漢官制史稿》，濟南：齊魯書社，2007。

朱紹侯，《中國古代治安制度史》，開封：河南大學出版社，1994。

宋杰，《漢代監獄制度研究》，北京：中華書局，2013。

李均明，《秦漢簡牘文書分類輯解》，北京：文物出版社，2009。

李均明、劉軍，《簡牘文書學》，南寧：廣西教育出版社，1999。

林永強，《漢代地方社會治安研究》，北京：社會科學文獻出版社，2012。

施建平，《漢語方位詞「上」「下」「內」「外」「裏」「中」發展演變史》，廣州：暨南大學出版社，2018。

施建平，《漢語方位詞「左」「右」「東」「西」「南」「北」發展演變史》，廣州：暨南大學出版社，2018。

施建平，《漢語方位詞「前」「後」發展演變史》，廣州：暨南大學出版社，2018。

徐世虹，《中國法制通史》，第 2 卷，北京：法律出版社，1999。

高恆，《秦漢簡牘中法制文書輯考》，北京：社會科學文獻出版社，2008。

張建國，《帝制時代的中國法》，北京：法律出版社，1999。

閆曉君，《秦漢法律研究》，北京：法律出版社，2012。

陳偉，《秦簡牘校讀及所見制度考察》，武漢：武漢大學出版社，2017。

陳槃，《古讖緯研討及其書錄解題》，臺北：國立編譯館，1991。

彭衛，《漢代婚姻形態》，西安：三秦出版社，1988。

黃曉芬，《漢墓的考古學研究》，長沙：嶽麓書社，2003。

黃樸華，《長沙古城址考古發現與研究》，長沙：嶽麓書社，2016。

楊樹達，《漢代婚喪禮俗考》，上海：上海古籍出版社，2000。

楊鴻年，《漢魏制度叢考》，武漢：武漢大學出版社，2005。

葛劍雄，《西漢人口地理》，北京：人民出版社，1986。

趙久湘，《秦漢簡牘法律用語研究》，北京：人民出版社，2017。

劉增貴，《漢代婚姻制度》，臺北：華世出版社，1980。

蔣響元，《湖南古代交通遺存》，長沙：湖南美術出版社，2013。

黎明釗，《輻輳與秩序：漢帝國地方社會研究》，香港：中文大學出版社，2013。

薛夢瀟，《早期中國的月令與「政治時間」》，上海：上海古籍出版社，2018。

羅慶康，《長沙國研究》，長沙：湖南人民出版社，1998。

譚宗義，《漢代國內陸路交通考》，香港：新亞研究所，1967。

嚴耕望，《中國地方行政制度史‧甲部‧秦漢地方行政制度》，臺北：中央研究院歷史語言研究所，1990。

顧頡剛，《秦漢的方士與儒生》，上海：上海古籍出版社，2005。

〔日〕佐原康夫，《漢代都市機構の研究》，東京：汲古書院，2002。

〔日〕佐藤達郎，《漢六朝時代の制度と文化‧社会》，京都：京都大学学術出版会，2021。

〔日〕鷹取祐司，《秦漢官文書の基礎的研究》，東京：汲古書院，2015。

〔日〕冨谷至，《秦漢刑罰制度の研究》，京都：同朋舍，1998。

〔日〕冨谷至（著），劉恆武、孔李波（譯），《文書行政的漢帝國》，南京：江蘇人民出版社，2013。

〔日〕籾山明（著），李力（譯），《中國古代訴訟制度研究》，上海：上海古籍出版社，2009。

Cai, Liang. *Witchcraft and the Rise of the First Confucian Empire*. New York: State University of New York Press, 2014.

Gibson, James L., John M. Ivancevich, James H. Donnelly, Jr. and Robert Konopaske. *Organizations: Behavior, Structure, Processes*. New York: McGraw-Hill, 2012.

Keightley, David N. *The Ancestral Landscape: Time, Space, and Community in Late Shang China (ca. 1200–1045 B.C.)*. Berkeley: Institute of East Asian Studies, University of California, 2000.

Mansvelt-Beck, Burchard J. *The Treatises of Later Han: Their Author, Sources, Contents and Place in Chinese Historiography*. Leiden: Brill, 1990.

Wang, Aihe. *Cosmology and Political Culture in Early China*. Cambridge: Cambridge University Press, 2006.

Zamir, Eyal. *Law, Psychology, and Morality: The Role of Loss Aversion*. New York: Oxford University Press, 2015.

五、論文

丁義娟，〈五一廣場簡 J1③:281-5 簡注釋小議〉，武漢大學簡帛研究中心「簡帛」網站：
http://www.bsm.org.cn/?hanjian/7554.html，2017.05.30。（搜尋，2022.02.04）

卜憲群、劉楊，〈秦漢日常秩序中的社會與行政關係初探 —— 關於「自言」一詞的解
讀〉，《文史哲》2013.4，頁 81–92。

卞鴻翔，〈長沙古「北津城」考析〉，《湖南師範大學自然科學學報》1990.2，頁 162–
167。

方勇，〈讀嶽麓秦簡（叄）札記一則〉，武漢大學簡帛研究中心「簡帛」網站：http://
www.bsm.org.cn/?qinjian/6170.html，2014.02.21。（搜尋，2022.03.09）

王子今，〈長沙五一廣場出土待事掾王純白事木牘考議〉，載武漢大學簡帛研究中心（主
辦），《簡帛》，第 9 輯，上海：上海古籍出版社，2014，頁 293–300。

王雲菲，〈漢唐官文書中的婦女姓名書寫〉，《歷史教學》2021.3，頁 65–72。

王元林，〈秦漢時期南嶺交通的開發與南北交流〉，《中國歷史地理論叢》23.4（2008），
頁 45–56。

王可卓，〈《長沙五一廣場東漢簡牘（壹）》釋文校訂一則〉，武漢大學簡帛研究中心
「簡帛」網站：http://www.bsm.org.cn/?hanjian/8538.html，2021.12.15。（搜尋，
2022.02.04）

王彥輝，〈聚落與交通視閾下的秦漢亭制變遷〉，《歷史研究》2017.1，頁 38–53。

王朔，〈東漢縣廷行政運作的過程和模式 —— 以長沙五一廣場東漢簡為中心〉，《華中師
範大學學報（人文社會科學版）》2018.6，頁 149–160。

王朔，〈讀《長沙五一廣場東漢簡牘選釋》札記二則〉，載武漢大學簡帛研究中心（主
辦），《簡帛》，第 14 輯，上海：上海古籍出版社，2017，頁 185–193。

王素，〈「畫諾」問題縱橫談 —— 以長沙漢吳簡牘為中心〉，《中華文史論叢》2017.1，
頁 121–136。

王彬，〈湖南長沙五一廣場東漢簡 J1③:325-32 考釋〉，載鄔文玲、戴衛紅（主編），《簡
帛研究・二〇一九（春夏卷）》，桂林：廣西師範大學出版社，2019，頁 287–297。

王萬雋，〈漢末三國長沙族群關係與大姓研究之一 —— 漢末部分〉，《早期中國史研究》
2.1（2010），頁 43–86。

王曉光，〈東漢中葉隸書墨跡標桿之作 —— 試析五一廣場簡牘墨書及相關問題〉，《中國
書法》2016.9，頁 132–145。

代國璽，〈秦漢的糧食計量體系與居民口糧數量〉，《中央研究院歷史語言研究所集刊》
89.1（2019），頁 119–163。

冉令江，〈長沙五一廣場簡牘隸書及其藝術風格〉，《中國書法》2016.10，頁 106–112。

伊強，〈《光和四年石表》文字考釋及文書構成〉，《四川文物》2017.3，頁 47–54。

伊強，〈長沙五一廣場東漢簡牘中的「例」及相關職官問題初論〉，載武漢大學簡帛研究中心（主辦），《簡帛》，第 16 輯，上海：上海古籍出版社，2018，頁 174–178。

伊強，〈湖南長沙五一廣場東漢簡牘箚記〉，武漢大學簡帛研究中心「簡帛」網站：http://www.bsm.org.cn/?hanjian/6048.html，2013.07.16。（搜尋，2022.02.04）

朱紅林，〈史與秦漢時期的決獄制度〉，《社會科學輯刊》2017.1，頁 150–155。

朱德貴，〈長沙五一廣場東漢簡牘所見商業問題探討〉，《中國社會經濟史研究》2016.4，頁 8–25。

朱德貴、齊丹丹，〈長沙五一廣場東漢簡牘所見若干經濟史料初探〉，載楊振紅、鄔文玲（主編），《簡帛研究‧二〇一五（春夏卷）》，桂林：廣西師範大學出版社，2015，頁 184–200。

朱騰，〈簡牘所見秦縣少吏研究〉，《中國法學》2017.4，頁 188–206。

何旭紅，〈長沙漢「臨湘故城」及其「宮署」位置考析〉，《南方文物》1998.1，頁 96–100。

何有祖，〈里耶秦簡「（牢）司寇守囚」及相關問題研究〉，載西北師範大學歷史文化學院、甘肅簡牘博物館、河西學院河西史地與文化研究中心、蘭州城市學院文學院（編），《簡牘學研究》，第 6 輯，蘭州：甘肅人民出版社，2016，頁 90–101。

何俊謙，〈從長沙五一廣場東漢簡牘試析東漢前中期官文書的書體風格〉，載黎明釗、馬增榮、唐俊峰（編），《東漢的法律、行政與社會：長沙五一廣場東漢簡牘探索》，香港：三聯書店，2019，頁 257–287。

何茜，〈由長沙五一廣場東漢簡牘筆畫探筆法演變規律〉，《大眾書法》2017.6，頁 24–30。

余斌霞，〈馬王堆漢墓《地形圖》研究綜述〉，《湖南省博物館刊》2012.9，頁 65–66。

吳雪飛，〈長沙五一廣場東漢木牘相關法律用語探析〉，載中國政法大學法律古籍整理研究所（編），《中國古代法律文獻研究》，第 9 輯，北京：社會科學文獻出版社，2015，頁 187–199。

吳雪飛，〈長沙五一廣場簡中的一則《囚律》律文〉，武漢大學簡帛研究中心「簡帛」網站：http://www.bsm.org.cn/?hanjian/8015.html，2018.12.31。（搜尋，2022.02.04）

吳雪飛，〈長沙五一廣場簡牘法律用語續探〉，載中國文化遺產研究院（編），《出土文獻研究》，第 16 輯，上海：中西書局，2017，頁 305–318。

宋杰，〈西漢長安的丞相府〉，《中國史研究》2010.3，頁 37–73。

宋杰，〈秦漢國家統治機構中的「司空」〉，《歷史研究》2011.4，頁 15–34。

宋杰，〈漢代「棄市」與「殊死」辨析〉，《中國史研究》2015.3，頁 47–72。

宋超，〈走馬樓吳簡中的「丘」與「里」再探討〉，載長沙簡牘博物館、北京吳簡研討班
　　（編），《吳簡研究》，第 2 輯，武漢：崇文書局，2006，頁 139–156。

宋會群，〈《神漢桂陽太守周府君功勳之紀銘》碑輯校和研究〉，《韶關學院學報》27.8
　　（2006），頁 1–6。

李均明，〈五一廣場東漢簡牘「留事」考〉，載李學勤（主編），《出土文獻》，第 11 輯，
　　上海：中西書局，2017，頁 370–378。

李均明，〈五一廣場東漢簡牘所反映的臨湘縣治安體系初探〉，清華大學出土文獻研究與
　　保護中心主辦「五一簡與東漢歷史文化」學術研討會論文，北京，2021 年 10 月。

李均明，〈五一廣場東漢簡牘所見「例亭」等解析〉，《出土文獻》2020.4，頁 6–12、
　　154。

李均明，〈東漢木牘所見一樁未遂報復案〉，載西北師範大學歷史文化學院、甘肅簡牘
　　博物館（編），《簡牘學研究》，第 5 輯，蘭州：甘肅人民出版社，2014，頁 111–
　　115。

李均明，〈東漢時期的候審擔保 —— 五一廣場東漢簡牘「保任」解〉，《湖南大學學報（社
　　會科學版）》31.5（2017），頁 1–4。

李均明，〈長沙五一廣場出土東漢木牘「直符」文書解析〉，《齊魯學刊》2013.4，頁
　　35–37。

李均明，〈長沙五一廣場東漢簡牘「劾」與「鞫」狀考〉，載鄔文玲（主編），《簡帛研究·
　　二〇一七（秋冬卷）》，桂林：廣西師範大學出版社，2018，頁 191–197。

李均明，〈長沙五一廣場東漢簡牘「假期書」考〉，載李學勤（主編），《出土文獻》，第
　　13 輯，上海：中西書局，2018，頁 367–373。

李均明，〈長沙五一廣場東漢簡牘「摻驗」解〉，載鄔文玲、戴衛紅（主編），《簡帛研
　　究·二〇一八（秋冬卷）》，桂林：廣西師範大學出版社，2019，頁 338–344。

李均明，〈長沙五一廣場東漢簡牘所見身分認定述略〉，載中國文化遺產研究院（編），
　　《出土文獻研究》，第 17 輯，上海：中西書局，2018，頁 325–333。

李均明，〈長沙五一廣場東漢簡牘所見職務犯罪探究〉，《鄭州大學學報（哲學社會科學
　　版）》52.5（2019），頁 82–87。

李均明，〈簡牘所見簽名、畫押及其書寫特徵〉，《書法研究》2016.4，頁 1–16。

李松儒，〈長沙五一廣場「君教」類木牘字跡研究〉，《中國書法》2016.9，頁 169–172。

李松儒、莊小霞，〈長沙五一廣場 J1③:264-294 號木牘所見文書製作流轉研究〉，載鄔文

玲（主編），《簡帛研究·二〇一七（秋冬卷）》，桂林：廣西師範大學出版社，2018，頁198–218。

李洪財，〈五一廣場東漢簡的文字問題〉，《中國書法》2016.9，頁173–177。

李洪財，〈讀《五一廣場東漢簡簡牘（壹、貳）》札記〉，武漢大學簡帛研究中心「簡帛」網站：http://www.bsm.org.cn/?hanjian/8011.html，2018.12.27。（搜尋，2022.02.04）

李婧嶸，〈秦漢法律中的罪數形態及處罰原則〉，《古代文明》13.3（2019），頁76–86。

李華，〈長沙五一廣場簡所見「元的遺產案」考述〉，武漢大學簡帛研究中心「簡帛」網站：http://www.bsm.org.cn/?hanjian/7744.html，2018.03.11。（搜尋，2022.02.04）

李學勤，〈張家山漢簡研究的幾個問題〉，《鄭州大學學報（哲學社會科學版）》35.3（2002），頁5–7。

李蘭芳，〈《長沙五一廣場東漢簡牘選釋》札記數則〉，武漢大學簡帛研究中心「簡帛」網站：http://www.bsm.org.cn/?hanjian/7535.html，2017.05.02。（搜尋，2022.02.04）

杜正勝，〈傳統家族試論〉，載黃寬重、劉增貴（編），《家族與社會》，北京：中國大百科全書出版社，2005，頁1–87。

杜曉，〈漢代官用私印小議 —— 以職官姓名印和「名印」私印為中心〉，載李學勤（主編），《出土文獻》，第14輯，上海：中西書局，2019，頁391–406。

汪蓉蓉，〈《東漢五一廣場簡牘》綴合一則〉，武漢大學簡帛研究中心「簡帛」網站：http://www.bsm.org.cn/?hanjian/8085.html，2019.05.20。（搜尋，2022.02.04）

汪蓉蓉，〈《長沙五一廣場東漢簡牘》綴合（二）〉，武漢大學簡帛研究中心「簡帛」網站：http://www.bsm.org.cn/?hanjian/8095.html，2019.06.04。（搜尋，2022.02.04）

汪蓉蓉，〈《長沙五一廣場東漢簡牘》綴合（三）〉，武漢大學簡帛研究中心「簡帛」網站：http://www.bsm.org.cn/?hanjian/8096.html，2019.06.04。（搜尋，2022.02.04）

汪蓉蓉，〈《長沙五一廣場東漢簡牘》綴合（四）〉，武漢大學簡帛研究中心「簡帛」網站：http://www.bsm.org.cn/?hanjian/8166.html，2019.11.13。（搜尋，2022.02.04）

汪蓉蓉，〈「君教」文書與東漢縣廷治獄制度考論 —— 從長沙五一廣場東漢簡牘說起〉，《古代文明》14.4（2020），頁62–72。

汪蓉蓉，〈五一廣場東漢簡牘所見流民占籍問題及其文書行政〉，載鄔文玲、戴衛紅（主編），《簡帛研究·二〇二〇（春夏卷）》，桂林：廣西師範大學出版社，2020，頁270–283。

沈剛，〈五一廣場東漢簡牘所見縣域內的分部管理〉，清華大學出土文獻研究與保護中心主辦「五一簡與東漢歷史文化」學術研討會論文，北京，2021年10月。

沈家煊，〈「互文」和「聯語」的當代闡釋 —— 兼論「平行處理」和「動態處理」〉，《當

代修辭學》2020.1，頁 1–17。

邢義田，〈張家山漢簡《二年律令》讀記〉，載氏著，《地不愛寶：漢代的簡牘》，北京：
中華書局，2011，頁 144–199。

邢義田，〈漢代的父老、僤與聚族里居 ——「漢侍廷里父老僤買田約束石券」讀記〉，載
氏著，《天下一家：皇帝、官僚與社會》，北京：中華書局，2011，頁 436–466。

邢義田，〈漢晉公文書上的「君教諾」—— 讀《長沙五一廣場東漢簡牘選釋》札記之一〉，
載氏著，《今塵集：秦漢時代的簡牘、畫像與文化流播》，上海：中西書局，
2019，頁 313–329。

邢義田，〈論馬王堆漢墓「駐軍圖」應正名為「箭道封域圖」〉，《湖南大學學報》21.5
（2007），頁 12–19。

冼劍民，〈漢代對嶺南的經濟政策〉，《暨南學報》1989.4，頁 32–38、58。

周振鶴，〈從漢代「部」的概念釋縣鄉亭里制度〉，《歷史研究》1995.5，頁 36–43。

周海鋒，〈《長沙五一廣場東漢簡牘（伍、陸）》初讀〉，武漢大學簡帛研究中心「簡帛」
網站：http://www.bsm.org.cn/?hanjian/8431.html，2021.08.22。（搜尋，2022.02.04）

周海鋒，〈《長沙五一廣場東漢簡牘（伍、陸）》初讀（續）〉，武漢大學簡帛研究中
心「簡帛」網站：http://www.bsm.org.cn/?hanjian/8433.html，2021.08.28。（搜尋，
2022.02.04）

周海鋒，〈《長沙五一廣場東漢簡牘》文書復原舉隅（一）〉，武漢大學簡帛研究中心
「簡帛」網站：http://www.bsm.org.cn/?hanjian/8009.html，2018.12.26。（搜尋，
2022.02.04）

周海鋒，〈《長沙五一廣場東漢簡牘》文書復原舉隅（二）〉，武漢大學簡帛研究中心
「簡帛」網站：http://www.bsm.org.cn/?hanjian/8241.html，2020.04.17。（搜尋，
2022.02.04）

周海鋒，〈《長沙五一廣場東漢簡牘【壹】》選讀〉，武漢大學簡帛研究中心「簡帛」網
站：http://www.bsm.org.cn/?hanjian/8008.html，2018.12.26。（搜尋，2022.02.04）

周海鋒，〈《長沙五一廣場東漢簡牘【貳】》選讀〉，武漢大學簡帛研究中心「簡帛」網
站：http://www.bsm.org.cn/?hanjian/8010.html，2018.12.26。（搜尋，2022.02.04）

周海鋒，〈五一簡「逐捕不知何人所盜羅捽矛者未能得解書」淺析〉，《出土文獻》
2020.4，頁 20–23。

周海鋒，〈長沙五一廣場東漢簡牘文書的歸屬與性質問題〉，清華大學出土文獻研究與保
護中心主辦「五一簡與東漢歷史文化」學術研討會論文，北京，2021 年 10 月。

周海鋒，〈長沙五一廣場東漢簡牘所見永初年間三份詔書淺析〉，載武漢大學簡帛研究中
心（主辦），《簡帛》，第 20 輯，上海：上海古籍出版社，2020，頁 252–263。

岳嶺、張愛華，〈近 20 年秦漢婦女史研究綜述〉，《南都學壇》2005.1，頁 18–22。

林秋秋，〈長沙五一廣場東漢簡牘與走馬樓西漢簡書體比較〉，《書法》2020.3，頁 132–134。

林紅，〈漢代女性婚姻自主權探析〉，《雲南大學學報（法學版）》2008.2，頁 32–36。

侯旭東，〈長沙走馬樓三國吳簡「里」「丘」關係再研究〉，《魏晉南北朝隋唐史資料》23（2006），頁 14–26。

侯旭東，〈長沙走馬樓三國吳簡所見「鄉」與「鄉吏」〉，載北京吳簡研討班（編），《吳簡研究》，第 1 輯，武漢：崇文書局，2004，頁 91–96。

侯旭東，〈長沙東牌樓東漢簡《光和六年諍田自相和從書》考釋〉，載黎明釗（主編），《漢帝國的制度與社會秩序》，香港：牛津大學出版社，2012，頁 247–275。

侯旭東，〈湖南長沙五一廣場東漢簡 J1③:264-294 考釋〉，載北京大學中國古代史研究中心（編），《田餘慶先生九十華誕頌壽論文集》，北京：中華書局，2014，頁 113–119。

侯旭東，〈湖南長沙五一廣場東漢簡 J1③:264-294 考釋〉，武漢大學簡帛研究中心「簡帛」網站：http://www.bsm.org.cn/?hanjian/6206.html，2014.06.06。（搜尋，2022.02.04）

侯旭東，〈漢魏六朝的自然聚落 —— 論「邨」「村」關係與「村」的通稱化〉，載氏著，《近觀中古史：侯旭東自選集》，上海：中西書局，2015，頁 143–181。

姚立偉，〈從諸官到列曹：秦漢縣政承擔者的轉變及其動因考論〉，《史學月刊》2020.1，頁 5–14。

姚立偉，〈縣域「方位名鄉」體制與秦漢帝國擴張〉，《咸陽師範學院學報》32.1（2017），頁 29–33。

姚琪艷，〈漢代女性研究綜述〉，《中國史研究動態》2015.1，頁 19–29。

姚遠，〈東漢內郡縣法官法吏復原研究 —— 以長沙五一廣場東漢簡牘為核心〉，《華東政法大學學報》2016.4，頁 55–65。

段艷康，〈試論《長沙五一廣場東漢簡牘選釋》簡 63 中的「債代」〉，武漢大學簡帛研究中心「簡帛」網站：http://www.bsm.org.cn/?hanjian/8269.html，2020.06.05。（搜尋，2022.02.04）

凌文超，〈黃蓋治縣：從吳簡看《吳書》中的縣政〉，《中央研究院歷史語言研究所集刊》91.3（2020），頁 463–518。

唐俊峰，〈東漢早中期臨湘縣的行政決策過程 —— 以五一廣場東漢簡牘為中心〉，載黎明釗、馬增榮、唐俊峰（編），《東漢的法律、行政與社會：長沙五一廣場東漢簡牘探索》，香港：三聯書店，2019，頁 131–188。

唐俊峰，〈秦漢劾文書格式演變初探〉，載中國政法大學法律古籍整理研究所（編），《中國古代法律文獻研究》，第 11 輯，北京：社會科學文獻出版社，2017，頁 132–159。

夏笑容，〈「2013 年長沙五一廣場東漢簡牘學術研討會」紀要〉，《文物》2013.12，頁 90–92。

孫兆華，〈五一廣場東漢簡牘直符戶曹史盛舉劾文書釋文訂正〉，武漢大學簡帛研究中心「簡帛」網站：http://www.bsm.org.cn/?hanjian/7395.html，2016.10.19。（搜尋，2022.02.04）

孫兆華、王子今，〈里耶秦簡牘戶籍文書妻從夫姓蠡測〉，《中國人民大學學報》32.3（2018），頁 43–53。

孫聞博，〈走馬樓吳簡所見鄉官里吏〉，載長沙簡牘博物館、北京大學中國古代史研究中心、北京吳簡研討班（編），《吳簡研究》，第 3 輯，北京：中華書局，2011，頁 272–286。

孫聞博，〈從鄉嗇夫到勸農掾：秦漢鄉制的歷史變遷〉，《歷史研究》2021.2，頁 68–88。

孫聞博，〈簡牘所見秦漢法律訴訟中的鄉〉，《中華文化論壇》2011.1，頁 137–141。

孫濤，〈釋五一廣場漢簡第 22 號簡「潷丘」〉，武漢大學簡帛研究中心「簡帛」網站：http://www.bsm.org.cn/?hanjian/7686.html，2017.12.16。（搜尋，2022.02.04）

徐世虹，〈秦漢「鞫」文書譾識 —— 以湖南益陽兔子山、長沙五一廣場出土木牘為中心〉，載武漢大學簡帛研究中心（主辦），《簡帛》，第 17 輯，上海：上海古籍出版社，2018，頁 267–280。

徐世虹，〈漢代民事訴訟程序考述〉，《政法論壇》2000.6，頁 122–130。

徐世虹，〈漢代社會中的非刑法機制〉，載柳立言（編），《傳統中國法律的理念與實踐》，臺北：中央研究院歷史語言研究所，2008，頁 309–341。

徐沖，〈《續漢書‧百官志》與漢晉間的官制撰述 —— 以「郡太守」條的辨證為中心〉，載北京大學中國古代史研究中心（編），《田餘慶先生九十華誕頌壽論文集》，北京：中華書局，2014，頁 207–230。

徐暢，〈《續漢書‧百官志》所記「制度掾」小考〉，《史學史研究》2015.4，頁 119–122。

徐暢，〈出土簡牘與漢代鄉吏性質再思 —— 兼談漢代鄉級治理的兩種模式〉，《中國史研究動態》2021.2，頁 28–33。

徐暢，〈再談漢吳簡牘中的「長沙太守中部督郵書掾」〉，《文物》2021.12，頁 74–82。

徐暢，〈長沙出土簡牘中的「丞掾」〉，《文物》2017.12，頁 70–78。

秦浩翔，〈《長沙五一廣場東漢簡牘》所見地方大族初探 —— 以屬吏、鄉官姓氏分佈為中心的考察〉，武漢大學簡帛研究中心「簡帛」網站：http://www.bsm.org.cn/?hanjian/8324.html，2020.11.25。（搜尋，2022.02.04）

馬力，〈五一廣場簡《延平元年守史勤言調署伍長人名數書》—— 兼論東漢臨湘的伍長與地方司法〉，載王沛（主編），《出土文獻與法律史研究》，第 10 輯，北京：法律出版社，2021，頁 66–87。

馬力，〈長沙五一廣場東漢簡牘舉劾文書初讀〉，載李學勤（主編），《出土文獻》，第 8 輯，上海：中西書局，2016，頁 211–220。

馬小菲，〈五一廣場簡中的立秋案驗與麥秋案驗〉，載黎明釗、馬增榮、唐俊峰（編），《東漢的法律、行政與社會：長沙五一廣場東漢簡牘探索》，香港：三聯書店，2019，頁 33–52。

馬增榮，〈「貸主」？抑或「貨主」？—— 長沙五一廣場東漢簡牘讀記一則〉，武漢大學簡帛研究中心「簡帛」網站：http://www.bsm.org.cn/?hanjian/8290.html，2020.08.07。（搜尋，2022.02.04）

馬增榮，〈秦漢時期的僱傭活動與人口流動〉，《中國文化研究所學報》54（2012），頁 1–27。

馬增榮，〈漢代地方行政中的直符制度〉，載武漢大學簡帛研究中心（主辦），《簡帛》，第 16 輯，上海：上海古籍出版社，2018，頁 253–277。

高敏，〈從嘉禾年間《吏民田家莂》看長沙郡一帶的民情風俗與社會經濟狀況〉，《中州月刊》2000.5，頁 129–133。

高震寰，〈從《里耶秦簡（壹）》「作徒簿」管窺秦代刑徒制度〉，載中國文化遺產研究院（編），《出土文獻研究》，第 12 輯，上海：中西書局，2013，頁 132–143。

高震寰，〈試論秦漢簡牘中「守」、「假」、「行」〉，載王沛（主編），《出土文獻與法律史研究》，第 4 輯，上海：上海人民出版社，2015，頁 58–79。

崔啟龍，〈五一廣場簡「朱宏、劉宮臧罪案」簡冊復原再議〉，武漢大學簡帛研究中心「簡帛」網站：http://www.bsm.org.cn/?hanjian/8276.html，2020.06.20。（搜尋，2022.02.04）

張亞偉，〈五一廣場東漢簡「左倉曹史朱宏、劉宮、卒張石、男子劉得本【事】」簡冊復原〉，武漢大學簡帛研究中心「簡帛」網站：http://www.bsm.org.cn/?hanjian/8073.html，2019.04.30。（搜尋，2022.02.04）

張忠煒，〈《居延新簡》所見「購償科別」冊書復原及相關問題之研究 —— 以《額濟納漢簡》「購賞科條」為切入點〉，《先秦秦漢史》2008.2，頁 56–63。

張忠煒，〈漢科研究：以「購賞科」為中心〉，《南都學壇》2012.3，頁 1–15。

張建國，〈居延新漢簡「粟君責寇恩」民事訴訟個案研究〉，《中外法學》1996.5，頁 15–21。

張春龍，〈里耶秦簡中遷陵縣之刑徒〉，載李宗焜（主編），《古文字與古代史》，第 3 輯，臺北：中央研究院歷史語言研究所，2012，頁 453–464。

張倩儀，〈五一廣場東漢簡所見繒帛衣物劫案（一）〉，武漢大學簡帛研究中心「簡帛」網站：http://www.bsm.org.cn/?hanjian/8282.html，2020.07.06。（搜尋，2022.02.04）

張倩儀，〈五一廣場東漢簡所見繒帛衣物劫案（二）〉，武漢大學簡帛研究中心「簡帛」網站：http://www.bsm.org.cn/?hanjian/8286.html，2020.07.18。（搜尋，2022.02.04）

張凱潞，〈釋《五一簡》中的「斧佚」「縱斧」〉，武漢大學簡帛研究中心「簡帛」網站：http://www.bsm.org.cn/?hanjian/8484.html，2021.11.16。（搜尋，2022.02.04）

張朝陽，〈《五一廣場東漢簡牘選釋》簡 63 之「解」並非人名〉，武漢大學簡帛研究中心「簡帛」網站：http://www.bsm.org.cn/?hanjian/8231.html，2020.03.04。（搜尋，2022.02.04）

張朝陽，〈五一廣場東漢簡牘 1505 劄記〉，武漢大學簡帛研究中心「簡帛」網站：http://www.bsm.org.cn/?hanjian/8262.html，2020.05.17。（搜尋，2022.02.04）

張朝陽，〈五一廣場簡 155「兼庾亭長」再考〉，武漢大學簡帛研究中心「簡帛」網站：http://www.bsm.org.cn/?hanjian/7909.html，2018.06.22。（搜尋，2022.02.04）

張朝陽，〈五一廣場簡東漢簡牘「油錢」小考〉，武漢大學簡帛研究中心「簡帛」網站：http://www.bsm.org.cn/?hanjian/8003.html，2018.12.21。（搜尋，2022.02.04）

張朝陽，〈東漢臨湘的水上市場初考〉，武漢大學簡帛研究中心「簡帛」網站：http://www.bsm.org.cn/?hanjian/8156.html，2019.10.23。（搜尋，2022.02.04）

張朝陽，〈東漢臨湘縣交阯來客案例詳考 —— 兼論早期南方貿易網絡〉，《中山大學學報（社會科學版）》2019.1，頁 78–84。

張朝陽，〈長沙五一廣場東漢簡所見交阯 —— 長沙商道〉，載王捷（主編），《出土文獻與法律史研究》，第 6 輯，北京：法律出版社，2017，頁 174–187。

張朝陽，〈新見東漢外國僑民史料考釋〉，武漢大學簡帛研究中心「簡帛」網站：http://www.bsm.org.cn/?hanjian/8332.html，2020.12.21。（搜尋，2022.02.04）

張新超，〈論秦漢時期鄉的規模和管理方式的變遷〉，《內蒙古大學學報》2020.2，頁 74–79。

張新超，〈論漢代縣屬游徼的設立與演變 —— 以考古資料為中心〉，《古代文明》14.2（2020），頁 96–104。

張煒軒，〈東漢臨湘縣廷掾吏的「不作為」罪 —— 以五一廣場簡「雄等不以徵遝為意」案為中心〉，載黎明釗、馬增榮、唐俊峰（編），《東漢的法律、行政與社會：長

沙五一廣場東漢簡牘探索》，香港：三聯書店，2019，頁 43–78。

張榮強，〈甘肅臨澤新出西晉簡冊考釋〉，《魏晉南北朝隋唐史資料》32（2015），頁 187–202。

張榮強，〈簡紙更替與中國古代基層統治重心的上移〉，《中國社會科學》2019.9，頁 180–203。

張榮強、張俊毅，〈五一廣場東漢簡「連道奇鄉受占南鄉民逢定本事」文書的復原與研究〉，載鄔文玲、戴衛紅（主編），《簡帛研究・二〇二〇（秋冬卷）》，桂林：廣西師範大學出版社，2020，頁 305–315。

曹硯農，〈從《長沙走馬樓三國吳簡・嘉禾吏民田家莂》看吳國在長沙郡的國家「營田」〉，載長沙市文物考古研究所（編），《長沙三國吳簡暨百年來簡帛發現與研究國際學術研討會論文集》，北京：中華書局，2005，頁 72–74。

符奎，〈長沙東漢簡牘所見「紙」「帋」的記載及相關問題〉，《中國史研究》2019.2，頁 59–68。

莊小霞，〈長沙五一廣場東漢簡牘 CWJ1①:86 簡所載「艾」釋義獻疑〉，武漢大學簡帛研究中心「簡帛」網站：http://www.bsm.org.cn/?hanjian/6705.html，2016.05.09。（搜尋，2022.02.04）

許倬雲，〈漢代家庭的大小〉，載氏著，《求古編》，臺北：聯經出版公司，1982，頁 515–541。

郭文德，〈血親復仇抑或豪強欺法？ —— 五一廣場 CWJ1③:169 號東漢木牘考論〉，載黎明釗、馬增榮、唐俊峰（編），《東漢的法律、行政與社會：長沙五一廣場東漢簡牘探索》，香港：三聯書店，2019，頁 79–94。

郭洪伯，〈稗官與諸曹 —— 秦漢基層機構的部門設置〉，載卜憲群、楊振紅（主編），《簡帛研究・二〇一三》，桂林：廣西師範大學出版社，2014，頁 7–23。

郭浩，〈從漢「里」談長沙走馬樓吳簡中的「里」和「丘」〉，《史學月刊》2008.6，頁 97–100。

陳松長，〈嶽麓書院藏秦簡中的行書律令初論〉，《中國史研究》2009.3，頁 31–38。

陳直，〈望都漢墓壁畫題字通釋〉，《考古》1962.3，頁 161–164。

陳炫瑋，〈秦漢時代的鞫獄措施及其相關問題探究〉，《清華學報》2016.2，頁 239–276。

陳偉，〈五一廣場東漢簡 108、135 號小考〉，武漢大學簡帛研究中心「簡帛」網站：http://www.bsm.org.cn/?hanjian/7655.html，2017.10.11。（搜尋，2022.02.04）

陳偉，〈五一廣場東漢簡牘校釋〉，武漢大學簡帛研究中心「簡帛」網站：http://www.bsm.org.cn/?hanjian/6093.html，2013.09.22。（搜尋，2022.02.04）

陳偉，〈五一廣場東漢簡牘屬性芻議〉，武漢大學簡帛研究中心「簡帛」網站：http://www.bsm.org.cn/?hanjian/6094.html，2013.09.24。（搜尋，2022.02.04）

陳鳴，〈試析長沙五一廣場出土 CWJ1①:100 號東漢簡牘所見案件〉，載王沛（主編），《出土文獻與法律史研究》，第 8 輯，北京：法律出版社，2020，頁 371–384。

陳鳴，〈東漢秋冬行刑的立法及其思想嬗變〉，《同濟大學學報（社會科學版）》26.3（2015），頁 109–124。

勞榦，〈兩漢郡國面積之估計及口數增減之推測〉，《中央研究院歷史語言研究所集刊》5.2（1935），頁 215–240。

喬志鑫，〈五一廣場東漢簡所見「逐捕有書」—— 以東漢基層司法為中心〉，《安陽師範學院學報》2018.6，頁 55–58。

彭浩，〈讀雲夢睡虎地 M77 漢簡《葬律》〉，《江漢考古》2009.4，頁 130–134。

溫玉冰，〈朱宏、劉宮臧罪案復原研究〉，武漢大學簡帛研究中心「簡帛」網站：http://www.bsm.org.cn/?hanjian/8271.html，2020.06.09。（搜尋，2022.02.04）

溫玉冰，〈讀《長沙五一廣場東漢簡牘選釋》札記一則〉，武漢大學簡帛研究中心「簡帛」網站：http://www.bsm.org.cn/?hanjian/7772.html，2018.03.31。（搜尋，2022.02.04）

游逸飛，〈說「繫城旦舂」—— 秦漢刑期制度新論〉，《新史學》20.3（2009），頁 1–52。

湖南省考古文物研究所，〈龍山里耶秦簡之「徒簿」〉，載中國文化遺產研究院（編），《出土文獻研究》，第 12 輯，上海：中西書局，2014，頁 101–131。

黃義軍，〈關於漢代「亭」的幾個問題〉，《中國歷史地理論叢》2006.2，頁 75–79。

黃樸華、羅小華，〈長沙五一廣場東漢簡牘中的「象人」〉，《出土文獻》2020.4，頁 1–5。

黃艷萍，〈漢代邊境的家屬出入符研究 —— 以西北漢簡為例〉，《理論月刊》2015.1，頁 74–78。

楊小亮，〈「本事」簽牌考索〉，《齊魯學刊》2013.4，頁 48–50。

楊小亮，〈五一簡《從掾位悝言考實倉曹史朱宏、劉宮臧罪竟解書》編聯復原研究〉，《동서인문（東西人文）》15（2021），頁 157–174。

楊小亮，〈從五一廣場東漢簡牘談對「解書」的初步認識〉，載張德芳（主編），《甘肅省第三屆簡牘學國際學術研討會論文集》，上海：上海辭書出版社，2017，頁 366–373。

楊小亮，〈略論東漢「直符」及其舉劾犯罪的司法流程〉，載中國政法大學法律古籍整理研究所（編），《中國古代法律文獻研究》，第 9 輯，北京：社會科學文獻出版社，2015，頁 176–186。

楊小亮，〈關於「王皮木牘」的再討論〉，《出土文獻》2020.4，頁 13–19。

楊弘任，〈何謂在地性？：從地方知識與在地範疇出發〉，《思與言》49.4（2011），頁5–29。

楊然、王曉光，〈漢代的「書佐」與簡牘書寫〉，《書法》2015.6，頁82–85。

楊頌宇，〈《長沙五一廣場東漢簡牘選釋》例100「佳」字再釋與「柱」案再分析〉，武漢大學簡帛研究中心「簡帛」網站：http://www.bsm.org.cn/?hanjian/7766.html，2018.03.22。（搜尋，2022.02.04）

楊頌宇，〈從五一廣場出土東漢簡牘試探漢代的「君教」文書〉，載黎明釗、唐俊峰、馬增榮（編），《東漢的法律、行政與社會：長沙五一廣場東漢簡牘探索》，香港：三聯書店，2019，頁189–220。

賈連翔，〈五一簡所見東漢刑事案件中的人身傷害問題初探〉，清華大學出土文獻研究與保護中心主辦「五一簡與東漢歷史文化」學術研討會論文，北京，2021年10月。

賈麗英，〈庶人：秦漢社會爵制身分與徒隸身分的銜接〉，《山西大學學報》2019.6，頁16–25。

臧莎莎，〈漢代女性「過時不嫁」現象研究 —— 基於簡牘資料的分析〉，《唐都學刊》34.2（2018），頁5–12。

趙平安、羅小華，〈長沙五一廣場出土J1③:285號木牘解讀〉，《齊魯學刊》2013.4，頁38–40。

劉子鈞，〈五一廣場東漢簡牘「孟負伯錢」案再探〉，武漢大學簡帛研究中心「簡帛」網站：http://www.bsm.org.cn/?hanjian/8238.html，2020.04.04。（搜尋，2022.02.04）

劉林，〈居延漢簡女子婚齡資料考議〉，《文博》2012.3，頁57–59。

劉欣寧，〈秦漢律令中的婚姻與奸〉，《中央研究院歷史語言研究所集刊》90.2（2020），頁199–251。

劉昱菡，〈從撇捺筆形書寫看漢字楷化問題 —— 基於對漢晉簡紙文本的解析〉，《書法教育》2019.2，頁38–47。

劉國忠，〈五一廣場東漢永初四年詔書簡試論〉，《湖南大學學報（社會科學版）》31.5（2017），頁10–13。

劉國忠，〈五一廣場東漢簡王皮運送軍糧案續論〉，載李學勤（主編），《出土文獻》，第7輯，上海：中西書局，2015，頁250–253。

劉國忠，〈長沙東漢簡所見王皮案件發微〉，《齊魯學刊》2013.4，頁41–43。

劉國忠，〈從長沙五一廣場J1③:264-294號木牘看東漢的度田〉，載李宗焜（主編），《古文字與古代史》，第4輯，臺北：中央研究院歷史語言研究所，2015，頁538–545。

劉國慶，〈簡牘柿及相關問題初論〉，載李學勤（主編），《出土文獻》，第 15 輯，上海：中西書局，2019，頁 330–340。

劉紹剛、黃曉青，〈解散隸體之後 —— 從長沙五一廣場東漢簡看隸書解體的表現〉，《中國書法》2021.7，頁 180–184。

劉增貴，〈門戶與中國古代社會〉，《中央研究院歷史語言研究所集刊》68.4（1997），頁 817–897。

劉增貴，〈漢代婦女的名字〉，《新史學》7.4（1996），頁 33–94。

劉樂賢，〈長沙五一廣場出土東漢王皮木牘考述〉，《中山大學學報（社會科學版）》2015.3，頁 52–61。

劉樂賢，〈長沙五一廣場所出東漢孫詩供辭不實案再考〉，載中國文化遺產研究院（編），《出土文獻研究》，第 12 輯，上海：中西書局，2013，頁 272–279。

劉樂賢，〈秦漢行政文書中的「譺」字及相關問題〉，載武漢大學簡帛研究中心（主辦），《簡帛》，第 15 輯，上海：上海古籍出版社，2017，頁 133–149。

蔡雨萌，〈《長沙五一廣場東漢簡牘》文書編聯一例〉，武漢大學簡帛研究中心「簡帛」網站：http://www.bsm.org.cn/?hanjian/8315.html，2020.11.06。（搜尋，2022.02.04）

蔡雨萌，〈讀《長沙五一廣場東漢簡牘（伍、陸）》札記〉，武漢大學簡帛研究中心「簡帛」網站：http://www.bsm.org.cn/?hanjian/8435.html，2021.09.13。（搜尋，2022.02.04）

蔡雨萌，〈讀《長沙五一廣場東漢簡牘（伍、陸）》札記（二）〉，武漢大學簡帛研究中心「簡帛」網站：http://www.bsm.org.cn/?hanjian/8437.html，2021.09.17。（搜尋，2022.02.04）

蔣丹丹，〈五一廣場東漢簡牘所見流民及客 —— 兼論東漢時期長沙地區流動人口管理〉，載鄔文玲（主編），《簡帛研究·二〇一七（秋冬卷）》，桂林：廣西師範大學出版社，2018，頁 229–238。

黎明釗，〈長沙五一廣場出土東漢簡牘中的辭曹〉，載周東平、朱騰（主編），《法律史譯評》，第 7 卷，上海：中西書局，2019，頁 104–132。

黎明釗，〈試析長沙五一廣場出土的幾枚東漢簡牘〉，載黎明釗、唐俊峰、馬增榮（編），《東漢的法律、行政與社會：長沙五一廣場東漢簡牘探索》，香港：三聯書店，2019，頁 11–32。

黎明釗，〈漢代地方官僚結構：郡功曹之職掌與尹灣漢墓簡牘之關係〉，《中國文化研究所學報》新第 8 期（1999），頁 35–71。

黎明釗、唐俊峰，〈里耶秦簡所見秦代縣官、曹組織的職能分野與行政互動 —— 以計、課為中心〉，載武漢大學簡帛研究中心（主辦），《簡帛》，第 13 輯，上海：上海

古籍出版社，2016，頁 131–158。

黎明釗、馬增榮，〈試論漢簡所見的都吏及其與督郵的關係〉，《中國出土資料研究》13（2009），頁 105–130。

戴衛紅，〈東漢簡牘所見亭長及基層社會治安〉，《中國社會科學報》，2019 年 3 月 1 日。

薛瑞澤，〈漢代鄰里關係研究〉，《上海大學學報（社會科學版）》2003.5，頁 48–53。

謝雅妍，〈從長沙出土東漢簡牘看「封檢」類文書的形制與轉變〉，載黎明釗、馬增榮、唐俊峰（編），《東漢的法律、行政與社會：長沙五一廣場東漢簡牘探索》，香港：三聯書店，2019，頁 221–256。

魏斌，〈古人堤簡牘與東漢武陵蠻〉，《中央研究院歷史語言研究所集刊》85.1（2014），頁 61–103。

魏斌，〈吳簡釋姓 —— 早期長沙編戶與族群問題〉，《魏晉南北朝隋唐史資料》24（2008），頁 23–45。

魏道明，〈漢代「殊死」考〉，載杜順常、楊振紅（主編），《漢晉時期國家與社會論集》，桂林：廣西師範大學出版社，2016，頁 281–296。

羅小華，〈《長沙五一廣場東漢簡牘選釋》所見奴婢價〉，武漢大學簡帛研究中心「簡帛」網站：http://www.bsm.org.cn/?hanjian/6596.html，2016.01.14。（搜尋，2022.02.04）

羅小華，〈《長沙五一廣場東漢簡牘選釋》所見酒價與酒具〉，武漢大學簡帛研究中心「簡帛」網站：http://www.bsm.org.cn/?hanjian/6585.html，2016.01.12。（搜尋，2022.02.04）

羅小華，〈五一廣場東漢簡牘選釋七則〉，武漢大學簡帛研究中心「簡帛」網站：http://www.bsm.org.cn/?hanjian/6419.html，2015.06.02。（搜尋，2022.02.04）

羅小華，〈五一廣場簡牘所見名物考釋（一）〉，載李學勤（主編），《出土文獻》，第 14 輯，上海：中西書局，2019，頁 344–350。

嚴耕望，〈兩漢郡縣屬吏考〉，《金陵齊魯華西三大學中國文化研究彙刊》2（1942），頁 43–94。

嚴耕望，〈漢代地方行政制度〉，《中央研究院歷史語言研究所集刊》25（1954），頁 135–236。

蘇衛國、岳慶平，〈走馬樓吳簡鄉丘關係初探〉，《湖南大學學報（社會科學版）》19.5（2005），頁 33–38。

〔日〕大橋修一，〈中國古代における文字習得システム —— 漢新出土の簡牘にもとづいて〉，《川口短大紀要》31（2017），頁 204–210。

〔日〕矢田博士（著），李寅生（譯），〈「昔為倡家女，今為蕩子婦」考 —— 兼論漢代「倡

家」的實際社會生活狀況〉，《河池師專學報（社會科學版）》1998.3，頁24–29。

〔日〕仲山茂，〈秦漢時代の「官」と「曹」—— 県の部局組織〉，《東洋學報》82.4（2001），頁35–65。

〔日〕安部聰一郎，〈長沙走馬樓三國吳簡所見「鄉」與「丘」的對應關係再研究〉，載長沙簡帛博物館（編），《長沙簡帛研究國際學術研討會論文集》，上海：中西書局，2017，頁119–132。

〔日〕安部聰一郎，〈臨湘県の地理的環境と走馬楼呉簡〉，載〔日〕伊藤敏雄、〔日〕関尾史郎（編），《後漢・魏晋簡牘の世界》，東京：汲古書院，2020，頁5–26。

〔日〕角谷常子，〈長沙五一広場出土の君教簡・牘〉，《奈良史學》38（2021），頁42–61。

〔日〕武部健一，〈中国古代道路史概観〉，載〔日〕鈴木靖民、〔日〕荒井秀規（編），《古代東アジアの道路と交通》，東京：勉誠出版，2011，頁27–46。

〔日〕宮宅潔，〈征服から占領統治へ —— 里耶秦簡に見える穀物支給と駐屯軍〉，載氏編，《多民族社会の軍事統治》，京都：京都大学学術出版会，2018，頁69–85。

〔日〕廣瀨薰雄，〈長沙五一廣場東漢簡牘中所見的「山徒」小議〉，載氏著，《簡帛研究論集》，上海：上海古籍出版社，2019，頁170–177。

〔日〕鷹取祐司，〈長沙五一廣場東漢簡牘・君教文書新考〉，《동서인문（東西人文）》15（2021），頁207–270。

〔德〕陶安あんど（Arnd Helmut Hafner），〈「鞫書」と「鞫状」に関する覚書〉，「中国古代簡牘の横断領域的研究」網站：http://www.aa.tufs.ac.jp/users/Ejina/note/note07(Hafner).pdf，2014.03，（搜尋，2020.04.07）

〔韓〕任仲爀，〈漢代的「不道」罪〉，載杜順常、楊振紅（主編），《漢晉時期國家與社會論集》，桂林：廣西師範大學出版社，2016，頁268–280。

Ma, Tsang-wing. "To Write or to Seal? New Evidence on Literacy Practices in Early Imperial China." In *Keeping Record: The Materiality of Rulership and Administration in the Pre-Modern World*, edited by Abigail S. Armstrong, Jörg Peltzer & Chun-fung Tong. Berlin: De Gruyter, forthcoming.

Scott, Joan W. "Gender: A Useful Category of Historical Analysis." *American Historical Review* 91.5(1986), pp. 1053–1075.

Tong, Chun-fung. "Between Slip and Tablet: Rulership and Writing Support in Eastern Han China, 25–220." In *Keeping Record: The Materiality of Rulership and Administration in the Pre-Modern World*, edited by Abigail S. Armstrong, Jörg Peltzer & Chun-fung Tong. Berlin: De Gruyter, forthcoming.

六、學位論文

魏昕，〈漢代詔令研究〉，長春：東北師範大學中文系博士論文，2015。

高震寰，〈從勞動力運用角度看秦漢刑徒管理制度的發展〉，臺北：臺灣大學歷史學系博士論文，2017。

七、工具書

高亨、董治安，《古字通假會典》，濟南：齊魯書社，1989。

曹婉如、鄭錫煌、黃盛璋、鈕仲勛、任金城、鞠德源（編），《中國古代地圖集：戰國—元》，北京：文物出版社，1990。

譚其驤（主編），《中國歷史地圖集》，北京：中國地圖出版社，1982。

饒尚寬，《春秋戰國秦漢朔閏表（公元前 722 年～公元 220 年）》，北京：商務印書館，2006。

策劃編輯	梁偉基
責任編輯	朱卓詠
書籍設計	吳冠曼　陳朗思
書籍排版	吳丹娜　陳先英
封面題字	李潤桓教授

書　　名	臨湘社會的管治磐基：長沙五一廣場東漢簡牘探索
編　　者	黎明釗　劉天朗
出　　版	三聯書店（香港）有限公司
	香港北角英皇道 499 號北角工業大廈 20 樓
香港發行	香港聯合書刊物流有限公司
	香港新界荃灣德士古道 220-248 號 16 樓
印　　刷	美雅印刷製本有限公司
	香港九龍觀塘榮業街 6 號 4 樓 A 室
版　　次	2022 年 11 月香港第一版第一次印刷
規　　格	16 開（170 × 220 mm）428 面
國際書號	ISBN 978-962-04-4990-1
	© 2022 三聯書店（香港）有限公司
	Published & Printed in Hong Kong, China.

本書獲香港中文大學歷史系資助出版